社会保障基金

资产配置策略研究

刘海龙　刘富兵　杨继光　著

科学出版社
北　京

内 容 简 介

全书共分3部分11章，第1部分基础篇包括第1章至第3章，主要介绍社会保障制度、社保基金制度和社保基金投资运作监管模式，中国养老保险制度模型及社保基金资产配置策略的研究现状；第2部分理论篇包括第4章至第8章，主要研究基于收益保证的资产配置策略，基于习惯形成的资产配置策略，基于下边风险测度的资产配置策略，收益保证成本估算模型和收益保证风险度量方法；第3部分实务篇包括第9章至第11章，主要介绍中国全国社会保障基金发展概况、面临的问题、投资收益情况和全国社保基金投资运作模式，探讨全国社保基金资产配置特征和社保基金操作对市场影响分析。

本书可供金融专业的相关研究人员、高等院校师生以及从事社会保障基金投资运作与风险管理的实际工作者阅读参考。

图书在版编目(CIP)数据

社会保障基金资产配置策略研究 / 刘海龙，刘富兵，杨继光著. —北京：科学出版社，2012

ISBN 978-7-03-032944-8

Ⅰ. ①社… Ⅱ. ①刘…②刘…③杨… Ⅲ. ①社会保障 - 基金 - 资金管理 - 研究 - 中国 Ⅳ. ①D632. 1

中国版本图书馆 CIP 数据核字（2011）第250607号

责任编辑：林 剑 / 责任校对：林青梅
责任印制：徐晓晨 / 封面设计：耕者工作室

科学出版社出版
北京东黄城根北街16号
邮政编码：100717
http://www.sciencep.com

北京教图印刷有限公司 印刷
科学出版社发行 各地新华书店经销

*

2012年1月第 一 版 开本：B5（720×1000）
2017年4月第二次印刷 印张：21 1/4
字数：406 000

定价：160.00元

（如有印装质量问题，我社负责调换）

前　言

新中国成立60多年来，社会生产力高速发展，人民生活水平不断提高，社会保障制度越来越趋于完善，国家对社会保障基金（简称社保基金）的使用和投资监管更加严格。尽管如此，由于中国社会保障管理采用多元化的管理体制，不同的部门对社保基金进行多头管理，无法形成相互制约的格局，造成基金管理者对基金的滥用。此外，由于各种监管法律法规的不成熟、不完善，缺乏各种制衡和监督机制，基金运作透明度低，信息披露制度不健全，各种违规问题无法及时发现和制止，违规动用、挤占、挪用社会保障基金的现象仍然很严重，部分投资积压沉淀，不能如期归还，成为呆账和死账。除直接挪用、挤占外，还有其他违规违纪现象，如多提管理费、未专款专户储存、用于固定资产投资、委托金融贷款或自行放贷、投资入股和经商办企业、为贷款做抵押担保等各类社保案件不断发生，使社保基金遭受大量浪费和损失。社保基金已经受到越来越多的关注，解决社保基金的安全问题和监督管理问题迫在眉睫。

社会保障的主体是社会保险，而社会保险的主体又是养老保险，因此，本书研究的社会保障制度和社保基金大部分以养老保险为切入点。社保基金在一个国家的经济和社会发展过程中起着举足轻重的作用，它关系到经济的发展与社会的稳定。如何对社保基金进行资产配置，实现保值、增值从而提高退休人员的生活水平，已成为重要而又亟须解决的问题。本书的主要内容是：①从社保基金的收益性、风险性、长期性三个方面，研究社保基金的分类和特征，在此基础上分析经济增长与社会保障制度的关系以及人们的预期与资产价格波动的关系。②研究收益保证机制下社保基金的资产配置策略，主要包括内部收益保证和外部收益保证资产配置策略、随机利率及随机收益保证下的资产配置策略和下边风险下的资产配置策略。③研究资产配置的动态调整策略，重点放在确定收益保证水平以后，如何根据所确定的收益保证水平进行资产配置和动态调整；资产配置策略对收益保证成本和风险的影响。④研究全国社保基金2004~2009年在股票市场的资产配置特征和对市场的影响。

全书共11章，每章基本内容如下：

第1章主要介绍社会保障制度的建立与社保制度的模式，中国社会保障制度的建立与改革，并分析中国社会保障制度存在的问题。最后，建立基于内生经济增长的中国养老保险制度模型。

第2章介绍社会保障基金制度和社会保障基金投资运作监管的谨慎人监管模式与严格限量模式，并对两种运作监管模式进行比较分析。通过比较可以看出，OECD国家采用谨慎人监管规则的较多，而拉美国家则全部采用严格限量监管规则，尤其对股票、境外投资等高风险资产的投资有着严格的限制。最后介绍五个国家的养老基金投资运作情况。

第3章通过对世界各国不同社会保障制度下社保基金动态资产配置策略的研究综述与分析，将部分积累制分为板块式部分积累制和记账式部分积累制，指出研究社保基金动态资产配置策略的重大意义，介绍收益确定型社保基金的资产配置策略，综述缴费确定型社保基金的资产配置策略，简述收益确定型与缴费确定型统一框架下的资产配置策略。最后，提出目前国内外有关社保基金资产配置研究存在的主要问题和未来可能的研究方向。

第4章介绍收益保证机制，研究内部收益保证和外部收益保证下社保基金的最优资产配置。

第5章阐述习惯形成的概念，由于社保基金参与者最为关心的是社保基金能否保证其退休后生活水平不变，这一事实是行为金融中的习惯形成问题，为此，需要将习惯形成整合到投资组合模型中。分别将名义工资和实际工资水平作为计价单位研究社保基金的资产配置。

第 6 章介绍下边风险测度的含义及类型，并重点介绍半方差测度，因为方差一直被用来测度风险，这受到国内外很多学者的质疑，方差提供的只是收益率相对均值对称性离散程度的衡量，即使资产收益是对称于均值，将方差视为风险也违背投资者对风险的真实心理感受，实际上投资者关注的是收益低于期望值的可能性，而超出部分通常不被视为风险。为此，我们研究基于半方差的缴费确定型和收益确定型社保基金的资产配置策略。

第 7 章针对内部收益保证和外部收益保证的资产配置策略，提出结合资产配置策略估算收益保证成本的基本思路，介绍估算收益保证成本所采用的普通期权和交换期权的定价方法及收益保证成本估算过程中所需用到的相关数学模型，根据固定组合（CM）、生命周期（DL）、固定比例组合保险（CPPI）三种资产配置策略分别估算多期收益保证成本，并进行数值分析。

第 8 章首先指出投资机构的资产配置策略会改变期末偿付收益保证的风险。因为在收益保证框架之下，能够估算收益保证成本虽然很重要，但是还不够，还应该知道收取一定的费用、提供一定的收益保证后，承担的风险有多大。其次介绍度量收益保证风险所采用的方法及相关模型，并以固定组合（CM）和固定比例组合保险（CPPI）两种策略为特例，在固定利率的假定下，分别得到收益保证的风险值的解析解。最后在随机利率模型的框架下，再结合社保基金常用的生命周期资产配置策略度量收益保证的风险。

第 9 章分析中国全国社保基金面临的问题，介绍全国社保基金的投资管理模式、全国社保基金发展概况和全国社保基金投资运作模式，分析全国社保基金投资收益情况。

第 10 章以 101 至 112 组合为研究对象，通过数值分析和结构分析的研究方法，对其重仓股的行业配置、β 系数、市盈率以及每股收益特征进行分析及比较。

第 11 章主要运用统计规律分析和 t 检验的方法来研究社保基金增减仓操作对市场的影响以及这种影响作用的时间长短，旨在验证社保基金是否具有投资风向标作用的同时，也为其他投资者提供一些投资建议。由于社保基金投资稳健并倡导长期投资和价值投资，因此若能正确引导投资者，将有助于稳定股市并且引导市场由投机向价值投资转变。该章分别研究增仓操作和减仓操作对市场的影响。

本书的主要研究成果和结论如下。

（1）社会保障基金的分类和特征

社保基金的投资管理近年来已经成为实务界与理论界的热门研究问题。与普通的投资基金一样，社保基金的投资也要求安全性、收益性、流动性，但社保基金又不同于普通的投资基金。首先，社保基金要求保障退休职工的收入和生活水平能跟上工资和物价的上涨，因此对资金运用的安全性和收益性的要求特别高；其次，由于社保基金考虑的投资期限比较长，一般需要 20 年到 30 年以上，因此在投资过程中，不仅考虑金融资产的波动风险，还必须考虑利率风险、通货膨胀风险以及工资水平风险；最后，社保基金不但长期内要支付给退休者养老金，而且还需要考虑短期的清偿能力，故在预期未来调整策略时必须精心权衡长期收益和短期支付，因此在投资过程中尤其强调资产负债管理。正是因为社保基金具有这些重要特性，所以社保基金是否能有效地投资运营不仅直接关系到一个国家整个证券市场的稳定与繁荣，还直接影响退休期间人们的生活水平和整个社会的稳定。

通过深入分析部分积累制社会保障制度的特征，比较部分积累制与完全积累制、现收现付制的本质区别，本书把部分积累制分为板块式和记账式两类：把板块式部分积累制社保基金分为带有储备性质的全国社保基金、具有收益确定型现收现付制性质的社会统筹基金、具有缴费确定型完全积累制性质的企业年金基金和个人账户基金四类；把记账式部分积累制社保基金分为收益确定型、缴费确定型以及缴费确定待遇保底型三类。本书分门别类地对各类性质基金的特征、监管模式、目标和约束进行分析，通过对大量的文献分析发现，收益确定型社保基金资产配置研究主要集中在运用资产负债管理实现盈余最大化和缴费率风险与偿付能力风险最小化两个目标；缴费确定型社保基金资产配置的研究主要集中在风险控制和收益保证方面；两者相结合统一框架下的资产配置问题主要体现期权的思想。

(2) 经济增长与社会保障制度

本书研究预期在金融危机爆发和扩散中的关键作用，以及利用货币政策引导预期的重要性。由于资本的虚拟性，使得金融市场的参与者对资产价值的评估高度依赖于由信息形成的预期。预期的变化容易引起资产价格大幅度的波动，由于金融市场的联动性，单一市场泡沫的形成和破裂可能引发金融体系的全面震荡，爆发金融危机。因此对社保基金制定资产配置策略，达到保值增值目标有重要意义（崔长峰和刘海龙，2009）。

本书还研究部分积累制社会保障制度的特征，在比较部分积累制与完全积累制、现收现付制的本质区别的基础上，结合中国现行的养老保险制度安排，在一般均衡的框架下构建一个三期的动态内生经济增长模型，模拟计算中国2000~2060年的经济增长路径，发现人口老龄化对物质资本积累和人力资本投资具有不同的效应，完全积累制下的人力资本投资低于现收现付制，而物质资本积累则高于现收现付制；完全积累制下的经济增长速度先是高于现收现付制，而后则低于现收现付制。

(3) 收益保证机制下的资产配置

由于社保基金不同于普通的投资基金，退休期间社保基金成了退休员工的主要收入来源，因此社保基金的业绩直接决定他们的生活水平。为了保证参与者退休后的生活收入及生活水平，设立适当的收益保证机制是必要的。本书在这方面的研究主要有以下成果。

第一，随机利率及随机收益保证下投资基金的资产配置。考虑随机利率环境及随机收益保证下普通投资基金的资产配置问题，并利用鞅方法，得到最优投资策略的显性解。结论表明，最优投资策略包括三个部分：投机策略、利率套期保值策略以及随机收益保证的复制策略，且该最优策略等价于将一部分资金投资于确保终端时刻获得最低收益的基准组合，而剩余资金则依照无保证情况下的最优策略进行投资。

第二，在投资收益不低于某一基准组合收益与固定收益的双重约束下考虑投资基金的资产配置问题。在模型中引入HJM利率期限结构，并采用期权定价框架，构造等价鞅测度求解得到该优化问题的最优投资策略。同时在CRRA效用函数下分析该投资策略的性质，发现该投资策略可以分解为无约束最优投资策略、债券及基准组合的套期保值策略。

第三，内部收益保证下社保基金的资产配置。目前社保基金主要存在两种保证机制，一种是内部收益保证，另一种是外部收益保证。基金自身有一个最差业绩约束；社保基金作为一种特殊的基金，为了确保投资者退休后的生活水平，也会为投资者提供内部收益保证。我们主要研究内部收益保证下缴费确定型社保基金的最优资产配置问题，并利用鞅方法，在HJM利率期限结构下求得最优资产配置的显性解。结果表明最优投资策略分为四部分：投机策略、利率套期保值策略、基准组合的复制策略及一揽子债券卖空策略。最后对最优策略的动态行为进行数值分析。

第四，外部收益保证下社保基金的最优资产配置。外部保证由独立于基金之外的机构提供，当产生的实际收益低于保证的收益时，这些外部机构会弥补收益缺口。立法者通常对社保基金的参与者提供外部保证，最低收益保证制度就是一种行之有效的方式。我们研究社保基金的最低收益保证制度及该框架下的资产配置问题，并利用鞅方法给出了最优资产配置策略，随后分析最低收益保证制度对最优资产配置的影响。结论表明，外部机构的利润分享比例越大，保证额度越高，则社保基金投资于风险资产的比例越高，而且随着时间的推移，其风险投资在逐步降低。最后，利用所得的结论为中国设立最低收益保证制度提出政策建议：中国应设立相对额度的最低收益保证制度；应由政府部门或非营利机构提供这种最低收益保证，且不宜采取利润分享原则；保证额度应适度，过高则会导致社保基金的投资风险太高，过低则达不到稳定退休者收入的效果。

（4）下边风险测度的资产配置策略

在实际问题中，投资者关注的是收益低于期望值的可能性，而超出部分通常不视为风险，因此相比起方差，下边风险测度更能反映投资者对风险的真实心理感受。当研究社保基金时，学者们建议使用低于目标值的半方差来测度风险，以往研究都是将方差作为风险测度，然而与回报高于均值时的不确定性相比，投资者更为关心的是低于均值时的不确定性，因此下边风险比方差更能反映投资者所关心的风险。半方差很早便被建议用来作为下边风险的测度，针对缴费确定型和收益确定型两个方面得到的主要结论如下：

1）下边风险测度下缴费确定型资产配置策略，以半方差作为下边风险测度，考虑缴费确定型社保基金的投资策略问题。利用鞅方法求得了最优资产配置的解析解。结果表明最优的资产配置策略分为三部分：债券保值策略、投机策略以及一揽子债券的卖空策略，且风险资产的最优投资比例与利率水平及缴费率负相关，与设定的目标值正相关。结论证实了“习惯形成”投资的合理性。

2）下边风险测度下收益确定型资产配置策略，将最小化偿付能力风险与缴费率风险作为目标函数，引入基金化不足惩罚因子与缴费率偏高惩罚因子。利用随机最优控制求得了最优的资产配置及缴费率。结论表明，最优的缴费率及风险资产的最优投资比例均与未备基金化的债务呈线性关系。此外，下边风险的引入加大了风险投资，而缴费率要视惩罚因子的相对大小而定。数值分析解释了中国目前缴费率偏高的原因，建议政府部门在社保基金缺口被弥补后，适时降低缴费率。

(5) 收益保证与资产配置策略的关系

研究收益保证与资产配置策略的关系是一个重要问题，因为如果确定了收益保证水平，必须随之确定能够达到该水平的资产配置策略，不是任何资产配置策略都能达到所要求的收益保证水平。同理，资产配置策略一旦确定，收益保证水平所要达到的目标也就确定了。两个方面的问题都是所要研究的重要内容，但更重要的是：一旦确定了收益保证水平，如何在收益保证水平基础上进行资产配置，才能既达到目标，又尽可能获得更高收益？这是一个复杂的随机规划和动态博弈问题，值得深入研究。投资机构能够采取某种资产配置策略，降低期末由收益保证所引起的偿付能力不足风险，进而减少收益保证的价值。但是，现有的研究成果在测算收益保证价值时并没有考虑资产配置策略。针对现有研究的不足，本书提出结合资产配置策略测算收益保证价值的方法，并以固定组合（CM）、生命周期（DL）、固定比例组合保险（CPPI）三种策略为特例，分别测算多期收益保证价值。通过模型的求解和数值分析发现：①投资机构采取的资产配置策略以及策略参数是影响收益保证价值的重要因素，投资机构采取避险策略将会降低收益保证的价值；②当多期收益保证的期数逐渐增大时，多期收益保证价值显著地变大。

(6) 以收益保证为目标的动态调整策略

在给定收益保证水平情况下，本书研究在该收益保证下的基金最优投资策略问题。在 HJM 利率期限结构下，利用鞅方法建立最优投资策略模型，并得到解析解，最优投资策略的解包括三个部分：投机策略、利率对冲策略以及收益保证的对冲策略，新的收益保证设定形式给予了投资机构更为灵活的选择，相当于赋予投资机构一个期权，所以在最优化问题中的目标函数与最优投资策略解中均出现新的期权项，最后对最优策略的动态行为进行数值分析。数值分析的结果表明，收益约束情况下的最优投资策略将使得最优财富总是高于收益保证，从而确保终端时刻至少可以获得所保证的收益。

针对社保基金嵌入的收益保证，在随机利率的框架下，结合社保基金的资产配置策略，本书提出测算风险准备金方法，并以社保基金常用的生命周期策略为例，得到风险准备金的解析解，最后运用一个数值算例和中国金融市场数据实证研究该方法的可行性与合理性。运用该方法所测算出的风险准备金能够反映投资机构所采取资产配置策略的风险偏好，本书更加真实地刻画社保基金投资机构所面临的风险。这将有助于监管机构更好地防范金融风险、提高风险准备金的使用效率。

(7) 全国社保基金资产配置的风险收益特征

社保基金仅仅通过风险较低，但收益率也较低的银行存款以及国债投资已经很难满足社保基金高于通货膨胀的基本收益率要求。如果社保基金不能实现一定目标的保值增值，当出现支付危机时，社保基金的社会保障功能将不能实现，社会保险制度将无法正常运行，势必会影响整个社会的稳定与发展。因此，社保基金必须通过拓宽投资渠道，来达到保值增值的目的。毫无疑问，股票市场是最直接、最有效的投资渠道。而股票市场在提供高收益率的同时，也给社保基金的投资带来了巨大的风险。通过资产配置在提高收益率的同时有效地控制风险，是一个重要的研究课题。我们针对 101 至 112 共 12 个股票型基金组合的资产配置进行了分析。主要是对其重仓股的行业配置、β 系数、市盈率以及每股收益特征进行分析及比较。从研究结果中可以发现：①在行业配置方面，102 组合、103 组合、108 组合主要以制造业、交通运输业等基础行业为投资对象，偏向于稳健性的行业配置特点，而其他组合主要通过把握行业的发展趋势，偏向于风险性的行业配置特点。②在 β 系数方面，101 组合倾向于配置 β 系数大于 1 的股票，而 102 组合更倾向于 β 系数小于 1 的股票，其他组合对 β 系数没有特别的倾向性。③市盈率方面，102 组合、103 组合、108 组合都选择了低于行业平均市盈率的股票作为主要投资对象，而 110 组合和 107 组合则偏向于高市盈率的股票，其他组合则根据市场环境选择不同的市盈率。④每股收益方面，所有组合都倾向于盈利性较好、每股收益较多的股票，并且从组合收益风险可以发现，102 组合、103 组合、108 组合采取了稳健性的投资风格，其组合风险控制得比较好，而其他组合收益率波动较大，风险也较大。

（8）全国社保基金投资对市场的影响分析

通过对社保基金 2004～2009 年每季度持有的重仓股在其后的一个季度到 8 个季度的收益和风险统计分析发现，社保基金的增仓操作确实具有一定的市场风向标作用，即其增仓会引发其他投资者的跟随进入，并且多发生于其增仓后的第四个季度和第七个季度，说明社保基金增仓对市场的影响偏于中长期，并且增仓变动占流通股比例较大的增仓操作对市场的影响比较大；社保基金减仓对市场影响比较小，且作用时间很短，多为减仓后一个季度，即在社保基金减仓后的一个季度即出现了所减仓的大多数股票相对于大盘的下跌。此外，社保基金的减仓操作在牛市和熊市中对市场的影响和在整个时间区间相比并无明显差异，增仓操作在牛市中和在所有时间段中也无明显差异。但社保基金增仓在熊市中具有比较明显的特征，即在增仓后第四个季度对市场影响最大。

本书是刘海龙教授负责的国家自然科学基金项目（70773076）的主要研究成果汇编，主要数据来源于 Wind 数据库和全国社保基金理事会网站，参与课题研究的主要成员有刘富兵、杨继光、王亦琦、陆炜、刘博、崔长峰和杨凡等，他们为本书的编著作出了重要贡献。在课题的研究过程中，参考了大量的国内外论文、论著和报告，借鉴了大量的前人研究成果，为此，对这些论文、论著和报告的作者与编者表示感谢。尽管倾注了大量的精力和时间完成了这本专著，但错误和不当之处在所难免，希望读者多提宝贵意见。

刘海龙

2011 年 9 月

目　录

第3部分 实 务 篇

第1部分　基　础　篇

第 1 章　社会保障制度

社会保障制度于 17 世纪萌发于英国，形成于德国，发展于美国，直到 20 世纪 60 年代，世界各国的社会保障水平大大提高，因此就已经形成了一个比较完整的体系。全球范围建立社会保障制度的国家和地区由 1940 年的 33 个发展到 1985 年的 127 个，到 2009 年，世界上已有近 150 个国家建立了社会保障制度。本章各节的主要内容安排如下：1.1 节介绍社会保障制度的建立及其模式；1.2 节介绍中国社保障制度的建立与发展；1.3 节讨论中国养老保险制度模型；1.4 节为本章小结。

1.1　社会保障制度的建立与模式

1.1.1　社会保障制度的建立

社会保障是指国家和社会通过立法对国民收入进行分配和再分配，对社会成员特别是生活有特殊困难的人们的基本生活权利给予保障的社会安全制度。社会保障的本质是维护社会公平进而促进社会稳定发展。一般来说，社会保障由社会保险、社会救济、社会福利、优抚安置等组成。其中，社会保险是社会保障的核心内容，社会保险的主要项目又包括养老社会保险、医疗社会保险、失业保险、工伤保险、生育保险等，而养老社会保险又是社会保险的主体内容。因此，本章以养老社会保险制度为主线阐述社会保障制度的建立与改革。

在社会保障的历史上有两个里程碑：一是德国在俾斯麦时期首创社会保障制度；二是美国在 1935 年建立全面社会保障制度，并将社会保障制度化，这对第二次世界大战后社会保障制度的全球化产生了很大影响。在社会保障制度的发展过程中，第二次世界大战是个分水岭。总的来说，第二次世界大战以前的社会保障制度在保障的项目、覆盖率和保障的水平等方面各国可能不同，但是相同的一点是：社会保障只是保证居民拥有维持生存所必需的生活资料。第二次世界大战以后，社会保障进入到另一个阶段，福利国家纷纷出现，其先锋是英国。全球的社会保障模式，大致可分为福利国家型、社会共济型、国家保障型、强制储蓄型和社会救助型五种。

早在公元前五百多年，老年救助就已经作为一种伦理实践活动而存在。公元前560年，古希腊政府对伤残的退伍军人及其遗属发放抚恤金，使其安度晚年。17、18世纪，随着自然经济解体，不少欧洲大陆国家开始自觉或不自觉地展开老年保障活动，这些老年保障活动不是真正意义上的养老保险，是与社会济贫紧密联系在一起的老年救助。尽管这不是真正意义上的养老保险，但它们的实践为养老保险制度的形成奠定了基础。

世界上第一个实行养老保险制度的国家是德国。有“铁血宰相”之称的德国首相俾斯麦在当政期间实行“面包大棒”政策，使德国成为了第一个真正较全面地实行养老保险制度的国家。1889年，俾斯麦政府继《劳工医疗保险法》和《事故保险法》之后，又颁布了《伤残和养老保险法》，他开创了资本主义国家运用国家权力建立以养老保险制度为核心的社会保障制度的先河。《伤残和养老保险法》包含三项基本原则：第一，权利和义务的统一；第二，交费为享受保险的条件；第三，保险费用由三方面负担。其主要内容是：①对于工人和低职官员一律实现老年和伤残保险，并且法律规定范围内的应投保人必须参加；②保险费除了保险人交纳和政府补助外，企业必须按照法律规定的保险费率为工人交纳保险费；③保险费由政府部门和有关方面商定，保险人无权更改；④凡年满71岁、交纳保险费30年以上者，才有权享受养老保险等待遇，退休工人的退休收入按照工人的原有工资和地区等级而定。上述原则和主要内容完全符合现代意义的社会养老保险的含义。

自从德国建立了养老保险制度后，不少国家争相仿效。英国于1908年颁布了《养老金法》，瑞典在1913年实行了养老保险，欧洲和美洲的其他国家也相继颁布了类似的文件，实行了养老保险。值得指出的是，在众多的养老保险法案中，英国的《养老金法》是一个现代意义上的养老保险制度。在这个制度中，个人无须交费，政府通过财政拨款，对于超过一定年龄且低于一定收入的人发放养老金。这一法案的颁布，使领取养老金在历史上第一次作为公民的权利，以法律形式被确定下来。从各国的规定来看，在第二次世界大战前，各国养老保险呈现以下两个特征：第一，国家承担的比例都比较高，多采用“量入为出”的原则确定收益；第二，待遇水平都相当低，仅能为退休者提供最基本的生活保障。

养老保险制度作为一项经济制度安排开始于美国。1929～1933年，爆发了世界性的经济危机，美国经济出现了严重的生产过剩，大批工厂倒闭。面对经济危机的严重后果，美国总统罗斯福提出了“安全保障社会化”的设想，主要思路是兴办公共工程、增加社会福利，成立经济保障委员会，并于 1935 年颁布了历史上第一部社会保障法典——《社会保障法》。该法案明确规定："本法案旨在增进公共福利，通过建立一个联邦的老年救济金制度，使一些州得以为老人、盲人、受抚养的和残疾儿童提供可靠的生活保障的保险，为妇幼保健、公共卫生和失业补助法的实行做出妥善的安排。"该法案对老年赡养问题采取两种解决办法：一种是联邦老年保险，也称老年储蓄账户；另一种是老年援助。老年保险的具体做法是：由雇员缴纳 1% 的工资税存入自己的账户，同时其雇主也按同一比例缴税存入，待雇员退休时，根据各自的账户数额发放退休金。老年援助计划通过联邦基金向各州的老年人提供以家计调查为基础的现金补贴。对于那些不能参与老年人保险制度或虽然参与了养老保险但仍需帮助的老年人，由联邦政府支付有关其关照、护理的成本。这一法典的颁布标志着包括养老保险在内的社会保障制度最终形成。该法不仅吸收了俾斯麦所用的"国家干预主义理论"，而且吸收了凯恩斯的需求管理的理论。苏联在建立了社会主义国家后，建立了与西方完全不同的养老保险制度。其建立的养老保险是一种以"低工资、高福利"为特征的计划经济下的国家型退休保障模式。在这种模式下，个人无须交纳保险费用，养老金完全由企业和国家负责发放。由于苏联是世界上诞生的第一个社会主义国家，它所实行的国家型养老保险制度对东欧以及新中国等第二次世界大战后出现的社会主义国家的养老保险制度产生了深刻的影响并起到了示范作用。

1.1.2 社会保障制度的模式

第二次世界大战后，世界各国的养老保险发展进入了繁荣时期。20 世纪 40 年代，以《贝弗里奇报告》为基础的"福利国家模式"在英国创建。20 世纪 60 年代末，该模式遍及荷兰、瑞士及北欧各国家，它们先后建立了统一缴费、统一待遇、全民享受的具有福利色彩的养老保险制度。美国、日本、韩国及其他欧洲国家则仍按传统的起源于德国的"投保互助模式"，实行雇主雇员缴费、养老金待遇与收入挂钩的收入关联制养老保险模式。在《社会保障最低标准公约》的影响下，不少国家，尤其是发展中国家，建立了不同层次的养老保险。如新加坡，后发优势地进行了制度创新，创立了以中央公积金为核心的"强制储蓄模式"，中国和原东欧等社会主义国家建立了由政府和企业支付养老金的国家保障型制度。据美国卫生和人类服务部社会保障署 1985 年出版的《世界社会保障制度》统计，1940 年，全球范围内建立养老保险的国家和地区只有 33 个，到 1985 年增加到 127 个，到 2009 年，世界上已有近 150 个国家建立了社会保障制度，养老保险制度在世界范围内全面铺开。但由于世界各国的社会制度、经济实力和文化背景等不同，推行社会保障制度的时间有先后、有长短。因此，各国社会保障制度在政策取向、制度设计、项目多寡、具体标准及实施办法等方面既有共同点，也有差异之处。从社会保障的主要方面进行分析和综合，世界各国社会保障制度大致可以分为：以英国为代表的福利国家型保险模式、以美国为代表的社会共济型保险模式、以新加坡为代表的强制储蓄型保险模式、以苏联为代表的国家保障型保险模式、以南非为代表的社会救助型保险模式这五种。

（1）福利国家型模式

以英国和瑞典为代表的福利型社会保障制度，按照“普遍性原则”，以“收入均等化、就业充分化、福利普遍化、福利设施体系化”为目标，包括了一整套“从摇篮到坟墓”的社会福利制度。它的建立，是以 1942 年英国颁布的《贝弗里奇报告》为标志。该报告建议建立全面的社会保险制度和国民保健制度，提出了建设福利国家制度的许多具体设想，包括国家将为每个公民提供儿童补助、养老金、残疾补助、丧葬补贴、丧失生活来源补助、妇女福利和失业救济等方面的社会保障。这份报告是社会保障制度发展史上不可忽略的纲领性文件。之后，在《贝弗里奇报告》的基础上，英国制定了《国民保险法》、《国民卫生保健服务法》、《家庭津贴法》和《国民救济法》等一系列法律。以《贝弗里奇报告》为基石的“福利国家”养老保险模式具有以下几个特征：①普享性。凡是有收入的人都必须参加社会保险，按照同一标准交纳保险费，也按同一标准享受保险给付。②强制性。国家强制所有劳动者都要参加养老保险，以规避年老带来的经济风险。养老金支出源自税收，公民个人不缴纳或缴纳低标准的养老保险费。③综合性。在保险项目上，把养老保险和失业、疾病、伤残、遗嘱保险归并在一起，从单项保险转向综合保险，建立统一的国民保险制度，形成了相互联系、共同保障的社会安全网络。这个由政府负责、全民高福利的社会保障制度，严重损害了经济运行的效率，在 20 世纪 70 年代经济滞胀的大背景下，英国率先进行了改革。

（2）社会共济型模式

以美国和日本为代表的多数国家实行的养老保险制度是社会共济型模式。其共性有：①每一个工薪劳动者和未在职的普通公民，都属于社会保险的参加者或保险对象。②缴纳养老保险费是每一个公民应该履行的社会义务，在职的企业职工必须按照工资的一定比例定期缴纳社会保险费；未在职的社会成员也必须向社会保险机构缴纳一定的养老保险费，企业或雇主必须按照企业工资的一定比例定期缴纳保险费。③缴纳的比例由各国法律自行规定，一般情况下，雇主缴纳的比例高于或等于雇员缴纳的比例。④养老金多分为三个层次：一是普通养老金，社会上每一个老年人只要达到规定的年龄并向社会保险机构缴纳过一定的保险费就有权享受；二是雇员养老金，企业的雇员只要按规定缴纳保险费，达到法定的退休年龄后即可享受；三是企业补充养老金，这是企业为调动职工的生产积极性根据企业的效益好坏附加的养老金，以提高退休者的生活水平。社会共济型模式有很多优点，例如，资金来源较丰富，由国家、企业和劳动者共同承担；养老金层次较全面，能满足社会各层次的不同需要；社会覆盖面较广，基本保障到每一位老人；基金管理较科学，是把征得的税费纳入基金，将基金投资以增值，不足部分由财政补贴；权利义务较对等，缴费和收益相挂钩，以保证公平和效率。因此，社会共济型保险模式从第二次世界大战之后就为多数国家采用。20 世纪 70 年代经济滞胀后，一些原本朝着“福利国家模式”前进的国家，如法国、意大利、联邦德国，也转而采取社会共济型模式。

（3）国家保障型模式

20 世纪 50 年代，随着社会主义制度在中国和东欧社会主义国家建立，社会主义阵营国家都开始模仿苏联建立自己的养老保险制度。这种养老保险模式的主要特点是：①劳动者主要是国有企业和集体企业的工薪劳动者，在年老丧失劳动能力之后均可享受国家法定的社会保险待遇。②国家不向劳动者本人征收任何养老社会保险费，养老保险所需的全部资金都由其所在的单位负责，并由统一的组织机构经办。虽然缴费的是国有或者集体企业，但由于最终的所有权人仍然是国家或者集体，保障的对象也是国有部门或者集体部门的雇员，因此称之为国家保险模式。

（4）强制储蓄型模式

强制储蓄模式也称为自我保障模式，这种保险制度下的保险基金来自于企业和劳动者的缴纳，国家不进行投保资助，只给予一定的政策性优惠。新加坡的养老保险制度——中央公积金制度就是一项强制性的储蓄保险制度。新加坡 1955 年开始实施的中央公积金制度强制雇主和雇员共同供款，并以职工的个人名义存入公积金，由中央公积金局集中管理，职工在符合某些特定条件的情况下可以动用个人账户的基金用于特定用途。国家对公积金不征税，并为公积金的支付提供担保。公积金的缴费率由隶属劳工部的全国工资理事会提出建议，经政府同意后实行。工资理事会在经济增长、工资增加的同时，会提高缴费率；在经济衰退、企业困难时，会降低缴费率。公积金主要投资于政府债券。

（5）社会救助型模式

社会救助型养老保险模式的资金直接来自于政府财政。在此制度下，获得养老金必须经过家庭收入调查这一程序，仅对收入低于一定水平的人给予保障，个人领取养老金的多寡取决于本人退休时个人财产的实际储蓄额。这一制度的突出缺陷是收入审查复杂，并且促使劳动者工作时减少储蓄，最终导致国家缺乏长期资金。南非是实行单一社会救助型养老保险制度模式的国家。

这一时期，除了新加坡等少数国家实行基金积累制外，各国的养老保险普遍采用的是现收现付制。无论是“福利国家模式”、“投保互助模式”，还是“国家保险模式”，几乎所有国家均采用现收现付制，实行当年收支平衡，基本不留积累。

1.1.3 社会保障制度的改革

进入20世纪70年代，由于受石油危机的影响，西方国家经济普遍陷入了滞胀的困境，带有刚性特征的高福利开支逐渐成为政府财政赤字的基本因素。加之，随着老年人口比例的提高，西方国家开始步入了老龄化社会，到1980年，65岁以上的老年人口占总人口的比例美国为11.2%，瑞典高达16%，传统的以现收现付制和公营管理为核心的养老保险制度遇到了前所未有的支付危机。各国政府纷纷对现行的养老保险制度进行改革。

针对现收现付制的改革分为两大类。第一类，调整性改革，是指在不改变原有制度模式的条件下，对制度的一些具体政策措施进行调整。通过这种调整来增加收入、降低支出，缓解制度的财务危机。各国采取的具体调整做法有：提高退休年龄、延长享受待遇所需的最低缴费年限、提高缴费率、取消缴费收入的限额、降低养老金的替代率等。在养老金的运营管理上，有的国家采用改变养老金基金管理方式和方法，扩大养老金的投资范围，增加基金增值的效率。在进行调整性改革的国家中，有的国家在不改变原有制度主体地位的前提下，设法缩减原有现收现付的规模，增强自愿性职业年金计划、自愿性个人储蓄养老计划的份额，逐步向多层次养老保险体系的方向发展。第二类，根本性改革，是指由一种养老保险模式转变为另一种模式，即由现收现付、收益确定型的养老保险模式转变为缴费既定型的储蓄积累模式，最为典型的是智利。下面就以国际上几个进行养老保险制度改革的国家为案例说明当前改革的现状和趋势。

（1）智利的养老保险制度改革

1981年，智利率先对养老保险制度进行彻底改革，由政府直接管理的现收现付制转变为私营化的完全积累的个人账户制。其私营基金积累制的基本内容有：①实行个人账户制，强制职工每月将工资的10%拿出纳入账户，职工还可以自愿交纳一定数量的超过这一比例的资金；②养老金基金由称为养老金基金管理公司（Pension Fund Administrators，AFP）的私人机构管理，个人可自由选择参加任何一个 AFP 管理下的养老金基金；③当具备了规定的受益条件时，如达到法定退休年龄，职工就可直接从 AFP 按月领取养老金或者将个人账户积累额全部取出，向某家人寿保险公司购买终生年金保险，或者将两种办法结合起来；④政府相关部门负责制定相关法律（包括规定养老基金的投资比例、投资的最低回报率），对基金管理公司进行审批和实行间接监控，并对养老金低于最低养老标准的职工进行补助；⑤关于新老制度的衔接问题，规定新进入劳动市场的职工只能进入新制度，改革前已参加工作的职工可在新老制度之间进行选择。

此外，智利还陆续建立了称为“第二账户”的自愿储蓄计划，鼓励个人更多储蓄，同时鼓励个人在第一账户中提高缴费率，建立赔偿储蓄账户、合同储蓄计划及其他一些家属受益、工伤补偿等计划。这些计划均由养老金基金管理公司统一管理。他们把这些基金投资于资本市场，以取得投资收益，智利的改革方案受到各国的广泛关注，被认为是通过引入市场机制从而提高了效率的典范。但这些改革方案也导致了一些非议，批评者认为它不实行再分配因而是不公平的，也是不讲求效率的。目前采用智利模式的有秘鲁、阿根廷、哥伦比亚、乌拉圭、墨西哥、玻利维亚、萨尔瓦多等拉美国家和澳大利亚。

（2）瑞典的养老保险制度改革

瑞典是西欧“福利国家”的典型。经过改革，瑞典的养老保险制度由基本养老保险、补充养老保险和部分养老保险组成。基本养老保险采用现收现付制（平均替代水平 60% ~65%），覆盖在瑞典居住三年或以上的合乎条件的瑞典和外国公民。养老基金来源于由雇主承担的基本养老保险缴费、国家财政拨款或市政府拨款。补充养老保险采用现收现付和部分积累结合制，保险范围是 16 ~65 岁有劳动报酬的瑞典公民和在瑞典的外国公民，保险基金来源于由雇主缴纳的补充养老保险缴费和基金利息。部分养老保险，是对 61 ~65 岁的职工由于工作时间缩短而收入减少给予的收入补充，基金来源是雇主的缴费和基金收入。值得注意的是，瑞典在改革中，虽然建立了个人账户，但由于历史原因，其建立的个人账户是名义上的，在个人账户中虽也记录缴费和利息，但缴费并没有真正地积累起来，而是用于当前退休者的养老金支付，从而形成“空账”，其本质上仍是现收现付制。这种以名义个人账户为特征的养老保险模式，被称为“瑞典模式”。现在，在意大利、立陶宛、拉脱维亚、波兰和中国等建立的养老保险模式也以名义个人账户为主要特征。

（3）美国的养老保险制度改革

美国目前的养老保险是强制性计划，基本覆盖美国绝大多数从业人员。其筹资由雇员、雇主和自我雇佣者的养老保险税、基金投资的利息收入和对部分养老保险收入的纳税收入组成。养老金的计发是基于工人的平均指数化月工资收入，同时受益公式要根据生活费用进行调整。正常退休年龄为 65 岁，美国采取了提前退休的扣减和延迟退休的鼓励机制。此外还实行对收益调整的自动生活费用调整及财务稳定器，以及对养老保险收益课税和收入测试。在改革中，美国还采取逐步提高退休年龄（至 67 岁）等削减保险支出的措施。1996 年，美国社会保障顾问委员会提出了社会保障三个方案：方案之一是维持现行制度，通过一些调整措施来增收节支，缓解财务危机；方案之二为个人账户方案，另增加 1.6% 的工资税，建立规定缴费的个人账户，由政府管理，投资选择权在个人；方案之三为个人社会保障账户方案，即将社会保障税（12%）的 5% 用于建立个人社会保障账户，由私人管理。

（4）波兰及世界银行建议的养老保险制度改革方案

1994 年，世界银行发表报告《防止老龄化危机——保护老年人和促进增长的政策》，系统阐述了该组织的养老保险政策主张、方案设计。该方案包括三支柱养老保险体系：第一支柱是强制性的税收筹资、政府管理的现收现付制，覆盖全社会，目的是提供最低生活保障，替代水平 25% 左右，采用财富审查或统一比率的方式代发；第二支柱是强制性的雇主、雇员共同筹资，私营管理的完全积累制，主要由强制性职业养老金计划和个人账户制构成，通常提供 40% ~50% 的替代水平；第三支柱是自愿性的个人储蓄计划。三个支柱中，世界银行强调的是第二支柱，即智利式的完全积累制，他们认为这可以很好地解决老龄化问题，能克服现收现付制的种种缺陷，同时有利于资本形式，促进经济增长。

以世界银行的改革方案为基础，许多中东欧国家都试图或正在建立多支柱养老保险体系，如匈牙利、波兰、罗马尼亚和俄罗斯等。以波兰为例，其建立的新的多支柱养老金体系包括三大部分内容：现收现付的第一支柱，以名义定额缴款为基础；强制性的、完全基金化的第二支柱，由私人养老基金提供服务，由大型投资基金和保险公司联合组建的合资股份公司管理；自愿性的第三支柱，以雇员养老金计划为基础。

1.2 中国社会保障制度

中国社会保障制度从新中国成立后开始创建，也经历了完善、改革等几十年的发展过程，目前中国现行的社会保障制度，属于社会共济模式，即由国家、单位、个人三方共同提供社会保障融资计划，而且这是未来相当长一段时期的改革趋势。这一部分主要介绍中国社会保障制度的建立与改革。

1.2.1 中国社会保障制度的建立

从 1949 年中华人民共和国成立到 1978 年改革开放之前，是中国社会保障制度的初创时期。这一时期大致分为三个阶段。

（1）中国社会保障制度的创建阶段（1949 ~ 1957 年）

1949 年中华人民共和国成立后，《中国人民政治协商会议共同纲领》为建立新中国的社会保障制度提供了最基本的法律依据。该纲领明确规定了革命烈士家属、革命军人家属、残疾军人以及退伍军人的安置及生活保障，提出要逐步实行劳动保险制度。1951 年，中国颁布了《劳动保险条例》，具体规定了职工在疾病、伤残、死亡以及养老等方面可以享有的保险待遇。该条例除失业保险外，对养老、工伤、疾病、生育等保险项目都作了具体规定，构筑了中国社会保障制度的基本框架，是中国社会保障制度建设的重大举措，也是中国社会保障制度的发展源头。1956 年，企业社会保险的实施范围扩大到商业、外贸、粮食、供销合作社、金融、民航、石油、地质、水产、国营农场、林业等 13 个产业部门，社会保险覆盖了当时各类企业职工的 94%。在企业社会保险建立的同时，适用机关事业单位的社会保险也逐步建立起来。到 1957 年年末，中国社会保障制度建设取得了重大进展，社会保险和社会救济、社会福利、优抚安置等一系列法律法规都基本建立起来，对当时保障职工权益、稳定社会生活、促进社会主义建设起了重要的作用。

（2）中国社会保障制度的发展（ 1958 ~ 1965 年）

1957 ~ 1965 年，中国社会保障制度虽然受到“大跃进”和“三年自然灾害”的干扰，总体来看还是不断发展和完善的。在养老保险方面，1958 年国务院通过了《关于工人、职员退休处理的暂行规定》，将企业职工和机关工作人员的退休制度与退职制度统一起来，从而解决了同是全民所有制职工保险待遇不同、办法不同的矛盾，体现了社会保障的公平原则。新的规定还取消了《保险条例》中关于“在职养老金”的规定。在此阶段也改进了医疗制度，调整了学徒的社会保险待遇。

（3）中国社会保障制度的停滞倒退阶段（ 1966 ~ 1977 年）

从 1966 年开始，由于受“文化大革命”的影响，这一时期撤销了主管救济、社会福利等事务的内务部，劳动保险事务陷入了瘫痪状态，财政部发文规定国有企业停止提取劳动保险金，原在劳动保险金开支的劳动保险费用改在企业营业外列支。自此劳动保险演变成了企业或单位保障制，社会保障制度只能主要依靠各个单位组织来维护和延续，这种趋势一直持续到1978年改革开放。

1.2.2 中国社会保障制度的改革

中国社会保障制度改革也经历了三个阶段：第一阶段（1978～1992年）是为国企改革配套服务；第二阶段（1993～1997年）将社保制度明确为市场经济体系的五大支柱之一；第三阶段（1998年至今）将社保作为一项基本的社会制度加以建设。

（1）改革探索阶段（1978～1992年）

这一时期，中国经济体制改革的核心是转变企业经营机制、增强企业活力，实行以承包为主的多种形式的经济责任制。在这种改革背景下，社会保障制度改革的指导思想定位于服务国有企业改革的需要，国家把社会保障制度改革作为企业改革的配套措施来进行，以单项制度改革为突破口。首先从改革城镇企业养老保险制度和建立失业保险制度入手，再随着有关企业改革政策的出台，陆续制定了其他相关的社会保障制度改革措施。在养老保险方面，1984年，国家在全民和集体所有制企业开始了退休费用社会统筹的试点；1991年，国务院发布了《关于企业职工养老保险制度改革的决定》，实行基本养老保险、企业补充养老保险和职工个人储蓄性养老保险相结合的养老保险制度，基本养老保险费用由国家、企业和个人共同负担，实行社会统筹，先由市、县级统筹再逐步过渡到省级统筹。在失业保险方面，1986年为了配合国营企业劳动合同制，国务院颁布了《国营企业职工待业保险暂行规定》，首次在中国建立了企业职工待业保险制度；1993年国务院修订了该规定，发布了《国有企业职工待业保险规定》，进一步扩大了待业保险的覆盖范围，提出由企业缴费建立待业保险基金，用于保障待业职工的基本生活。

（2）制度框架初步形成阶段（1993～1997年）

1993年，党的十四届三中全会通过的《中共中央关于建立社会主义市场经济体制若干问题的决定》，把建立社会保障制度作为社会主义市场经济基本框架的五个组成部分之一，明确了中国社会保障体系的基本内容。随后，城镇社会保障制度改革按照十四届三中全会确定的目标、任务和基本原则来进行，重点是养老保险、医疗保险和失业保险制度，目标是建立一套适应社会主义市场经济要求的多层次的社会保障制度。在养老保险方面，1995 年国务院发布了《关于深化企业职工养老保险制度改革的通知》，基本养老保险实行社会统筹与个人账户相结合的制度模式在全国试点。在医疗保险方面，1995 年，在江苏省镇江市、江西省九江市进行试点，探索建立社会统筹与个人账户相结合的医疗保险制度，1996 年试点扩大到 38 个城市。在工伤保险方面，1996 年，劳动部发布了《企业职工工伤保险试行办法》，规范了工伤保险的认定条件、待遇标准和管理程序，建立工伤保险基金。1994 年，劳动部颁布了《企业职工生育保险试行办法》，对生育保险的实施范围、统筹层次、基金筹集和待遇支付等进行规范。1997 年以来，中国社会保障改革步伐加快。国务院于 1997 年发布了《关于建立统一的企业职工基本养老保险制度的决定》，规定了按职工工资的 11% 建立养老保险个人账户，将 11 个行业统筹划归地方社会保险机构管理，对社会保险经办机构实行省级垂直管理等措施，统一了城镇企业职工基本养老保险制度。

（3）全面建设与完善阶段（1998 年至今）

2000 年，国务院颁布了《关于印发完善城镇社会保障体系试点方案的通知》，并在辽宁省试点，探索社会保障制度从单项制度推进向系统建设转变、以覆盖国有企业为主向以覆盖城镇从业人员转变的经验，三年试点取得了较大的成功。到 2004 年底，以养老保险、医疗保险、失业保险和城市居民最低生活保障制度为主要内容的、适应社会主义市场经济基本要求的社会保障体系框架初步形成。

2005 年以来，《中共中央国务院关于推进社会主义新农村建设的若干意见》等文件的出台，标志着中国社会保障制度发展进入统筹城乡、全面覆盖、综合配套、统一管理的阶段。2005 年，国务院颁布了《关于完善企业职工基本养老保险制度的决定》，实现养老保险覆盖范围由职工向城镇灵活就业人员的拓展，改革养老金计发办法，强化激励约束机制，建立长效机制；2006 年，国务院颁布了《国务院关于解决农民工问题的若干意见》，国务院办公厅转发《劳动保障部关于做好被征地农民就业培训和社会保障工作指导意见的通知》，推进农民工和被征地人员社会保障制度建设；2007 年，国务院颁布了《国务院关于在全国建立农村最低生活保障制度的通知》、《国务院关于开展城镇居民基本医疗保险试点指导意见》，2009 年 9 月 1 日国务院颁布了《关于开展新型农村社会养老保险试点的指导意见》，全国建立兜底性的城乡最低生活保障制度，同时将医疗保险由职业人群拓展到城镇非职业人群。根据《第一财经日报》2011 年 7 月 26 日的报道，截至 2011 年 1 ~ 6 月，全国五项社会保险基金总收入达 10 520. 4 亿元，同比增长了26.6%。总支出8409.2亿元，同比增长21.0%。全国参加城镇基本养老保险、基本医疗保险、失业保险、工伤保险和生育保险人数分别为26 626万人、45 431万人、13 719万人、16 827万人、13 013万人，分别比上年年底增加919万人、2168万人、344万人、666万人、677万人。由于各项保险参保人数的增加直接导致社会保险基金收入的增长。但高增长给我们带来更多思考的是如此规模巨大的社会保险基金如何运作，才能达到保值增值的目标。

根据《第一财经日报》2011年7月28日的报道，中央确定的新型农村社会养老保险试点，基础养老金标准为每人每月55元。地方政府可根据实际情况提高标准。按照国务院最初规划，新农保自2009年开始试点，2020年之前基本实现对农村适龄居民的全覆盖。但根据目前的速度，2012年有希望基本实现城镇居民社会养老保险制度和新型农村养老保险制度的全覆盖。根据人力资源和社会保障部最新的数据，截至2011年6月底，国家试点地区共有1.42亿人参保，3713万人领取养老金。加上各地自行开展的试点，全国参加新农保人数共1.99亿人，5408万人领取养老金。而北京、天津、重庆、浙江、江苏、西藏、宁夏、青海、海南9个省份已经实现了新农保制度的全覆盖。

1.2.3 中国社会保障制度存在的问题

中国的社会保障经过几十年的发展，取得了很大的成就，基本建立了与社会主义市场经济体制和经济发展水平相适应的社会保障体系的框架，实现了从以单位福利为主的劳动保险到统筹互济社会保障的转变，实现了从主要保障城镇职工到统筹城乡发展的重大变革，越来越多的城乡居民享受到基本的社会保障。但是，中国社会保障的发展仍是不均衡的甚至在某些部分是相对落后的，人口、区域经济、收入差距及制度不完善等因素对中国的社会保障改革和发展造成了不利的影响。

1）发展不均衡，农村地区发展落后。城乡社会保障发展不平衡，广大农村地区严重滞后。自改革开放以来，中国经济发展迅速，取得了举世瞩目的成就，但是这种发展一直是不平衡的发展。据统计，占中国人口30%多的城镇居民占有全国社会保障的近89%，而占全国人口近70%的农村人口则仅占社会保障的11%。这种明显的福利分配不合理，不单是因为经济水平不同，与政府政策导向、居民自身对享受社会保障的权利和义务的认识等都有一定的关系。在中共十七届五中全会通过的“十二五”规划建议，明确提出未来五年要使城乡居民收入普遍较快增加，努力实现居民收入增加和经济发展同步；扭转城乡、区域、行业和社会成员间的收入差距扩大趋势，这些目标对社会保障的覆盖范围、执行、解决纠纷等提出了更高层次的要求。

2）缺乏统一有效的法律制度及部门管理。缺乏统一的政策制定和管理部门，劳动和社会保障局、民政局、财政局等都和社会保障相关，各部门间没有统一的标准和规范，降低了管理效率，增加了管理成本。特别是当出现问题时，难以找到直接负责人和解决问题的方法，容易造成各部门间的相互扯皮、相互推诿。

3）保障的覆盖面窄，社会化程度低。目前，中国社会保障的覆盖面主要限于国家行政事业单位、国有企业和部分集体企业，而事业单位的非在编人员，外资、私企的很多员工与城镇居民仍未参加养老保险。在基金征缴方面，由于缺乏强有力的处罚手段，致使一些企业隐瞒缴费基数、少交漏缴，还有相当的私营企业不为员工办理缴交保险费，即使参加，也是以少数“固定收入”报缴费基数，大头“绩效收入”瞒报。

4）社会保障统筹层次低，管理体制不健全。现行的社会保障统筹由各地分散进行，少数地方实现了省级统筹，大多数地区由市县统筹。社会保障具体事务监管中最突出的问题是社会保障基金管理。一是社会保障基金的挤占、挪用和盲目投资现象突出，影响社会保障基金安全。二是缺乏保值增值的手段。目前中国社会保障采用了部分积累制，在运作过程中，国家规定 80% 以上必须用于购买政府债券，由于投资渠道单一，又缺乏有效管理，资源的运作效率低下。基金无法实现保值增值，使社会保障制度缺乏必需的财力保证，很难规范运作。

5）人口老龄化严重。根据第六次人口普查数据显示，中国 65 岁以上人口占到全国人口比重约为 8.87%，60 岁以上人口占总人口的比重已达到 13.26%。按照国际通行标准，60 岁以上人口占总人口的比重超过 10%，65 岁以上人口占到整个人口比重超过 7%，即进入老龄社会。根据人口学家预测，至 2050 年，中国老年人口比例将达到约 25% 以上，可见，老龄化趋势仍在继续蔓延。人口加速老龄化导致城镇养老负担系数将大幅增加，医疗费用也随之加重。如果对这个问题没有恰当的应对之策，不仅社会保障制度无法平稳运行，而且将影响经济社会的可持续发展。

6）社会保险基金运作效率低。各项社会保险基金收入增长快、规模大，如此规模巨大的社会保险基金不能只靠存银行和买国债获得很低收益率。据专家测算，低收益率加上高通货膨胀，社会保险基金已经给民众带来巨大的福利损失。中国社会保险基金的收益率不到 2%，几乎是世界上收益率最低的。1997 年以来中国五项社会保险基金的利息损失高达 6000 亿元以上，相当于抵消了同期财政对养老保险制度的所有补贴，而到 2020 年，仅养老保险滚存余额就超过 10 万亿，届时收益率损失将达几万亿。根据《第一财经日报》2011 年 7 月 26 日的报道，统筹层次较低是社会保险基金投资运作困难的原因之一。目前五项社会保险基金投资管理层次绝大部分以县市级为主，2 万多亿社保五险基金分布在 2000 多个县市级统筹单位，问题相当严重，因此，研究养老保险省级和全国统筹思路，减少各类违规事件发生，既要确保安全，同时又能够大幅度提高收益率是当务之急。

1.3 中国社会保障制度模型

鉴于社会保险是中国社会保障体系的核心部分，其中养老保险是覆盖面最广、所占比例最大的一个项目，且是与人口结构和长期经济增长最为密切的一部分，因此这一部分结合中国现行的养老保险制度安排，在一般均衡的框架下构建了一个三期的动态内生经济增长模型，模拟计算了中国 2000～2060 年的经济增长路径，发现人口老龄化对物质资本积累和人力资本投资具有不同的效应。完全积累制下的人力资本投资低于现收现付制，而物质资本积累高于现收现付制。完全积累制下的经济增长速度先是高于现收现付制，而后则低于现收现付制。

20 世纪 80 年代初，智利成功地完成了养老保险从现收现付制（pay-as-you-go）向完全积累制（fully-funded）的私有化改革，并使经济走上了良性的发展道路，随之世界各国也纷纷进行了养老保险的改革，并由此激发了人们对养老保险制度的研究热情。由于从缴纳到发放养老金要持续相当长的时间，因此，人们普遍认为养老保险的不同制度安排势必会影响消费者一生的消费和投资决策，进而对宏观经济产生一定的作用（杨继光等，2008）。

Samuelson（1958）在纯粹储蓄（没有生产和投资）的模型中，研究了现收现付制的养老保险问题，该研究表明纯粹交换经济中的养老金利率只取决于人口增长率。Diamond（1965）提出了著名的世代交叠模型（overlapping generation，OLG）。Henry（1966）在 OLG 模型中引入生产和投资决策，证明了养老保险收益率取决于人口和劳动生产率的增长率，并在此基础上用劳动生产率的增长率对 Diamond 提出世代交叠模型进行了修正，认为养老保险收益率取决于人口增长率和劳动生产率的增长率。在内生经济增长的精神的指引下，人们开始借助内生的世代交叠模型来研究养老保险对经济增长和人力资本投资的影响。Rowena（1999）运用家庭内人力资本投资的内生经济增长模型分析了美国养老保险制度和人口老龄化对经济增长的影响。Gabor（2001）则研究了从现收现付制向完全积累制转变的帕雷托改进的可能性。

为顺应市场经济改革的实践和应对人口老龄化的需要，中国于 1997 年进行了养老保险体制的改革，初步建立了社会统筹与个人账户相结合的基本养老保险制度。对中国养老保险制度选择和经济影响的研究也得到了学界的关注：有一部分学者支持完全积累制的养老保险制度，赞成我们养老保险制度的改革（郑伟和孙祁祥，2003；王燕等，2001）；也有部分学者研究了现收现付制在中国的可行性（袁志刚，2001；封进和宋铮，2006）。

国内还没有学者从内生经济增长的角度来研究中国现行的养老保险制度安排对经济增长的影响。这一部分基于一般均衡的分析框架，结合中国现行的养老保险制度安排构建一个三期的内生经济增长模型，研究不同养老保险制度安排和人口老龄化对物质资本积累、人力资本投资和经济增长的影响。人口老龄化会导致个体自主储蓄的增加和对子代人力资本投资的降低。现收现付制税率的提高，会降低个体自主储蓄和对子代人力资本的投资。在相同的工资替代率下，完全积累制下的个体自主储蓄高于现收现付制，而人力资本投资则低于现收现付制。由于人力资本投资的滞后效应，完全积累制下的经济增长速度先是高于现收现付制，而后则低于现收现付制。

1.3.1 基本模型

（1）消费者行为描述

在一个无限期生存的经济环境中，生活着大量无差异的代表性个体，他们的一生可划分为青年期、中年期和老年期。在青年期，代表性个体在父代的资助下接受教育获得人力资本投资；中年期则进入劳动市场，依靠劳动获得工资自主安排自己的消费和储蓄，并缴纳养老保险金和承担对子代的人力资本投资；步入老年期后，代表性个体依靠养老金和中年期的储蓄度过余生。

假定人口增长结构遵循 $N(t+1)=[1+n(t+1)]N(t)$。其中，$N(t)$ 为 t 期新出生的人口数；$n(t+1)$ 为 $t+1$ 期的人口出生率。第 t 期出生的代表性个体一生的效用函数为

$$U(t)=\ln(c_t(t+1))+\beta p(t)\ln(c_t(t+2))+\delta(1+n(t+1))\ln(e(t+1)) \tag{1.1}$$

式中，$c_t(t+1)$ 为中年期的消费；$c_t(t+2)$ 为老年期的消费；β 为跨时偏好率；$e(t+1)$ 为对子代人力资本的投资；δ 为对子代人力资本投资的偏好程度；$p(t)$ 为

第 t 期出生的代表性个体能够由中年期进入老年期的概率。

假设代表性个体在青年期只接受教育，他对自己的人力资本投资行为没有决策能力，因此，在接受教育的过程中，他并不能获得任何的效用满足，而父代却能够从对子代的人力资本投资中获得效用。这样，青年期的时间和父代对子代人力资本的投资共同决定了其进入劳动力市场时的人力资本存量 $h(e(t+1))$ 。

代表性个体在中年期为企业提供固定的劳动供给，中国现行养老保险体系对退休年龄给予了严格的规定，这里忽略了养老保险对劳动供给的影响。假设工资收入为 $h(e(t+1))w(t+1)$ 。工资收入需缴纳社会统筹和个人账户的养老保险金，税率分别为 $\tau(t+1)$ 和 $\rho(t+1)$ ，剩余的工资用于安排消费 $c_t(t+1)$ 、自主储蓄 $s(t+1)$ 和对子代的人力资本投资 $[1+n(t+1)]e(t+1)$ 。除了工资收入外，代表性个体在中年期还能够获得父代在老年期由于死亡而留下的转移支付 $B(t+1)$ ，因此，在 t 期出生的代表性个体中年期的消费为

$$c_t(t+1) = h(e(t))w(t+1)[1-\tau(t+1)-\rho(t+1)] - s(t+1) - [1+n(t+1)]e(t+1) + B(t+1) \tag{1.2}$$

代表性个体老年期的生活来源是由统筹账户发放的养老金 $T(t+2)$ ，养老金个人账户的本息 $[1+\sigma(t+2)]s(t+1)$ 和自主储蓄账户的本息 $[1+m\sigma(t+2)]\rho(t+1)w(t+1)h(e(t))$ 三部分构成。其中 $\sigma(t+2)$ 为自主储蓄的收益率，m 为养老金个人账户的收益率与自主储蓄收益率之比，它反映了养老基金管理的水平，政府可以选择不同的投资组合加以控制（柏杰，2001）。因此，第 t 期出生的代表性个体老年期的消费为

$$c_t(t+2) = [1+\sigma(t+2)]s(t+1) + T(t+2) + [1+m\sigma(t+2)]\rho(t+1)w(t+1)h(e(t)) \tag{1.3}$$

世代交叠模型关于人口寿命存在四种假定：确定的无限寿命、不确定的无限寿命、确定的有限寿命和不确定的有限寿命，其中不确定的有限寿命最贴近实际（贺菊煌，2005）。假设第 t 期出生的代表性个体从中年期步入老年时存在 $(1-p(t))$ 的死亡概率，且代表性个体死亡时，将其自主储蓄账户和养老金个人账户中的本息以遗产的形式继承给子代。则代表性个体中年时从父代获得的遗产为

$$B(t+1) = \frac{[1-p(t-1)]\{[1+\sigma(t+1)]s(t) + [1+m\sigma(t+1)]h(e(t-1))w(t)\rho(t)\}}{1+n(t)} \tag{1.4}$$

在完全竞争的条件下，养老保险的缴费率、工资率和利息率等都不由消费者

控制，个体选择最优的自主储蓄和对子代的人力资本投资来最大化一生的效用。在式（1.2）和式（1.3）的约束下，通过式（1.1）对自主储蓄 $s(t+1)$ 和人力资本投资 $e(t+1)$ 求导并简化得

$$c_t(t+2) = \beta p(t)[1+\sigma(t+2)]c_t(t+1) \tag{1.5}$$

$$e(t+1) = \delta c_t(t+1) \tag{1.6}$$

（2）企业行为描述

企业是一个具有新古典 C－D 生产技术的追求利润最大化的生产者，其生产函数为

$$Y(t+1) = A(t+1)K(t+1)^{\alpha}H(t+1)^{1-\alpha} \tag{1.7}$$

式中，α 为产出的资本弹性；$A(t+1)$ 为全要素生产率；$K(t+1)$ 为 $t+1$ 期总的资本存量（假设每期为 20 年，因此，上述假设相当于每期 5% 的平均历史折旧率）；$H(t+1)$ 为 $t+1$ 期有效劳动的总投入，可表示为

$$H(t+1) = N(t)h(e(t))。$$

对生产函数的两边同除以 $N(t)$，可得紧凑型的生产函数 $y(t+1)$ 为

$$y(t+1) = A(t+1)k(t+1)^{\alpha}h(t+1)^{1-\alpha} \tag{1.8}$$

由利润最大化条件，可得完全竞争条件下有效劳动和物质资本的价格分别为

$$w(t+1) = A(t+1)(1-\alpha)k(t+1)^{\alpha}h(t+1)^{-\alpha} \tag{1.9}$$

$$r(t+1) = A(t+1)\alpha k(t+1)^{\alpha-1}h(t+1)^{1-\alpha} \tag{1.10}$$

（3）政府行为描述

政府从代表性个体中年期的工资收入中收取 τ 比例的工资税作为现收现付制的养老保险基金。在政府收支平衡的假设下，t 期出生的代表性个体在老年期获得的养老金为

$$T(t+2) = \frac{[1+n(t+1)]h(e(t+1))w(t+2)\tau(t+2)}{p(t)} \tag{1.11}$$

1.3.2 模型求解

由于假设每期资本完全折旧，因此，当产品市场均衡时，我们有

$$h(t+1)w(t+1) + r(t+1)k(t+1) = s(t+1) + w(t+1)h(t+1)\rho(t+1) + c_t(t+1) + e(t+1)(1+n(t+2)) + \frac{p(t)}{1+n(t)}c_{t-1}(t+1) \tag{1.12}$$

式（1.12）表示当产品市场均衡时，每期的平均产出等于 t 期出生的代表性

个体平均的自主储蓄、个人账户的强制储蓄、中年期的消费、对子代的人力资本投资和 $t-1$ 期出生的代表性个体老年期的消费。

将式（1.2）、式（1.3）、式（1.4）、式（1.11）分别带入式（1.12）整理后得资本市场均衡条件为

$$[1+n(t)]r(t+1)k(t+1)=[1+\sigma(t+1)]s(t)+[1+m(t+1)\sigma(t+1)] \cdot h(t)w(t)\rho(t) \tag{1.13}$$

假设当期自主储蓄和强制储蓄全部转化为下期资本，则

$$[1+n(t)]k(t+1)=s(t)+h(t)w(t)\rho(t) \tag{1.14}$$

由式（1.13）和式（1.14）可得资本回报率为

$$r(t+1)=\frac{[1+\sigma(t+1)]s(t)+[1+m(t+1)\sigma(t+1)]h(t)w(t)\rho(t)}{s(t)+h(t)w(t)\rho(t)} \tag{1.15}$$

令 $\varepsilon(t+1)=\dfrac{1+\sigma(t+1)}{r(t+1)}$，它表示自然储蓄回报率与总资本回报率之比。将式（1.6）代入式（1.5）可得

$$c_t(t+2)=\beta p(t)[1+\sigma(t+2)]\frac{e(t+1)}{\delta} \tag{1.16}$$

再将式（1.3）、式（1.9）、式（1.10）、式（1.11）、式（1.12）分别带入式（1.16）有

$$[1+n(t+1)]A(t+1)\alpha k(t+2)^{\alpha}h(t+2)^{1-\alpha}+\frac{[1+n(t+1)]h(t+2)^{1-\alpha}k(t+2)^{\alpha}\tau(t+2)}{p(t)}$$
$$=\beta p(t)[1+\sigma(t+2)]\frac{e(t+1)}{\delta} \tag{1.17}$$

对式（1.17）重新整理，可得

$$e(t+1)=\Phi(t+1)k(t+2) \tag{1.18}$$

式中，

$$\Phi(t+1)=\frac{\delta[1+n(t+1)]}{p(t)\beta\varepsilon(t+2)}\times\left[1+\frac{(1-\alpha)\tau(t+2)}{p(t)\alpha}\right] \tag{1.19}$$

式（1.19）表示均衡时，$t+1$ 期的人力资本投资和 $t+2$ 期的物质资本之间的转化关系。再将式（1.2）、式（1.3）、式（1.9）、式（1.10）、式（1.11）、式（1.12）、式（1.13）、式（1.14）、式（1.18）、式（1.19）带入式（1.5）可得

$$k(t+2)=\frac{\{(1-\alpha)[1-\tau(t+2)]+[1-p(t+1)]\alpha\}}{\left\{\dfrac{\Phi(t+1)}{\delta}+[1+n(t+1)][1+\Phi(t+1)]\right\}}A(t+1)k(t+1)^{\alpha}h(t+1)^{1-\alpha} \tag{1.20}$$

再由式（1.8）$y(t+1)=A(t+1)k(t+1)^{\alpha}h(t+1)^{1-\alpha}$，可得

$$k(t+2)=\frac{\{(1-\alpha)[1-\tau(t+2)]+[1-p(t+1)]\alpha\}}{\left\{\frac{\Phi(t+1)}{\delta}+[1+n(t+1)][1+\Phi(t+1)]\right\}}y(t+1) \tag{1.21}$$

令

$$g(t+1)=\frac{\{(1-\alpha)[1-\tau(t+2)]+[1-p(t+1)]\alpha\}}{\left\{\frac{\Phi(t+1)}{\delta}+[1+n(t+1)][1+\Phi(t+1)]\right\}}$$

则

$$k(t+2)=g(t+1)y(t+1) \tag{1.22}$$

如果总要素生产率 A 足够大，那么由式（1.18）和式（1.22）就可以描述经济的整体增长路径。

1.3.3 参数设定与模拟计算

（1）参数设定

参照现有文献的研究，对参数进行设定：每期（20年）的跨时偏好率为0.67（即 $\beta=0.98^{20}$）（Auerbach and Kotliko，1987）；年技术进步率设定为2.5%（即 a 为0.6382），δ 设定为0.1（Rowena，1999）；贺菊煌（2005）对物质资本的产出弹性 α 设定为0.3，这里 α 设定为0.4；设每期的人口出生率 $n(t)$ 为0.4287（乔晓春和陈为，1999）；人力资本初值 $e(0)$ 和全要素生产率初值 $A(0)$ 均假设为1000。

根据现有文献对中国未来人口结构与老龄化的预测（乔晓春，1999；程永宏，2005），测算代表性个体从中年度过老年期的概率，具体如表1-1所示。

表1-1 中国的老龄化预测与度过老年期的概率估计

项 目	2000年	2020年	2040年	2060年
赡养率（老龄化率）	0.100 0	0.234 7	0.385 6	0.428 6
度过老年期的概率	0.142 9	0.234 7	0.385 6	0.428 6

（2）模拟计算与人口老龄化的影响分析

运用MATLAB 6.5，我们模拟计算了中国2000～2060年的经济增长路径，并对主要经济变量进行了具体测算，模拟结果如表1-2所示。

表 1-2　模型的模拟结果

变　量	机　制	第一期	第二期	第三期
储蓄/GNP	基线机制	0.022 6	0.033 6	0.036 2
	10% 现收现付	0.013 1	0.023	0.025 5
	12% 现收现付	0.012 1	0.021 5	0.023 9
	13% 现收现付	0.011 6	0.020 8	0.023 2
	15% 现收现付	0.010 7	0.019 5	0.021 9
	完全积累一	0.009	0.030 9	0.036 2
	完全积累二	0.013 5	0.037 3	0.043 1
教育投资/GNP	基线机制	0.088 1	0.079 6	0.077 3
	10% 现收现付	0.083 9	0.075 7	0.073 4
	12% 现收现付	0.082 9	0.074 8	0.072 5
	13% 现收现付	0.082 4	0.074 3	0.072
	15% 现收现付	0.081 4	0.073 3	0.071 1
	完全积累一	0.075 3	0.068 1	0.066 2
	完全积累二	0.075	0.067 6	0.065 6
转移支付（或者基金受益）/GNP	基线机制	0	0	0
	10% 现收现付	0.06	0.06	0.06
	12% 现收现付	0.072	0.072	0.072
	13% 现收现付	0.078	0.078	0.078
	15% 现收现付	0.09	0.09	0.09
	完全积累一		0.078 3	0.087 2
	完全积累二		0.064 7	0.071 2
GNP 的增长率	基线机制		3.39	3.624 4
	10% 现收现付		3.088 4	3.788 1
	12% 现收现付		3.025 4	3.794 1
	13% 现收现付		2.994 3	3.795 3
	15% 现收现付		2.932 9	3.794 4
	完全积累一		3.177 6	3.523 9
	完全积累二		3.247 7	3.551 4

续表

变　量	机　制	第一期	第二期	第三期
工资替代率	基线机制		0	0
	10% 现收现付		0. 608 7	0. 370 5
	12% 现收现付		0. 730 5	0. 446
	13% 现收现付		0. 791 4	0. 481 7
	15% 现收现付		0. 913 1	0. 555 8
	完全积累一		0. 794 3	0. 538 3
	完全积累二		0. 656 7	0. 439 6

注：①基线机制表示没有养老保险时的经济状况；“10% 现收现付”表示工资税率为 10% 的现收现付制下养老保险制度安排。表中还分别模拟计算了工资税率为 12%、13% 和 15% 的现收现付制养老保险制度安排下的各期经济增长路径。②完全积累一表示工资税率为 6%，强制储蓄收益率为自主储蓄收益率的 1. 1 倍；完全积累二表示工资税率为 6%，强制储蓄收益率为自主储蓄收益率的 0. 9 倍。③第一期指 2000 ~ 2020 年；第二期指 2020 ~ 2040 年；第三期指 2040 ~ 2060 年

随着人口老龄化的加剧，无论是基线机制、现收现付制，还是完全积累制，代表性个体的自主储蓄都在增加。寿命的延长使得中年期的代表性个体为了度过更长的退休期而增加自主储蓄，这种效应称为“寿命延长效应”，它对储蓄具有正的效应。然而，寿命延长会减少非意愿的遗产，使中年人的预期收入减少，从而降低其自主储蓄，这种效应称为“遗产效应”，它对储蓄具有负的效应。上述两种效应的组合既可能增加自主储蓄，也存在减少的可能。由模拟结果可以看出，在保持现收现付制税率不变的条件下，随着老龄化的加剧，寿命延长效应超过了遗产效应，储蓄占 GNP 的比例存在明显上升的趋势。在完全积累制下，也存在同样的现象。

随着老龄化的加剧，人力资本的投资存在明显的下降趋势。在现收现付制下，对人力资本投资来讲，遗产效应超过了正的寿命延长效应，人力资本投资占 GNP 的比例存在明显的下降趋势。在完全积累制下，寿命延长效应只体现为人力资本投资的增加对资本回报率提高的间接效应，遗产效应超过了寿命延长效应，从而人口老龄化降低了人力资本的投资。

从模拟结果可以发现，如果实行完全的现收现付制，在老龄化的发展阶段（2020 ~ 2040 年），10% 的现收现付制税率能够保证 60% 左右的工资替代率；在老龄化的高潮阶段（2040 ~ 2060 年），15% 的现收现付制税率能够保证 60% 的工资替代率。如果实行完全积累制，则 6% 左右的强制储蓄就能够保证 50% ~ 65% 的工资替代率。上述模拟结果，与中国现行养老保险制度 24% 左右的缴费率存在较大的差异。中国目前较高的养老保险缴费率主要是为了弥补养老金的隐

形债务（赵耀辉和徐建国，2001），若再考虑到中国工资收入被低估的事实，则模拟结果基本合理。关于完全积累制缴费率的计算，与赵耀辉和徐建国在2001年的估计基本一致。

（3）不同养老保险模式的比较分析

一方面，在现收现付制下，税率的提高会降低自主储蓄和对子代人力资本的投资。由于较高的现收现付养老保险税率意味着代表性个体中年期工资水平的降低和老年期福利水平的增加，上述两种效应导致中年期储蓄的减少。另一方面，由于现收现付制下的老年期的福利依赖于子代在中年期的工资，因此随着现收现付制税率的提高，也存在提高对子代人力资本投资的动机，但模拟结果显示这一效应并不明显。较高的税率使得对子代的人力资本投资降低，进而导致整个社会人力资本存量的降低。这意味着一个试图提高老年人福利状况的计划将会损害年轻人的利益，不仅降低了父代对他们人力资本的投资，也降低了年轻人步入劳动市场时的物质资本存量。

在完全积累制下和强制储蓄税率相同的情况下，若强制储蓄收益率高于自主储蓄收益率，则自主储蓄的减少量将会大于强制储蓄的增加量，从而导致总储蓄占GNP的比例下降；若强制储蓄收益率低于自主储蓄收益率，自主储蓄的减少量将小于强制储蓄的增加量，从而导致总储蓄占GNP的比例上升。

由模拟结果可以发现，为了保证基本相同的工资替代率，完全积累制所收的税率明显低于现收现付制。完全积累制对储蓄的挤出效应低于现收现付制，因此，完全积累制下代表性个体的自主储蓄相对较高，从而全社会物质资本存量较多。与现收现付制收益来源于子代中年期的工资不同，完全积累制的收益来源于资本市场，因此，完全积累制下的人力资本投资明显低于现收现付制，从而使社会的人力资本存量降低。由于经济增长是物质资本和人力资本共同作用的结果，人力资本投资的滞后效应使得完全积累制下的第二期经济增长速度高于现收现付制，而在第三期的经济增长速度低于现收现付制。在工资替代率基本相同的情况下，完全积累制的税率虽然没有现收现付制高，但是从转移支付或基金收益占GDP的比重来看，两者基本相同。因此，不能简单地对两种保险制度的优劣给予草率的评判。无论哪种养老保险制度，其物质资本都来源于整体宏观经济的增长，在进行养老保险改革时，综合考虑制度的路径依赖性、改革成本及其他综合配套措施是必要的。

1.4 本章小结

从俾斯麦政府开创了以养老保险制度为核心的社会保障制度的先河以来，社会保障制度已经作为一种收入再分配方式、纠正商业保险的市场失灵和个人的短视行为的社会保障制度在世界各国普遍存在。第二次世界大战以前各国的养老保险制度是以现收现付的养老保险模式为主，随着第二次世界大战后老龄化趋势的愈演愈烈，各国纷纷进行了养老保险的改革。中国的社会保障制度是在 1950 年启动的，期间虽然经历过若干次改革，但具有突破意义的改革是 1997 年尝试建立并完善三个层次的养老保险体系，即第一层次的以社会统筹与个人账户相结合的基本养老保险制度、第二层次的企业补充养老保险制度和第三层次的个人储蓄养老保险制，其核心是正式确定了以社会统筹和个人账户相结合的混合型的养老保险机制。

本章主要分 3 节：1.1 节以养老社会保障制度为主线回顾总结了全球主要国家社会保障制度的建立与改革，并比较分析了福利国家型、社会共济型、国家保障型、强制储蓄型和社会救助型五种主要的社会保障模式的特点，接着对目前社会保障制度的改革进行了阐述。1.2 节阐述中国社会保障制度的建立、改革，以及目前存在的主要问题。1.3 节根据中国社会保障制度改革的方向，构建一个基于内生经济增长的中国养老保险制度模型，研究人口老龄化的经济影响，并对现收现付制和完全积累制这两种养老保险制度安排进行了比较分析。研究结果表明：人口老龄化会增加代表性个体中年期的自主储蓄，但却降低了对子代人力资本的投资。在现收现付制下，养老金税率的提高会降低自主储蓄和对子代人力资本的投资。在完全积累制下，若强制储蓄收益率高于自主储蓄收益率，则自主储蓄的减少量将会大于强制储蓄的增加量；若强制储蓄收益率低于自主储蓄收益率，自主储蓄的减少量将小于强制储蓄的增加量。在保证工资替代率基本相同的情况下，完全积累制收取的税率明显低于现收现付制，因此，完全积累制对储蓄的挤出效应低于现收现付制，从而导致全社会的物质资本存量相对较多；而完全积累制下人力资本的投资明显低于现收现付制，从而使得人力资本存量降低。不同的养老保险制度对储蓄和人力资本的挤出效应具有不同的强度，在选择不同的养老保险制度时，应根据养老保险制度安排的内在特点制定相应的配套措施，使物质资本和人力资本投资协调配置，以促进经济的增长。

第 2 章　社会保障基金

社保基金投资运作监管模式直接影响资产配置策略的效益，因此了解社保基金投资运作监管模式的特征十分重要，本章各节的主要内容安排如下：2.1 节介绍社保基金制度；2.2 节介绍社保基金投资运作监管的谨慎人监管模式和严格限量模式；2.3 节对两种运作监管模式进行比较分析，通过比较看出，OECD 国家采用谨慎人监管规则的较多了而拉美国家则全部采用严格限量监管规则，尤其对股票、境外投资等高风险资产的投资有着严格的限制；2.4 节介绍五个国家的养老基金投资运作情况；2.5 节为本章小结。

2.1　社会保障基金制度

世界大多数国家社保基金的主要组成部分是养老保险基金，因此这里主要介绍养老保险基金。由于社会经济发展水平、文化传统和历史背景等方面的差异，目前世界各国的养老保险制度有所不同。从融资方式来看分为完全积累（funding system）制和现收现付（pay as you go system，PAYG）制，从给付方式来看分为收益确定（defined-benefit，DB）型和缴费确定（defined-contribution，DC）型，两种方式的组合则构成了如下四种常见的社会保障制度：①以新加坡为代表的收益确定型完全积累（financial defined benefit，FDB）制；②以智利为代表的缴费确定型完全积累（financial defined contribution，FDC）制；③以美国为代表的收益确定型现收现付（non-financial defined benefit，NDB）制；④以瑞典为代表的缴费确定型现收现付（non-financial defined contribution，NDC）制（霍尔茨曼和帕尔默，2006）。

2.1.1　社会保障基金的给付制度

从给付方式来看，DB 型养老金是指政府或者养老金管理机构为企业内参加养老计划的雇员设立一个统一账户，向参与者保证其养老金收益将按照一个事先规定好的标准支付，参与者收到的养老金主要依赖于参与者的工资（最终水平或平均水平）以及工作年限，相应的金融风险由基金管理者而不是参与者承担。在该类基金中，基金管理者必须构建策略以保证最终的资产价值高于最终的负债，以确保基金有能力兑现对参与者的承诺。DB 型筹资有两种基本方式：一是完全由雇主定期向基金注资；二是雇主和雇员共同向基金注资。其中多数企业采取的是雇主单方注资方式，我们的研究也是以此为基础的。在该类基金中，基金经理必须构建策略保证最终的资产价值高于最终的负债，以确保基金有能力兑现对参与者的承诺。DC 型养老金是指参与者定期向养老基金缴费，其收益根据缴费和投资收益之和的多少而定。DC 型养老基金为在职的雇员建立个人账户，按期进行资金注入并进行积累、投资，个人账户资金的投资风险由雇员自己承担。与 DB 型中多数机构的资金注入为雇主单方义务不同，DC 型中对个人账户的缴费大都是由雇主和雇员共同缴费。在该类基金中，只有缴费是提前确定的，参与者得到的养老金只依赖于其退休时刻养老金的累积资产价值，与 DB 型相比，养老基金实际上将风险转嫁给了参与者。DB 型与 DC 型的主要区别如表 2-1 所示。

表 2-1　DB 型与 DC 型养老基金的区别

项　目	DB 型	DC 型
缴费方面	缴费高，比如在英国，雇员通常的缴费约为收入的 5% ~6%，雇主的缴费大都是雇员的两倍，即 10% ~12%	缴费低，比如在英国，雇员通常的缴费为 3%，雇主的缴费约是 6%，合计为 9% 左右
待遇方面	确定的，根据雇员的工作年限和最后工资计算得出	不确定的，取决于雇员个人账户的投资余额
风险方面	雇主承担所有风险，即如果基金投资收益高的话，其可降低注资甚至有时就根本不需要任何注资，仅基金本身的本金和投资收益就足以支付所有人积累的养老金权益	雇员个人要进行投资决策，因此，个人要承担有关基金的所有风险，且在 DC 型中一般没有担保
成本方面	管理和操作成本低，比如，英国运作一个 DB 型的费用仅占缴费的 5% ~7%；DB 计划的费用通常由雇主承担	管理和操作成本高，在英国管理费约占缴费的 2.5%，另外约占基金资产 1.5% 的部分被用于基金管理，这些费用总计约占计划缴费的 10% ~20%，而且 DC 型的费用则多由雇员承担，通常是从个人账户中扣除

续表

项目	DB 型	DC 型
税收方面	只有缴费额处于某一期间内才是免税的，一旦超出，是不会享受到免税待遇的	雇主的缴费是不纳税的
透明度方面	透明度低	透明度高
其他	筹资灵活，但携带不方便，DB 计划可以确保提供给雇员一个相当于退休前水平的收入，但这只有在该雇员从未更换过工作时才可能实现	筹资不灵活，但携带方便，每个雇员都有自己的个人账户，他们对其账户处置具有较大的选择权，所以在更换工作时账户收入通常不会受到太大的影响

由此可见，两种计划各有长短。DB 计划相对于雇员来讲，最大的好处在于能提供给雇员一个稳定的替代率，而资本市场风险由雇主承担；DC 计划相对于雇主来讲，其可以避免 DB 计划的风险并降低管理成本，对雇员来讲，最大的好处是可携带，便于职业流动。近几年来，各国的养老金计划正在由 DB 型向 DC 型转变，但 DB 型养老基金由于其在历史上的良好表现而仍然发挥着重要的作用。目前世界上采用 DB 型与 DC 型的比例相当，具体要视各个国家的国情及偏好而定，各个国家 DC 与 DB 计划的比例详见第 3 章。

2.1.2 社会保障基金的融资制度

从融资方面来说，养老金计划存在三种制度安排：以同一个时期正在工作的一代人的缴费来支付已经退休的一代人的养老金的制度安排是现收现付制；雇员在工作期间把一部分劳动收入交给一个基金，退休以后，该基金再以投资所得的回报向他（她）兑现当初的养老金承诺，就是完全积累制（李绍光，1998）；部分积累制是以上两种模式的结合，在部分积累制情况下，退休人员的养老金一部分来自于现收现付式的筹资方式，另一部分来自于完全积累式的筹资方式。对三种制度的主要内容现概括如下。

（1）现收现付制

概括地讲，现收现付制度是在职的一代赡养已退休的上一代，在职的缴费直接用于支付当期退休者的退休金。现收现付制是指以定税（earnmarked tax）或工薪税（payroll tax）等当期收入为养老基金参与者提供当期支出的一种融资方式，具有代际转移、以支定收、收入均等、管理简单等特点。这种制度有利于低收入者，同时由于基金实行现收现付，不会出现基金积累受经济波动的影响而使退休金遭遇损失的情况，但是由于人口老龄化问题，它给政府带来的财政压力将越来越大。

现收现付制的主要特点包括四个方面：一是代际转移，在职职工为上一代人支付养老金，自己的养老金则由下一代人支付；二是以支定收，需要多少养老金就征收多少；三是收入均等化，一般根据统一的退休条件决定退休待遇，人人平等，并且能够实现代际和同一代人之间收入的再分配；四是管理简单，不存在基金的营运和保值增值问题。

现收现付制的不足主要在于以下两个方面：首先，现收现付制要求人口结构稳定，而人们的退休年龄提前、出生率不断下降、人口老龄化等不确定性，均会给现收现付制带来风险；其次，现收现付制要求经济和政治稳定。因退休金具有待遇支出刚性，在经济景气时可以提高退休待遇，在经济不景气时却不能降低退休待遇，这将导致财政支出不断上升，阻碍经济结构调整和经济发展，会出现缴费比例过高、资金筹集困难等问题。

（2）完全积累制

完全积累制是指养老基金参与者在工作期间把一部分劳动收入交给一个可投资的基金，等参加者退休后，该基金再以投资所得的回报向他兑现当初的养老基金承诺，具有以收定支、激励缴费、强制储蓄等特点，完全积累制是国家强制实施的个人养老储蓄制度，通过建立个人账户，企业和个人缴费全部进入个人账户，退休待遇水平完全取决于账户基金的积累金额，账户基金可以进行投资。这种模式可以较好地解决人口老龄化问题，并为经济建设提供大量资金。但是在积累制下社保基金保值增值风险大、基金收益不确定，为此需要加强对社保基金投资运营的管理。同时，从现收现付制到基金积累制，养老基金将产生巨额积累，面临着保值增值压力。

完全积累制是为克服现收现付制的弊病而发展起来的一种新的筹资模式，其特点主要包括：一是以收定支，在职时完全积累，退休后按月支付，支付水平取决于过去的积累数额；二是激励缴费，由于支付水平与本人在职时的工资和缴费直接相关，个人有缴费积极性；三是强制储蓄，使个人一生的收入和消费均等化，能够实现自我保障，不会引起代际冲突；四是坚持效率优先原则，有利于资本市场的发育和经济发展。

完全积累制的不足主要包括：一是要求币值稳定、物价稳定、经济稳定，否则基金保值增值的风险较大；二是要求市场发育良好、基金管理水平较高，否则基金收益很不确定；三是不能实现转移支付和收入再分配。

（3）部分积累制

与其他两种方式相比，部分积累制主要有以下三方面的特点：一是既能够保留现收现付制养老金的代际转移、收入再分配功能，又能够实现完全积累制刺激缴费、提高工作效率的目的；二是既能够减轻现收现付制福利支出的刚性，又能够克服完全积累制个人年金收入的过度不均，并保证退休人员的基本生活；三是既能够利用完全积累制积累资本、应付老龄化危机的制度优势，又能够化解完全积累制造成的企业缴费负担过重与基金保值增值的压力。

1997 年，国务院《关于建立统一的企业职工基本养老保险制度的规定》进一步明确了基本养老保险制度的统一模式。这是一种混合模式，要求从传统的现收现付制，向部分积累制过渡。这种养老保险制度在实施过程中，采用了养老基金社会统筹和个人账户混账管理，从一本账中支出，剩余部分留作积累。由于现有的个人账户因历史等因素存在“空账”问题和社会统筹基金不足，养老保险基金绝大部分用于当年养老金发放，实际积累额度小于职工账户记账额度，这就使养老保障制度改革后的个人账户基本上是名义上的，实际上整个养老保障体系仍然是现收现付制。因此，完善养老保障体系的关键是做实个人账户，实现由现收现付制向部分积累制的转化。

2.2 社会保障基金运作监管模式

世界上几乎所有的国家和地区的经济体都允许本国养老基金进入资本市场投资。关于养老基金投资运作的监管模式，世界各国千差万别，但从其总体监管原则看，可以归结为谨慎人模式和严格限量模式两种类型。各国投资监管的经验表明，两种监管模式的适用条件、适用方式存在很大差异，因此适用效果也存在着很大差别。

2.2.1 谨慎人模式

（1）谨慎人模式的含义和特点

所谓谨慎人模式（prudent person rules，也称 prudent man rules，简称 PPR），是指在社保基金的管理过程中，基金管理人应该履行必要的谨慎程度，这种必要的谨慎程度是指一个正常谨慎的人在与他们从事财产交易时所应具有的谨慎程度，谨慎人规则要求受托人（自然人或者法人）在进行投资时，必须像处理自身事务一样对受益人的资产谨慎、精明和小心地进行处理。这一定义的内涵包括：第一，基金管理人应当表现出与其能力相一致的精明与小心，在从事社会保障基金的投资运作时，必须遵守监管法规的规定，并有一个理性和谨慎的投资人在进行社保基金组合投资时应该具有的适当方式；第二，基金管理人应该展现出一个普通的谨慎人应有的技能，在从事社保基金计划或管理过程时，必须应用必要的知识或技能水平，这种必要的知识或技能水平是指管理机构在事实上拥有或按职业或行业标准来说应该有的与社保基金计划或管理有关的某种知识或技能的水平。

（2）谨慎人模式的监管规则

谨慎人模式起源于英美法系的信托法，现在广泛应用于英美法系国家的投资信托、养老金计划和共同基金等领域。在 OECD 的报告中，谨慎人模式要求受托人必须与具有类似能力的谨慎人从事具有类似特征和目标的事业中的行事方式一样，尽心、专业、谨慎和勤勉地履行自己的职责（Russell，2002）。而且，一旦最后发现受托人投资失败，他只要给出足够的证据证明在当时的情况下他所做的决策是“谨慎”的就可以了。所以，谨慎人模式并不存在精确的边界，但是在社保基金资产管理中具有明显的影响，因为它在社保基金托管人、受托人和其他相关机构中建立了一种谨慎行事的文化氛围。

在谨慎人模式下，社保基金主管部门或基金理事会较少干预基金的日常运作，只是在有关当事人提出要求或基金出现问题时才介入，所以谨慎人模式又被称为“偏好事后积极”（ex-active）的规则。采用谨慎人模式的基金，其监管很大程度上依赖独立托管人，如外部审计师、精算师、法律顾问以及资产评估机构和新闻媒体等中介组织为主。

发达国家采用谨慎人模式的较多，因为相对于发展中国家，它们具有一个更成熟和完善的金融法律体制。在 OECD 成员国中，以美国、英国和澳大利亚最为典型，它们对社保基金的资产组合没有太多限制。但不少国家对投资组合多少是有些限制的，如加拿大、意大利等国在谨慎人模式的基础上也融入了“限量监管”的因素，只是相较于“严格限量”的国家，其比例更为宽松而已。

表 2-2 给出了部分 OECD 国家 2010 年对养老基金投资组合监管的具体情况，只有很少或几乎没有投资限制的国家列在最上面。通过比较可以看出，不少发达国家一般对国内资产和海外资产很少有定量限制，包括日本、加拿大、澳大利亚、爱尔兰、荷兰、英国、美国，其中不少国家同时对股票投资也没有限制，典型的代表是日本、荷兰、英国和美国。而采取严格限量的国家对国内资产的限制则比较严格，对海外投资的限额一般不超过 10% 。

表 2-2　2010 年部分经合组织（OECD）国家养老基金投资资产种类限制

国　别	股　票	不动产	债　券	零售投资基金	私人投资基金	贷　款	银行存款
澳大利亚[1]	无限制	无限制	无限制	无限制	无限制	无限制	无限制
比利时	无限制	无限制	无限制	无限制	无限制	无限制	无限制
加拿大[2]	无限制	无限制	无限制	无限制	无限制	无限制	无限制
日本	无限制	无允许	无限制	无限制	无限制	不允许	无限制
德国养老基金（pensionsfonds）	无限制	无限制	无限制	无限制	无限制	无限制	无限制
荷兰	无限制	无限制	无限制	无限制	无限制	无限制	无限制
韩国个人基金	非上市股票 10%	15%	无限制	无限制	无限制	无限制	无限制
爱尔兰	无限制	无限制[3]	无限制	无限制	无限制	无限制	无限制
挪威	35%	无限制	30%（公司债）	30%		1%（无担保贷款）	无限制
瑞士	50%（总额限制）	30%（总额限制）	无限制	不详	不详	50% 抵押(以不动产市值的 80% 为限)	每家银行 10%（无总额限制）
美国	对基金资方缴纳方的股票有一些限制	对租赁给基金资方缴纳方的不动产有一些限制	对基金资方缴纳方的债券有一些限制	无限制	无限制	不能投资与基金资方缴纳方相关的贷款	无限制
英国	无限制	无限制	无限制	无限制	无限制	不能投资与基金资方缴纳方相关的贷款	无限制

注：1）除了禁止对其成员及他们的亲属发放贷款或财务资助外，养老基金将资产投资于内部资产（in-houseassets）的比重不超过 5%。换言之，除了一些例外的情形，养老基金不允许对其资方缴纳方（employer-sponsor）、成员或其合伙人进行投资或发放贷款。澳大利亚虽未对养老基金的投资组合作出具体的限制，但要求资产配置必须分散化，且分散化必须在董事会批准的风险管理策略中得到彰显。2）2009 年10 月 27 日，加拿大财政部长宣布政府正计划对养老基金的投资规则进行若干调整：①调整建议如下：取消对资源和不动产投资的限制。②对于以前限定的养老基金最多可将其资产市值（非账面价值）的 10% 投资于单一企业的规定有所松动。对于投资于非资方直接控制的企业的集合投资（pooled investment）可不受这一规定限制。③禁止直接自投资（例如，资方不能将其养老金投资于自己的负债或股票）。政府打算将以上调整于 2010 年 6 月前实施。3）发起人个数超过 100 的养老基金最多可将其总资产的 50% 投资于未上市企业的股票（unquoted investments）。该规则同样适用于私人投资基金和贷款。

资料来源：OECD，2011a

2.2.2 严格限量模式

除了谨慎人模式外，一些国家还对资产配置实施了直接限制，我们称这种国家采用的监管制度为严格限量模式监管（strict quantitative asset restrictions, QAR）制度，而没有采用这种手段的国家为“审慎性”监管或“谨慎性”监管。在资产配置中是否采用严格的限制是区分“谨慎人”监管和“严格限量”监管的主要标准。

（1）严格限量模式的含义和特点

所谓严格限量模式，是指对投资的资产类别、投资比例等进行直接的数量限制。这一模式通常是对低流动性、高信用风险资产持有的数量进行限制，如对股票、风险资本、实物资产以及外国资产等的投资限制。归纳起来，严格限量模式的主要特点有：①集中于对投资进行限制，而不是对组合进行限制；②对“风险资产”实行严格限量；③把谨慎视同于低风险资产；④对单个金融工具的投资进行限制；⑤不允许投资的自由选择。

（2）严格限量模式的监管规则

严格限量监管规则是指社保基金对持有的特定资产类别进行简单的数量或比例限制。这些投资工具的典型特征是具有高价格变动性和低流动性，换言之，即尽量让社保基金投资于风险较小、波动性不大的产品。作为一种规则，它关注的重点是投资资产的风险水平，但由于任何投资工具都是收益与风险匹配的产品，通常都是高风险与高收益并存，所以，在限制投资资产风险的同时，也将对投资收益产生不良影响。几乎所有进行社保基金体制改革的拉美国家及步其后尘的匈牙利、波兰、哈萨克斯坦等发展中国家都选择了这种监管理念。

在严格限量监管模式下，社保基金主管部门或社保基金理事会较多地干预基金的日常运作，而且都成立专门的监管机构对社保基金的运营进行监管，企图在投资结果出来之前就尽量规避掉过多的风险，所以又被称为“偏好事前积极”（pro-active）的规则。

拉美国家监管机构采用的投资运作监管模式主要是严格限量模式。在某些国家，尽管监管规则允许更自由的投资机制，但是监管机构施加了更严格的限制。在智利和玻利维亚，法律规定了资产组合比例上限的范围。那么监管机构就必须在这个范围内制定上限。在阿根廷，法律仅仅规定了投资组合最大值，如法律规定股票的上限是基金投资组合的 50%，但是监管机构仅仅允许该种资产最多投资比例为 35%。

拉美所有国家都有严格的投资组合限制，相对于股票和国外债券，拉美国家对政府证券、银行存款等固定收益证券的限制极为宽松。目前最灵活的体系要属智利、哥伦比亚和秘鲁。它们是允许投资股票和境外资产的少数几个国家，其中智利的限制最宽松，股票可达40%，海外投资最大限额可达20%。在玻利维亚，尽管对股票和境外资产的限制设定在一个相对较高的水平（分别是40%和10%），但是基金必须在政府债券上达到最低投资额。在改革初期，新体系（固定缴费的第二支柱）实行的头几个月，这个量设定在每年1.8亿美元，仅略低于流入基金的实际现金流，其实就等于全部投资于政府债券了。所以总的来说，这些限制鼓励以牺牲股票和境外投资为代价来拥有政府债券。

乌拉圭和墨西哥的投资限制最为严格，前者对社保基金投资政府债券不但设定了最高限制，还设定了最低限制，不过随着时间的发展，乌拉圭正逐步作出降低要求的规定，即1996年该比例为80%～100%，2000年降到40%～60%。这两个国家都不允许境外投资，而且墨西哥对股票的投资限制也相当严格（股票和可转换债券的总投资不超过5%），所以，它几乎只允许社保基金投资固定收益债券，主要是政府债券，而且其养老金法还规定养老基金必须投资促进经济发展、建设基础设施、创造就业、住房和地区发展的证券。

此外，为了进一步确保基金投资的安全性，有的国家还对社保基金规定了特殊的投资方向，如墨西哥要求每个基金管理公司至少有51%的基金用于购买与通货膨胀挂钩的证券。同时，也有些政府为了实现本国的政策目标，要求社保基金必须投资于某个特殊国家项目，如玻利维亚规定有一定比例的基金必须投资于专门为基金制度转轨融资的政府债券（Shah，1997）。

2.3　两种运作监管模式比较

对于资产配置的两种监管模式究竟选哪一种，学术界有很多讨论，其中最为激烈的就是针对“股票”和“境外投资”限制的争论，这主要源于自它们的收益率和风险的数据。不同的资产类别其风险和收益有着很大的差别，通过对众多历史数据研究表明，股票和境外资产其实是众多投资工具中收益率最高的两个，而其他一些低收益投资工具有时也未必就一定伴随着低风险。严格限量模式的做法鼓励社保基金对债券等固定收益的投资，而限制股票等高风险但同时也带来高收益的投资，所以对股票和境外资产限制的争论才会如此激烈。下面给出一些学术界在此方面的观点。

2.3.1 支持谨慎人监管模式的观点

谨慎人监管由于其高回报和灵活的操作性历来备受好评。但是对于严格限量监管模式，现代投资组合理论为投资组合限制提供了最为直接的批判。对于任何一项投资，其基本目标都是通过资产组合的合适配置，以达到最优的风险 - 收益均衡，而达到这种最优的风险 - 收益均衡的前提条件是该投资达到有效投资组合边界的能力。由于监管措施偏爱持有较高比例的债券和国内资产，特别是国债，这可能会使得基金管理人最后选择低于风险收益最优化的有效边界的投资组合，降低基金的投资收益率。换言之，严格限量模式阻碍了基金管理人获得最高可能依据风险调整的收益率的能力。在一个没有约束的体系中，高回报只能通过高风险来得到。换句话说，在给出一定程度的风险约束时，有投资限制的投资收益只可能会更低。这个论据尤其指向发展中国家，因为当引入第二支柱的时候，可投资产品的范畴通常是非常小的。所以进一步限制投资组合将会给本应达到的风险分散程度带来相反的结果。

对拉美国家养老基金的投资收益和投资限制的实证研究发现：在智利和秘鲁养老金制度改革的初期，养老基金投资收益率低于股票市场、债券市场指数等市场基准指数（market benchmark index）的增长率，有时甚至低于银行定期存款的收益。而在智利放松对养老基金投资的限制之后，基金的绝对收益和相对于基准指数的收益都上升了（Srinivas and Juan，1999）。

表 2-3 给出了 1980～1995 年部分 OECD 国家社保基金投资组合的收益评估结果（Davis and Steil，2001），从中可以看出采取谨慎人监管模式的国家其平均实际收益为 7.8%，风险为 9.5%，而采取严格限量监管模式的国家其平均实际收益比前者低，仅为 5.8%，然而伴随低收益的并不是低风险，风险反而更高，为 11.4%，不过这主要是因为瑞典市场在此时期相当高的波动率。所以，如果说 1980～1995 年这段时间并非十分理想，而且在这段时期还经历了低通货膨胀和理想的市场回报率，情况有些特殊，那么 1970～1995 年这段时间就足够长而且具有代表性。可以发现，谨慎人监管模式下的收益率仍然较高（4.8% > 4%），而且相应的其风险也更大（10.2% > 9.5%）。这些结果表明，谨慎人监管模式下的高收益并非偶然现象，高收益必然伴随着高风险。

表 2-3 社保基金投资组合收益评估

国 别	1980 ~ 1995 年		1970 ~ 1995 年	
	实际收益率/%	标准差/%	实际收益率/%	标准差/%
英国	9.8	9.7	5.9	12.8
美国	8.4	10.9	4.5	11.8
德国	6.7	6.9	6	5.9
日本	6.9	9.4	4.4	10.2
加拿大	7.5	10.6	4.8	10
荷兰	6.3	6.7	4.6	6
瑞典	4.9	15.9	2	13.1
平均	7.2	10	4.6	10
PPR	7.8	9.5	4.8	10.2
QAR	5.8	11.4	4	9.5

注："平均"为所列举的代表国的平均值，PPR 和 QAR 均为 OECD 全部国家的统计平均数据

再从表 2-4 中部分 OECD 国家资产平均回报率和风险可以看出，1967 ~ 1995 年，平均真实收益率最高的资产是国内股票，当然其风险也最大，其次是国外股票和房地产，风险较低的为贷款和国外债券，最后为短期资产和国内债券，后者只有 1.7%。国外股票和国外债券的风险均低于国内的值，这要归功于投资境外资产使得风险分散化。同时，各类资产的风险并不完全与金融理论的预期相符，高收益的资产伴随了高风险，但对于国内债券，其收益最低，然而风险却非常大，使得收益/风险仅为 0.1，为众多资产中最低的一个。这多半和 20 世纪 70 年代债券的真实价值突然急剧下跌有关，同时伴随着反复无常的高通货膨胀。这属于历史上的一种非常独特现象，在之后的 80 年代到 90 年代就不再出现了。这说明谨慎人监管模式优于严格限量监管模式。

表 2-4 部分 OECD 国家资产平均收益率与标准差（1967 ~ 1995 年）

平均真实收益率（标准差）		短期资产	贷 款	国内债券	国内股票	房地产	国外股票	国外债券
澳大利亚	收益率/%	1.8	4.8	-0.1	8.3	4.4	7.5	4.4
	标准差/%	4.3	5.2	18.5	19.9	18.7	20.7	17.8
加拿大	收益率/%	2.7	4.2	2	5	9.4	8.2	5.1
	标准差/%	3.3	3.1	13.3	15.8	8.3	17.8	15
丹麦	收益率/%	2.3	6.6	4.4	5.9		5.2	2.1
	标准差/%	2.8	3.5	19.1	25.6		21.4	17.7

续表

平均真实收益率（标准差）		短期资产	贷　款	国内债券	国内股票	房地产	国外股票	国外债券
法国	收益率/%	2.9	3.3	2.5	7.7	4.3	6.9	3.8
	标准差/%	3.4	3.3	15.8	18.4	14.5	17.2	14.5
德国	收益率/%	3.1	6.8	3.9	10.8	10.9	5.5	2.4
	标准差/%	2.1	2	15.7	23.8	11.5	21.4	17.4
意大利	收益率/%	-0.3	4.3	-2	4.1		7.9	4.9
	标准差/%	4.4	3.7	20.8	32.5		16.3	14.5
日本	收益率/%	-0.2	1.4	3.1	8.5	11.5	7.8	4.4
	标准差/%	4.5	4.7	19.5	20.9	19.4	20.4	12.8
荷兰	收益率/%	2.1	4	2.6	8.8	5.9	6.2	3.1
	标准差/%	3.8	3.4	14.1	26.6	8.3	18.7	13.9
瑞典	收益率/%	2.1	4.4	1.4	14.1	10.3	7.7	4.6
	标准差/%	3.9	3.8	16.3	31.4	27.1	17.6	15.4
瑞士	收益率/%	1.3	2.8	0	7.8	1.7	5.3	2.2
	标准差/%	2	2	18.7	22.8	9.1	19.9	15.9
英国	收益率/%	2.1	1.7	1	8.3	1.5	8	4.1
	标准差/%	4.6	6.1	14.9	17.8	15.3	17.7	15.7
美国	收益率/%	2	3.8	1.2	2	5.6	8.5	5.5
	标准差/%	2.3	2.3	15.2	2.3	22.1	18.7	14.9
OECD 平均值	收益率/%	1.8	4	1.7	8	6.5	7.1	3.9
	标准差/%	3.5	3.6	16.8	22.5	15.4	19	15.5
收益/风险		0.51	1.11	0.1	0.36	0.42	0.37	0.25

资料来源：Davis，2002a

2.3.2　支持严格限量监管模式的观点

1）严格限量模式可以把稀缺资源留下来供本国发展，比如首要关注的是国内存款，不能让其流向国外，而这一点对发展中国家尤其重要，所以它们要采取严格的监管措施。Davis（2002b）的研究更加支持了这个观点，他们发现了国内存款，尤其是社保基金和经济增长及金融发展之间存在正相关关系。另外，实证研究不仅发现了社保基金资产与经济金融发展的强正相关关系，而且还发现了它们之间的因果关系。如果社保基金资产有如此大的正效应，那么进行基金改革的政府当局自然就会将基金投资局限于国内。

2）严格限量模式还可以限制资本外逃。如英国，在 20 世纪 80 年代进行了放松资本监管的改革，而且降低了交易成本，于是使得 1985 年境外资产占社保基金的比重上升到 15%，而 1979 年该数字仅为 7%。正如前面提到的那样，许多国家社保基金占 GDP 的比重越来越大，基金资产规模不断增长使得大规模的资本流出可能会引起汇率波动和宏观经济不稳定，所以，对境外投资的监管问题值得引起足够重视。

3）反对限制股票投资的观点多半源自其高收益，而支持对股票投资进行限制的主要观点是伴随股票的高风险。社保基金所投资的主要两块资产是股票和债券，众所周知，股票投资比债券的波动性要大得多，但是股票通常也能带来高回报。考虑到这个因素，有些学者认为对于长期投资的资产，如社保基金而言，股票是一个非常好的投资工具。并且，在不同国家，其养老基金投资组合中都有着大量的股票投资，如英国、美国和澳大利亚。Bodie（2004）完全赞同严格限量模式。他是“债券投资偏好”的强烈支持者，因为他不相信股票的高回报足以弥补其高风险带来的缺陷。另外，他指出过去一直以来社保基金的投资方法低估了或者直接无视了股票高风险的严重性，极端的例子比如股市崩盘或大规模战争爆发，这都可能给社保基金造成极大的威胁。而恰恰这是退休人员非常在意的问题，因为他们大多数都是风险厌恶者。相比之下，债券和贷款等投资工具就要安全多了，所以 Bodie 提出最合理的投资方法是将基金仅投资于通货膨胀指数债券。然而值得注意的是，通货膨胀指数债券的总量要比社保基金小得多，如英国，2003 年养老金资产达到了 9450 亿美元，而通货膨胀指数债券仅为 1390 亿美元。

4）在缴费确定型（DC）计划下的养老金成员们自然会偏好投资于债券，因为他们自己要承担投资风险。但是在收益确定型（DB）计划下情况就不同了，因为风险转移到了基金管理人身上，所以成员们并不十分关心基金投资于股票或者债券。同时，如果我们把基金管理人也视为风险厌恶者的话，那么 DB 计划也会大量投资于债券，这与2001 年英国 Boots 养老基金发生的情况相吻合：该基金把所有的资产都投资于了债券（Blake，2003 ）。然而尽管有英国 Boots 养老金鲜明姿态的例子存在，大部分国家仍然把社保基金大部分地投资于股票。Gold（2001）指出美国 DB 计划大量投资股票是因为可以在会计/精算方法上做手脚。换言之，由于投资于股票的比重很大，会计师们可以操纵报表使利润高报而养老金负债低报。

5）严格限量模式存在的合理性。虽然诸多实证均表明，采用严格限量监管模式的国家，其社保基金整体绩效均普遍低于采用谨慎人模式的国家。但是，这是因为在宽松的投资环境中，谨慎人模式将基金资产更多地投资于高回报、高风险的金融工具。资产配置限制从理论上来说必然会影响投资的效率，很明显，因为这种做法阻碍了投资组合的多元化，从而迫使基金承受更多的风险，这种差异并不能完全归因于严格限量监管模式，而且在许多国家这种限制监管与低回报并非一一对应。因为，在法制尚不健全的国家，对投资对象进行限制是风险控制的一种简单手段，当资本市场规模很小、资本的流动性很差时，适当的限制也是必要的。在社保基金发展初期或者在发展中国家，资产配置限制的合理性原因体现在：第一，缺少基金管理的经验，尤其是缺少适当的风险评估模型，这表明该国社保基金正在承担“过多”的风险；第二，资本市场缺乏流动性和透明度；第三，脆弱的金融市场可能会击垮社保基金改革的承受能力；第四，限制基金的总风险可以减轻由政府担保所带来的道德风险；第五，社保基金改革的费用对有大量外债负担的国家可能过高，因此可以通过要求社保基金投资于政府债券来减轻这一负担。如果新的社保基金不愿意承担基金体制由现收现付制转向完全积累制所带来的外债负担，利率将会上升。反过来，这又会损害政府融资并且挤出个人投资（王信，2000）。

从世界各国经验看，社保基金投资规则的选择与各国金融市场的发育程度、投资管理人治理结构、内控制度的完善程度、监管当局的经验及法律渊源等因素存在明显的关系。“谨慎人”规则虽然更灵活更优越，但并不是所有国家都存在实施“谨慎人”规则的条件。当资本巿场基础设施不完善的时候，“谨慎人”规则可能不能达到目的，而且谨慎人监管未必合适。对资产配置的限制是在资本市场中使社保基金资产尽量免受代理风险和系统性风险影响，稚嫩的市场若放松监管任其发展，只会助长利益冲突和欺诈行为。

2.3.3 反对严格限量监管模式的观点

1）为了规避风险，基金经常采取诸如“资产免疫策略”或“资产负债管理技术”等措施运用于期限的匹配，而该技术的运用要求基金对投资组合投资于债券、股票和衍生工具上的比例进行适当的调整（韩大伟等，2000）。但由于严格限量监管规则的使用，使得社保基金资产组合受到严格的限制，以上技术手段均难以实施，从而增加了基金资产面临的收益率波动风险和资产匹配风险。最终导致社保基金资产组合难以适应金融资产市场结构的变化，从而导致基金资产组合及业绩的次优化。

2）严格限量监管规则过分强调单个资产的风险和流动性，而没有考虑到这样一个事实，即流动性风险取决于整个投资组合的流动性，而并非某个单一资产的流动性。通过正确及适当地配置基金投资组合，其风险和价格波动可以通过分散化而降低。对社保基金而言，合理有效的战略投资组合配置是决定基金绩效的最重要因素之一，严格限量监管规则约束了投资组合分散化，对衍生工具和国际证券投资等的限制实际上加大了投资的系统性风险，并极有可能导致投资组合的趋同现象。

这样一来，对社保基金成员而言，各大基金管理公司的投资方案都大同小异，他们如果不选择某家公司而去选择另一家公司，原因更有可能是那家公司的营销宣传做得更好。于是成员们“用脚投票”（voting by feet）的权力实际上就失效了。而对于基金公司，其竞争也从优化基金本身的投资结构、提高利润的上升空间转移到宣传和营销上，既不利于基金的发展，也增加了费用成本。

3）由于严格限量监管规则缺乏灵活性，相对于证券、货币和实物资产市场的发展和多变的经济环境，社保基金难以对变化做出快速反应。限制监管措施是缺乏弹性的，从而可能给基金投资组合带来较低的收益率，使其承担不必要的风险，所以，这些措施对选择适当的投资组合实际上是一种威胁。

4）简单的“严格限量”要求将使得投资管理者的主要任务是如何符合相关的量化规定，而并非追求高收益、低风险等类似优化投资组合的战略选择，于是基金管理人之间的竞争将得不到鼓励。而且，由于基金管理人技能发挥受到限制，缺乏提高其技能的动机，所以，其优秀管理投资的技能难以发挥，积极性无法调动。事实上，有更多衍生金融工具和国际化资产的分散化投资组合才可能为社保基金的有效投资提供更多的发展空间。

5）最后，严格限量监管将会使社保基金受到政府的干预较多，成为基础设施建设等国家建设项目融资的渠道。这有悖于社保基金的投资目标，使社保基金计划参与者将可能面临未来资金偿付能力不足的风险。在美国，联邦和州的公共养老基金计划经常被迫将资产部分投资于“促进就业和扩大税基”等的特定项目（黄勤，2003）。

2.4　社会保障基金的运作

在经济合作与发展组织（OECD）29 个成员国中，澳大利亚和新西兰几乎对同一发行者发行的股票或债券没有投资限制，对所有权集中度没有限制的国家较多，有澳大利亚、奥地利、比利时、日本、韩国、卢森堡、荷兰、新西兰、挪威、瑞典、瑞士、英国和美国。而对于自投资，只有日本和瑞典几乎没有限制，投资比例最高的芬兰为 25%。在对这几个方面作出相关规定的国家里，可以看到，监管规则是相当严格的，比例控制也是十分谨慎细致的。

绝大多数拉美国家对投资同一证券发行人和同一公司股票的比例都有严格的规定，如阿根廷、玻利维亚、智利和萨尔瓦多等国家规定：投资于同一证券发行人的证券的最高限额为养老基金资产的 5%，对同一证券的投资不得超过其发行总额的 20%，哥伦比亚和墨西哥对这两种投资最高限额的规定都是不得超过 10%。而且，到目前为止，墨西哥仍不允许养老基金投资股票，它要求基金的全部资产投资于国债，乌拉圭对国债限制比例为 70%~90%，所以也只有很少的一部分投资于股票。智利、哥伦比亚、萨尔瓦多和玻利维亚四国对养老基金投资同一公司股票的最高限额为不得超过基金的 5%，秘鲁的规定最高，为基金的 7%；阿根廷最低，为 2.5%。下面仅对五个国家社保基金运作监管与效率情况进行分析。

2.4.1 智利社保基金的运作

智利从 20 世纪 80 年代以来就实施以个人账户为基础，完全私营化、商业化管理以及市场化运作的社保体系，其中最大的一块内容就是养老保险。在筹集方面，主要实行劳动者自己积累、自我保障的原则，但是政府会对最低养老金进行担保。在政府宏观调控下，由各私营养老保险基金管理公司（AFP）互相竞争，通过降低管理费来吸引资金的注入，同时成立养老基金监管局（Superintendency of Pension Fund Administrators，SAFP），负责对 AFP 的监管。在智利有很多家养老保险基金管理公司，竞争相当激烈，而目前最大的三家管理公司 Provida、SantaMaria 和 Habita 所覆盖的人数已分别占总覆盖面的 29%、21.7% 和 17.1%。

智利从 1983 年起就开始研究养老基金风险。在智利，对固定收益证券最低可接受的风险级别是 BBB 或等同的级别。法律要求所有的投资都要进行风险评级。股票的评级系统截至 1997 年，总共将近 300 个上市公司中的 30 个可以让养老基金进行投资，而且基本上都是蓝筹股公司。1997 年通过的新资本市场改革方案把范围扩大到 200 多家小资本公司和其他金融工具，如项目筹资、证券化债券和风险资本等。20 世纪 80 年代以后，建立完全积累制养老金体系的拉美国家大都吸取了智利的经验，在新体系启动时就采用了风险评估机制（刘纪新，

2004)。具体来说有：资产分离即限制养老基金的自我投资，法律规定 AFP 管理的养老基金资产要独立于公司自身的净资产，账户养老金资产由托管银行保管，那么即使个人所投资的 AFP 破产，他的养老金账户资产也是安全的；实行最低收益原则，即每家 AFP 每个月都要保证其管理的养老基金在过去 36 个月（2002 年以前为 12 个月）的实际投资回报达到一定的最低标准，即它的最低收益率不能低于该类基金市场平均收益率 2 个百分点或低于市场平均收益率的 50%（采用两个数据中的较低者）；主要的金融投资产品包括政府债券、金融机构发行的债券及股票、公司债券和股票、国外证券产品以及少量的风险投资产品；政府债券最高比例 50%，抵押债券最高比例 80%，有金融机构担保的存款与证券最高比例 30% ~50%，私营及公共公司发行的债券最高比例 50%，公司股票、房地产、生产性资产、外国债券最高比例 10%；实行养老金投资产品风险评级制度；禁止 AFP 的关联交易，以防止养老金投资产生利益冲突问题；出台了相应的信息披露要求等。可以说，智利作为西半球最早建立养老保险制度的国家之一，同时也是最早以基金积累制取代现收现付制的国家，在养老基金投资方面的政策以及经验都是相当全面和丰富的（郑秉文和房连泉，2006)。图 2-1 为智利养老基金 2010 年投资资产配置图。

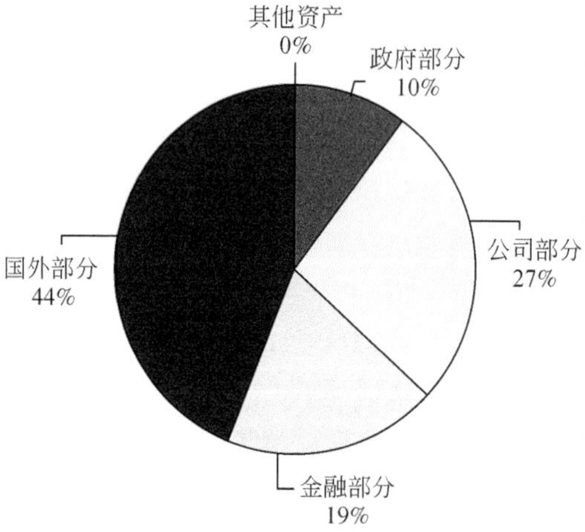

图 2-1　2010 年智利养老基金投资组合

实际上智利的养老基金资产配置远比图 2-1 更为复杂和精细，图 2-1 只是简化过的资产配置图，大体上分为四个大类：政府部分 10%，公司部分 27%，金融部分 19% 和国外部分 44%，在这些大类下又有各种各样的资产投资，这反映了其养老基金投资选择的多样化，同时也表明了养老基金市场的成熟性和对投资安全性的要求。这也反应了严格数量限制规则对养老基金投资风险控制的作用。

接下来我们看一下在这样严格的数量控制下，智利养老基金近十年来的表现情况。图 2-2 是 2001 年至 2010 年 6 月，智利养老基金经过通货膨胀率调节后的实际的年收益率。

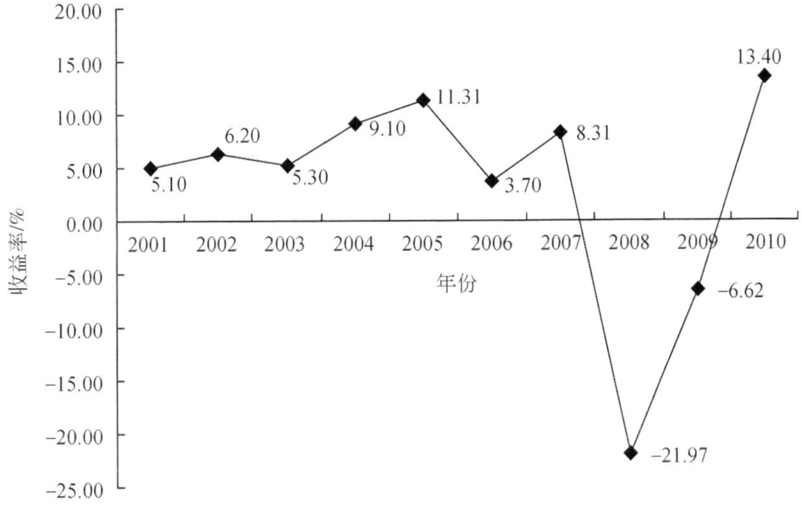

图 2-2　智利养老基金实际年收益率

首先观察金融危机前，即 2001 ~ 2007 年的收益率，整体来说比较令人满意，波动不是很大，而且保持在一个较高的水平；但是值得注意的是 2005 年和 2006 年两年间的收益率相差了大概 8 个百分点，这对于私人账户的拥有者来说必然会造成一定的心理落差。然后遭遇 2008 年全球金融危机，当年净亏损 -21.97%，这是一个相当大的损失，究其原因，很明显主要也是因为投资于股票资产上的比例过大。接下来就是 2010 年年中，遭受重创的经济开始慢慢复苏，于是智利养老基金又取得了较高的收益率，为 13.40%。经过计算，十年来收益率的平均值和方差分别是 3.38% 和 10.42%。

很明显，作为一个典型的市场化投资基金，智利养老基金投资曲线呈现出大起大落的跳跃性，投资绩效非常容易受世界经济形势乃至次区域经济形势甚至国内金融市场的影响，非常敏感，可以说这也对参保人的承受心理和安全感形成了不小的挑战。

2.4.2 瑞典社保基金的运作

瑞典养老保险主要由三大支柱支撑：雇主、雇员和政府，其中，雇主所支付的部分最大，这是一条基本原则。整个养老保险体系由五个部分构成：保证养老金、收入型养老金、完全积累制养老金、补充养老金和私人养老金，其中只有后面三个能够进入投资领域。主要投资管理机构是瑞典完全积累制养老金管理局，直接管理的资产只占20%，其他80%则必须委托给专门的投资管理人进行投资。具体来说：①基本养老保险基金来源是基本养老保险缴费、国家财政拨款补贴、地方财政拨款补贴。②补充养老保险基金来源是补充养老保险缴费、基金收入；国家财政和地方财政不承担费用补贴。③失业保险基金来源是失业保险缴费、政府失业津贴、企业缴费、基金收入。④医疗保险基金来源是医疗保险缴费、财政拨款、基金收入。⑤工伤保险基金来源是工伤保险缴费、基金收入、其他收入。

总体来说，瑞典的基本社会保险项目都采取了现收现付、代际支付的筹资模式，运作管理实施的是谨慎人的原则，对于投资范围和投资比例并没有或者很少有数额上的严格限制，主要只是要求投资人保持谨慎的态度运作基金（王俊，2009）。因此，瑞典养老基金在股票等风险资产上的投资比例很大，2001年瑞典养老基金资产配置策略如图2-3所示。

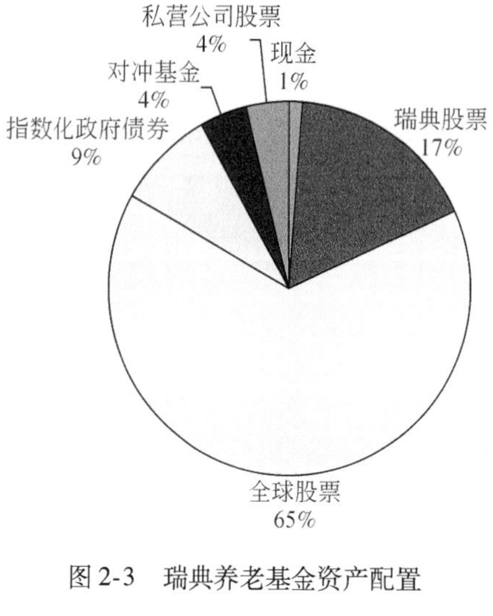

图2-3 瑞典养老基金资产配置

瑞典的养老基金大概有90%的资产投资于各类股票上，与严格限量模式国家的资产配置策略有很大不同。下面介绍2008年全球金融危机中，瑞典基本养老制度（即“国民养老保险制度”）下的两只公共养老基金的收益情况，它们分别是收入关联型养老基金和预筹养老基金（premium pension，PP）。这两只基金均来自缴费收入，其中雇主与雇员双方缴费合计18.5%中的16%进入这个“收入关联型养老保险制度”系统，余下的2.5%进入“预筹养老金”系统，而且两只基金均实行市场化投资策略。

收入关联型养老保险由5个基金管理公司负责运营，其中第一、第二、第三、第四国民养老基金公司较大，基本上实行一分为四的“平分原则”，展开了激烈的竞争，第六国民养老基金则规模较小。2008年金融危机时，它们的年收益率分别为：-21.9%、-24.1%、-19.8%、-21.0%、-16.6%，年平均收益率为-21.6%。

预筹养老金同样损失惨重，不仅如此，通过比较瑞典1995~2008年PP年度收益率和的收入指数（表2-5），可以发现，自1995年这个预筹养老金系统开始建立以来，一直保持了5%左右的年度收益率，而且一般来说会高出收入指数2~3个百分点。但是观察2000年以来的数据，可以发现收益率开始出现巨幅波动，最高达到了30.5%，而最低，也就是2008年金融危机的时候损失了34.3%，这对于投资人来说无疑像是坐过山车一样惊心动魄。统计近9年来的数据，收益率平均值和标准差分别是-0.03%和21.4%，与此同时，收入指数却仍然保持在3%的水平。很明显，这种结果是投资人所不乐见的。

表2-5　1995~2008年瑞典PP年度收益率与收入指数比较

项　目	1995年	1996年	1997年	1998年	1999年	2000年	2001年
收入指数	1.8	1.8	2.8	3.4	1.7	1.4	2.9
收益率/%	4.6	4.6	4.6	5	3.7	0.7	-8.6
项　目	2002年	2003年	2004年	2005年	2006年	2007年	2008年
收入指数	5.3	3.4	2.4	2.7	3.2	4.5	6.2
收益率/%	-31.1	17.1	7.9	30.5	12.2	5.3	-34.3

资料来源：郑秉文，2009

具体分析可以发现，过高比率的股票投资与这样的收益率有很大的关系，其中2001年和2002年的金融危机，2004~2006年的股市繁荣，到2008年的全球金融危机，无一不在瑞典的PP养老基金上反映出来。对于典型风险厌恶型的养老基金来说，瑞典的运作还有待商榷。

瑞典养老金管理局作为瑞典的养老金的主要投资管理机构，负责收入型养老金中结余部分（缓冲基金）的投资和完全积累制养老金中个人委托其管理的养老金的投资。其投资范围和投资比例没有任何限制，可以投资于全球市场，为其降低投资风险提高收益提供了有利条件。从图2-3可以看出，2001年底其投资组合为：17%瑞典股票、65%全球股票、9%指数化政府债券、4%对冲基金、4%私营公司股票、1%现金。其中，40%资产为主动式投资，60%资产为被动式投资。养老金管理局直接管理20%的资产，主要集中在指数化债券和瑞典股票市场的主动式投资，其余80%的资产委托给外部的投资管理人进行投资。

2.4.3 日本社保基金的运作

日本社保基金（government pension investment fund，GPIF）截至2010年10月资产总规模约达1.4万亿美元，规模为全球最大。

日本养老基金制度起源于1954年，根据《雇员养老保险法案》（第115号法律）日本建立基本养老制度；1959年出台《国民年金法案》（第141号法律），1961年设立年金福利事业团对社保基金进行运营，1986年开始通过财政投资融资计划负责对其资金运用；2001年正式建立GPIF制度，并对投资体制进行重大改革，即受厚生劳动省直接委托予以市场化投资；然而，2001年开始进入市场运作后一度出现投资亏损，其中2001年度和2002年度亏损分别达1.31万亿日元和3.06万亿日元，因此被迫解散，将公共年金转交给新成立的GPIF运作。2006年建立新GPIF作为其独立投资机构，专司其市场化投资业务，同时宣布旧GPIF解散，新GPIF制定了战略资产配置目标。

日本对养老基金投资政策的选择比较复杂，而且随着时间的推移也发生了很多变化。1998年以前，日本养老基金发展还不太成熟，年金福利事业财团一直对其国外投资实行严格限制，直到1998年才取消了限制，转而实行谨慎人原则。

一般来说，GPIF会投资于五类资产：国内债券、国内股票、国外债券、国外股票和短期资产。其中，国内债券又包括市场上的债券投资和财政投资(fiscal investments and loan program bonds，FILP)。

日本从2000年初遭遇连续巨额亏损到2006年建立新GPIF，中间有一个改革的过渡期，同时实行市场化投资也具有较高的风险，日本政府一直对此持谨慎态度，GPIF的资产配置也采取了较为保守的投资策略，从2007年开始，日本政府对不同资产的投资比率进行了一定的限制，制定出了如表2-6所示的资产组合方案。

表2-6 2007年12月底日本政府制定的GPIF资产组合方案

	国内债券	国内股票	国外债券	国外股票	短期资产
资产配置	67%	11%	8%	9%	5%
浮动范围	±8%	±6%	±5%	±5%	—

注：“—”表示不详

资料来源：郑秉文，2009

由表 2-6 可以看出，日本养老基金投资最大的还是国内债券这一风险较小的资产，显示了其对风险的控制要求。值得一提的是，虽然给出了限定，但是由于存在一定的幅度范围，GPIF 对实际投资比率还是具有一定的灵活性的，图 2-4 是 2010 年第三季度不同资产的投资比率，比较符合前面的资产配置方案，只是国内和国外股票的份额相对有所上升，而短期资产的比率下降，这与 2009 年以来全球经济开始复苏，股票市场收益率上升的现实情况是相符的。

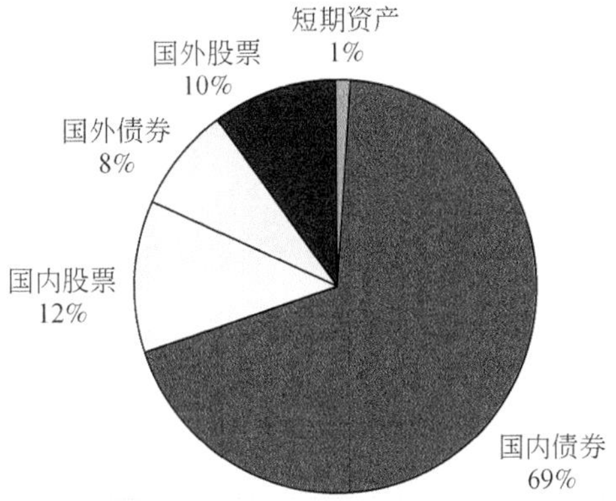

图 2-4　GPIF 的投资资产配置政策

通过以上分析，我们大致了解了 GPIF 的资产配置政策，那么在这种政策下，它的收益率又怎么样呢？根据 GPIF 公布的年度报告，整理 2002 ~ 2009 年 GPIF 年度收益率与其投资于股票（包括国内股票和国外股票）的资产比率的关系，具体如图 2-5 所示。

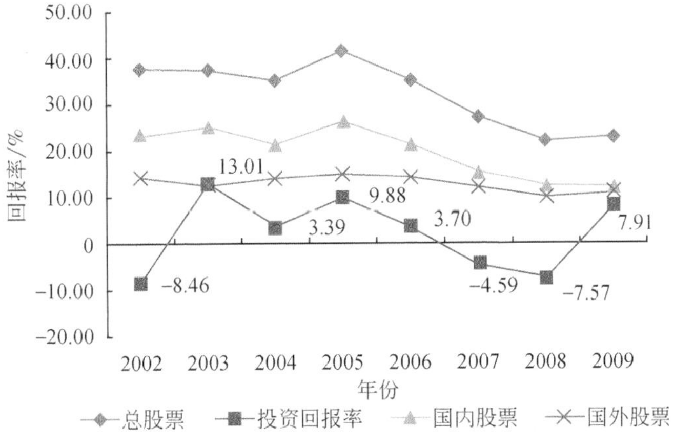

图 2-5　2002 ~ 2010 年 GPIF 投资回报率与投资股票比率趋势图

由图 2-5 可以很明显地看出，投资收益率与投资于股票的比率呈现非常明显的相关性，尤其是在 2003 ~ 2008 年，二者几乎呈现了正比例的相关性。同时，我们关注日本养老基金的年收益率发现，在有的年份它取得了比较好的收益率，达到了 10% 左右；但有 3 年的收益率明显为负，这对养老基金这一明显风险厌恶的基金来说是很不理想的；另外，还有两年的收益率在 3. 5% 左右，从前面的运作风险部分知道，这样的收益率是无法满足通货膨胀和工资增长率的要求的。经过计算，这 8 年间收益率的平均值和标准差分别是 2.16% 和 8.17%，对投资人来说并不是一个令人满意的结果。

2.4.4 希腊社保基金的运作

希腊社保基金体系运营基础为现收现付体制。该体系由上一级公共部门几乎在全国范围内强制执行，根据最终工资支付收益。养老金收益由众多社会保险基金提供，这些社保基金分为基本基金、附属基金、准备基金三类。根据希腊人力资源和社会保障部 2006 年公布的社会预算，175 只基金中有 25 只为基本基金，其余为附属基金和准备基金。除了养老金之外，多数基本基金还通过特殊基金提供医疗保险。

尽管该体系基于现收现付机制，当体系支付的收益少于收到的公众供款时，众多基金累积了大量资产。对多数基金而言，政府有义务缩小基金收到的工薪阶层供款数额与其支付给退休人员的收益之间的差距。根据 2006 年社会预算，预期总养老金支出占到 GDP 的 12.6%。同等条件下，公众养老金支出预计将在 2050 年增至 24.8%。

希腊养老基金资产投资结构多年来发生了重大的变化。20 世纪五六十年代，大部分养老基金通过投资于希腊银行的强制储蓄储备其资产。1973 年以前希腊银行年存款利率为 4.3%，低于企业存款利率（Milonas et al.，2009）。1973 年石油危机爆发后，存款利率上调，但仍低于通货膨胀率。20 世纪 90 年代初希腊养老基金投资国库券、债券和股票受到的限制减少。在逐步实施了各项市场自由化举措后，希腊养老基金 2005 年年底的基本投资框架为允许 23% 投资于希腊股票、不动产、共有基金，其余的投资政府债券和现金存款。希腊法律禁止养老基金投资国外的股票或债券。

以上养老基金持有量有关数据来源于希腊管理所有基金的就业和社会保障部。该数据库包括 24 只基本基金、32 只附属基金、33 只准备基金、18 家医疗保险机构和 13 家其他社会保障机构。考虑到同一个机构可能管理不止一只基金，该数据库总共涵盖 82 只基金。通过对采集每只基金 2005 年年底的股票、债券、共有基金和现金的持有量有关数据，研究发现希腊养老基金体系 2005 年资产总值为 295 亿欧元，其中 43% 投资现金存款、33% 投资希腊政府债券、17% 投资国内股票、5% 投资共有基金、2% 投资国内不动产。希腊养老基金平均投资 59% 于现金，投资 17% 于债券和债券型共有基金，投资 24% 于股票和股票型共有基金。

总体而言，希腊养老基金在允许范围内尽可能多地投资风险资产（股票、不动产、共有基金）。然而，与其他国家的养老基金相比，其平均风险资产权重很低。从职业年金平均股票投资比重来看，澳大利亚为59%，加拿大为54%，日本为52%，荷兰为41%，英国为68%，美国为64%。公共储备基金也有大量的战略资产投资于风险资产。例如，瑞典养老基金将54.5%～61%的资产投资股票。其他国家也存在高比例战略性股票头寸现象，如新西兰超自然基金（50%）、爱尔兰构架养老储备基金（69%）、法国养老储备金（60%）、挪威政府养老基金（40%）。

希腊养老基金将其资产大部分投资于债券或现金，而股票投资仅限于国内股票，且比例不得超过总资产的23%。经验数据表明，鉴于希腊养老基金的大部分投资于债券，总投资风险平均而言相对较低。然而，部分基金由于投资高风险股票而承担巨大的总风险。相比于国内股票指数获国际性分散化的股票投资组合，养老金的股票投资组合承受的风险大得多。它们通常有比基准大的系统风险（β值）和巨大的特有风险。若将股票投资组合于国际股票基准进行对比，特有风险将更大。将股票投资范围限于国内股票使希腊养老基金承担可能不会得到补偿且能够被分散掉的风险。高特有风险的主要原因就是股票投资组合集中于少数几种。

理论上，投资限制会使投资组合遭受损失。经验数据表明，分散化程度较低的投资组合的夏普比率比充分分散化的基准组合要低得多。至于收益损失，分散化程度较低使组合遭受的平均损失，与充分分散化的国内基准相比为每年0.91%，与国际股票指数相比则为5.64%。与投资于国际股票指数的组合相比，所有权益型基金组合的货币损失为3.28亿欧元，在1.61亿～4.3亿欧元变动，这取决于风险溢价的假设。

为了研究资产次优配置造成的损失，采用均值－方差分析方法，为希腊养老基金创建合适的基准。对一个二次型效用函数的投资者，平均效用损失（确定均衡收益）与国内基准相比为每年1.92%；若与充分分散化的股票和债券的混合投资组合相比，则上升至每年3.11%。以国际债券和股票的混合投资组合作为基准，2/3的效用损失源于资产次优配置，1/3源于承担了可分散的特有风险。

2.4.5 美国社保基金的运作

美国社会保障制度是很典型的社会共济型模式，也就是说主要由雇主和雇员或者个人缴纳养老金，但是政府也会负担一部分的养老保险金。众所周知，美国是一个非常注重效率的国家，所以在制度设计上，养老保险制度也体现了这一点，同时也强调了权利和义务的对等性。

总的来说，美国的社保基金有两个管理层次，即联邦政府和州政府。联邦政府直接建立和管理基本养老保险基金（old-age and survivors insurance，OASI），这是一只非市场化的基金，联邦政府采取非常保守的投资策略，限制其职能购买联邦政府的特别债券，而不能购买其他任何证券。不同的是，由州政府管理的养老基金是可以进行风险投资的。

另外，美国还有一种保障退休后生活支出的资金来源，即它的私人养老金计划，这也是自保自助的一种体现。这种基金一般不是由雇主或企业自己管理的，从一定程度上避免了自我投资，而是由雇员代表组织成立一个专门的管理委员会进行管理，同时雇专门的管理人员从事具体的管理工作和投资运营。这种私人养老基金一般会委托一些金融机构作为受托人代为投资，包括人寿保险公司、商业银行、信托投资公司甚至个人（郑秉文，2009）。

在监管政策方面，美国的私人养老金属于实行谨慎人原则，对养老保险基金的组合分布限制较少，仅要求其运营人谨慎地选择最能分散风险的组合。不同于智利的最低收益率限制，受托人并不保证投资收益和基金积累规模，只是由从事咨询的精算师评估该基金的投资收益和基金累计规模是否合理。而且虽然并没有严格规定，但一般私人养老基金投资方向主要就是政府债券和公司债券、公司股票、海外投资和房地产行业。图 2-6 给出了美国联邦政府所管理的基本养老保险基金 1998 ~2008 年的投资表现（王俊，2009）。

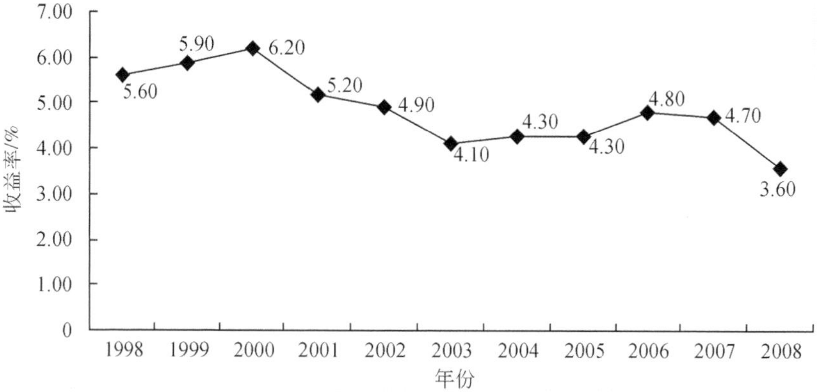

图 2-6　美国基本养老保险基金收益率

很明显，从图 2-6 所看出的收益情况与前面四个国家截然不同。美国基本养老基金的收益率在 1998 ~2008 年一直保持着 4% ~5% 的水平，即使在 2008 年金融危机的情况下，作为受灾最严重的国家，它的收益率也达到了 3.6%，与瑞典的 -34.3% 完全是天壤之别。

究其原因在于，美国公共养老金始终以立法的形式严格规定，其社保基金只能持有政府债券，对股市绝不越雷池一步，所以得以在此次危机中保全，而且还获得了理想的回报，基金总量也持续增加。中国现在的公共养老基金也是如此，主要还是投资于银行活期和短期存款以及购买国债，所以同样的，在 2008 年金融危机中，也保持了较好的收益率，令人欣慰。

2.5 本章小结

本章首先介绍社保基金投资运作监管的两种主要模式：谨慎人监管模式和严格限量监管模式。通过比较看出，OECD 国家采用谨慎人监管规则的较多，有些国家在此基础上增加了一些资产限制，但限制程度都不深。而拉美国家则全部采用严格限量监管规则，尤其对股票、境外投资等高风险资产的投资有着严格的限制。但由于这类资产的高收益，对它们的投资限制是讨论最为激烈的话题。支持股票限制的观点主要出于股票的高波动率和老年人的风险厌恶心态，有学者认为股票的高收益远远不能弥补其高风险。支持放开境外投资的观点是其可以为国际多元化带来好处，同时依据“主要发达国家股市月收益率相关系数”的结果，可以看出国际化投资还有待深入。而支持限制的观点则为控制资本外逃，将稀缺资源自用等。然而在对境外投资即便没有多少限制的国家，其绝对投资额也远小于监管当局设置的上限。产生这个现象的主要原因之一是昂贵的交易成本，再加上汇率、清算、流动性风险和资本全球化的深入，都使境外投资的好处减少了。最后，本章挑选了五个国家的养老基金投资进行介绍，包括智利、瑞典、日本、希腊和美国。它们投资方式差别很大，主要表现为：日本 GPIF 实行较为保守的投资政策，股票投资比例在 11% 左右；瑞典投资于股票的比例高达 90%，智利则较为折中，但是比例也不低，大概 1/3 左右；而美国的基本养老保险几乎全部投资于国债。可以说，这五个国家的投资方式反映了多种选择，它们的收益情况则给我们提供了很好的标准。然而，收益率的判断很复杂，到底是选择收益率较高的还是波动较小的？或者这两者又应该达到怎样的平衡？这些都是我们应该思考的问题。

第3章 社保基金资产配置策略研究综述

本章是对国内外有关社保基金资产配置策略研究现状进行分析和评论的总结，各节的主要内容安排如下：3.1 节指出研究社保基金资产配置策略的意义；3.2 节介绍收益确定型养老基金的资产配置策略；3.3 节综述缴费确定型养老基金的资产配置策略；3.4 节简述 DB 型与 DC 型统一框架下的资产配置策略；3.5 节提出目前国内外有关社保基金资产配置研究存在的主要问题和未来可能的研究方向；3.6 节为本章小结。

3.1 研究社保基金资产配置的意义

第2章介绍了社会保障基金制度，从融资方式来看分为完全积累制和现收现付制，从给付方式来看分为 DB 型和 DC 型，根据世界经济合作组织提供的资料，目前世界上采用 DB 型与 DC 型国家和地区的比例相当，表3-1 给出了 2004 年部分 OECD 国家 DB 型与 DC 型的相对比重，从表 3－1 中可以看出，加拿大、芬兰、德国、韩国、挪威和葡萄牙采用 DB 型，澳大利亚、丹麦、冰岛、爱尔兰和西班牙采用 DC 型，近几年虽然有所变化，但变化不大（具体见 OECD 的 Global Pension Statistics 历年统计资料）。

表3-1 2004 年部分 OECD 国家 DB 型与 DC 型的相对比重（以总资产为基准）

部分 OECD 国家	企业年金中的比例/%		企业年金与个人计划中的比例/%	
	DC 型	DB 型	DC 型	DB 型
澳大利亚	83	17	91	9
奥地利	75	25	—	—
比利时	25	75	—	—
加拿大	7	93	37	63
丹麦	97	3	97	3
芬兰	0	100	20	80
德国	0	100	—	—

续表

部分 OECD 国家	企业年金中的比例/%		企业年金与个人计划中的比例/%	
	DC 型	DB 型	DC 型	DB 型
希腊	50	50	—	—
冰岛	82	18	84	16
爱尔兰	98	2	—	—
意大利	75	25	79	21
日本	1	99	4	96
韩国	0	100	61	39
荷兰	9	91	—	—
新西兰	52	48	71	29
挪威	0	100	—	—
葡萄牙	2	98	4	96
西班牙	97	3	99	1
瑞典	5	95	41	59
英国	22	78	—	—
美国	35	65	55	45

注：“—”表示不详

资料来源：OECD，2006

随着经济的发展和社会的进步，很多国家的社会保障制度也在不断地探索和改进，部分积累制就是社会保障制度的一个创新。2001 年美国政府制定出类似统账结合的改革方案，2003 年俄罗斯建立了个人账户的部分积累制方案，2005 年斯洛伐克建立个人账户部分积累制。目前对部分积累制有两种理解：第一种是全部社会保障基金的一部分存入个人账户，实行积累制，另一部为现收现付制，提供最低养老保障，实现互济，两部分资金的运作管理完全是独立的；第二种是全部社会保障基金总额记入个人账户，其中大部分基金名义上实行积累制，本质上实行现收现付制，也有少部分基金实行积累制（国务院发展研究中心社会保障课题组，2000），两部分基金收支和运作是统一管理的。这里将第一种称为板块式部分积累制，第二种称为记账式部分积累制。中国的社会保障制度本质上可以看成是 NDB 型的社会统筹与 FDC 型的个人账户相结合的板块式部分积累制，被公认为是这种制度的实践者和探索者，并且对该制度有突出贡献。可以说，这种“统账结合”的部分积累制模式，从实践上讲，它的诞生是一个制度创新，从理论上讲，它具有 NDB 型和 FDC 型二者兼而有之的优点。社保基金是一个大概念，在中国主要包括基本养老保险基金、全国社会保障基金和企业年金，基本养老保险基金又包括社会统筹基金与个人账户基金。目前的问题是，在部分积累制中，如果基金总额中支付给当期的退休职工的现收现付那一部分不足，就势必要占用做实个人账户的完全积累那一部分资金，个人账户也就不能完全做实，否则如果有节余，就与个人账户的完全积累那一部分资金放在一起统一运作。因此，如何规范投资运作和制定合理的动态资产配置策略将是一个全新的复杂问题，需要深入研究和思考。

因此，研究社保基金资产配置的重要意义在于：

第一，社保基金的投资收益主要来源于资产配置。Brinson 等（1991）对美国 91 家大型养老金在 1974 ~ 1983 年的数据进行分析发现，基金收益 90% 以上归功于资产配置，而只有不到 10% 归功于市场时机及证券的选择，可见社保基金保值增值的关键是资产配置。

第二，社保基金的保值增值是一世界性难题。20 世纪 90 年代中期以来，世界各国的社保基金资产配置的实践，既有成功的经验也有失败的教训，这个探索至今仍在进行，还没有公认的结论。现实的问题是如果将这部分资金只存入银行和购买国债，风险虽然小，但收益率都比较低，实际上造成了收益损失，因此必须要深入研究社保基金在无风险资产、低风险资产和高风险资产之间配置问题。

第三，社保基金的有效运营有利于金融市场的健康发展和社会的和谐稳定。社保基金在金融市场上扮演着重要的角色，科学合理的资产配置必将有利于整个证券市场的稳定运行和繁荣发展。社保基金不同于普通的基金，它的主要部分是离退休人员的“活命钱”，因此社保基金管理的好坏直接影响着退休人员的生活水平以及社会的稳定（Boldrin et al. , 2001）。近些年来，养老基金一直是资本市场最主要的投资者之一，而且其资产一直在稳步增长，表 3-2 列出了 2001 ~ 2009 年部分 OCED 国家的养老基金所占 GDP 的比例。中国的养老基金只占 GDP 的 0.5%，从表 3-2 中可以看出，中国的养老基金占 GDP 的比重远低于发达国家，但随着中国社保制度的健全完善以及社保基金的发展壮大，中国的养老基金占 GDP 的比重必将不断提高，社保基金对资本市场的影响将越来越大（表 3-2 统计的各国数据差异较大是因为统计范围不同，有关数据的详细解释见对应的参考文献中的各项注释）。

第四，动态资产配置策略的研究可以为政府有关部门制定政策提供科学性的理论依据。大多数国家对社保基金投资资本市场都有严格数量限制，深入分析这种限制的科学性和合理性，有利于政府有关部门制定正确合理的政策和策略。

表 3-2 部分 OECD 国家养老基金资产占 GDP 的比例 （单位:%）

国 家	2001 年	2002 年	2003 年	2004 年	2005 年	2006 年	2007 年	2008 年	2009 年
澳大利亚	75.29	70.42	68.87	71.59	80.38	90.4	110.36	93.01	82.26
奥地利	2.94	3.78	4.13	4.39	4.78	4.94	4.82	4.44	4.94
比利时	5.51	4.93	3.92	3.99	4.41	4.22	4.47	3.31	4.09
加拿大	52.48	48.3	51.59	53.92	58.15	63.36	62.33	51.43	62.93
智利	—	55.07	58.16	59.08	59.35	61.01	64.43	52.77	65.12
捷克	2.27	2.73	3.11	3.55	4.13	4.52	4.7	5.17	5.95
丹麦	27.19	26.01	28.48	30.76	33.71	32.43	32.36	47.55	43.26
芬兰	49.48	49.18	53.86	61.84	68.61	71.33	71.05	60.56	76.77
法国	—	—	1.25	1.21	1.16	1.11	1.06	0.77	—
德国	3.44	3.49	3.64	3.79	4.04	4.21	4.65	4.73	5.2
希腊	—	—	—	—	—	—	0.01	0.01	0.02
匈牙利	3.89	4.46	5.21	6.83	8.45	9.71	10.89	9.64	13.08
冰岛	83.97	83.9	98.26	106.6	119.58	129.73	133.97	114.05	118.3
爱尔兰	43.74	34.41	39.77	41.98	48.26	50.22	46.62	34.14	44.15
以色列	25.11	27.16	27.68	28.27	34.01	32.17	33.18	42.81	46.8
意大利	2.25	2.31	2.44	2.55	2.79	3.01	3.27	3.42	4.11
日本	14.17	14.32	11.29	8.1	6.63	—	—	—	—
韩国	—	1.54	1.62	1.69	1.85	2.99	3.07	2.99	2.16
卢森堡	—	—	—	0.34	1.07	1.05	1.04	1.06	2.23
墨西哥	4.28	5.19	5.83	6.25	9.95	11.5	11.54	10.19	7.47
荷兰	102.62	85.5	101.19	108.12	121.73	125.74	138.05	112.72	126.01
新西兰	14.69	12.99	11.22	11.29	11.27	12.23	11.1	10.58	11.84
挪威	5.49	5.52	6.47	6.55	6.71	6.79	7.05	6.03	7.27
波兰	2.43	3.85	5.33	6.77	8.72	11.11	12.16	10.98	13.52
葡萄牙	11.47	11.48	11.75	10.54	12.73	13.64	13.74	12.2	13.4
斯洛伐克	0	0	0.02	—	0.49	2.4	3.72	4.72	6.26
斯洛文尼亚	—	—	0.46	0.9	1.26	1.58	1.82	1.92	2.61
西班牙	5.75	5.68	6.19	6.62	7.22	7.52	8.24	7.13	8.09
瑞典	8.11	7.45	7.53	7.38	9.07	9.26	8.68	7.38	8.37
瑞士	102.46	95.92	102.87	107.24	117.03	119.97	119.18	101.15	111.89
土耳其	—	—	—	0.39	0.67	0.75	1.2	1.48	2.27
英国	72	58.77	64.35	67.61	78.63	83.43	78.9	64.3	80.51
美国	71.52	63.21	72.57	74.01	74.84	79.33	79.41	57.93	67.7

注：“—”表示不详

资料来源：OECD，2011b

第五，动态资产配置策略的研究是建立社保基金投资运作体系和监管模式的基础。中国自1998年劳动和社会保障部组建以来，先后开展5次基金大检查，进行多次专项检查，清理回收了160多亿元被挤占挪用的基金，还有部分资金至今无法回收，2004年发现有16个省份有挤占挪用情况。近几年各类挤占、挪用和挥霍社保基金的案件时有发生，甚至相当严重，究其原因是中国社保基金投资运作和监管制度不够健全。资产配置策略是制度建设的基础，只有明确了社保基金的资产配置和调整策略，才能建立与之相一致的高效透明的投资管理体系和监管模式。

第六，研究部分积累制社保基金动态资产配置是一种新的尝试，具有前瞻性、探索性和现实意义。近十几年，社保基金的资产配置和投资策略的研究主要集中在收益确定型积累制（FDB）和缴费确定型积累制（FDC），从资产配置角度看，FDB和FDC都是部分积累制的特例，但部分积累制又不是两者的简单相加，因此在部分积累制框架内研究资产配置和投资策略具有更广泛的意义。

综上所述，无论是从理论上还是实际上都需要对社保基金动态资产配置进行研究。从理论上讲它可以丰富和完善金融领域中的投资组合理论、风险控制理论和资产负债管理理论，它允许我们在投资渠道、投资收益、投资风险受到限制的情况下研究最优的资产配置和投资策略。从实际上讲，它对目前中国社保基金的投资运作与监督管理、实现社保基金的保值增值具有直接的指导意义。此外，它对于稳定和繁荣中国的证券市场、完善关于社保基金的法律法规、切实保证社保基金投资的安全性、收益性和流动性具有重要的理论和现实意义。

目前国内外关于养老保险基金资产配置的研究主要集中在FDB型和FDC型上，一般认为FDB型类似于资产负债管理（asset - liability management，ALM），而FDC型类似于个人储蓄［参见Bodie（1988）和Boulier等（2001）文献］。

3.2 收益确定型养老基金的资产配置

DB型养老基金管理主要有两个目标：盈余（资产减负债）最大化与缴费率风险和偿付能力风险最小化。一方面，盈余最大化是养老基金所期望的，部分盈余通常会分发到参与者手中，因此资产配置策略的最优化就等价于盈余效用最大化（Rudolf and Ziemba，2004）；另一方面，该类基金主要面临缴费率风险与偿付能力风险，基金管理者希望通过最小化两种风险来控制基金的稳定性与安全性（Haberman，1993，1994，1997，2000）。目前关于DB型养老基金资产配置的文献多数都是在这两个目标下研究的。尽管两类文献所考虑的目标函数不同，但它们都使用了相同的方法——ALM求解最优的资产配置。

3.2.1 盈余最大化下的资产配置

在标准的投资基金中，其目标是终端财富效用最大化，即目标函数为

$$\max E_t[U(A(T))] \tag{3.1}$$

式中，$A(T)$ 为基金的终端值；U 为效用函数。

但对于养老基金来说，基金管理者为了确保基金有能力兑现对参与者的承诺，为参与者提供收益保障，需要设立收益保证，在这种情况下，目标函数需要修正为

$$\max E_t[U(A(T) - G(T))] \tag{3.2}$$

式中，t 和 T 分别表示初始时间和终端时间，E 表示期望，A（T）为基金的终端值，U 为效用函数。

1997 年，Sundaresan 等在该框架下研究了 DB 型养老基金的资产配置问题，他们采用的收益保证为终端时刻养老基金的负债，在风险资产与工资水平完全相关的假定下，发现除了标准投机策略以外，最优策略中出现了新的一项，就是独立于风险偏好的负债保值策略，该策略用来保值通货膨胀或工资水平导致的负债的变动。2004 年 Rudolf 等处理了类似的问题，不过他们放宽了完全相关这一假定，并引入了影响风险资产与负债的状态变量，从而导致最优策略中出现了独立于风险偏好的状态变量保值策略，该策略为状态变量的变动提供最大可能的保值。Sundaresan 和 Rudolf 都只处理了基金化不足（资产小于负债）带来无限惩罚的情况，而实际上基金化不足只会带来有限惩罚。目前处理该问题有两种方法。

1）一个重要思路是修正盈余法，即资产减去一定比例的负债而非全部负债（Sharpe and Tint，1990），修正盈余为

$$S(T) = A(T) - kL(T)\text{，其中 } 0 \leqslant k \leqslant 1 \tag{3.3}$$

比例 k 反映了基金管理者对负债的重视程度，管理者对负债越重视，k 就越高，相应的对基金化不足带来的惩罚也就越大。Yen 等在 2003 年利用该方法，采取类似于 Rudolf 等的研究框架，在时变的投资机会集下，建立了跨期模型得到了类似的结果。此外，结论还表明盈余定义中的 k 越大，负债保值项在资产配置中所占的比例便越大。

2）另一种方法是利用均值不足（mean-shortfall）模型，其目标函数为

$$\max E[A(T)] - \lambda E[(A^B - A(T))^+] \tag{3.4}$$

式中，A^B 为一个基准水平，当基金值低于该水平时，基金经理要受到惩罚；λ 为惩罚因子。

Siegmann（2003）在该模型下分析了 DB 型养老基金的资产配置。通过对通货膨胀的不确定性，通货膨胀和股票回报的相关性以及无风险利率水平所作出的各种假定，得到了风险资产的最优投资比例是基金化比率（资产/负债）的 V 型函数这一结论。

Ma（2011）在一个随机框架下考察了 DB 型养老基金计划的最优资产配置问题。与 Battocchio 和 Menoncin（2004）的设定相同，他假定养老基金计划可投资于现金、债券和股票三种资产，且假定养老基金计划参与者的效用函数为实际最终财富的指数函数，系统存在不可对冲的工资风险（wage risk），研究发现最优的投资组合构成与时间有关。在常规的市场参数范围内，当养老基金计划参与者愈临近退休，该计划投资于债券和股票的资产比重愈大，而投资于现金的资产比重则有所下降。

3.2.2 风险最小化下的资产配置研究

Haberman 在1994 年、1997 年和2000 年的论文中研究 DB 型养老基金的资产配置时重点考虑了两种类型的风险：偿付能力风险和缴费率风险。Haberman 认为，缴费率风险通常可以用缴费率与正常成本的之间的偏差来衡量，它与计划的稳定性有关，而偿付能力风险可以用精算赤字（即未备基金的精算债务）的大小来测度，它可以看做是计划安全性的一个指示剂。管理者希望通过最小化这两种风险的凸组合来控制计划的安全性与稳定性，凸组合的权重衡量的是管理者对两种风险的相对重视程度。在这一框架下，离散时间下基金管理者的目标函数为

$$\min E\sum_{t=0}^{T}\rho^{t}[k(C(t)-NC(t))^{2}+(1-k)UAL^{2}(t)] \tag{3.5}$$

相应地，连续时间下为

$$\min E\int_{0}^{T}e^{-\rho t}[k(C(t)-NC(t))^{2}+(1-k)UAL^{2}(t)]\mathrm{d}t \tag{3.6}$$

式中，$C(t)$ 为缴费率；$NC(t)$ 为正常成本，它是某一时期得到的养老金权利的现值；$UAL(t)$ 为精算赤字，它等于精算债务与基金资产大小的差值，即 $UAL(t)=AL(t)-F(t)$；ρ 为贴现因子；k 为赋予缴费率风险的权重。基金管理者主要通过确定缴费率及投资策略来实现其目标。

Haberman 等在确定与随机两种环境下考虑了该问题，不过他们没有将投资策略作为控制变量，而是把所有的资产看做一个回报率随机的风险资产，结果最优控制变成了二次线性问题，从而可以求得最优的缴费率。Boulier 等在 1995 年

考虑了养老金给付按固定且确定的比例增长的情况。缴费可以投资于风险资产与无风险资产，基金管理者希望最小化贴现的缴费总额，结果发现存在一个阈值，当基金值低于阈值时，最优缴费率及风险资产的最优投资比例与基金值呈线性关系，当基金值高于阈值时，它们与基金值不相关。Boulier 等在 1996 年的研究中对最大的缴费率设置了一个上界，结果资产配置策略不再是线性的，且没有显性解。

Cairns 在 1995 年和 1996 年的研究中使用了与 Haberman 在 1994 年研究相同的损失函数进行了相关研究，与 Boulier 在 1995 年的研究所不同的是，他认为风险资产的最优投资比例与基金值一直呈线性关系。Cairns 在 2000 年的研究提供了市场中存在 n 个风险资产与 1 个无风险资产，且养老金给付水平为随机的更为一般的框架。研究结果表明，对于一般的损失效用函数来说，投资于每一风险资产的比例是固定的，而且资产配置策略总是位于资本市场线之上，这同现代投资组合理论是一致的；此外最优解不依赖于养老金给付水平的不确定性。Josa-Fombellida和 Rincoón-Zapatero（2001）在 Cairns（2000）研究的基础上，求解了最优的投资策略，即当基金值小于精算债务时，风险资产的投资比例应与风险的市场价格成比例，当基金值大于精算债务时，基金应全部投资于无风险资产。

Josa-Fombellida 和 Rincoón-Zapatero（2004）利用几何布朗运动来模拟随机的负债，即

$$dAL(t) = \mu AL(t)\,dt + \eta AL(t)\,dW(t) \tag{3.7}$$

该模型扩展了以前的研究，结果表明最优的投资策略与精算债务以及未备基金的精算债务呈线性关系。

Ngwira 和 Gerrard（2007）通过在风险资产中引入跳跃过程，扩展了 Josa-Fombellida和 Rincoón-Zapatero（2001）与 Cairns（2000）的研究成果，得到的主要结论是跳跃扩散下的资产配置同纯扩散下的资产配置具有相同的形式，只是具体数值需要通过跳跃过程加以修正。

Lim 和 Wong（2010）采取基准分析方法（benchmarking approach）研究了养老基金的最优资产配置问题。他们将基金净值偏离基准组合净值的差额作为最优化目标函数。通过基准分析方法设计一种目标函数，使得基金净值低于基准组合净值会得到惩罚，高于基准组合净值则会得到奖励，从而将可能的基金赤字问题考虑进来，采用鞅方法得出了最优资产配置策略，针对以期权作为基准的特例，得出了保险公司和养老基金最优资产配置问题的封闭解。该方法被广泛用于收益确定型养老基金的资产配置中，对应的基准组合就是养老基金的精算负债水平。

Josa-Fombellida 和 Rincoón-Zapatero 在 2008 年研究了基金支付水平为随机情形下的 DB 型养老基金的最优资产配置策略问题。他们在最大化基金财富水平的同时，最小化偿付能力风险和缴费率风险，其中偿付能力风险用精算赤字（即未备基金的精算债务）的方差来测度。这个双目标的最优化问题被表述为一个调整后的均值方差最优化模型，可以通过动态规划技术进行求解。研究发现，最优资产组合是基金追加投资成本（supplementary cost）的线性函数，并附带一个表征收益动态的随机项。

Josa-Fombellida 和 Rincoón-Zapatero（2010）从离散时间框架拓宽到了连续时间框架，他们假定利率服从 Vasicek 利率动态模型，对随机利率环境下 DB 型累积制养老基金的最优投资组合问题进行了研究。他们假定养老基金可以投资于储蓄账户、股票市场以及债券市场，并且以有限期内最小化未备基金的精算负债（unfunded actuarial liability）对零的偏离为目标。运用随机最优控制方法得出最优化问题的解，即 DB 型养老基金在股票、债券、现金三大类资产间的最优配置策略，最后，对模型中相关参数的变化对最优解的影响进行了分析，结果表明最优资产组合中每项资产的投资支出皆为两项之和，其中一项与未备基金的精算负债成比例，另一项则与精算负债成比例。而表征收益随机变化情况的参数以及该参数与利率和股票相关性的变动则会影响最优资产组合中各资产的相对比重。

Pennacchi 和 Rastad（2011）构建了一个公共养老基金的资产配置模型，通过代表性纳税人基于财富的效用最大化或养老基金管理者基于薪酬的效用最大化，他们推出养老基金的最优投资组合，而后运用美国州养老基金 2000 ~ 2009 年的年度数据对该模型进行了实证检验。实证结果表明，在投资绩效较差时，基金管理者接下来会选择更高资产—负债风险（文中以资产—负债“跟踪误差”的波动率来衡量，即养老基金资产收益率和负债收益率之差的标准差）的投资组合。另外，对于选择较高收益率来贴现负债的养老基金倾向于选择更高风险的投资组合。

Hainaut 和 Deelstra（2011）对 DB 型养老基金的最优缴费率（contribution rate）进行了研究，该理论模型设定：养老基金参与者死亡率由一个跳过程（jump process）刻画；退休时的收益支付为未来工资演变的函数；养老基金资产可投资于现金、股票和滚动的到期时间固定的零息票债券；无风险利率过程由 Ornstein-Uhlenbeck 过程描述；优化问题目标为最小化缴费率与正常成本（normal cost）之差的平方以及最终财富（terminal wealth）与满足收益支付的期望财富（mathematical reserve to cover benefits）之差的平方；该优化问题的预算约束条件为确保现有资产和未来缴费与收益之间的精算均衡。运用鞅方法和随机动态规划方法，他们对优化问题进行了求解，研究结果表明，DB 型养老基金最优缴费率等于经市场状态函数摊薄后的正常成本与未备基金的负债（unfunded liabilities）之和；最优投资策略同样依赖于未备基金的负债量；如果初始未备基金的负债为负，则最优目标财富（optimal target wealth）要比满足到期收益支付所必需的期望财富量要大。

3.3 缴费确定型养老基金的资产配置

DC 型养老基金与 DB 型养老基金的资产配置有所不同，因为在 DC 型养老基金中，参与者得到的养老金给付只依赖于基金最终的资产价值，而且缴费是提前确定的，因此不存在缴费率风险与偿付能力风险。但由于该类基金将所有的风险都转嫁给了投资者，因此投资者最终得到的基金支付主要依赖于基金管理者的风险管理与控制能力。关于这方面研究的文献，从风险控制角度分，主要有考虑背景风险下的资产配置、收益保证下的资产配置和风险最小化下的资产配置三类。

3.3.1 考虑背景风险下的资产配置

由于养老基金的投资期限比较长，一般需要二三十年，因此在投资过中，不仅要考虑利率风险，还必须考虑通货膨胀风险、工资水平风险等背景风险。

Menoncin 在 2002 年的研究构建了考虑背景风险的一般基金资产配置问题的框架。首先，文献集中于随机的通货膨胀问题，因此目标函数中所使用的财富是实际财富；其次，它区分了背景变量与状态变量：状态变量是影响金融市场的参数，而背景变量外生于金融市场，但却直接影响着个人的财富，这一分类对于理解所采取的最优资产配置策略结构有着重要的意义。在该框架下最优化问题变为

$$
\begin{aligned}
&\max E\left[U\left(\frac{A_N(T)}{P}\right)\right] \\
&\text{s.t. } dA_N = \theta'(t)\,dS + \theta_B(t)\,dB + u'(t)\,dL \\
&\qquad dP = P\mu(X,P,t)\,dt + P\sigma(X,P,t)\,dW
\end{aligned}
\tag{3.8}
$$

式中，$A_N(t)$ 为 t 时刻的名义财富值；P 为通货膨胀率；X 为状态变量；L 为背景变量，比如可以表示从基金中撤出资金或向基金中注入资金。该优化问题得到最优组合策略分为三部分：标准的投机策略、独立于偏好的背景变量保值策略（只与 L 的扩散项有关）以及独立于偏好的状态变量保值策略（只与 X 的扩散项有关）。

在这一框架下，一系列的文献研究了 DC 型养老基金的资产配置问题。Battocchio在 2002 年的研究引入了随机利率及随机的工资水平过程，即

$$dr(t) = a(t)dt + b(t)dW^0(t)$$
$$dL(t) = \mu_L(r,t)dt + \sigma_{L,0}(r,t)dW^0(t) + \sigma_{L,1}(r,t)dW^1(t) + \sigma_L(r,t)dW^L(t) \tag{3.9}$$

式中，$r(t)$、$L(t)$ 分别为利率水平与工资水平；$W^0(t)$、$W^1(t)$、$W^L(t)$ 相互独立，且 $W^0(t)$、$W^1(t)$ 分别为利率衍生资产与风险资产的扰动项，该模型假设市场由风险资产、债券与现金三种资产构成，并利用随机动态规划方法建立了相应的优化模型。研究发现最优投资策略由三部分构成：与风险资产的市场风险价格成比例的投机项、与利率的扩散项成比例的保值项以及独立于偏好且与工资过程的扩散项成比例的保值项。

Battocchio 在 2004 年的研究通过引入随机的通货膨胀水平扩展了他 2002 年的研究成果，其主要特点是集中于两种背景风险：通货膨胀与工资水平。通货膨胀率的动态为

$$dP(t) = \mu_P(r,t)dt + \sigma_{P,0}(r,t)dW^0(t) + \sigma_{P,1}(r,t)dW^1(t) + \sigma_P(r,t)dW^L(t) \tag{3.10}$$

即通货膨胀与工资水平具有相同的扰动项。而工资水平通过作为缴费的来源而引入模型中，即

$$C(t) = \gamma L(t) \tag{3.11}$$

式中，$C(t)$ 为缴费率；$0 < \gamma < 1$ 为一常比例。

Cairns 在 2006 年的研究采用的框架类似于 Menoncin（2002）、Battocchio 和 Menoncin（2004）的研究，但与它们有本质不同，在目标函数中，Cairns 采用了一种新颖的终端效用函数，即

$$U(A(T),L(T)) = \begin{cases} \frac{1}{\gamma}\left(\frac{A(T)}{L(T)}\right)^{\gamma}, 0 < \gamma, \gamma \neq 1 \\ \log \frac{A(T)}{L(T)}, \gamma = 1 \end{cases} \tag{3.12}$$

式中，$A(T)$ 为终端财富；$L(T)$ 为终端工资水平；γ 为投资者的风险厌恶系数。

该效用函数以投资者的最终工资水平作为计价单位，将习惯形成（habit formation）整合到模型当中，模拟了参与者希望在退休后保持其标准的生活水平这一事实。最后得到的最优策略类似于 Menoncin（2002）、Battocchio 和 Menoncin（2004）的研究，模型的解仍包括投机项、利率风险保值项以及工资风险保值项三部分。此外，通过将最优策略与其他策略（比如 Merton 的投机策略、工资风

险保值策略等）比较发现，从终端财富效用的角度来看，该策略确实提高了参与者的福利。

Menoncin 在 2005 研究了在现收现付系统下运行的 DC 养老基金的资产配置问题。该框架结合了现收现付制与完全积累制的特点，实际上是一种部分积累制，它将人口结构引入模型中，从而扩展了以往的研究。他假定缴纳养老金的人数 n 与领取养老金的人数 m 分别服从如式（3.13）所示的动态

$$\begin{aligned} dn &= \mu_n(n,t)dt + \sigma_n(n,t)'dW \\ dm &= \mu_m(m,t)dt + \sigma_m(m,t)'dW \end{aligned} \tag{3.13}$$

该假定使得基金资产的动态发生了改变，从而使得最优资产配置受到了影响。结果得到的最优策略解释了所谓的风险暴露的循环行为，即如果投资于风险资产的比例总是正值，则当缴费者人数的增长率高于养老金领取者人数的增长率时，最优组合总是比 Merton 的投机组合更冒险，反之，则更谨慎。

Inkmann 等（2011）学者运用英国的数据对年金需求的决定因素进行了实证研究。其研究结果表明，年金市场参与度随着财富量、寿命预期以及受教育程度的增加而上升，随着其他养老基金收入和潜在的配偶遗赠动机的增加而下降。他们证明了这些从经验数据中得出的年金市场参与的决定因素在年金与人寿保险需求、储蓄和资产组合选择的生命周期模型框架中具有相同的数量效应。

3.3.2 收益保证下的资产配置

由于 DC 型养老基金完全将风险转嫁给了参与者，这使得参与者直接暴露在市场风险面前，解决该问题比较简单的一个方法便是引入最低收益保证。收益保证实际上是对养老基金业绩的自身约束，它为参与者的利益提供了保障，并限制了基金管理者的投资行为，从而控制了风险。

Boulier 等（2001）在假定缴费确定且利率服从 Vasicek 模型的情况下研究了 DC 型养老基金的资产配置。研究范围锁定在对收益施加保证的缴费确定型上，而且保证依赖于期末随机利率的水平。其优化问题为

$$\begin{aligned} &\max E[U(A(T) - G(T))] \\ &\text{s.t.} \quad A(T) \geq G(T) \end{aligned} \tag{3.14}$$

式中，$G(T)$ 为施加在终端财富 $A(T)$ 上的随机保证。

该研究利用鞅方法得到了最优的资产配置策略的解。从解的形式可以看出包括三部分：第一部分是等于缴费现值的贷款；第二部分是交割保证的衍生工具；第三部分是套期保值基金。Deelstra 等在 2003 年的研究中引入了随机缴费，并假

定利率动态服从仿射结构且保证 $G(T)$ 形式更为一般的情况下扩展了 Boulier 等（2001）的研究。Deelstra 等在 2004 年研究了 DC 型养老基金中投资者与基金经理之间的博弈问题。对于基金经理而言，需要选择最优的资产配置策略 $\pi(t)$ 以使其效用最大化，即

$$\max_{\pi(t)} E[U(\beta(A(T)-G(T))] \tag{3.15}$$

式中，β 为基金经理获得的利润分享比例。

对于投资者而言，需要设计最优的最低保证以达到效用最大化，即

$$\max_{G(T)} E[U(G(T)+(1-\beta)(A(T)-G(T))] \tag{3.16}$$

Deelstra 等研究了基金经理的投资问题，并据此求得了参与者最优保证的显性解，结果发现对于养老基金起到促进作用的利润共享原则，会导致参与者设立较低的保证额度，此外，通过设定利润分享比例，养老基金的风险可以在管理者与参与者之间进行转换，从而可以将 DB 与 DC 两种极端类型的养老基金结合起来。Xiao 等（2007）在假设股价服从常弹性方差（constant elasticity of variance，CEV）扩散过程的情况下，研究了带有收益支付保证的缴费确定型积累制（financial defined contribution，FDC）的资产配置问题，并利用勒让德转换（Legendre transform）以及对偶理论（dual theory）分别求解了累积阶段与发放阶段最优策略的解析解，对于基金管理者而言，积累阶段是标准的投机策略，而发放阶段由于考虑了基金的发放，使得风险资产的投资比例降低了。

Romaniuk 在 2006 年的研究认为上述问题都可以归结为内部保证，即指提供最低收益的自身业绩约束，该问题类似于标准的组合保险问题，此时有三种策略出现在最优资产配置中：投机策略、独立于偏好且关于收益保证的保值策略以及缴费保值策略。此外，他还提出了外部保证的概念，即指独立于基金的外部机构为弥补收益缺口而提供的保证，此时的优化问题可以归结为

$$\max E[U(G(T)+\alpha\max(0,A(T)-G(T))] \tag{3.17}$$

式中，$0<\alpha\leqslant 1$，$1-\alpha$ 为外部机构的利润分享比例。在这种情况下，期权出现在最优的终端财富中，利用标准的期权理论可以求得最优配置，研究发现外部保证下的投资行为要比内部保证下的行为更为冒险。

Pezier 和 Scheller（2011）探讨了在不同投资绩效分享规则（performance sharing rules）下养老基金的最优投资策略以及对养老基金领取者最有益的分享规则。其研究表明，当年年度绩效分享规则（current yearly performance sharing rule）对养老基金缴费方更为有利但并不损害养老基金领取方的利益，且在最低收益保证与累计收益率挂钩而非年度收益率挂钩时，养老基金领取方的利益会得

到增加。在适当的监管下，有利于激励养老基金采用安全的固定比例投资组合保险（constant proportion portfolio insurance，CPPI）投资策略，从而使养老基金领取方所承担的信用风险降到最低水平。

3.3.3 风险最小化下的资产配置

以风险最小化为目标函数是控制风险最为直接的一种方式，DC 型养老基金的投资风险主要利用基金资产的波动性来衡量。Vigna 和 Haberman（2001）在假设只有两种相互独立资产的金融市场中分析了 DC 型养老基金的金融风险，并建立了以下的优化模型

$$\min E\left[\sum_{t=0}^{N}\rho^{t}C(t)\right] \tag{3.18}$$

式中，ρ 为贴现因子；$C(t)=[A(t)-F(t)]^2$，表示基金值偏离目标值的波动所导致的惩罚成本；$A(t)$ 为养老基金的实际价值；$F(t)$ 为养老金的目标值。

Vigna 和 Haberman 利用动态规划原理得到了投资于风险资产的最优比例与基金值和缴费率的大小呈反比关系的最优投资策略。数值分析表明最优投资策略符合所谓的生活方式策略（即年轻时主要投资于股票，而临近退休时全部转向债券与现金）。

Haberman 和 Vigna 在 2002 年的研究从以下三个方面扩展了 Vigna 和 Haberman（2001）的研究成果：

1）市场上有 n 类资产；

2）任意两类资产的回报都是相关的；

3）目标函数中对于高于目标值的波动与低于目标值的波动所施加的惩罚不同，即

$$C(t)=[A(t)-F(t)]^2+\alpha[F(t)-A(t)],\ \alpha\geqslant 0 \tag{3.19}$$

所得到的最优策略形式上与 Vigna 和 Haberman（2001）是类似的，只是具体系数有所不同。

Gao 在 2008 年考察了在利率随机演变的完备金融市场情况下，研究了 DC 型养老基金最优资产配置策略的问题。在求解终端财富效用最优化过程中，应用随机最优控制方法，得到相应的非线性 HJB 偏微分方程。但由于该非线性偏微分方程在很多情形下得不到解析解，为了便于求解，他利用勒让德变换（Legendre transform）和对偶理论（dual theory）将非线性二阶偏微分方程转化为线性偏微分方程，并在对数效用函数的设定下，找出了最优投资策略的解析解。数值模拟

表明，随着投资期限的临近，最优资产组合中无风险资产的比例是逐渐升高的，而风险资产（股票和债券）所占比例是不断下降的。

Gao 在 2009 年将股票价格服从的动态过程由几何布朗运动扩展到了常方差弹性（CEV）模型，并运用随机最优控制、幂变换以及变量转化技术求得了常数相对风险厌恶（CRRA）和常数绝对风险厌恶（CARA）两种效用函数情形下 DC 型养老基金计划最优资产配置策略的显式解。每一个显式解都由一个变动的莫顿策略（moving Merton strategy）和一个矫正因子组成，且变动的莫顿策略的瞬时波动性（instantaneous volatility）是连续时变的（continuously updated）。显式解中矫正因子反映投资者对冲波动性风险的决策。在常数相对风险厌恶效用函数设定下，矫正项的动态行为主要依赖于时间和投资者的风险厌恶系数；在常数绝对风险效用函数设定下，其动态行为则仅仅依赖于时间。

Angelidis 和 Tessaromatis 在 2010 年的研究以只能投资于本国资产的希腊公共养老基金为例，研究了养老基金的投资限制对其资产配置效率的影响。希腊对公共养老基金投资到风险资产的比率设定了最高上限为 23%，并且不允许养老基金投资到国外金融市场，Angelidis 和 Tessaromatis 认为这些限制会导致投资组合的低分散化和资产配置策略的次优选择，研究发现，当参照国内和国际两个基准组合，资产配置策略的次优选择所导致的成本分别提高了 2% 和 3%。

3.4 统一框架下收益确定型与缴费确定型资产配置

综合 3.2 节和 3.3 节所述，可以看到 DC 型养老基金与 DB 型养老基金的投资管理以及资产配置是不同的，但是我们还是希望能够有一个统一的框架或模型既适用于 DB 型养老基金，又适用于 DC 型，从而不必局限于专门研究每一类型，为此很多学者在这方面做了不懈的努力。

Blake 在 1998 年利用 DB 型与 DC 型自身的性质通过期权将它们统一起来。他认为 DB 型相当于 FDC 加一个看跌期权减一个看涨期权，即

$$\mathrm{DB} = \mathrm{FDC} + P - C \tag{3.20}$$

式中，看涨期权 C 与看跌期权 P 的标的资产均为 DC 基金，执行价格均为 DB 基金的负债 L。这些期权的值既依赖于缴费率，又依赖于基金的资产配置。因此，期权值可以用来评估基金化水平的适当性以及资产配置在实现 ALM 目标的有效性。

Menoncin 和 Scaillet 在 2003 年所建立的模型可以同时应用于收益确定型积累制（financial defined benefit，FDB）与缴费确定型积累制（financial defined contribution，FDC）两种类型。研究假定缴费率 $C(t)$ 与养老金给付 B 都是随机变量，即

$$\begin{aligned} dC &= \mu_C dt + \Lambda'_C dW \\ dB &= \mu_B dt + \Lambda'_B dW \end{aligned} \tag{3.21}$$

根据 DB 型与 DC 型的定义，通过令养老金给付 B 的扩散项 Λ'_B 等于 0，研究框架便变为 DB 类型；同理，通过令养老金缴费率 $C(t)$ 的扩散项 Λ'_C 等于零，研究框架便变为 DC 类型。但是这一特性的前提是工资水平必须是确定的。当工资水平随机时，由于缴费率及养老金给付都依赖于工资水平，从而都不再是确定的。Romaniuk 在 2006 年区分了外部保证与内部保证，认为 DB 型、DC 型的资产配置都可以归结为两种保证下的优化问题，即

$$\max E[U(A(T) - G(T))] \tag{3.22}$$

$$\max E[U(G(T) + \alpha \max(0, A(T) - G(T)))] \tag{3.23}$$

第一种优化问题（3.22）对应于内部保证，即指提供最低收益的自身业绩约束，该问题类似于标准的组合保险问题，此时有三种策略出现在最优资产配置中：投机策略、独立于偏好且关于收益保证的保值策略以及缴费保值策略。第二种优化问题（3.23）对应于外部保证，即指独立于基金的外部机构为弥补收益缺口而提供的保证。在这种情况下，期权出现在最终的财富中，该模型利用标准的期权理论求得了最优配置。通过比较，可以发现外部保证下的投资行为要比内部保证下的行为更为冒险。但是，这一框架存在两个缺陷：首先，没有纳入缴费率风险与偿付能力风险最小化下的资产配置，因此该框架并不完整；其次，Romaniuk 将优化问题（3.24）

$$\begin{aligned} &\max E[U(A(T))] \\ &\text{s. t.} \quad A(T) \geqslant G(T) \end{aligned} \tag{3.24}$$

等同于优化问题（3.25），即

$$\max E[U(A(T) - G(T))] \tag{3.25}$$

此观点还有待于进一步深入研究和论证。

Butt 和 Deng（2011）采用模拟的方法考察了不同投资策略对退休人员在意愿水平上的影响。Butt 和 Deng 假定退休人员的目标是维持投资和寿命风险（longevity risk）不变，且可以获得由政府资助且须经过低收入认证后方可获取的养老金的资助以维持其意愿的消费水平，研究结果表明，如果相对于初始的余额水平（initial balance levels）消费支出意愿较高，将养老基金的资产 100% 投资于股票等增长型资产是最优的。养老基金投资绩效对于缴费方和领取方具有不对称影响时，养老基金的缴费方和领取方会存在潜在的利益冲突。当养老基金保证最

低年收益率时，基金缴纳方不允许基金将资金投资于风险资产，因而养老基金领取方只能获得确定但较低的收益率。

Siegmann（2011）利用蒙特卡罗模拟分别计算了幂效用函数、均值不足以及均值向下偏离情形下 DC 型养老基金的期望效用，而后计算出 DB 型养老基金的最小名义筹资比率（nominal funding ratio）以实现与 DC 型养老基金相同的期望效用。视 DC 型养老基金的风险厌恶程度和投资计划复杂程度设定的不同，最小可接受的名义筹资比率介于 0.87 ~ 1.20，对风险调整后的实际筹资比率则介于 0.56 ~ 0.79。DB 型养老基金随着期望股权溢价和投资于股权的资产比例的上升而更有吸引力。

在美国，公共养老基金绝大多数为 DB 型，而私人养老基金则以 DC 型为主。但目前一些州已经选择 DC 型公共养老基金或允许雇员在 DB 型与 DC 型之间进行选择或 DB/DC 混合型公共养老基金，且所有州都有为雇员提供了一个或多个可供选择的 DC 型公共养老基金。保持雇员的工作和工作历史不变时，Beshears 等学者（2011）发现，DB 型公共养老基金的退休－收入替代率（retirement－income replacement ratio）在各个行政区域间存在很大差异，这使得工人运用其他账户进行养老储蓄的需求也在各个行政区域间存在很大差异。另外，由于不同行政区域内政府对雇主和雇员缴费的强制状况不同，这使得基本（primary）DC 型养老基金产生的储蓄资金也在不同行政区域内呈现出很大差异，与公共 DC 型养老基金强制要求雇员或雇主或二者同时缴费不同，私人 DC 型养老基金主要由雇员自愿缴费，不足的部分由雇主进行补足。Beshears 等（2011）学者建议应借鉴私人部门的储蓄计划的经验来设计公共部门的储蓄计划。

在国内，定量研究养老基金在资本市场进行资产配置的文献不多。2003 年杨嶙等简化了 Boulier 等（2001）的框架，研究了收益保证下 DC 型养老基金的资产配置问题。2005 年张波和代金在假定养老金支付随机的情况下，对养老金的积累进行了讨论，给出了养老金在不同的投资策略下所满足的随机微分方程，并进一步分析了养老金的风险管理问题。吉小东和汪寿阳在 2005 年探讨了中国养老金资产负债管理问题，通过对通货膨胀率、工资增长率、折现率和缴费率的波动对养老金资产和负债影响程度的分析，讨论了资产配置问题，并为解决中国养老保险体制面临的困境及拓宽养老金融资渠道提出了若干政策建议。金秀和黄小原在 2005 年运用资产负债管理方法，根据辽宁省养老金的实际数据计算，得到了最优缴费率及基金在银行存款、债券和股票的最优资产配置。肖建武等在 2006 年建立了养老基金投资组合的常方差弹性模型，并给出了退休前和退休后资产配置比例计算公式，其实用价值有待于进一步研究。叶燕程和高随祥在

2007 年利用随机控制理论研究了 DC 型企业年金的最优投资策略，分别在固定缴费和随机缴费情形下，建立基于给付损失最小化的企业年金最优投资模型，通过求解 HJB 方程得到最优投资策略和给付水平的显式解。郑秉文在 2004 年通过对大多数国家社保基金投资证券市场的成功经验和沉痛教训分析认为，在中国的社会保障体系中，全国社保基金应离开国内市场、进入国际资本市场，NDB 型社会统筹基金只能存入银行和购买各类债券，包括国债、金融债和社保债等；个人账户基金和企业年金基金属于 FDC 型社保基金应统一监管，分中央和省级集中管理，按比例投资债券和股票，进行分散化投资。这些结论值得通过定量分析深入研究。

3.5 存在的问题和未来研究方向

综上所述，到目前为止，从国内外已有研究成果来看，这一领域的理论研究已经取得了相当丰富的成果，但仍存在很多问题没有解决。

1）以往研究社保基金的动态资产配置问题主要集中在完全积累制的框架下，部分积累制与完全积累制的动态资产配置有很大不同，主要体现在基金资产动态、资产负债结构、人口年龄结构和约束等方面。如何充分利用人口红利期大量的结余资金，来进行比较安全的资本化运作，提高资金利用率，以弥补人口老龄化时期的资金短缺还没有发现研究成果。因此在部分积累制下研究社保基金的动态资产配置仅仅是起步阶段，有很多问题没有解决。

2）现有研究 FDB 缴费率风险与偿付能力风险的文献都是以方差来衡量风险的，但实际上基金管理者与参与者厌恶的是实际缴费高于预定缴费的那部分波动以及基金价值低于精算债务的那部分波动，因此，用半方差来衡量这两种风险效果会更好些。

3）在研究 FDC 的资产配置时，除了综述中三种控制风险的方式以外，风险约束也是一种。Hainaut 和 Devolder（2005）与 Bogentoft 等（2001）研究了风险约束下 FDB 的资产配置，2004 年 Yiu 研究了风险约束下一般基金的资产配置，但关于风险约束下 FDC 的资产配置的文献目前尚未发现。

4）现代社保基金的类型正变得越来越复杂，而不单单是收益确定型或者缴费确定型，Lachance 等（2003）和 Blake（1998）介绍了带有期权性质的社保基金，但他们只重点研究了定价问题，而不重视基金的资产配置问题，如何对这些带有期权性质（包括收益确定型以及带有收益保证的缴费确定型）的社保基金纳入一个统一框架来研究他们的资产配置将是一个富有探索性的问题。

5）随着各个国家社保基金进行海外投资的比例越来越高，目前，中国也正在积极寻求海外投资。郑木清在 2005 年的研究全面论述了社保基金进行海外投资的积极意义。然而，现有的研究社保基金资产配置的文献主要集中于国内市场，关于考虑汇率风险、资产波动性风险和流动性风险等多种风险共存情况下的国际资本市场战略资产配置必将得到广大实际工作者和专家学者的高度重视。

6）社保基金在资本市场投资是为了保值增值，而保值增值是为了满足和提高社保参与人员的社会保障水平和生活待遇，因此社保基金也必然经历投资、持有和变现这一过程。但是研究社保基金如何变现的文献还未发现，根据刘海龙等在 2003 年和刘富兵等在 2007 年的研究思路，研究社保基金变现策略的特殊性和复杂性具有重要的理论意义与应用价值。

7）一般认为，一提到资产配置就是指在银行存款、债券、股票上的投资比例，而往往忽视在不同期限债券间进行配置，对社保基金而言，债券之间配置更是一个复杂的不可忽视的重要问题。因为债券投资不同于股票，一方面债券有不同期限，利率期限结构对债券配置有重要影响。另一方面每年基金总量是动态变化的，在这种情况下，如何把资金投资到不同期限的债券上去，即满足每年的现金需求，又能使收益最大化，是一个具有挑战性的问题。2006 年 Ringer 和 Tehranchi 在由 Heath 等（1992）提出的无穷个维纳过程驱动的 HJM 模型下，研究了由零息债券构成的债券市场上的最优组合问题。表 3-3 和表 3-4 分别给出了 2005 年和 2009 年部分国家和地区养老基金资产配置比例，虽然大多数国家社保基金在股票资产和国外金融资产的配置比例有所增加，但在债券市场和国内市场的配置比例仍占很大比重。这充分说明社会保障资金在各类债券市场的配置仍占有举足轻重的地位。从表 3-3 中可以看出，投资在公共债券市场比例最高的是墨西哥为 83. 80%，其次是土耳其为 80. 50%；投资在股票市场比例最高的是荷兰为 49. 80%，其次是芬兰为 41. 30%。表 3-4 是 2010 年统计 2009 年的数据，从中可以看出，投资在债券（包括公共债券和公司债券）市场比例最高的是捷克为 80. 48%，其次是墨西哥为 79. 03%；投资在股票市场比例最高的是芬兰为 40. 61%，其次是美国为 37. 82%。通过对这些数据的深入分析，说明中国的社保基金投资主战场一定是中国的债券市场，其次是国内的股票市场，因为中国经济的快速发展，必然导致金融市场的蓬勃发展，有充分的投资容量和众多的投资机会，而目前关于社保基金在债券市场上进行资产配置的研究却恰恰不足，这也再一次说明对相关研究的重要性，应该引起高度重视。

表 3-3　2005 年部分 OECD 国家养老基金资产配置状况　（单位:%）

国　家	现　金	公共债券	公司债券	贷　款	股　票	房地产	共同基金	保险合同	其　他
澳大利亚	2.3	0	0	7.0	21.7	1.2	65.9	0	1.9
奥地利	3.6	40.7	13.8	0.8	36.5	1.3	n. a.	n. a.	3.2
比利时	2.5	4.1	2.7	0.3	9.8	1.1	74.9	1.2	3.5
加拿大	4.3	17.7	4.7	0.6	25.8	3.3	39.8	0	3.7
捷克	0	60.3	22.0	0	0	0.6	0	n. a.	17.0
丹麦	0.7	26.6	23.6	0	25.9	1.7	11.2	0	10.2
芬兰	0	45.7	0	5.2	41.3	7.7	n. a.	n. a.	0.1
法国	1.6	63.4		1.2	5.3	3.1	25.8	n. a.	0.3
德国	3.3	1.3	29.4	27.3	34.5	3.4	0	0	0.8
匈牙利	1.4	74.2	1.4	0	7.8	0.2	9.0	0	6.1
冰岛	1.7	26.9	23.0	8.7	34.5	0.1	1.8	0	3.3
意大利	4.7	28.9	7.6	0	9.9	7.8	11.3	23.9	5.9
韩国	8.0	28.0	50.9	10.9	0.7	0	0.1	0	1.3
墨西哥	0	83.8	11.0	0	1.3	0	0	0	2.2
荷兰	2.5	3.3	35.0	3.4	49.8	3.7	n. a.	n. a.	2.3
挪威	4.9	22.6	32.8	1.9	28.9	4.6	n. a.	n. a.	4.3
波兰	4.1	62.3	1.1	0	32.0	0	0	0	0.4
葡萄牙	10.0	25.1	15.4	0	21.1	8.1	22.1	0	-1.9
西班牙	7.3	18.2	42.0	1.0	15.2	3.2	9.0	0	2.4
瑞士	7.9	25.6		6.3	16.9	9.6	30.2	0	0.9
土耳其	0	80.5	0	0	11.6	0	0	0	7.6
英国	2.2	12.9	7.3	0.5	40.1	3.8	18.0	8.5	6.6
美国	4.8	8.8	5.9	0.7	41.3	0.7	23.5	5.2	9.1

注：n. a 表示不适用

数据来源：OECD，2006

表 3-4　2009 年部分 OECD 国家养老基金资产配置状况　（单位:%）

国　家	现金与存款	债　券	贷　款	股　票	房地产	共同基金	保险合同	私人投资基金	其他投资
澳大利亚	12.843	—	5.02	21.663	5.011	52.213	—	—	3.249
奥地利	3.952	1.984	1.252	0.173	0.357	92.078	0	0.205	0

续表

国家	现金与存款	债券	贷款	股票	房地产	共同基金	保险合同	私人投资基金	其他投资
比利时	3.188	8.105	1.048	7.522	0.743	74.593	0.854	—	3.946
加拿大	3.187	24.47	0.36	26.309	5.814	34.482	—	—	5.378
智利	0.144	36.664	2.483	19.248	—	40.518	—	—	0.942
捷克	10.171	80.484	0	1.617	0.957	3.204	—	—	3.567
丹麦	0.513	70.953	0.174	15.257	1.272	2.403	—	—	9.427
芬兰	3.493	37.498	9.596	40.614	6.953	—	—	—	1.846
德国	2.252	26.644	29.547	0.475	2.328	36.466	—	0.842	1.445
希腊	28.842	52.214	—	5.886	—	9.513	—	—	3.543
匈牙利	2.491	56.829	—	10.756	0.234	27.286	—	—	2.403
冰岛	8.8	50.66	11.086	21.758	0.024	0	—	7.672	0.001
以色列	6.677	77.337	1.061	5.088	0.556	2.744	—	0.82	5.716
意大利	5.664	42.411	—	10.041	4.012	8.456	22.415	1.305	5.696
韩国	38.327	29.403	1.123	0.051	0	10.683	13.448	0	6.964
卢森堡	38.619	14.239	0	0.213	0	36.06	0.117	—	10.75
墨西哥	1.027	79.032	—	13.857	0.01	2.557	—	0	3.517
荷兰	2.149	42.9	2.78	8.39	2.275	32.263	—	—	9.243
挪威	3.865	49.938	1.132	13.862	3.803	25.97	—	0.343	1.086
波兰	2.321	66.527	0	30.212	—	0.635	—	0	0.304
葡萄牙	5.836	48.461	0	15.196	8.57	22.334	0	0	-0.398
斯洛伐克	29.193	68.424	—	0.185	—	0.708	—	—	1.489
斯洛文尼亚	19.832	64.302	3.964	2.872	0	7.844	0	0	1.186
西班牙	16.447	56.362	0.003	11.136	0.216	6.059	8.888	0.353	0.536
瑞典	1.87	53.487	0.035	12.422	3.885	27.473	—	—	0.827
瑞士	8.093	23.899	4.248	13.529	9.507	36.568	—	3.597	0.56
土耳其	27.777	30.772	—	26.541	0.395	0.076	—	—	14.438
英国	3.168	22.271	0.938	24.358	2.219	25.483	6.255	—	15.308
美国	1.118	20.678	0.858	37.821	1.276	21.309	4.299	—	12.64

注："—"表示不详

数据来源：OECD，2010

可以这样认为，社保基金的动态资产配置问题都必须考虑收益保证与风险预算。第一，收益保证下的资产配置，利用期权定价理论将现有的带有期权性质（包括收益确定型以及带有收益保证的缴费确定型）的社保基金统一在一个框架下研究资产配置问题。由于各种保证带有期权性质，通过适当地修正终端财富的定义，可以使得期权出现在组合中。利用期权定价理论我们可以求解组合的动态，并利用鞅方法（或动态规划原理），根据最优组合的动态确立最优的资产配置。第二，风险预算下的资产配置，由于社保基金要求很高的安全性，因此，在风险预算下进行最优资产配置是必不可少的和十分重要的，当然风险预算可以用 VaR 和 CvaR 等作为风险测度指标，利用随机最优控制求解相应指标约束下的最优化问题，并将其与无风险约束下的资产配置进行比较，分析风险约束对收益与成本的影响。在此基础上，未来可能的研究方向主要有如下几个方面。

1）单纯考虑波动性风险的资产配置有成熟的研究成果可供借鉴，单纯考虑流动性风险的资产配置也已经有了较好的解决思路，但同时考虑波动性风险和流动性风险的资产配置问题没有任何研究成果可供参考，特别是波动性风险和流动性风险是否相关，如果动态相关，怎样进行资产配置和动态调整，是需要解决的第一个关键问题。因此，在部分积累制社保基金资产配置中始终把波动性风险和流动性风险放在同等重要的位置，并且用半方差度量波动性风险，用冲击系数度量流动性风险，是未来的一个重要研究思路。

2）缴费确定待遇保底型的资产配置，需要综合权衡各种风险，在尽可能接受的缴费率的区间，考虑每年的就业率、工资水平、通货膨胀和人口结构来估计每年的现金流入和流出，设计相对稳定的能够保障退休职工一定生活水平的最低工资替代率和尽可能接受的最低缴费率，使偿付能力风险最小，目标收益最大，因此，比单纯的完全积累与现收现付要复杂得多，这一部分也可能是当前的研究重点。

3）从最近几年的研究成果看，运用期权理论研究社保基金的资产配置问题是一个新动向，众所周知，用 BS 期权定价公式给出的期权价格低估了期权的实际价值，用半方差度量波动性风险，同时考虑流动性风险的期权定价能够更合理地估计期权的真实价格，在缴费确定待遇保底型部分积累制社保基金的资产配置中，如何运用低成本双限期权，设计相对稳定的能够保障退休职工一定生活水平的最低工资替代率和尽可能接受的最低缴费率，使人口红利期大量的结余资金保值增值，以弥补人口老龄化时期的资金短缺，是需要深入研究的。

4）每年社保基金总量是可预计的和动态变化的，根据社保基金的资产负债结构，在既考虑利率期限结构的动态变化，又考虑交易费用的情况下，如何以资产负债匹配及收益最大化为目标，把一部分基金投资到不同期限的债券上去，在投资过程中如何动态调整，既满足每年的现金需求，又能使收益最大化，毫无疑问是值得研究的社保基金资产配置的重要问题。

5）研究带有储备性质的全国社保基金的资金来源，使用方向和动态变化情况，重点研究全国社保基金的长期资产配置策略，并放眼全球站在更广的视野上，在国际资本市场上进行资产配置。首先是给出国内资产和国外资产投资比例，其次是债券资产和股票资产的投资比例，最后是找出影响战略资产配置的因素，提供战略资产配置的参考标准。

对上述问题的研究将会进一步丰富和完善养老基金的资产配置理论。

3.6 本章小结

首先，本章通过对世界各国不同社会保障制度下社保基金动态资产配置策略的研究综述与分析，将部分积累制分为板块式部分积累制和记账式部分积累制，指出研究社保基金动态资产配置策略的重大意义。我们认为部分积累制社保基金的动态资产配置的核心思想主要是综合权衡各种风险，在尽可能接受的缴费率的区间，考虑每年的就业率、工资水平、通货膨胀和人口结构来估计每年的现金流入和流出，设计相对稳定的能够保障退休职工一定生活水平的最低工资替代率和尽可能接受的最低缴费率，使偿付能力风险最小，目标收益最大。其次，本章指出研究社保基金资产配置策略的意义；再次，本章介绍收益确定型养老基金的资产配置策略，缴费确定型养老基金的资产配置策略和 DB 型与 DC 型统一框架下的资产配置策略。最后，本章提出目前国内外有关社保基金资产配置研究存在的主要问题和未来可能的研究方向（刘海龙，2011）。

第2部分　理　论　篇

第 4 章　基于收益保证的资产配置策略

由于社保基金不同于普通的投资基金，退休期间社保基金成了退休员工的主要收入来源，因此社保基金的业绩直接决定了他们的生活水平。为了保证参与者退休后的生活收入及生活水平，设立适当的收益保证机制是必要的。本章各节的主要内容安排如下：4.1 节介绍收益保证机制；4.2 节研究内部收益保证下社保基金的最优资产配置；4.3 节研究外部收益保证下社保基金的最优资产配置；4.4 节为本章小结。

4.1　收益保证机制概述

目前社保基金主要存在两种保证机制。一种是内部保证，基金自身有一个最差业绩约束；当前国内外很多基金公司推出了具有内部保证的基金，如保本基金。此外，社保基金作为一种特殊的基金，为了确保投资者退休后的生活水平，也会为投资者提供内部收益保证。面对这种类型的基金，基金经理所选择的投资策略既要使其终端财富效用最大化，又要使其基金收益不低于保证的最低收益，如何平衡这两个目标成了基金经理进行基金管理所面临的首要问题。另一种是外部保证，它由独立于基金之外的机构提供，当产生的实际收益低于保证的收益时，这些外部机构会弥补收益缺口。立法者通常对社保基金的参与者提供外部保证，最低收益保证制度就是一种行之有效的方式。迄今为止，世界上大约有 20 多个国家实行了法定“积累制”的社会养老计划，各国积累的社保基金规模大小不一。大部分执行“积累制”社保福利体系的国家，对积累起来的社保基金投资管理均设有形式不同的最低收益保证制度。政府可以保证社保基金至少获得给定的回报，比如，在乌拉圭，政府就对公共社保基金提供实际年回报率不低于 2% 的保证，当真实回报低于该收益时，政府来弥补这一缺口。

实行“积累制”养老金计划的国家之所以要建立养老基金最低收益保证制度，是因为该项制度不仅是保证养老基金价值稳定增长及避免基金公司的收益显著偏离行业平均收益率的重要手段，而且更为重要的是保护了弱势群体退休后的生活来源，维护了社会公平。因为对中低收入阶层的雇员来说，他们没有太多的其他储蓄资产，养老金是他们退休后的主要收入来源。中国的情况也是如此，退休金是大部分工薪阶层离开工作后的主要收入来源，社保基金入市显然为他们最后生活来源的稳定性带来了风险。拉美、东欧等国家对养老基金投资设立的最低收益保证制度为中国的社保基金管理提供了可借鉴的经验，因此有必要建立适合中国国情的最低收益保证制度。

4.2　内部收益保证下的资产配置

Cox 和 Huang（1989）、Brennan 和 Schwartz（1989）、Grossman 和 Vila（1989）、Grossman 和 Zhou（1996）、Basak（1995）研究了确定的内部收益保证下普通基金的期望效用最大化问题。Browne（1999）、Teplá（2001）、刘富兵和刘海龙（2010a）在假定收益保证为某一市场指数的情况下，研究了目标函数最优化问题。一些学者研究了内部收益保证下 DC 型养老基金的管理问题。Boulier 等（2001）在缴费率确定且利率服从 Vasicek 模型的情况下研究了对应于最低随机保证的 DC 型的资产配置。Deelstra（2003）扩展了 Boulier 等（2001）的分析，他在缴费率随机且利率服从仿射结构的情况下研究了 DC 型的最优资产配置问题。

本节假定利率服从更为一般的 HJM 模型，研究内部收益保证下 DC 型养老基金的最优资产问题。利用鞅方法，我们将求解最优的资产配置策略；同时，我们将对最优资产配置的动态行为进行数值分析（刘富兵等，2008b）。

4.2.1　市场描述

在概率空间（Ω，F，P）上考虑一个连续的金融市场，其中 P 为真实概率。设 $w=(w_1,\cdots,w_d)$ 是定义在概率空间（Ω，F，P）上表示金融市场中不确定性的标准维纳过程。同时，假定概率空间（Ω，F，P）是由 w 生成的，则 $F=\{F_t,t\geqslant 0\}$，其中域 $F_t=\sigma\{w_s:s\leqslant t\}$ 表示 t 时刻为止投资者可获得的信息。

（1）目标函数

假定基金经理的效用函数形式为 CRRA（constant relative risk aversion）的，即

$$U(X)=\frac{X^{1-\gamma}-1}{1-\gamma}\tag{4.1}$$

式中，$\gamma>0$，且 $\gamma\neq 1$ 为基金经理的风险厌恶系数。选择 CRRA 作为效用函数的

主要原因在于基金经理管理的养老基金不能为负值，CRRA 形式的效用函数很好地满足了这一点，该效用函数在 0 点的边际效用为无穷大，即 $U'(0) = \infty$ 。

假定养老基金设立的最低收益保证为 G_T，这意味着基金的最终价值 W_T 必须高于 G_T。基金经理的目标是在确保投资者获得最低收益的情况下，选择投资于风险资产的比例 π，使养老基金的终端财富预期效用最大化，即

$$\max_{\pi} E_0[U(W_T)] \\ \text{s. t.} \quad W_T \geqslant G_T \tag{4.2}$$

为了数学上处理方便，类似于 Boulier 等（2001）、Basak（2002）、Deelstra 等（2003）、Rudolf 和 Ziemba（2004），我们采用如下的优化方式：

$$\max_{\pi} E_0[U(W_T - G_T)] \tag{4.3}$$

此时约束 $W_T \geqslant G_T$ 便隐含在了上面的优化问题中。

（2）利率期限结构

假定利率期限结构服从 Heath 等（1992）中的 k 因素 HJM 模型，且该期限结构的不确定性由 $w_B = (w_1, w_2, \cdots, w_k)$ 生成。另外，假定远期利率的波动率是时间的确定性函数。

设市场中到期日 τ 的瞬时远期利率 $f_t(\tau)$ 为

$$f_t(\tau) = f_0(\tau) + \int_0^t \alpha(s,\tau)\mathrm{d}s + \int_0^t \sigma_f(s,\tau)'\mathrm{d}w_{Bs} \tag{4.4}$$

式中，$\alpha(s,\tau)$ 为远期利率 $f_t(\tau)$ 的漂移过程；$\sigma_f(s,\tau)$ 为 d 维的波动率过程；$f_0(\tau)$ 为到期日为 τ 的 0 时刻瞬时远期利率的值。

HJM 模型最重要的特征是在市场无套利的情况下，只需要确定远期利率的初始值及波动率过程 $\sigma_f(s,\tau)$，便可确定整个远期利率曲线，因为漂移过程 $\alpha(s,\tau)$ 必须满足以下方程：

$$\alpha(t,\tau) = \sigma_f(t,\tau)'(\lambda_B(t) + \int_t^\tau \sigma_f(t,u)\mathrm{d}u)$$

式中，$\lambda_B(t)$ 为利率风险的市场价格，否则市场存在套利（Heath et al.，1992）。

由于瞬时短期利率 $r(t) = f_t(t)$，故

$$r(t) = f_t(t) = f_0(t) + \int_0^t \alpha(s,t)\mathrm{d}s + \int_0^t \sigma_f(s,t)'\mathrm{d}w_{Bs}$$

设 t 时刻到期日为 τ 的零息债券价格为 $P_t(\tau)$，则

$$P_t(\tau) = \exp\{-\int_t^\tau f_t(s)\mathrm{d}s\} \tag{4.5}$$

对方程（4.5）运用 Itô 公式可得

$$\mathrm{d}P_t(\tau) = P_t(\tau)[(r(t) + \sigma_P(t,\tau)'\lambda(t))\mathrm{d}t + \sigma_P(t,\tau)'\mathrm{d}w_{Bs}] \tag{4.6}$$

式中，$\int_t^\tau \sigma_f(t,u)\mathrm{d}u = -\sigma_P(t,\tau)$。

（3）市场投资环境

假定基金经理有三种资产可以投资：瞬时无风险资产 $A(t)$ 、k 个利率衍生债券 $B(t)$ 及 $(d-k)$ 个股票资产 $S(t)$ 。假定维纳过程 $w=(w_B,w_S)$ ，式中 w_B 由 w 的前 k 维元素构成，且利率衍生债券 $B(t)$ 只受 w_B 的影响；而 w_S 由 w 的后 $(d-k)$ 维元素构成，且股票的价格既依赖于 w_B 又依赖于 w_S。三种资产价格分别服从如下的微分方程：

$$\begin{aligned}\mathrm{d}A(T) &= r(t)A(t)\mathrm{d}t\\ \mathrm{d}B(t) &= B(t)[(r(t)1_k+\sigma_{Bt}\lambda_B(t))\mathrm{d}t+\sigma_{Bt}\mathrm{d}w_{Bt}]\\ \mathrm{d}S(t) &= S(t)[(r(t)1_{d-k}+\varphi_{St})\mathrm{d}t+\sigma_{S1t}\mathrm{d}w_{St}+\sigma_{S2t}\mathrm{d}w_{St}]\end{aligned} \tag{4.7}$$

式中，σ_B、σ_{S1t}、σ_{S2t}分别为 $k\times k$、$(d-k)\times k$、$(d-k)\times(d-k)$ 维矩阵；σ_B 为利率衍生债券的波动率矩阵；$\sigma_S=(\sigma_{S1},\sigma_{S2})$ 为股票资产的波动率矩阵；φ_{St}为股票的超额回报；λ_B 为利率市场风险价格。

由方程（4.7）知，市场的波动率矩阵为

$$\sigma_t=\begin{pmatrix}\sigma_{Bt} & 0\\ \sigma_{S1t} & \sigma_{S2t}\end{pmatrix}$$

假定 σ_B、σ_{S2t}是非奇异的，则市场是动态完备的。

假定市场风险价格 $\lambda=\begin{pmatrix}\lambda_B\\ \lambda_S\end{pmatrix}$ 为时间的确定性函数，其中 λ_S 为股票市场风险价格，则由市场风险价格的定义知

$$\lambda=\begin{pmatrix}\lambda_B\\ \lambda_S\end{pmatrix}=\sigma^{-1}\begin{pmatrix}\lambda_B\sigma_B\\ \varphi_S\end{pmatrix}=\begin{pmatrix}\sigma_B^{-1} & 0\\ -\sigma_{S_2}^{-1}\sigma_{S_1}\sigma_B^{-1} & \sigma_{S_2}^{-1}\end{pmatrix}=\begin{pmatrix}\lambda_B\\ \varphi_S\sigma_{S_2}^{-1}-\sigma_{S_2}^{-1}\sigma_{S_1}\lambda_B\end{pmatrix}$$

故 $\lambda_S=\varphi_S\sigma_{S_2}^{-1}-\sigma_{S_2}^{-1}\sigma_{S_1}\lambda_B$ 。

由于市场是动态完备的，故由 Duffie（1996）可知，市场中存在唯一的状态价格平减因子（state-price deflator）ξ_t 具有如下形式：

$$\xi_t=\exp\left\{-\int_0^t r(s)\mathrm{d}s-\int_0^t\lambda'\mathrm{d}w_s-\frac{1}{2}\int_0^t\|\lambda\|^2\mathrm{d}s\right\},\quad t\geqslant 0$$

或者等价的，其微分形式为

$$\begin{cases}\mathrm{d}\xi_t=\xi_t[-r(t)\mathrm{d}t-\lambda'_t\mathrm{d}w(t)]\\ \xi_0=1\end{cases} \tag{4.8}$$

由鞅方法定价理论知，对于 T 时刻任意的或有权益 $U(T)$ ，其当前价格

PV 为

$$PV = E_t(\frac{\xi_T}{\xi_t}U(T)) \tag{4.9}$$

（4）缴费过程、财富过程及基准组合

假定参与者将一定比例的工资缴纳给养老基金，且这一比例为常数 δ，则缴费率水平 $C(t)$ 满足如下方程：

$$C(t) = \delta Y(t)$$

设基金经理投资于利率衍生债券及股票的比例为 $\pi_t = [\pi_{1t},\cdots,\pi_{dt}]'$，则养老基金的财富过程 W_t 服从下面的运动：

$$dW_t = [(r_t + \pi'_t\sigma_t\lambda_t)W_t + C(t)]dt + W_t\pi'_t\sigma_t dw_t \tag{4.10}$$

式中，$C(t)dt$ 项来自于累积的缴费。

类似于 Telpá（2001），假定最低收益保证 G_T 为市场中的一种基准组合，如市场指数等。假定其微分形式为

$$dG(t) = aG(t)dt + G(t)s'dw(t) \tag{4.11}$$

由于市场是完备的，故该基准组合可以由风险资产、利率衍生资产以及无风险资产复制得到。由此可得

$$s'\lambda = a - r(t)$$

为使随机保证有意义，假定 $W(0) > G(0)$。

4.2.2 内部收益保证下的资产配置策略

由 Cox 和 huang（1989，1991）、Karatzas 等（1987）及 Munk 和 Sorensen（2004）知，当市场完备时，由方程（4.3）、方程（4.7）、方程（4.10）构成的动态优化问题等价于下面的静态优化问题：

$$\max_{W(T)} E_0[U(W(T) - G(T))]$$

$$\text{s.t.} \quad E[\xi_T W(T) - \int_0^T \xi_0^{-1}\xi_t C(t)dt] = W(0) \tag{4.12}$$

该问题是标准的拉格朗日优化问题，利用鞍点定理可以确定最优的终端财富 W_T。Cox 和 huang（1989，1991）、Karatzas 等（1987）及 Munk 和 Sorensen（2004）已经证明，该问题的解可以用来求解动态的最优投资策略：利用方程（4.10）可以求解复制最优终端财富 W_T 的投资组合 π_t，则 π_t 即为动态的最优投资策略。

定理4.1 假定风险的市场价格过程 $\lambda(t)$ 及远期利率波动率 $\sigma_f(t,T)$ 是时

间的确定性函数，则在财富过程及随机收益保证过程分别由式（4.10）、式（4.11）给出的情况下，静态优化问题（4.12）的最优终端财富为

$$W(T)=\frac{W_t+N_t-G(t)}{Q_t}\mathrm{e}^{-\frac{\beta}{\gamma}(T-t)}\left(\frac{\xi_T}{\xi_t}\right)^{-\frac{1}{\gamma}}+G(T),\quad 0\leqslant t\leqslant T \tag{4.13}$$

其中，

$$Q_t=E_t\left[\left(\frac{\xi_T}{\xi_t}\right)^{1-\frac{1}{\gamma}}\mathrm{e}^{-\frac{\beta}{\gamma}(T-t)}\right],\quad N_t=E_t\left[\int_t^T\frac{\xi_s}{\xi_t}C(s)\,\mathrm{d}t\right] \tag{4.14}$$

证明：见附录 1 中的附录 A。

下面求解复制该终端财富的最优投资策略 $\{\pi_t\}$。

定理 4.2 假定风险的市场价格过程 $\lambda(t)$ 及远期利率波动率 $\sigma_f(t,T)$ 是时间的确定性函数，则在财富过程及随机收益保证过程分别由式（4.10）、式（4.11）给出的情况下，优化问题（4.3）中的最优资产配置策略为

$$\begin{aligned}\pi'_t=&\frac{1}{\gamma}\frac{(W_t+N_t-G_t)}{W_t}\sigma_t^{-1}\lambda_t+\frac{\gamma-1}{\gamma}\frac{(W_t+N_t-G_t)}{W_t}\sigma_t^{-1}\tilde{\sigma}_P(t,T)\\&+\frac{G_t}{W_t}\sigma_t^{-1}s-\frac{1}{W_t}\sigma_t^{-1}\tilde{\sigma}_P^C(t,T)\end{aligned} \tag{4.15}$$

其中，

$$\tilde{\sigma}_P(t,T)=\begin{pmatrix}\sigma_P(t,T)\\0_{(d-k)\times1}\end{pmatrix},\quad \tilde{\sigma}_P^C(t,T)=\begin{pmatrix}\sigma_P^C(t,T)\\0_{(d-k)\times1}\end{pmatrix}$$

$$\sigma_P^C(t,T)=\int_t^T P_t(s)C(s)\sigma_P(t,s)\,\mathrm{d}s$$

证明：见附录 1 中的附录 B。

4.2.3 最优资产配置策略分析

由定理 4.2 可以得出，最优投资策略由四部分构成，即投机策略、利率套期保值策略、随机收益保证的复制策略及一揽子债券卖空策略。其中，等式（4.15）右边第三项用来复制基准组合 G_t，我们称其为随机收益保证的复制策略，该策略用来保证获得最低的收益。

由附录 1 中的附录 B 知，$\int_t^T P_t(s)C(s)\,\mathrm{d}s$ 的波动率为 $\sigma_P^C(t,T)$，故等式（4.15）右边最后一项策略相当于卖出一揽子债券组合 $\int_t^T P_t(s)C(s)\,\mathrm{d}s$，称为债券的卖空策略。采取债券的卖空策略表明养老基金已经将投资者缴纳的缴费提前

“透支”，同时将“透支”的资金投资在债券及风险资产上。养老基金之所以能采取该策略是因为它对未来的缴费有确定的预期，从而不必担心发生违约风险。

等式（4.15）右边第一项是我们熟悉的 Merton 问题中的投机策略。由于一部分用来复制保证最低收益的基准组合，而一部分资金是通过卖空一揽子债券得到的，故该策略中的系数为 $\frac{(W_t + N_t - G_t)}{W_t}$ 而非 1。该策略用来获得尽可能大的收益，可以通过有效组合来构造该策略。

等式（4.15）右边第二项是套期保值策略，该策略用来描述当投资机会集合发生改变时，投资者如何对此进行最优的套期保值，由于假定风险的市场价格过程 $\lambda(t)$ 及远期利率波动率 $\sigma_f(t,T)$ 都是时间的确定性函数，故投资机会集合的改变完全由利率引起，所以称其为利率套期保值策略。由方程（4.6）知，可以通过 T 时刻到期的零息债券 $P_t(T)$ 来构造该套期保值策略。

此外，等式（4.15）右边的前两项是无收益约束时的最优投资策略：$W_t + N_t - G_t$ 中的 $\frac{1}{\gamma}$ 投资于投机组合，$W_t + N_t - G_t$ 中的 $1 - \frac{1}{\gamma}$ 投资于零息债券 $P_t(T)$ 。

因此，最优投资策略等价于购买基准组合 G_t，卖空一揽子债券 $\int_t^T P_t(s)C(s)\mathrm{d}s$ ，余下的资金 $W_t + N_t - G_t$ 依照随机利率下无约束的最优策略进行投资。

4.2.4 数值分析

（1）参数设置

我们引用 Munk 等（2004）数值分析中的参数进行算例分析。假定市场上只有三种资产：一只债券、一只股票、一个无风险资产。设初始财富 $W_0 = 10$ ，总工资水平 $Y = 1$ ，缴费率 $\delta = 0.08$ ，$\gamma = 6$ ，投资区间 $T = 10$ 。假定利率期限结构为 Vasicek 模型（它是 HJM 框架下的一种特殊情况），即

$$\mathrm{d}r_t = k(\theta - r_t)\mathrm{d}t - \sigma_t \mathrm{d}w_{Bt}$$

式中，$k = 0.15, \theta = 0.04, \sigma_r = 0.015, r_0 = 0.05$ 。

则远期利率模型由下式给出：

$$f_t(\tau) = \mathrm{e}^{-k(\tau T-t)} r_t + r_\infty (1 - \mathrm{e}^{-k(\tau-t)}) + \frac{\sigma_r^2}{2k}\mathrm{e}^{-k(\tau-t)} b(\tau - t) \qquad (4.16)$$

式中，$r_\infty = \theta + \frac{\lambda_B \sigma_r}{k} - \frac{\sigma_r^2}{2k}$，$b(s) = \frac{1}{k}(1 - \mathrm{e}^{-ks})$。

对方程（4.16）利用 Itô 公式可得

$$\sigma_f(t,T) = -\sigma_r e^{-k(T-t)}$$

因此

$$\sigma_P(t,T) = \sigma_f(t,T) = -\int_t^T \sigma_f(t,\tau)\mathrm{d}\tau = \sigma_r \frac{1}{k}(1 - e^{-k(T-t)})$$
$$= 0.1(1 - e^{-0.15(10-t)})$$

债券市场上，设 $\lambda_B = 0.05$，10 年期零息债券的超额回报率为 0.39%，从而 $\sigma_B = 0.39\% \div 0.05 = 7.8\%$。

股票市场上，设 $\sigma_{S1} = 0.0625, \sigma_{S2} = 0.2421, \lambda_S = 0.19365$，从而 $\varphi_S = 0.05$。

至于基准组合，设 $s = (0.1, 0.2)'$，因此 $a(t) = r_t + s'\lambda$，假定 $G_0 = 6$。

（2）结果分析

利用蒙特卡罗模拟得到的最优资产配置及最优财富如图 4-1 和图 4-2 所示。

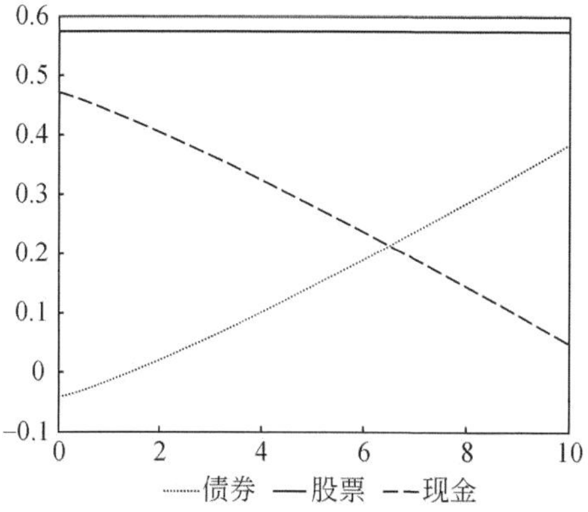

图 4-1 最优的资产配置策略

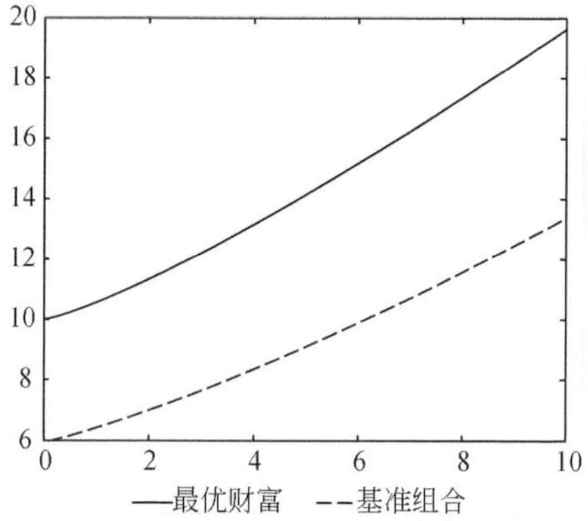

图 4-2 基准组合及最优财富过程

由图 4-1 可知，养老基金在股票上的投资比例有两个特点：第一，该投资比例较高，本例中达到了 58%；第二，该比例相对比较稳定，在投资区间内几乎没有发生变化。投资比例较高的主要原因在于养老基金中很大一部分被用来复制基准组合，而基准组合中的股票比例较高；而投资比例比较稳定主要是由基准组合中股票的比例相对稳定造成的。此外，养老基金在债券与现金上的投资比例出现了完全相反的两种走势：现金的投资比例越来越低，而债券的投资比例越来越高。造成这种现象的主要原因在于：起初养老基金将绝大部分资产用来复制基准组合，在债券上的投资余地不大；而随着养老基金与基准组合收益差距的逐步拉大，基金经理有了更多的资金进行自主投资。显然债券的收益率要高于现金，因此基金经理会将更多的现金用来投资于债券。

图 4-1 给出了养老基金在股票、债券及现金上的资产配置比例。

由图 4-2 可知，内部收益保证下的资产配置策略使得最优财富总是高于基准组合，这确保了终端时刻至少可以获得基准组合的收益，从而达到了较好的保值（即保证养老基金高于基准组合）效果；而且，养老基金的财富水平一直保持稳定的增长，这表明该资产配置策略同时达到了使养老基金增值的效果。

4.3 外部收益保证下的资产配置

假设有外部机构为该养老基金提供最低收益保证，作为回报，该机构要求当资产价值高于最低保证时，盈余部分的 $(1-\alpha)$ 属于该机构，其中 $0<\alpha\leqslant 1$，这便是所谓的利润共享原则（profit sharing rule）。为简化起见，本节考虑一类简单的金融市场（刘富兵等，2008a）。

4.3.1 市场描述

（1）市场投资环境

考虑一个连续无摩擦的完备金融市场，假定市场中存在两种资产：无风险资产 B 与风险资产 S，市场的无风险利率为常数 r。无风险资产 B 可以理解为银行存款或政府债券，风险资产 S 可以理解为市场组合，两者分别满足如下形式的微分方程：

$$\frac{\mathrm{d}B}{B}=r\mathrm{d}t$$

$$\frac{\mathrm{d}S}{S}=\mu\mathrm{d}t+\sigma\mathrm{d}W \tag{4.17}$$

与 4.2 节类似，设养老金的缴费率为 δ，总工资水平为 Y，则缴费水平 $C(t)$ 满足如下方程：

$$C(t)=\delta Y(t) \tag{4.18}$$

设基金经理投资于风险资产 S 的比例为 π，则其管理的养老基金 A 满足如下的微分形式：

$$\mathrm{d}A=A\pi\frac{\mathrm{d}S}{S}+A(1-\pi)\frac{\mathrm{d}B}{B}+\delta Y(t)\mathrm{d}t \tag{4.19}$$

式中，$\delta Y(t)\mathrm{d}t$ 来自于累积的缴费。

结合方程（4.17）至方程（4.19）可得

$$dA = [A(\pi(\mu - r) + r) + \delta Y(t)]dt + \pi A\sigma dW \tag{4.20}$$

（2）目标函数

设基金经理的投资区间为［0，T］，效用函数满足 CRRA 形式，其目标是通过选择最优的风险资产投资比例 π^*，最大化下面的终端预期效用：

$$\max_{\pi} E_t[e^{-\beta(T-t)}U(G(T) + \alpha\max(A(T) - G(T),0))] \tag{4.21}$$

式中，β 为贴现因子；$A(T)$ 为养老基金的资产价值；$G(T)$ 为机构提供的最低收益保证。假设 $G(T)$ 在到期日为确定的常量，记为 G，则过程 $G(t)$ 满足如下方程：

$$G(t) = Ge^{-r(T-t)} \tag{4.22}$$

令

$$X(T) = G + \alpha\max(A(T) - G,0) \tag{4.23}$$

则 $X(T)$ 表示养老基金得到的最终收益。

此时，基金经理的优化问题（4.21）变为

$$\begin{aligned} &\max_{\pi} E_t[e^{-\beta(T-t)}U(X(T))] \\ \text{s. t.}\quad &\frac{dX(t)}{X(t)} = \mu_X(t)dt + \sigma_X(t)dW(t) \\ &X(0) > 0 \\ &X(T) \geq 0 \end{aligned} \tag{4.24}$$

式中，$X(0) > 0$ 为该基金开始有一笔馈赠，全国社保基金就属于这种情况；$X(T) \geq 0$ 要求养老基金在期末绝对不能为负值，很多国家（包括中国）的法规都对此作了强制性限制。

4.3.2 外部收益保证下的资产配置策略

记

$$C(T) = \max(A(T) - G,0) \tag{4.25}$$

则 $C(t)$ 表示 t 时刻执行价格为 G，到期日为 T 基于资产 A 的欧式看涨期权的价格。

对 $C(t)$ 利用 Itô 公式可得①

① 本节的思路是利用波动率匹配来确定最优资产配置策略，由定理 4.1 知，当波动率匹配时，漂移项会自动匹配，故在本书余下的大部分章节，我们省去对漂移项的计算，简单地用“…”表示。

$$\begin{aligned} \mathrm{d}C(t) &= C_t \mathrm{d}t + C_A \mathrm{d}A + \frac{1}{2} C_{AA} (\pi A \sigma)^2 \mathrm{d}t \\ &= (\cdots)\mathrm{d}t + \pi A \sigma C_A \mathrm{d}W \end{aligned} \tag{4.26}$$

由方程（4.23）及方程（4.25）可得

$$X(T) = G + \alpha C(T) \tag{4.27}$$

则过程 $X(t)$ 满足如下方程：

$$\mathrm{d}X(t) = \mathrm{d}G(t) + \alpha \mathrm{d}C(t) \tag{4.28}$$

结合方程（4.22）、方程（4.26）及方程（4.28）可得

$$\mathrm{d}X(t) = (\cdots)\mathrm{d}t + \alpha \pi A \sigma C_A \mathrm{d}W \tag{4.29}$$

由于市场是动态完备的，故市场中存在唯一的状态价格平减因子（state-price deflator）ξ_t，它具有如下形式

$$\xi_t = \exp\left\{ -\left[r + \frac{1}{2}\left(\frac{\mu - r}{\sigma}\right)^2 \right] t - \frac{\mu - r}{\sigma}\left[W(t) - W(0) \right] \right\} \tag{4.30}$$

则动态优化问题等价于下面的静态优化问题

$$\begin{aligned} &\max_{X(T)} E_0 \left[\mathrm{e}^{-\beta(T-t)} U(X(T)) \right] \\ \text{s. t.} \quad & E_0 \left[\frac{\xi_T}{\xi_0} X(T) \right] \leqslant X_0 = G\mathrm{e}^{-rT} + \alpha C(0) \end{aligned} \tag{4.31}$$

定理 4.3 在养老基金资产 A 的运动形式满足方程（4.20）的情况下，优化问题（4.24）的最优资产配置策略为

$$\pi_t^* = \frac{(\mu - r) X(t)}{\gamma \sigma^2 \alpha C_A A(t)} \tag{4.32}$$

证明：见附录 1 中的附录 C 和附录 1 中的附录 E。

4.3.3 最优资产配置策略分析

由定理 4.3 知，最低收益保证制度下的最优投资策略与经典 Merton 问题的最优解 $\frac{(\mu - r)}{\gamma \sigma^2}$ 具有类似的形式，所不同的是，期权的 Delta 出现在投资策略中，下面的定理 4.4 为我们比较了该策略与 Merton 问题的投资策略。

定理 4.4 最低收益保证制度下风险资产的最优投资比例 π_t^* 高于 Merton 问题的最优投资比例，且 π_t^* 与利润分享比例 α 成反比。

证明： 当 $\alpha = 1$ 时，由于 $X(t) \geqslant A(t)$，且看涨期权的 DeltaC_A 的取值在 0 ~ 1，故此时

$$\pi_t^* > \frac{(\mu - r)}{\gamma\sigma^2}$$

由定理4.3，对 π_t 关于 α 求偏导数可得

$$\frac{\partial \pi_t}{\partial \alpha} = \frac{(\mu - r)}{\gamma\sigma^2 \alpha C_A A(t)}(C(t) - X(t)/\alpha) \tag{4.33}$$

将 $X(t) = G(t) + \alpha C(t)$ 代入方程（4.33）可知

$$\frac{\partial \pi_t}{\partial \alpha} < 0$$

即投资于风险资产的比例随着 α 的增大而减小，故对任意的 $0 < \alpha \leqslant 1$ ，都有

$$\pi_t^* > \frac{(\mu - r)}{\gamma\sigma^2}$$

成立，定理4.4得证。

定理4.4表明，最低收益保证制度导致了投资者更为冒险的行为，这与人们的直观理解是一致的。同时可以看到，任何比例的利润共享都会导致养老基金采取更为冒险的投资行为，且分配给养老基金盈余的比例 α 越小，基金经理采取的投资行为越冒险。因此在最低收益保证制度下引入利润共享原则是危险的，因为提供最低收益保证的机构会承担很大的风险，这势必会导致其增加自己的盈余分享比例，从而致使养老基金采取更为冒险的投资策略，形成一种恶性循环，这或许是很多国家的最低收益保证都是由非营利机构来提供的一个重要原因。

4.3.4 数值分析

（1）参数设置

本节我们结合中国的实际数据进行数值分析。利用1998年1月至2008年1月上证综合指数的月交易数据，可以得到上证指数收益率以下的基本统计量（表4-1）。

表4-1 上证指数的基本统计量

	平均值	标准差	偏　度	峰　度
上证指数收益率	0.016 625	0.084 294	0.696 897	4.088 620

上述数据为月度数据，年化后的平均收益率及标准差约为0.192及28%，故取 $\mu = 0.19$, $\sigma = 0.28$ 。目前中国的实际缴费率为8%，一年期存款利率为4.14%，故取 $r = 0.0414$, $\delta = 0.08$ 。养老基金的投资期限比较长，一般需要10～

40 年，这里取投资年限为 40 年。金融经济学家们认为投资者相对风险厌恶系数不超过 10，由于养老基金对投资安全性要求较高，假设取风险厌恶系数为 6。2007 年底中国养老基金的规模为 1500 亿元，缴费职工人数为 929 万，职工的年平均工资为 21 000 元左右，因此我们假定养老基金的初始值为 1500 亿元，投资者的总工资水平为 2000 亿元。

（2）结果分析

图 4-3 给出了 $G = 2000$ 亿元时，$\alpha=1$、$\alpha=0.8$、$\alpha=0.5$ 三种情况以及 Merton 问题下，利用蒙特卡罗模拟得到的投资于风险资产的最优比例。由图 4-3 可知，α 越小，投资于风险资产的比例越大，投资者的投资行为越冒险，这与我们得到的投资于风险资产的比例是随着 α 的增大而减小这一理论是完全一致的。该现象表明较低的利润分享比例会导致基金经理采取更为冒险的策略以博取高额的收益，因此为了保证养老基金的稳健运营，外部保证机构应提供给养老基金较高的利润分享比例。

图 4-4 给出了 $\alpha = 1$ 的情况下，保证额度分别为 $G = 1500$ 亿元、$G = 2000$ 亿元、$G = 2500$ 亿元以及 Merton 问题下，利用蒙特卡罗模拟得到的投资于风险资产的最优比例。由图 4-4 可知保证额度 G 越高，投资者投资于风险资产的比例越高，其投资行为就越冒险。这一点也符合人们的直观理解，因为高的保证额度为投资者提供了更有价值的免费期权，从而可以让投资者在更保险的环境下进行“肆无忌惮”的投资，同时它也证实了 Tamburi 和 Chassard（2002）的观点：太多补偿性的保证不利于投资者的谨慎行为。

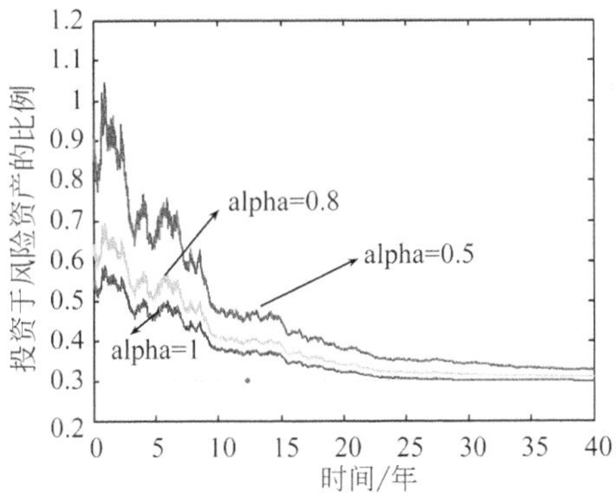

图 4-3　不同 alpha 下风险资产的最优投资比例

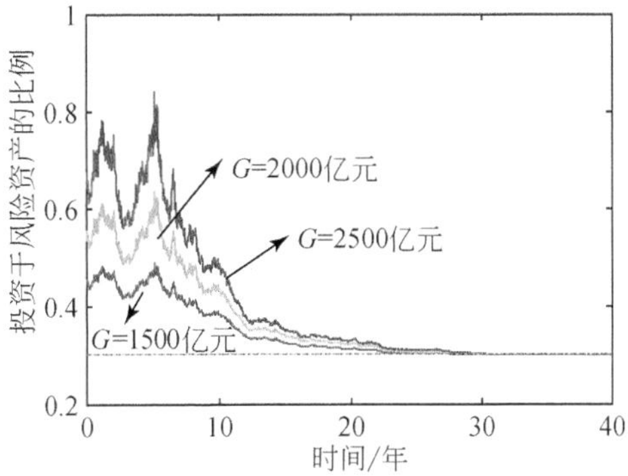

图 4-4　不同保证额度下风险资产的最优投资比例

由图4-3和图4-4可知，无论利润分享比例 α 、保证额度 G 取何值，外部保证下养老基金的投资比例始终高于经典Merton问题中风险资产的投资比例，这进一步验证了定理4.4的结论。

此外，由图4-3和图4-4可以看出，在投资期间的前10年，投资于风险资产的比例波动性较大，而后30年基本上比较稳定，且呈递减趋势。这是由于前10年距投资期限还比较远，基金经理希望采用更为冒险的策略，加大风险投资来获取高额利润，故波动性比较大，在投资者比较看好风险资产的情况下甚至会出现投资于风险资产的比例急速上升的情况；但是随着投资期限的临近，投资者希望最终的财富最大化且相对稳定，高风险的投资可能会使得财富发生骤减，从而导致投资者最终可能只得到保证额度 G ，而这是投资者最不希望得到的结果，因此，投资者会逐步减少风险投资，以防止这种情况的发生。

4.3.5 对中国设立最低收益保证制度的建议

目前国际上存在的最低收益保证制度形式可以分为两种：第一种是“绝对最低收益保证制度”，即对养老基金投资管理设定一个百分比的最低名义或实际投资回报率，如丹麦4.5%（名义）、马来西亚2.5%（实际）、新加坡2.5%（名义）、瑞士4%（名义）、乌拉圭2%（实际）等；第二种是“相对最低收益保证制度”，即养老基金的收益率不能低于养老基金管理行业平均收益的一定百分比，如智利50%、阿根廷70%、波兰50%等；还有些国家的最低收益保证与该国的证券市场指数或国债收益率挂钩（胡云超和常艳，2004）。选择何种最低收益保证制度形式取决于入市的社保基金在整个国家福利体系中的地位比重、本国经济发展的阶段、所进入的金融市场的发展深度以及金融中介机构风险管理水平和能力等综合因素。

在所有实行采取“绝对最低收益保证制度”的国家，一般经济规模比较小，经济发展水平比较稳定，利率和汇率市场没有大幅度的波动，通货膨胀率低且变化不大。这种发展稳定的经济环境，有利于绝对收益保证制度的顺利实现。瑞士、新加坡、丹麦都可以说是属于这种经济类型的国家，马来西亚虽然是发展中国家，但其政府对经济资源配置发挥着主导作用，政府的控制力较强，经济发展也比较稳定。

相对最低收益保证制度的特点是能够更好地消化吸收经济波动的冲击。相对的、可以变动的最低收益保证对金融市场的发育程度要求低一些，对金融中介机构的经济约束“软化”一些，即使遭遇到经济“寒流”，也可以由社保基金受益人和金融中介机构共同分担社保基金的损失，不会对金融中介机构造成特别的“硬伤”。大多数的拉美发展中国家和东欧经济转型国家都采取相对最低收益保证制度。所以对中国这样内部区域经济发展差异较大、经济增长表现波动性特征明显、通货膨胀率的难以预测和控制的发展中经济大国，采取相对的最低收益保证制度更加符合经济发展的阶段和实际，也更容易得到社保基金管理行业有关各方的支持并得以顺利实施。

就目前而言，社保基金采取风险相对较低的投资策略更符合中国的基本国情与实际情况，因此，中国设立的最低收益保证制度也要符合这一特点。

由定理 4.4 可以知道，任何形式的利润分享比例都会导致养老基金采取更为冒险的投资行为，从而致使提供最低收益保证的机构承担很大的风险，这势必会导致担保机构增加自己的盈余分享比例而导致养老基金采取更为冒险的投资策略。这种恶性循环行为是政府所不愿看到的，而如果不采取利润分享原则，又没有哪个营利机构愿意提供这种外部保证，因此建议由政府部门或非营利机构提供这种最低收益保证，且不采取利润分享原则。在这方面，可以参考智利的做法。智利规定，基金管理公司必须保证最低收益率不得低于所有基金管理公司平均回报率 50% 或者不得比所有基金管理公司平均收益率低两个百分点。当基金管理公司不能保证这个最低投资收益率时，就必须由该公司的投资准备金来补充；如果投资准备金动用后仍达不到投资收益率的最低要求，这个公司就会被清算，由政府财政来弥补基金收益率的剩余差额，同时取消该基金经营机构从事养老基金投资的资格，其剩余养老基金重新委托其他基金经营机构负责投资营运。最低收益保证制度作为养老基金的最后一道防线，为养老基金及其参与者提供了有力的保障。

此外，由数值分析可知，太多补偿性的保证不利于养老基金的稳健投资，因此，设立高额度的收益保证表面上看提高了养老金参与者的福利，但实际上不利于中国社保基金长期稳定的保值增值，从而在中国是不合时宜的。由于养老基金对投资的安全性要求较高，通常会将更多的资产配置在银行存款及债券上，故相比起普通的投资基金而言，收益率相对较低，因此我们认为最低收益率不应高于所有基金的平均回报率，否则，基金经理便没有动力去积极地进行稳健投资，而是“肆无忌惮”地投资于高风险资产以博取高收益，对于养老基金而言，这是相当危险的。然而，太低的收益保证额度又不能达到稳定退休者收入的效果，为了保证退休者的生活水平，我们可以参考智利的做法保证最低收益率不低于所有基金平均回报率的 50%。当然如何设立最优的收益保证额度以兼顾这两方面的利益是值得以后进一步探索的。

4.4 本章小结

本章首先介绍了收益保证机制，将收益保证分为内部保证和外部保证，并介绍了目前世界上一些国家的最低收益保证制度状况。

其次，本章研究了内部收益保证下 DC 型养老基金的最优资产配置问题，利用鞅方法，在 HJM 利率期限结构下，求得了最优资产配置的显性解。结论表明，最优投资策略分为四部分：投机策略、利率套期保值策略、基准组合的复制策略及一揽子债券卖空策略。该最优策略等价于购买基准组合，卖空一揽子债券，余下的资金依照随机利率下无约束的最优策略进行投资。该结论为管理具有收益保证的养老基金提供了理论依据。数值分析表明，内部保证下的最优投资策略使得最优财富总是高于基准组合，从而确保了终端时刻至少可以获得基准组合的收益。而且，一开始养老基金便处于债券的卖空状态（即养老基金发行债券），这是因为它对未来的缴费有确定的预期，从而不必担心产生违约风险。为了确保终端财富高于设立的内部收益保证，养老基金始终将一半以上的资金投资于风险资产，同时降低了在现金或银行存款上的投资。

最后，本章研究了外部保证下的最优资产配置，以及外部保证政策对该最优资产配置行为的影响，利用鞅方法给出了最优资产配置策略。结论表明，外部保证加大了养老基金风险资产的投资比例，该比例总是高于 Merton 问题的最优投资比例；而且外部机构的利润分享比例越大，投资者投资于风险资产的比例就越高。数值分析表明，太多补偿性的保证不利于养老基金的稳健投资，且随着时间的推移，投资者的风险投资在逐步降低。利用得到的结论，笔者为中国设立最低收益保证制度提出了几点建议：第一，中国应建立相对的最低收益保证制度；第二，由政府部门或非营利机构提供这种最低收益保证，且不宜采取利润分享原则；第三，保证额度应适度，过高则会导致养老基金的投资风险过高，过低则达不到稳定退休者收入的效果。

第5章 基于习惯形成的资产配置策略

由于养老基金考虑的投资期限比较长，一般需要30~40年，因此在投资过程中，不仅要考虑利率风险，还必须考虑通货膨胀风险、工资水平风险等背景风险。此外，对于养老基金的参与者而言，与其他的目标相比，参与者最为关心的是养老基金能否保证其退休后生活水平不变，这一事实是行为金融中的习惯形成问题。为此，我们需要修正模型中的目标函数，将习惯形成整合到投资组合模型中。对于大多数在职员工来说，其生活消费主要依靠工资收入，因此工资水平基本上反映了参与者的生活水平。此外，大多数养老基金都将目标替代率作为其实现的重要目标之一，而目标替代率恰恰是以工资水平作为标准的。因此，将工资水平作为计价单位来反映参与者的生活水平是合理的。本章通过将工资水平作为计价单位，在目标函数中整合了参与者希望保持生活水平不变这一习惯形成，以此建立更为符合实际的动态规划模型，求解养老基金的最优资产配置问题。本章各节的主要内容安排如下：5.1节阐述习惯形成的概念；5.2节将名义工资水平作为计价单位研究养老基金的资产配置；5.3节将实际工资水平作为计价单位研究养老基金的资产配置；5.4节为本章小结。

5.1 习惯形成概述

习惯形成是指投资者的偏好，不但依赖于当前的消费水平，还依赖于过去的消费水平。习惯形成描述了投资者心理的一个基本特征：重复刺激减弱了对刺激的感知能力和反应能力（Campbell et al.，1999）。习惯越大，投资者从当期消费品所得到的效用水平就越小，即习惯的边际效用小于0。这种消费习惯能够解释消费者由当期的消费水平产生的福利与最近消费水平的变化相比，为什么后者的作用显得更为重要。因此，在宏观经济中，消费习惯能解释为什么衰退是如此的可怕——消费者更加害怕消费水平的下降。

近几十年来，学术界涌现了一大批使用习惯形成研究金融的文献。国外，Ryder和Heal（1973）将消费习惯引入到经济增长模型中，并讨论引入该习惯后增长模型的稳定性。Constantinides（1990）求解了引入习惯形成的消费投资组合模型，并使用最优解成功地解释了股票溢价之谜和消费平滑之谜。Sundaresan（1989）研究了基于习惯形成的资本资产定价模型。Abel（1990）构造了基于习惯形成和“攀比效应”的资产定价模型，并解释了股票溢价之谜。Carroll 等（2000）、Campbell 等（1999，2000）、Ferson 和 Constantinides（1991）、Boldrin 等（2001）研究了习惯形成对资产价格的影响。Cairns 等（2006）将投资者的最终工资水平作为习惯形成，研究了养老基金的资产配置问题。国内，徐绪松和陈彦斌（2004）给出了包含相对财富和习惯形成的资产定价模型；陈彦斌（2005）给出了情绪波动和资产价格之间的关系；王庆石和肖俊喜（2005）给出了习惯形成和局部持久性在中国的实证检验；熊和平（2005）研究了消费习惯形成及其对资产定价的影响。

习惯形成可以分为内部习惯形成和外部习惯形成。内部习惯形成由投资者自身的消费历史确定，如 Sundaresan（1989）、Abel（1990）和 Constantinides（1990）中的消费习惯就属于这类。外部习惯形成不再依赖于投资者自身的消费历史，而是与整个社会的消费水平或历史相关，即相应的历史消费水平是整个社会的消费水平。也就是说，外部习惯形成是由整个社会的消费水平来确定，而不是由单个的投资者自身的消费水平确定。因此，这种外在性消费习惯对投资者而言是一个外生变量。Abel（1990）中的攀比效应及 Campbell 等（1999，2000）、Cairns（2006）等中的消费习惯属于此类。这一部分我们在 Cairns 等（2006）的基础上，分别将名义工资水平和真实工资水平作为习惯形成，研究养老基金的资产配置问题。

5.2 基于习惯形成的资产配置

5.2.1 市场描述

（1）利率期限结构

假定瞬时无风险利率 $r(t)$ 服从 Ornstein-Uhlenbeck 过程，则 $r(t)$ 服从如下形式的随机微分方程：

$$dr(t) = \alpha(\beta - r(t))dt + \sigma dW_r(t), r(0) = r_0 \qquad (5.1)$$

式中，α、β、σ 为大于 0 的数。该模型是均值回归模型，β 为均值水平，而 α 代表了回归速度。给定利率 $r(t)$ 的微分方程，我们可以得到利率的具体形式以及具有固定期限的零息债券的价格。

引理 5.1 假定利率 $r(t)$ 满足方程（5.1），则

1）方程（5.1）的显性解为

$$r(t) = (r_0 - \beta)\mathrm{e}^{-\alpha t} + \beta + \sigma\int_0^t \mathrm{e}^{-\alpha(t-u)}\mathrm{d}W_r(u)$$

2）到期日为 τ 的零息债券的价格为

$$B(t,\tau,r) = \exp(c(t,\tau) - \alpha(t,\tau)r(t))$$

式中，

$$a(t,\tau) = \alpha^{-1}[1 - \exp(-\alpha(\tau - t))]$$

$$c(t,\tau) = -R(\infty)(\tau - t) + a(t,\tau)[R(\infty) - 0.5\alpha^{-2}\sigma^2] + 0.25\alpha^{-3}\sigma^2(1 - \mathrm{e}^{-2\alpha(\tau-t)})$$

$R(\infty) = \beta + \sigma\lambda/\alpha - \sigma^2/2\alpha^2$ 表示永久零息债券的回报，λ 表示风险的市场价格。

证明：见 Vasicek（1977）文献。

（2）市场投资环境

假定基金经理可以投资于以下三种资产：

1）无风险资产 S^0，其价格过程由下式给出

$$\mathrm{d}S^0(t) = S^0(t)r(t)\mathrm{d}t, S^0(0) = S_0^0 \tag{5.2}$$

该资产可以理解为无任何违约风险且支付瞬时利率 $r(t)$ 的银行存款。

2）股票资产 $S(t,r)$，满足下面的随机微分方程

$$\mathrm{d}S(t,r) = S(t,r)[\mu_S(t,r)\mathrm{d}t + \upsilon\sigma\mathrm{d}W_r(t) + \sigma_S\mathrm{d}W_S(t)], S(0) = S_0 \tag{5.3}$$

式中，$\upsilon \neq 0$，表示利率波动对股票波动的影响程度；$\sigma_S \neq 0$，表示股票自身的波动率，而股票整个的瞬时波动率为 $\sqrt{\upsilon^2\sigma^2 + \sigma_S^2}$。此外，假定 $\mu_S(t,r) = r(t) + m_S$，其中 $m_S > 0$，可以解释为风险溢价。为简单起见，假定市场中只有一只股票，也可以将其理解为股票市场指数。

3）差 τ_k 到期的零息债券 $B(t,t+\tau_k,r)$，即滚动债券（rolling bond）。由引理 5.1 及 Itô 公式可知，零息债券 $B(t,\tau,r)$ 满足如下微分方程

$$\mathrm{d}B(t,\tau,r) = B(t,\tau,r)[(r(t) + a(t,\tau)\sigma\lambda)\mathrm{d}t - \sigma a(t,\tau)\mathrm{d}W_r(t)] \tag{5.4}$$

然而正如 Boulier 等（2001）所指出的，假定存在永久债券，即 $\tau \to \infty$ 是不现实的。此外，滚动债券对基金经理来说更有用（Battocchio and Menoncin, 2004）。由方程（5.3）可知，滚动债券 $B(t,t+\tau_k,r)$ 满足如下的随机微分方程

$$\mathrm{d}B(t,t+\tau_k,r) = B(t,t+\tau_k,r)[(r(t) + a_K\sigma\lambda)\mathrm{d}t - \sigma a_K\mathrm{d}W_r(t)] \tag{5.5}$$

式中，$a_K = \alpha^{-1}[1 - \exp(-\alpha\tau_K)]$。

事实上，我们完全可以用银行存款 S^0 及滚动债券 $B(t,t+\tau_k,r)$ 构建组合来复制零息债券 $B(t,\tau,r)$，因为

$$\frac{\mathrm{d}B(t,\tau,r)}{B(t,\tau,r)}=\left(1-\frac{a(t,\tau)}{a_K}\right)\frac{\mathrm{d}S^0(t)}{S^0(t)}+\frac{a(t,\tau)}{a_K}\frac{\mathrm{d}B(t,t+\tau_k,r)}{B(t,t+\tau_k,r)}$$

由方程（5.3）和方程（5.5）可知，金融市场的波动率矩阵为

$$\sum=\begin{bmatrix}\upsilon\sigma & \sigma_S\\ -a_K\sigma & 0\end{bmatrix}$$

且 $\det\left|\sum\right|=\sigma_S a_K\sigma\neq 0$。

（3）工资水平与缴费过程

假定养老金参与者的工资水平具有如下形式的微分方程

$$\frac{\mathrm{d}L(t)}{L(t)}=\mu_L(t)\mathrm{d}t+\kappa_r\sigma\mathrm{d}W_r(t)+\kappa_S\sigma_S\mathrm{d}W_S(t)+\sigma_L\mathrm{d}W_\pi(t),L(0)=L_0 \tag{5.6}$$

式中，κ_r、κ_S 为利率风险与股票风险对工资水平的影响程度，$\sigma_L\neq 0$ 表示工资水平不能被金融市场现存的证券所复制，工资水平的部分风险源不属于金融市场。该风险源在方程中由独立于 $W_r(t)$ 及 $W_S(t)$ 的 $W_\pi(t)$ 表示，同时假定工资的瞬时均值满足以下方程

$$\mu_L(t,r)=r(t)+m_L$$

对方程（5.6）利用 Itô 公式可得

$$L(t)=L_0\exp\left(\int_0^t r(\tau)\mathrm{d}\tau+\left(m_L-\frac{1}{2}\kappa_r^2\sigma^2-\frac{1}{2}\kappa_S^2\sigma_S^2-\frac{1}{2}\sigma_L^2\right)t\right.$$
$$\left.+\kappa_r\sigma W_r(t)+\kappa_S\sigma_S W_S(t)+\sigma_L W_\pi(t)\right)$$

假定参与者将一定比例的工资投入到养老基金中去，且这一固定比例为 γ，则缴费率水平满足如下方程

$$C(t)=\gamma L(t)$$

相应的，其微分形式为

$$\mathrm{d}C(t)=\gamma\mathrm{d}L(t)$$

（4）财富过程

在给出养老基金财富过程的微分形式之前，我们首先给出自融资策略的定义：设股票的投资策略为 a，债券的投资策略为 b，银行存款的投资策略为 c，如果对于所有的 t，有

$$\mathrm{d}(aS+bB+cS^0)=a\mathrm{d}S+b\mathrm{d}B+c\mathrm{d}S^0$$

则称投资策略 (a,b,c) 是自融资策略（self-financing）。

自融资策略的定义表明，证券组合价值的当前值正好等于初始投资加上盈

利，因此没有券息产生。一般的，我们作如下假定：假定金融市场中的投资策略是自融资的。

设基金经理投资于股票、债券、银行存款的金额分别为 θ_S 、θ_B 、θ_0 ，则养老基金的财富过程具有如下形式

$$F(t) = \theta_0(t) + \theta_S(t) + \theta_B(t)$$

由于投资策略（$\theta_S/S,\theta_B/B,\theta_{S0}/S^0$）是自融资的，故 d$t$ 时间内由于投资数量变动而增加的金额必须等于该时间段内收到的缴费，即

$$\mathrm{d}(\theta_S/S)(S + \mathrm{d}S) + \mathrm{d}(\theta_B/B)(B + \mathrm{d}B) + \mathrm{d}(\theta_{S0}/S^0)(S^0 + \mathrm{d}S^0) = \gamma \mathrm{d}L$$

故 $F(t)$ 的微分形式为

$$\begin{aligned}\mathrm{d}F &= \theta_0 \frac{\mathrm{d}S^0}{S^0} + \theta_S \frac{\mathrm{d}S}{S} + \theta_B \frac{\mathrm{d}B}{B} + \mathrm{d}(\theta_S/S)(S + \mathrm{d}S) + \mathrm{d}(\theta_B/B)(B + \mathrm{d}B) \\ &\quad + \mathrm{d}(\theta_{S0}/S^0)(S^0 + \mathrm{d}S^0) \\ &= \theta_0 \frac{\mathrm{d}S^0}{S^0} + \theta_S \frac{\mathrm{d}S}{S} + \theta_B \frac{\mathrm{d}B}{B} + \gamma \mathrm{d}L \end{aligned} \tag{5.7}$$

将方程（5.2）~（5.6）代入方程（5.7）可得

$$\begin{aligned}\mathrm{d}F &= (\theta_0 r + \theta_S\mu_S + \gamma L\mu_L + \theta_B(r + a_K\sigma\lambda))\mathrm{d}t + (\theta_S\nu\sigma - \theta_B a_K\sigma + \gamma L\kappa_r\sigma)\mathrm{d}W_r \\ &\quad + (\theta_S\sigma_S + \gamma L\kappa_S\sigma_S)\mathrm{d}W_S + \gamma L\sigma_L \mathrm{d}W_\pi\end{aligned}$$

类似于 Cairns 等（2006），我们将工资水平作为计价单位来模拟养老金参与者希望在退休后维持其生活水平不变这一事实。因此，引入新的过程得

$$F_L = F/L \tag{5.8}$$

对方程（5.8）利用 Itô 公式可得

$$\mathrm{d}F_L = (\theta'M)\mathrm{d}t + (\theta'\Gamma')\mathrm{d}W^L$$

式中，

$$\theta \equiv [\theta_0 \quad \theta_S \quad \theta_B]', \quad M \equiv \frac{1}{L}\begin{bmatrix} -m_L + k_r^2\sigma^2 + k_S^2\sigma_S^2 + \sigma_L^2 \\ m_S - m_L + k_r\sigma^2(k_r - \nu) + k_S\sigma_S^2(k_S - 1) + \sigma_L^2 \\ a_K\sigma\lambda - m_L + k_r\sigma^2(k_r + a_K) + k_S^2\sigma_S^2 + \sigma_L^2 \end{bmatrix}$$

$$\Gamma' \equiv \frac{1}{L}\begin{bmatrix} -k_r\sigma & -k_S\sigma_S & -\sigma_L \\ \sigma(\nu - k_r) & \sigma_S(1 - k_S) & -\sigma_L \\ -\sigma(a_K + k_r) & -k_S\sigma_S & -\sigma_L \end{bmatrix}, \quad W^L \equiv [W_r \quad W_S \quad W_\pi]'$$

需要指出的是，在引入工资水平作为新的计价单位的情况下，金融市场新的波动率矩阵变成了 Γ，由于

$$\det(\Gamma) = -\frac{1}{p^3}a_K\sigma\sigma_\pi\sigma_S$$

且 σ、σ_π、σ_S、a_K 均不为 0，故 Γ 是可逆的，因此，即使引入工资风险，金融市场仍是完备的。实际上，工资水平虽然增加了风险源的数目，但同时也增加了风险资产的数目，因为此时无风险资产变成了风险资产。

(5) 目标函数

整个市场结构可由下式构成

$$\left.\begin{aligned}
&\mathrm{d}r(t) = \alpha(\beta - r(t))\mathrm{d}t + \sigma \mathrm{d}W_r(t), \frac{\mathrm{d}S^0(t)}{S^0(t)} = r(t)\mathrm{d}t \\
&\frac{\mathrm{d}S(t,r)}{S(t,r)} = \mu_S(t,r)\mathrm{d}t + \upsilon\sigma \mathrm{d}W_r(t) + \sigma_S \mathrm{d}W_S(t) \\
&\frac{\mathrm{d}B(t,\tau,r)}{B(t,\tau,r)} = (r(t) + a(t,\tau)\sigma\lambda)\mathrm{d}t - \sigma a(t,\tau)\mathrm{d}W_r(t) \\
&\frac{\mathrm{d}L(t)}{L(t)} = \mu_L(t)\mathrm{d}t + \kappa_r\sigma \mathrm{d}W_r(t) + \kappa_S\sigma_S \mathrm{d}W_S(t) + \sigma_L \mathrm{d}W_\pi(t)
\end{aligned}\right\} \tag{5.9}$$

基金经理的目标是选择最优的投资策略以最大化终端财富的预期效用，不过这里采用的是以工资水平作为计价单位的财富 F_L。假定基金经理采用的效用函数是指数形式，即

$$U(F_L) = \eta e^{\delta F_L} \tag{5.10}$$

式中，η、δ 都是严格负的参数。将工资水平作为新的计价单位是恰当的，因为在退休时，参与者最为关心的是自己的生活水平能否保持不变（Cairns et al.，2006）。因此，将退休后的收入与退休前的工资作比较是必要的。这一点与 Ando 和 Modigliani（1963）提出的生命周期模型中的消费平滑特性相一致，同时也与 Ryder 和 Heal（1973）、Sundaresan（1989）和 Constantinides（1990）所发展的习惯形成模型相一致。

5.2.2 基于习惯形成的资产配置策略

由方程（5.9）、方程（5.10）构成的随机最优控制问题可以正式表述为下面的形式

$$\max_\theta E_0[\eta e^{\delta F_L(T)}]$$

$$\text{s.t.} \quad \mathrm{d}\begin{bmatrix} z \\ F_L \end{bmatrix} = \begin{bmatrix} \mu_z \\ \theta' M + u \end{bmatrix}\mathrm{d}t + \begin{bmatrix} \Omega' \\ \theta'\Gamma' \end{bmatrix}\mathrm{d}W^L$$

$$z(0) = z_0, F_L(0) = F_{L0} \tag{5.11}$$

其中

$$z \equiv [r \quad L]', \quad \mu_z \equiv [\alpha(\beta - r) \quad L\mu_L]', \quad \Omega' \equiv \begin{bmatrix} \sigma & 0 & 0 \\ L\kappa_r\sigma & L\kappa_S\sigma_S & L\sigma_L \end{bmatrix}$$

引入优化问题（5.11）的值函数为

$$J(F_L, z, t) = \sup_\theta E_t[\eta e^{\delta F_L(T)}]$$

则 $J(F_L, z, t)$ 满足下面的 HJB（Hamilton-Jacobi-Bellman）方程

$$0 = \sup_\theta H = \sup_\theta[\mu'_z J_z + J_F\theta' M + \frac{1}{2}tr(\Omega'\Omega J_{zz}) + \theta'\Gamma'\Omega J_{zF} + \frac{1}{2}J_{FF}\theta'\Gamma'\Gamma\theta]$$

则由一阶条件可得

$$\frac{\partial H}{\partial \theta} = J_F M + \Gamma'\Omega J_{zF} + J_{FF}\Gamma'\Gamma\theta = 0 \tag{5.12}$$

由方程（5.12）可知最优的资产配置策略为

$$\theta^* = -\frac{J_F}{J_{FF}}(\Gamma'\Gamma)^{-1}M - \frac{1}{J_{FF}}(\Gamma'\Gamma)^{-1}\Gamma'\Omega J_{zF} \tag{5.13}$$

由于矩阵 Γ 是可逆的，故方程（5.13）可写为

$$\theta^*(t) = \underbrace{-\frac{J_F}{J_{FF}}(\Gamma'\Gamma)^{-1}M}_{\theta_1^*(t)} \underbrace{-\frac{1}{J_{FF}}\Gamma^{-1}\Omega J_{zF}}_{\theta_2^*(t)} \tag{5.14}$$

由此我们得到如下定理：

定理 5.1 在市场结构（5.9）下，优化问题（5.11）最优的资产配置策略由两部分构成：与组合的夏普率及风险厌恶系数的倒数成正比的投机策略 $\theta_1^*(t)$；依赖于状态变量 r、L 的参数的保值策略 $\theta_2^*(t)$。

由方程（5.14）可以看到，$\theta_1^*(t)$ 随着资产回报 M 的增加而增加，随着风险厌恶系数（$-\frac{J_{FF}}{J_F}$）及资产波动率（$\Gamma'\Gamma$）的增加而减少。从这个角度来说，$\theta_1^*(t)$ 实际上起到了投机的作用，因此称其为投机策略。至于 $\theta_2^*(t)$，由于依赖于状态变量的扩散项 Ω，故称其为状态变量的保值策略，事实上，后面的命题会证明该保值项为 0。下面求解最优资产配置策略的解析解。

由 Menoncin（2002）知，对于给定的指数效用函数，值函数具有如下形式：

$$J(z, F_L, t) = \eta\exp(\delta F_L + h(z,t)) \tag{5.15}$$

其中，函数 $h(z,t)$ 必须满足

$$h_t + (\mu'_z - M'\Gamma^{-1}\Omega)h_z + b(z,t) + \frac{1}{2}tr(\Omega'\Omega h_{zz}) = 0, h(z,T) = 0 \tag{5.16}$$

式中，$b(z,t) \equiv -\frac{1}{2}M'(\Gamma'\Gamma)^{-1}M$。

在给出最优资产配置策略的解析解之前，首先给出 Feynman-Kac 引理。

引理 5.1（Feynman-Kac 定理） 在一定条件下，若市场不存在套利，则在时刻 T 收益为 $g(X(T))$ 的衍生证券的价格过程 Y 为 $Y_t = V(X_t, t)$ 是 Feynman-Kac 偏微分方程的解

$$V_t + \frac{1}{2}tr[\sigma\sigma' V_{xx}] + \mu V_x - rV + f = 0$$

且边界条件满足 $V(T,x) = g(x)$ 。而且，对于每一 $(x,t) \in R^N \times [0,T]$ ，有

$$V(t,x) = E_{t,x}\left[\mathrm{e}^{-\int_t^T r(u,\tilde{z}_u)\mathrm{d}u} g(\tilde{z}_T) + \int_t^T \mathrm{e}^{-\int_t^u r(s,\tilde{z}_s)\mathrm{d}s} f(u,\tilde{z}_u)\mathrm{d}u\right]$$

式中，$E_{t,x}$ 为基于 $X(t) = x$ 的条件期望；r、g、f 为给定的函数，$\tilde{z}_s$ 是由下述定义的伊藤过程：

$$\tilde{z}_s = x, s \leqslant t$$

$$\mathrm{d}\tilde{z}_s = \mu(s,\tilde{z}_s)\mathrm{d}s + \sigma(s,\tilde{z}_s)\mathrm{d}w(s), s > t$$

证明：见 Duffie（1996）。

对方程（5.16）应用 Feynman-Kac 定理可得到如下定理：

定理 5.2 在市场结构（5.9）下，优化问题（5.11）最优的资产配置策略

$$\theta^* = -\frac{1}{\delta}(\Gamma'\Gamma)^{-1}M \tag{5.17}$$

证明：对方程（5.16）应用 Feynman-Kac 定理可得

$$h(z,t) = -E_t\left[\int_t^T b(\tilde{z}_s,s)\mathrm{d}s\right] \tag{5.18}$$

式中，$\mathrm{d}\tilde{z}_s = (\mu_{\tilde{z}} - \Omega'\Gamma'^{-1}M)\mathrm{d}s + \Omega(\tilde{z}_s,s)'\mathrm{d}W^L, \tilde{z}_t = z_t$。

将方程（5.15）和方程（5.18）代入方程（5.12）可得

$$\theta^* = -\frac{1}{\delta}(\Gamma'\Gamma)^{-1}M - \frac{1}{\delta}\Gamma^{-1}\Omega\int_t^T \frac{\partial}{\partial z}E_t[b(\tilde{z}_s,s)]\mathrm{d}s$$

由于 $-\frac{1}{2}M'(\Gamma'\Gamma)^{-1}M$ 不依赖于状态变量，故 $\frac{\partial}{\partial z}E_t[b(\tilde{z}_s,s)] = 0$ ，从而 $\theta_2^*(t) = 0$ ，定理 5.2 得证。

设 $\pi_i^*(t)$ 为投资于资产 i（$i = 0,B,S$）的最优比例，则

$$\pi_i^*(t) = \theta_i^*(t)/(\theta_0^*(t) + \theta_S^*(t) + \theta_B^*(t))$$

由定理 5.2 及方程（5.17）可知，投资于各个资产的最优比例是固定的。由定理 5.2 知该策略与著名的 Merton 投机策略具有相同的形式，所不同的是，在新的计价单位下，波动率矩阵由 $\sum$ 变成了 Γ，而风险市场价格变成了 $(\Gamma')^{-1}M$ ，因此定理 5.2 表明 Merton 的投机策略仍是最优的选择，不过波动率矩阵及风险

市场价格是在新的计价单位工资水平的情况下计算的。

5.2.3 数值分析

（1）参数设置

我们参照 Battocchio 和 Menoncin（2004）提供的参数进行数值模拟，分析最优资产配置策略的动态行为。表 5-1 列出了这些刻画金融市场特征的参数。

表 5-1 模型参数

参数		
利率	均值回归速率，α	0.2
	均值水平，β	0.05
	波动率，σ	0.02
	初始利率，r_0	0.03
固定收益债券	期限，τ_K	20
	风险的市场价格，λ	0.15
股票	风险溢价，m_S	0.06
	波动率规模因子，ν	3
	股票自身的波动率，σ_S	0.19
缴费率与工资水平	风险溢价，m_L	0.01
	波动率规模因子，k_r	0.7
	波动率规模因子，k_S	0.9
	非保值波动率，σ_L	0.01
	初始工资水平，L_0	100
	缴费率，γ	0.12

数据来源：Battocchio 和 Menoncin，2004

同时，假定投资期限为 20 年，投资者的绝对风险厌恶系数为 $\delta = -20$。

（2）结果分析

图 5-1 ~ 图 5-4 分别给出了最优投资额及投资比例、最优的名义财富及新计价单位下的实际财富。

由图 5-1 ~ 图 5-2 可知，尽管股票、债券和现金的实际投资额是不断变化的，但三者之间的比例是固定的。

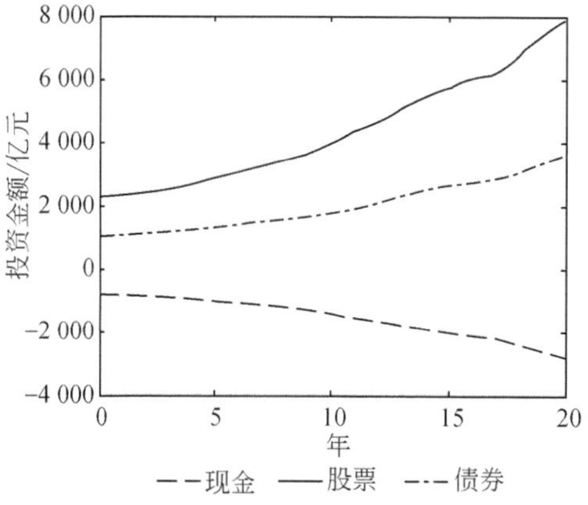

图 5-1　最优的投资金额

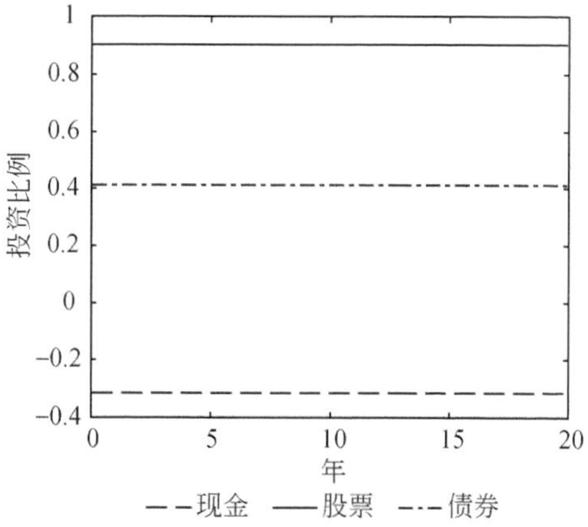

图 5-2　最优的投资比例

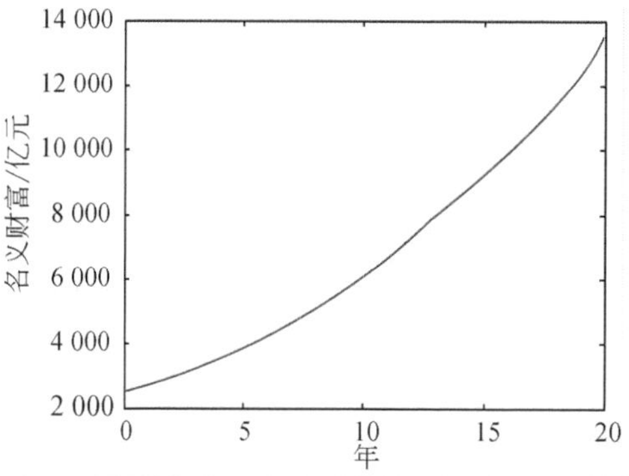

图 5-3　最优的名义财富

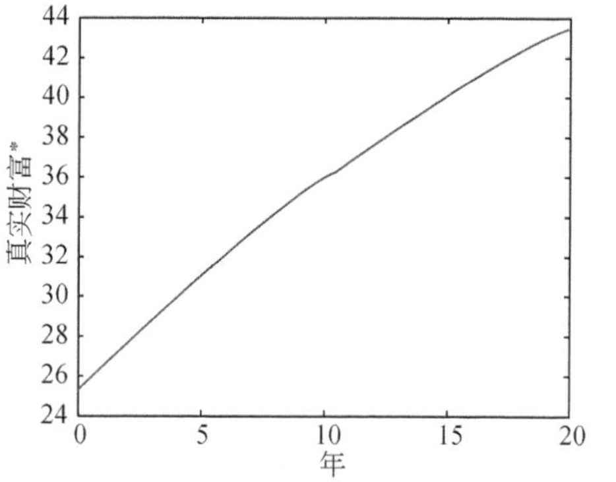

图 5-4　最优的真实财富

＊纵坐标是以实际工资水平作为计价单位的真实财富，用名义财富与实际工资水平的比值表示，是倍数关系

由图5-2可知，股票的投资比例高达90%，这说明引入新的计价单位加大了养老基金的投资压力（由于L的随机性，不确定性因素加大），为了确保参与者在退休后保持其不变的生活水平，基金经理必须采取更为冒险的策略。

此外，现金的投资比例恒为负值，这说明养老基金一直处于借贷状态，即举债进行投资，而且借贷的额度越来越大。养老基金之所以如此“胆大妄为”，其实是有原因的。由于养老基金对未来缴费有确定性的预期，而这些缴费为养老基金提供了稳定的现金流，所以我们根本不必担心养老基金的还贷压力。其实，只要投资于债券及股票的收益高于借贷成本，这种提前“透支”缴费的行为就是合理的，从这个意义上讲，举债进行投资是一种理性行为。

由图 5-3 和图 5-4 可知，养老基金的名义财富及实际财富均在稳步上涨，这表明该策略不但能保持参与者标准的生活水平，而且确实提高了他们的福利待遇，从而说明考虑习惯形成因素是有意义的。

此外，比较图 5-3 和图 5-4 可以发现，名义财富与实际财富的走势是不同的：名义财富呈加速上涨的趋势，而实际财富呈减速上涨的趋势。造成这一现象的主要原因在于投资者的工资水平。当工资水平的增长速度高于名义财富的增长幅度时，便会出现实际财富减速上涨的情况。

5.3 通货膨胀下基于习惯形成的资产配置

由于养老基金考虑的投资期限比较长，一般需要 30 ~ 40 年，因此在投资过程中，不但要考虑资产价格的波动风险、利率风险以及工资水平风险，还有通货膨胀也是一个重要的风险因素。一方面，通货膨胀导致物价上涨，人们的生活成本上升，实际工资水平下降，致使生活水平下降，从而对消费者有巨大的影响；另一方面，通货膨胀导致购买力下降，投资减少，势必会影响股市的表现，而且通货膨胀直接降低了投资的实际收益，因此通货膨胀对投资的影响也是不容忽视的。

基于以上原因，本节在模型中考虑通货膨胀风险。考虑通货膨胀以后，将工资水平作为计价单位是不合适的，因为尽管工资水平在上涨，但是如果通货膨胀率高于工资增长率，人们的生活水平实际上是下降的，工资水平已无法准确衡量人们的生活水平，因此我们需要将计价单位修正为实际工资水平，该变量真实反映了人们的购买力及生活水平，因而是合理的。

5.3.1 市场描述

本节所采用的市场与 5.2.1 节类似，所不同的只是本节的市场考虑了通货膨胀因素。

（1）通货膨胀

我们用消费价格指数 p 刻画通货膨胀风险，类似于 Battocchio 和 Menoncin（2004）假定消费价格指数 p 服从如下的微分方程

$$\frac{\mathrm{d}p(t)}{p(t)} = \mu_p(t)\mathrm{d}t + \rho_r\sigma\mathrm{d}W_r(t) + \rho_S\sigma_S\mathrm{d}W_S(t) + \sigma_p\mathrm{d}W_\pi(t), p(0) = 1 \tag{5.19}$$

式中，$\mu_p(t) = r(t) + m_p(t)$ 。不失一般性，假定 $p(0) = 1$ 。ρ_r、ρ_S 分别为利率及股票的波动率对通货膨胀的影响程度。同 L 一样，$\sigma_p \neq 0$ 表明消费价格指数不能被金融市场完全保值。假定 $\sigma_L \neq \sigma_p$ ，这表明工资水平的增长率和通货膨胀的增长率是不同的。方程（5.19）表明消费价格指数受利率风险与股票风险的影响，这意味着股票指数与利率水平都可以作为通货膨胀很好的预测器。事实上，如果市场是有效的，资产的价格可以由其未来的支付流贴现而得到。而这些支付流应该需要考虑未来的通货膨胀水平，因此将股票指数作为通货膨胀的预测器是合理的，从而说明假定消费价格指数服从方程（5.19）在市场有效的情况下是合理的。

（2）实际工资水平

由于考虑了通货膨胀，假定真实的工资水平为 $L_p = L/p$ ，则 L_p 服从如下随机微分方程

$$\frac{\mathrm{d}L_P(t)}{L_P(t)} = [\mu_L(t) - \mu_p(t) - (\kappa_r\rho_r\sigma^2 + \kappa_S\rho_S\sigma_S^2 + \sigma_L\sigma_p)]\mathrm{d}t + (\kappa_r - \rho_r)\sigma\mathrm{d}W_r(t) + (\kappa_S - \rho_S)\sigma_S\mathrm{d}W_S(t) + (\sigma_L - \sigma_p)\mathrm{d}W_\pi(t), L_p(0) = L_0 \tag{5.20}$$

（3）财富过程

与5.2节类似，我们将工资水平作为计价单位来模拟养老金参与者希望在退休后维持其生活水平不变这一事实，所不同的是，由于引入了通货膨胀风险，本节采用的是实际的工资水平 L_p ，引入新的过程

$$F_{L_p} = F/L_p = F/(L/p) \tag{5.21}$$

对方程（5.21）利用 Itô 公式可得

$$\mathrm{d}F_{Lp} = (\theta'(M + \frac{p}{L}r(t)1_{3\times1}) + u)\mathrm{d}t + (\theta'\Gamma' + \Lambda')\mathrm{d}W^L \tag{5.22}$$

式中，

$$\theta \equiv [\theta_0 \quad \theta_S \quad \theta_B]'$$

$$M \equiv \frac{p}{L}\begin{bmatrix} -(m_L - m_p) + (\kappa_r^2 - \kappa_r\rho_r + \rho_r^2)\sigma^2 + (\kappa_S^2 - \kappa_S\rho_S + \rho_S^2)\sigma_S^2 \\ + (\sigma_L^2 - \sigma_L\sigma_p + \sigma_p^2) \\ m_S - (m_L - m_p) + \kappa_r\rho_r\sigma^2 + \kappa_S\rho_S\sigma_S^2 + \sigma_L\sigma_p + (\kappa_r - \rho_r)(\kappa_r - \rho_r - \nu)\sigma^2 \\ + (\kappa_S - \rho_S)(\kappa_S - \rho_S - 1)\sigma_S^2 + (\sigma_L - \sigma_p)^2 \\ a_K\sigma\lambda - (m_L - m_p) + \kappa_r\rho_r\sigma^2 + \kappa_S\rho_S\sigma_S^2 + \sigma_L\sigma_p + (\kappa_r - \rho_r)\sigma^2(\kappa_r - \rho_r + a_K) \\ + (\kappa_S - \rho_S)^2\sigma_S^2 + (\sigma_L - \sigma_p)^2 \end{bmatrix}$$

$$u = p\gamma[r(t) + m_p - (\kappa_r - \rho_r)\rho_r\sigma^2 - (\kappa_S - \rho_S)\rho_S\sigma_S^2 - (\sigma_L - \sigma_p)\sigma_p]$$

$$\Gamma' \equiv \frac{p}{L}\begin{bmatrix} -(\kappa_r-\rho_r)\sigma & -(\kappa_S-\rho_S)\sigma_S & -(\sigma_L-\sigma_p) \\ \sigma(\nu-(\kappa_r-\rho_r)) & \sigma_S(1-(\kappa_S-\rho_S)) & -(\sigma_L-\sigma_p) \\ -\sigma(a_K+(\kappa_r-\rho_r)) & -(\kappa_S-\rho_S)\sigma_S & -(\sigma_L-\sigma_p) \end{bmatrix}$$

$$\Lambda = p\gamma[\rho_r\sigma \quad \rho_S\sigma_S \quad \sigma_p]', \quad W^L \equiv [W_r \quad W_S \quad W_\pi]'$$

此时在实际工资水平作为新的计价单位的情况下，金融市场新的波动率矩阵变成了 Γ，由于

$$\det(\Gamma) = -\frac{p^3}{L^3}a_K\sigma(\sigma_L-\sigma_p)\sigma_S$$

且 σ、σ_S、a_K 均不为 0，$\sigma_L \neq \sigma_p$，故 Γ 是可逆的，因此，金融市场仍是完备的。

（4）目标函数

假定基金经理采用的效用函数是指数形式，不过这里采用的是以实际工资水平作为计价单位的财富 F_{L_p}，即

$$U(F_{L_p}) = \eta\exp(\delta F_{L_p})$$

5.3.2 资产配置策略

基金经理面临的最优控制问题可以正式表述为下面的形式

$$\max_\theta E_0[\eta\exp(\delta F_{L_p}(T))]$$

$$\text{s. t.} \qquad \mathrm{d}\begin{bmatrix} z \\ F_{L_p} \end{bmatrix} = \begin{bmatrix} \mu_z \\ \theta'(M+\frac{p}{L}r(t)1_{3\times1})+u \end{bmatrix}\mathrm{d}t + \begin{bmatrix} \Omega' \\ \theta'\Gamma'+\Lambda' \end{bmatrix}\mathrm{d}W^L$$

$$z(0) = z_0, F_{L_p}(0) = F_{L_p0} \tag{5.23}$$

式中，

$$z \equiv (r,L,p)', \quad \mu_z \equiv (\alpha(\beta-r), L\mu_L, p\mu_p)', \quad \Omega' \equiv \begin{bmatrix} \sigma & 0 & 0 \\ L\kappa_r\sigma & L\kappa_S\sigma_S & L\sigma_L \\ p\rho_r\sigma & p\rho_S\sigma_S & p\sigma_p \end{bmatrix}$$

引入优化问题（5.23）的值函数

$$J(F_{L_p},z,t) = \sup_\theta E_t[\eta e^{\delta F_{Lp}(T)}] \tag{5.24}$$

则 $J(F_{L_p},z,t)$ 满足下面的 HJB（Hamilton-Jacobi-Bellman）方程：

$$0 = \sup_\theta H = \sup_\theta[J_t + \mu_z' J_z + J_F(\theta'(M+\frac{p}{L}r(t)1_{3\times1})+u) + \frac{1}{2}tr(\Omega'\Omega J_{zz})$$

$$+ (\theta'\Gamma'+\Lambda')\Omega J_{zF} + \frac{1}{2}J_{FF}(\theta'\Gamma'\Gamma\theta + 2\theta'\Gamma'\Lambda + \Lambda'\Lambda]$$

则由一阶条件可得

$$\frac{\partial H}{\partial \theta} = J_F(M + \frac{L}{p}r(t)1_{3\times1}) + \Gamma'\Omega J_{zF} + J_{FF}(\Gamma'\Gamma\theta + \Gamma'\Lambda) = 0 \quad (5.25)$$

由方程（5.25）可知最优的资产配置策略为

$$\theta^* = -(\Gamma'\Gamma)^{-1}\Gamma'\Lambda - \frac{J_F}{J_{FF}}(\Gamma'\Gamma)^{-1}(M + \frac{p}{L}r(t)1_{3\times1}) - \frac{1}{J_{FF}}(\Gamma'\Gamma)^{-1}\Gamma'\Omega J_{zF} \quad (5.26)$$

由于矩阵 Γ 是可逆的，故方程（5.26）可写为

$$\theta^*(t) = \underbrace{-\Gamma^{-1}\Lambda}_{\theta_1^*(t)} \underbrace{- \frac{J_F}{J_{FF}}(\Gamma'\Gamma)^{-1}(M + \frac{p}{L}r(t)1_{3\times1})}_{\theta_2^*(t)} \underbrace{- \frac{1}{J_{FF}}\Gamma^{-1}\Omega J_{zF}}_{\theta_3^*(t)} \quad (5.27)$$

由此得到如下定理。

定理 5.3 优化问题（5.23）最优的资产配置策略由三部分构成：只依赖于资产与状态变量 p 的扩散项的保值策略 $\theta_1^*(t)$；与组合的夏普率及风险厌恶系数的倒数成正比的投机策略 $\theta_2^*(t)$；依赖于状态变量 p、L 的参数的保值策略 $\theta_3^*(t)$。

由 Menoncin（2002）知，对于给定的指数效用函数，值函数具有如下形式

$$J(z, F_{L_p}, t) = \eta e^{\delta F_{L_p} + h(z,t)} \quad (5.28)$$

式中，函数 $h(z,t)$ 必须满足

$$h_t + (\mu'_z - (M + \frac{p}{L}r(t)1_{3\times1})'\Gamma^{-1}\Omega)h_z + b(z,t) + \frac{1}{2}tr(\Omega'\Omega h_{zz}) = 0, h(z,T) = 0 \quad (5.29)$$

式中，

$$b(z,t) \equiv \delta u - \delta(M + \frac{p}{L}r(t)1_{3\times1})'\Gamma^{-1}\Lambda - \frac{1}{2}(M + \frac{p}{L}r(t)1_{3\times1})'(\Gamma'\Gamma)^{-1}(M + \frac{p}{L}r(t)1_{3\times1}) \quad (5.30)$$

对方程（5.29）应用 Feynman-Kac 定理可得

$$h(z,t) = -E_t[\int_t^T b(\tilde{z}_s, s)\mathrm{d}s] \quad (5.31)$$

式中，

$$\mathrm{d}\tilde{z}_s = (\mu_{\tilde{z}} - \Omega'\Gamma'^{-1}(M + \frac{p}{L}r(t)1_{3\times1}))\mathrm{d}s + \Omega(\tilde{z}_s, s)'\mathrm{d}W^L, \quad \tilde{z}_t = z_t$$

$b(z,t)$ 满足等式（5.30）。

将方程（5.28）和方程（5.31）代入方程（5.27）可得

$$\theta^* = -\Gamma^{-1}\Lambda - \frac{1}{\delta}(\Gamma'\Gamma)^{-1}\left(M + \frac{p}{L}r(t)1_{3\times1}\right) - \frac{1}{\delta}\Gamma^{-1}\Omega\int_t^T \frac{\partial}{\partial z}E_t[b(\tilde{z}_s, s)]\mathrm{d}s \tag{5.32}$$

由于 $-\frac{1}{2}M'(\Gamma'\Gamma)^{-1}M$ 不依赖于状态变量，故 $\theta_3^*(t)$ 可写为

$$\theta_3^*(t) = -\Gamma^{-1}\Omega\int_t^T \frac{\partial}{\partial z_t}E_t^{\tilde{z}}\Big[u - \Big(M + \frac{\tilde{p}}{\tilde{L}}\tilde{r}(s)1_{3\times1}\Big)'\Gamma^{-1}\Lambda - M'(\Gamma'\Gamma)^{-1}1_{3\times1}\frac{\tilde{p}}{\tilde{L}}\tilde{r}(s) - \frac{3}{2}\frac{\tilde{p}^2}{\tilde{L}^2}\tilde{r}^2(s)\Big]\mathrm{d}s$$

令 A、B、C 分别满足如下等式

$$M = \frac{p}{L}A,\quad \Gamma = \frac{p}{L}B,\quad \Lambda = p\gamma C$$

则有

$$\begin{aligned}\frac{\partial b}{\partial r} &= p\gamma + (p\gamma 1_{3\times1}'B^{-1}C - A'(B'B)^{-1}1_{3\times1}) - 3\frac{p^2}{L^2}r \\ &= p\gamma(1 + 1_{3\times1}'B^{-1}C) - A'(B'B)^{-1}1_{3\times1} - 3\frac{p^2}{L^2}r \\ \frac{\partial b}{\partial p} &= r\gamma + (\gamma A'B^{-1}C + \gamma r1'_{3\times1}B^{-1}C) - 3\frac{p}{L^2}r^2 \\ &= r\gamma(1 + 1'_{3\times1}B^{-1}C) + \gamma A'B^{-1}C - 3\frac{p}{L^2}r^2 \\ \frac{\partial b}{\partial L} &= 3\frac{p^2}{L^3}r^2\end{aligned}$$

因此

$$\theta_3^*(t) = -\Gamma^{-1}\Omega\begin{bmatrix}\int_t^T E_t\Big[\tilde{p}(s)\gamma(1 + 1_{3\times1}'B^{-1}C) - A'(B'B)^{-1}1_{3\times1} - 3\frac{\tilde{p}^2(s)}{\tilde{L}^2(s)}\tilde{r}(s)\Big]\mathrm{d}s \\ \int_t^T E_t\Big[\tilde{r}(s)\gamma(1 + 1'_{3\times1}B^{-1}C) + \gamma A'B^{-1}C - 3\frac{\tilde{p}(s)}{\tilde{L}^2(s)}\tilde{r}^2(s)\Big]\mathrm{d}s \\ \int_t^T E_t\Big[3\frac{\tilde{p}^2(s)}{\tilde{L}^3(s)}\tilde{r}^2(s)\Big]\mathrm{d}s\end{bmatrix} \tag{5.33}$$

根据方程（5.33），即可利用 Monte Carlo 对 $\theta_3^*(t)$ 进行数值模拟，从而利用方程（5.32）求得最优资产配置策略 θ^* 的数值解。

由方程（5.27）可以看到，$\theta_2^*(t)$ 随着资产回报 M 的增加而增加，随着风险厌恶系数（$-\frac{J_F}{J_{FF}}$）及资产波动率（$\Gamma'\Gamma$）的增加而减少。从这个角度来说，$\theta_2^*(t)$ 实际上起到了投机的作用，因此称其为投机策略。至于 $\theta_1^*(t)$、$\theta_3^*(t)$，由于依赖于状态变量 r、L、p，故统称为状态变量的保值策略。

5.3.3 数值分析

（1）参数设置

假定通货膨胀过程的风险溢价 $m_\pi = -0.01$，波动率规模因子 $\rho_r = 0.9, \rho_s = 0.8$，非保值的波动率 $\sigma_\pi = 0.015$，其他的参数与 5.2.3 节给出的参数相同。

（2）结果分析

图 5-5 ~ 图 5-8 分别给出了利用蒙特卡罗模拟得到的最优投资额、最优投资比例，最优的名义财富及实际工资水平计价单位下的实际财富。

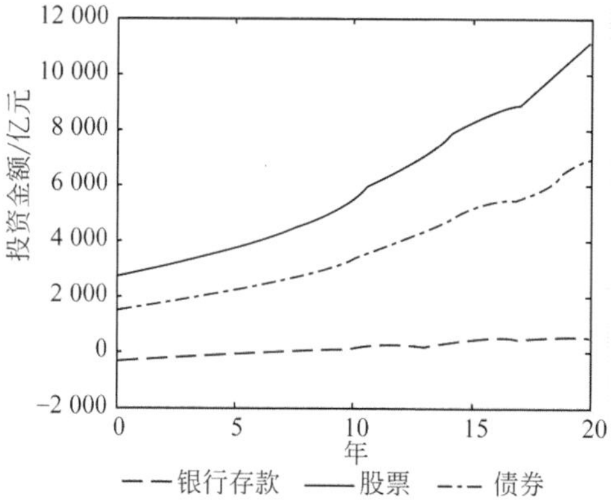

图 5-5　最优的投资金额

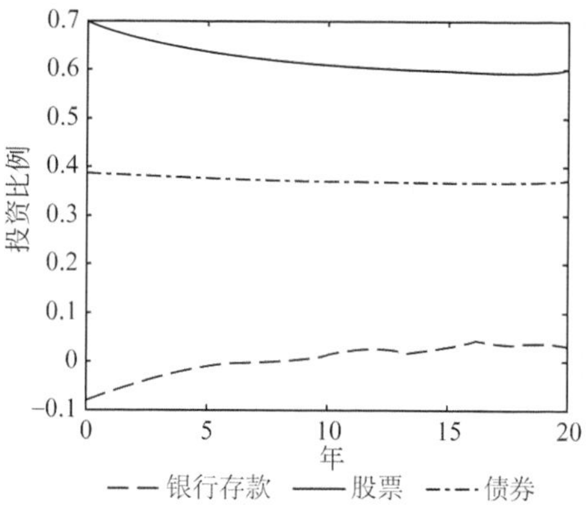

图 5-6　最优的投资比例

由图 5-5 和图 5-6 可知，将实际工作水平作为计价单位后，养老基金的风险投资加大了，股票期初投资比例较高（图 5-6 中 70% 左右），这说明将实际工资水平作为计价单位加大了养老基金的投资压力，为了确保参与者在退休后保持其标准的生活水平，养老基金必须采取更为冒险的策略。现金期初也处于借贷状态（图 5-6 中为 −10% 左右），即举债进行风险投资，养老基金之所以能举债投资是因为其对缴费有确定性的预期，从而不必担心还贷压力。这些与 5.2.3 节的数值分析结果是一样的。

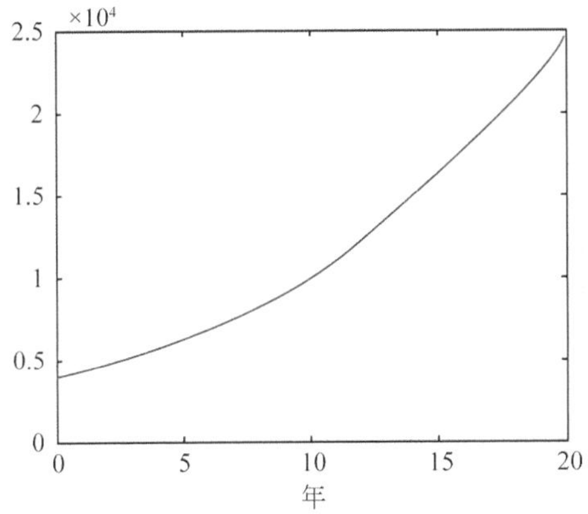

图 5-7　最优的名义财富

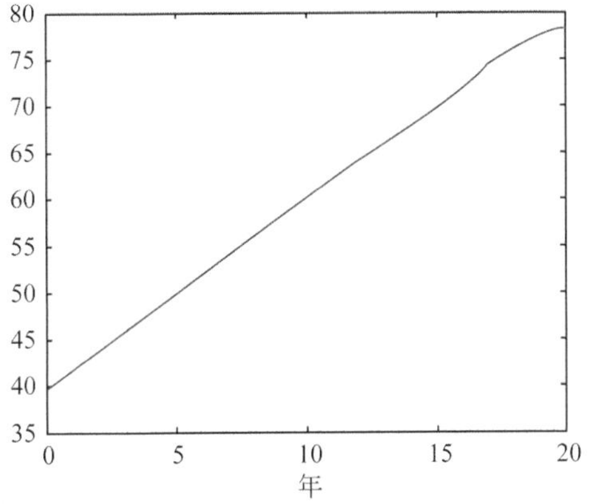

图 5-8　最优的真实财富

由图 5-7 和图 5-8 知，不仅养老基金的名义财富增加了，而且其实际财富也在稳步上涨，这表明该策略确实提高了投资者的福利，这一点与 5. 2. 3 节的数值分析结果也是相同的。

然而，通过比较图 5-1 ~ 图 5-4 与图 5-5 和图 5-8 可以发现，将实际工资水平作为计价单位与名义工资水平作为计价单位存在以下几点区别。

首先，将名义工资水平作为计价单位，最优投资比例是固定的；而将实际工资水平作为计价单位，最优投资比例是一直变化的，这说明引入通货膨胀因素后，加大了投资的难度，只有不断地调整投资组合才能保证养老基金的资产过程达到最优。

其次，与将名义工资水平作为计价单位相比，将实际工资水平作为计价单位降低了风险资产的投资。图 5-2 中，股票的投资比例高达 90%，现金借贷比例也达到了 30%，而在图 5-4 中，股票的初始投资比例降到了 70%，现金借贷比例也下降到了 10%，而且随着时间的推移，风险投资在逐步降低，最终股票投资比例降到了 60%，而现金也由借贷状态转变成了存款状态。这主要是由于实际工资水平 L/p 比名义工资水平 L 的波动率要小，这导致了实际工资水平作为计价单位比名义工资水平要相对稳定，从而使得养老基金只需采取相对稳健的投资策略即可达到目标。

最后，无论是从名义财富上，还是实际财富上来看，实际工资水平作为计价单位下的财富值都要比名义工资水平作为计价单位高。这说明考虑通货膨胀后的投资策略更为合理，投资者获得的福利更大，从而说明考虑通货膨胀因素是有意义的。

5.4 本章小结

本章首先介绍了习惯形成的含义及考虑习惯形成的背景。对于大多数在职员工来说，其生活消费主要依靠工资收入，因此工资水平基本上反映了参与者的生活水平。此外，大多数养老基金都将目标替代率作为其实现的重要目标之一，而目标替代率恰恰是以工资水平作为标准的。因此，将工资水平作为计价单位来反映参与者的生活水平是合理的。

其次，本章通过以投资者的最终名义工资水平作为计价单位，将习惯形成（habit formation）整合到模型当中，模拟了参与者希望在退休后保持其标准的生活水平这一事实。结论表明，最优的资产配置策略仍是 Merton 的投机策略，所不同的是，波动率矩阵及风险市场价格都是在新的计价单位——工资水平下计算的。数值分析表明引入新的计价单位导致养老基金加大了风险投资，但该策略确实提高了参与者的福利。

由于投资期限的长期性，我们不能忽视通货膨胀带来的影响。考虑通货膨胀以后，将工资水平作为计价单位是不合适的，因为尽管工资水平在上涨，但是如果通货膨胀率高于工资增长率，人们的生活水平实际上是下降的，工资水平已无法准确衡量人们的生活水平，因此我们需要将计价单位修正为实际工资水平，该变量真实反映了人们的购买力及生活水平，因而是合理的。

本章最后以投资者的最终实际工资水平作为计价单位，研究了养老基金的最优资产配置问题，得到的最优策略分为三部分：投机项、利率风险保值项以及工资风险保值项，虽然没有得到显性解，但我们给出了最优解的数值算法。数值分析表明，与将名义工资水平作为计价单位一样，将实际工资水平作为计价单位加大了养老基金的投资压力，提高了投资者的福利。此外，将实际工资水平作为计价单位与名义工资水平作为计价单位存在三点区别：首先，将实际工资水平作为计价单位，最优投资比例是一直变化的，这说明引入通货膨胀因素后，加大了投资的难度。其次，将实际工资水平作为计价单位降低了风险资产的投资，这主要是由于实际工资水平比名义工资水平的波动率要小，导致了实际工资水平作为计价单位比名义工资水平要相对稳定，从而使得只需养老基金采取相对稳健的投资策略即可达到目标。最后，无论是从名义财富上，还是实际财富上来看，实际工资水平作为计价单位都要比名义工资水平作为计价单位好，这说明考虑通货膨胀后的投资策略更为合理，投资者获得的福利更大，从而表明考虑通货膨胀因素是有意义的。

第 6 章　下边风险测度下资产配置策略

在金融领域，方差一直被用来测度风险，这受到了国内外很多学者的质疑，因为方差提供的只是收益率相对均值对称性离散程度的衡量，即使资产收益是对称于均值的，将方差视为风险也违背投资者对风险的真实心理感受，实际上投资者关注的是收益低于期望值的可能性，而超出部分通常不视为风险。为此，很多学者建议使用下边风险测度，当研究养老基金时，学者们建议使用低于目标值的半方差。本章主要利用低于目标值的半方差来测度下边风险，并在该测度下研究养老基金的资产配置。各节的主要内容安排如下：6.1 节介绍下边风险测度的含义及类型，并重点介绍半方差测度；6.2 节研究基于半方差的缴费确定型养老基金投资模型；6.3 节研究下边风险测度下收益确定型养老基金的资产配置；6.4 节为本章小结。

6.1　下边风险测度概述

6.1.1　下边风险测度的含义及类型

自 20 世纪 50 年代早期诺贝尔经济学奖获得者 Markowitz（1952，1959）发表了投资组合理论以来，均值方差框架一直是组合选择同资产配置的基石，同时它也是资产定价与风险管理的基本框架（Duffie and Richardson，1991；Gourieroux et al.，1998；Biagini et al.，2000）。Markowitz 的均值－方差模型是最早用精确的数量模型来计量投资风险的，也是最早采用定量方法来计量投资风险和解决投资组合的选择问题的。

然而正如姜青舫和陈方正（2000）所指出的，Markowitz 的均值－方差模型无法进行有效的经济解释，其中的数学概念不能准确地表达现实的经济含义。该模型主要存在两个重大缺陷。一个缺陷是该框架是静态的，为此很多学者将其扩展到动态框架，其中以 Merton（1969，1971，1973）为主要代表。另外一个缺陷是模型中的方差提供的只是收益率相对均值对称性离散程度的衡量，现实中，收益率一般是偏斜的，使用方差就会高估（或低估）资产（组合）决策中包含的真实风险。即使资产收益是对称于均值的，将方差视为风险也违背投资者对风险的真实心理感受，实际上投资者关注的是收益低于期望值的可能性，而超出部分则是超额收益，通常不视为风险，正如韩兆洲和邓勇（2003）、陆源和朱邦毅（2005）所述，方差夸大了风险的程度。

为此，很多学者使用其他的风险测度来替代方差，其中一种比较流行的测度便是下边风险测度。Markowitz 也意识到下边风险测度的重要性，并在文献中指出了方差作为风险及投资者偏好测度的局限性。这一概念得到了 Quirk 和 Saposnik（1962）、Mao（1970）、Bawa（1975）、Fishburn（1977）、Grootveld 和 Hallerbach（1999）等很多学者的进一步拓展。正如他们所指出的，与回报高于均值时的不确定性相比，投资者更为关心的是回报低于均值时的不确定性，在这一意义下，下边风险比方差更能反映投资者所关心的风险（Berkelaar and Kouwenberg，2000）。

目前比较常用的下边风险测度指标有下偏矩（LPM_q）、半方差及 VaR。

1）在 Mao（1970）研究的启发下，Bawa（1975）、Bawa 和 Lindenberg（1977）以及 Fishburn（1977）等学者提出了一种更加一般的测量风险的方式，称为下偏矩（lower partial moment，LPM），其定义为

$$\mathrm{LPM}_a(r,\tau) = \int_{-\infty}^{\tau} (\alpha - r)^a \mathrm{d}F(r) = E\{(\max[0,\tau - R])^\alpha\}$$

式中，α 为目标收益率或收益率均值；r 为资产的随机收益率。a 反映了投资者对风险的规避程度。

2）Markowitz（1959）曾提出低于目标的半方差（below-target semi-variance）风险测度，其定义为

$$SV_\tau = \int_{-\infty}^{\alpha} (\alpha - r)^2 \mathrm{d}F(r) = E\{(\max[0,\tau - R])^2\}$$

显然，目标半方差是下偏矩在 $a = 2$ 时的特例。

3）某一资产 X 的 VaR，指的是在某一概率置信水平 α 下，该资产在未来某一段时间内的最大可能损失，用数学公式可以表达为

$$\rho(X) = \mathrm{VaR}_\alpha(X) = -\sup\{m \in R : P(X \leqslant m) \leqslant \alpha\}$$

由定义可知，VaR 的计算涉及两个重要参数：持有期和概率置信水平，不同的持有期和概率置信水平对应于不同的 VaR 损失额。在估计实际的市场风险时，持有期通常可以设置为 1 周、10 天或 1 个月等，而概率置信水平则可以设置为 95% 或 99% 等。巴塞尔风险监管委员会对金融机构支持 VaR 损失的计算要求是 10 天持有期和 99% 的置信水平。

6.1.2 半方差

Markowitz（1952，1959）是最早将半方差作为下边风险测度的。Stone（1973）、Fishburn（1977）先后研究了半方差方法，并将半方差进一步扩展到更为一般的形式，即用某个固定目标代替半方差中的均值。卫海英和张国胜（2005）通过严格的理论推导和股市数据实证分析证明，半方差具有比方差模型更为精确的风险计量能力。

尽管半方差在概念上具有优越性，但却并没有得到学者与投资经理们的青睐，一方面是数学处理非常复杂，但主要原因是该模型尚处于理论研究和模型完善阶段，目前还没有开发出基于半方差特性的投资模型。已有的文献只能用近似或数值方法来处理投资策略问题。

半方差风险测度目前的主要形式有：

1）低于均值的半方差测度（below mean semi-variance，BMSV）。BMSV 测度的是回报低于均值的不确定性，具体表达式为

$$\sigma_- = \int_{-\infty}^{\mu} (r - \mu)^2 \mathrm{d}F(r)$$

式中，μ 为收益率均值；r 为现实收益率；$F(r)$ 为 r 的分布密度函数；σ_- 为此模型的半方差值（张喜彬等，2000）。

2）低于目标值的半方差测度（below target semi-variance，BTSV）。BTSV 测度的是回报低于某一确定的目标值的不确定性，具体表达式为

$$\sigma_- = \int_{-\infty}^{\alpha} (r - \alpha)^2 \mathrm{d}F(r)$$

式中，α 为收益率目标值；r 为现实收益率；$F(r)$ 为 r 的分布密度函数；σ_- 为此模型的半方差值（卫海英和张国胜，2002）。

此外，该类型的测度还有一种变形，学者们也经常使用，其具体形式为

$$\sigma_- = \int_{-\infty}^{\infty} [(r - \alpha)^2 + \gamma(r - \alpha)] \mathrm{d}F(r)$$

式中，γ 为所谓的下边惩罚因子。

3）组合偏差测度，具体表达式为

$$\sigma_- = \int_{-\infty}^{\alpha} (r - \alpha)^2 \mathrm{d}F(r)$$

$$\sigma_+ = \int_{\alpha}^{+\infty} (r - \alpha)^2 \mathrm{d}F(r)$$

$$w = G(\sigma_+, \sigma_-)$$

式中，σ_+ 为目标收益率上方的半方差；w 为模型最终的半方差，即风险测度。最主要的一种是将 G 函数关系表述为线性关系，对 σ_+、σ_- 赋予不同的系数，具体如下：

$$w = \beta\sigma_+ + (1-\beta)\sigma_-$$

式中，β 为权重，表示投资者对上半方差与下半方差的重视程度。

Nawrocki（1999）具体讨论了 BMSV 与 BTSV 的区别与联系。在投资经理需要设立最低收益保证（比如养老基金、企业年金等）时，Hogan 和 Warren（1972，1974）、Klemkosky（1973）、Ang 和 Chua（1979）、Harlow 和 Rao（1989）、Carpenter（2000）建议使用 BTSV。

6.2 BTSV 测度下缴费确定型资产配置

本节研究 BTSV 框架下缴费确定型养老基金的资产配置问题（刘富兵和刘海龙，2010b）。

6.2.1 市场描述

假定投资者所面临的利率结构及市场投资环境与 4.2.1 节相同，且投资者选择的半方差是 BTSV 测度，则投资者需要选择最优的投资策略 π^*，使得在预期收益一定的情况下风险最小化，即

$$\begin{aligned} &\min E[\max(L-W(T),0)]^2 \\ &\text{s.t.} \quad cE[W(T)] = L \end{aligned} \tag{6.1}$$

式中，$E[\max(L-W(T),0)]^2$ 为半方差表示的下边风险，即养老基金终端值低于目标值的波动风险；L 为对终端财富设定的目标值。由于在 BTSV 测度下，目标值 L 一般情况下都大于或等于终端财富的期望值 $E[W(T)]$，故假定 $c \geqslant 1$。

6.2.2 BTSV 测度下缴费确定型资产配置策略

当市场完备时，动态优化问题（6.1）等价于下面的静态优化问题：

$$\begin{aligned} &\min E[\max(L-W(T),0)]^2 \\ &\text{s.t.} \quad cE[W(T)] = L \\ &E\left(\xi_T W(T) - \int_0^T \xi_0^{-1}\xi_t C(t)\,\mathrm{d}t\right) = W(0) \end{aligned} \tag{6.2}$$

式中，$C(t)$ 为养老基金缴费水平；ξ_t 为状态价格平减因子，其微分形式满足方程（4.8），且 $W(t)$ 的动态过程满足方程（4.10）。

令 $Y_+ = \max(L - W,0)$，$Y_- = \max(-(L - W),0)$，则

$$L - W = Y_+ - Y_- \tag{6.3}$$

将方程（6.3）代入方程（6.2），静态优化问题（6.2）等价于

$$\begin{aligned}&\min E[Y_+^2]\\ \text{s.t.}\quad &E[Y_+ - Y_-] = (c-1)L/c\\ &E(\xi_T(Y_+ - Y_-) + \int_0^T \xi_0^{-1}\xi_t C(t)\mathrm{d}t) = LE[\xi_T] - W(0)\\ &Y_+, Y_- \geqslant 0\end{aligned} \tag{6.4}$$

利用拉格朗日极值方法可以得到下面的定理6.1。

定理 6.1 对应于静态优化问题（6.2）的最优终端财富为

$$W^*(T) = L - \psi^{-1}[\eta + \gamma\xi_T] = (\gamma - c^{-1}L)E(\xi_T) - \gamma\xi_T \tag{6.5}$$

其中，

$$\begin{cases}\eta = (c-1)L/c - \gamma E(\xi_T)\\ \gamma = c^{-1}(LE(\xi_T) - c(W_0 + E\int_0^T \xi_0^{-1}\xi_t C(t)\mathrm{d}t))/\mathrm{Var}(\xi_T)\end{cases} \tag{6.6}$$

证明：见附录 1 中的附录 D。

由定理 6.1 可知，最优的终端财富由两部分组合而成：利率衍生债券构成的保值策略 [与 $(\gamma - c^{-1}L)E(\xi_T)$ 有关] 以及风险资产构成的投机策略（与 $\gamma\xi_T$ 项有关），保值策略是为了保证投资获得最低收益，而投机策略则是为了获取更多的超额收益。

由定理 6.1 及方程（6.4）可得

$$\begin{aligned}W^*(t) &= E[\xi_t^{-1}\xi_T W^*(T) - \int_t^T \xi_t^{-1}\xi_s C(s)\mathrm{d}t]\\ &= E[\xi_t^{-1}\xi_T(L - (\eta + \gamma\xi_T)) - \int_t^T \xi_t^{-1}\xi_S C(s)\mathrm{d}s]\end{aligned} \tag{6.7}$$

利用复制策略可以得到下面的定理 6.2。

定理 6.2 假定拉格朗日乘子 δ、γ 由等式给出，则动态优化问题的最优资产配置策略为

$$\begin{aligned}\pi^*(t) = &\frac{1}{W(t)}\sigma^{-1}\{aP_t(T)\tilde{\sigma}_P(t,T) + b(t)\xi(t)P_t^2(T)(-2\tilde{\sigma}_P(t,T) - \lambda)\\ &- \tilde{\sigma}_P^C(t,T)\}\end{aligned} \tag{6.8}$$

其中，

$$\tilde{\sigma}_P(t,T) = (\sigma'_P(t,T), 0_{1\times(n-k)})', \tilde{\sigma}_P^C(t,T) = (\sigma'^C_P(t,T), 0_{1\times(n-k)})'$$

$$\sigma_P^C(t,T) = \int_t^T P_t(s)C(s)\sigma_P(t,s)\mathrm{d}s \tag{6.9}$$

$$a = L - \eta$$

$$\begin{aligned} b(t) &= -\gamma\exp\{g(t,T)\} \\ &= c^{-1}(c(W_0 + E\int_0^T \xi_0^{-1}\xi_t C(t)\mathrm{d}t) - LE(\xi_T))\exp(g(t,T))/\mathrm{Var}(\xi_T) \end{aligned} \tag{6.10}$$

$$\begin{aligned} g(t,T) = \mathrm{Var}_t[\ln(\xi_T/\xi_t)] = \Big[\int_t^T \|\lambda(u)\|^2\mathrm{d}u + \int_t^T \|\sigma_P(u,T)\|^2\mathrm{d}u \\ + 2\int_t^T \lambda(u)'\sigma_P(u.T)\mathrm{d}u\Big] \end{aligned} \tag{6.11}$$

证明：见附录 1 中的附录 C 和附录 1 中的附录 E。

6.2.3 最优资产配置策略分析

显然，由定理 6.2 及附录中的方程（E.6）可知，最优的投资组合便是购买 a 份到期日为 T 的零息债券，购买 $b(t)$ 份资产组合 $\xi(t)P_t^2(T)$ ，同时卖出一揽子债券组合 $\int_t^T P_t(s)C(s)\mathrm{d}s$ 。购买零息债券主要是为了进行套期保值，以保证获得确定性收益，我们称其为债券保值策略。购买资产组合 $\xi(t)P_t^2(T)$ 是为了获得更多的超额收益，我们称其为投资策略。卖出一揽子债券组合 $\int_t^T P_t(s)C(s)\mathrm{d}s$ ，我们称为债券的卖空策略。采取债券的卖空策略表明养老基金已经将投资者缴纳的缴费提前“透支”了，并将“透支”的资金投资在债券及风险资产上。养老基金之所以能采取债券的卖空策略是因为它对未来的缴费有确定的预期，从而不必担心发生违约的风险。下面我们分析该最优策略的性质。

为简单起见，我们考虑利率 $r(t)$ 为确定性函数的情况。

推论 6.1 假定利率 $r(t)$ 为确定性函数，则最优投资策略 π^* 可表示为

$$\begin{aligned} \pi^*(t) &= \{\gamma\exp[-2\int_t^T r(s)\mathrm{d}s + \int_t^T \|\lambda\|^2\mathrm{d}s]\xi_t\}\sigma^{-1}\lambda/W(t) \\ &= \{L\exp(-\int_0^T r(s)\mathrm{d}s) - c[W_0 + \int_0^T \exp(-\int_0^S r(u)\mathrm{d}u)\delta Y(s)\mathrm{d}s] \\ &\quad \exp(\int_t^T \|\lambda\|^2\mathrm{d}s)\exp(\int_0^t 2r(s)\mathrm{d}s)/[\exp(\int_0^T \|\lambda\|^2\mathrm{d}s) - 1]\}c^{-1}\xi(t)\sigma^{-1}\lambda/W(t) \end{aligned}$$

证明：见附录 1 中的附录 F。

由推论 6.1 可知，最优投资策略 $\pi^*(t)$ 与 L 正相关，这是因为随着 L 的增加，终端财富到达目标的概率减少，为了减少达不到目标而带来的损失，养老基金必须增加风险资产的投资。

此外，推论 6.1 还表明 $\pi^*(t)$ 与 r 负相关，这主要是由于随着利率 r 的增大，投资者投资于无风险资产的收益就越大，达到目标 L 的概率就越大，因此，为了降低风险，投资者也会降低风险资产投资的比例。

最后，$\pi^*(t)$ 与缴费率 δ 负相关，这表明如果提高缴费率，养老基金会降低风险投资，这是因为提高缴费率会加大达到目标 L 的概率，而为了降低风险资产带来的波动及不确定性，养老基金则需要减少风险投资。

综上所述，我们得到下面的定理。

定理 6.3 在半方差作为下边风险测度的情况下，投资于风险资产的最优比例 $\pi^*(t)$ 与设定的目标 L 正相关，与利率 r 及缴费率 δ 负相关。

6.2.4 数值分析

（1）参数设置

本节我们结合中国的实际数据进行数值分析。类似于 3.3.5 节的分析，假定 $\mu = 0.19$，$\sigma = 0.28, r = 0.0414, \delta = 0.08$，初始财富 $W_0 = 1500$ 亿，总工资水平 $Y = 2000$ 亿。此外，假定终端财富的期望值为 $E[W(T)] = 2000$ 亿，财富目标值 $L = 3000$ 亿，即 $c = 1.5$，投资期限 $T = 10$。

（2）结果分析

利用蒙特卡罗模拟得到的风险资产的最优投资比例及最优财富如图 6-1 和图 6-2 所示。

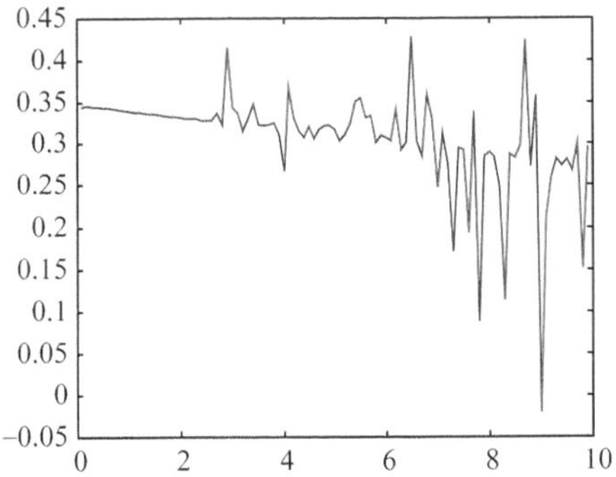

图 6-1 风险资产的最优投资比例

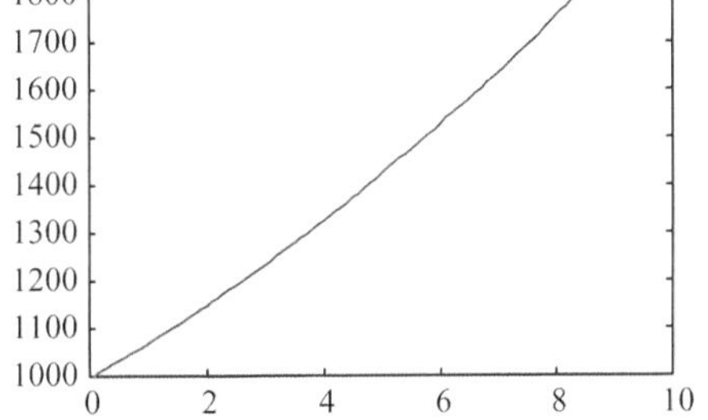

图 6-2 最优的财富过程

由图6-1可知，投资于风险资产的最优比例 $\pi^*(t)$ 随着时间的推移呈递减趋势，这与目前很多DC型养老基金投资者采用的“生活方式”投资策略相符，即年轻时将更多的资金投资于风险资产，待到年老时将资金转移到债券及现金上，该策略既保证了养老基金在投资期间的收益，又确保了养老基金在后期的安全性，以便投资者在退休后能够“老有所用”，维持其正常的生活水平。

由图6-2可知，养老基金的财富水平一直保持稳定的增长，这表明该资产配置策略使得养老基金得到了较好的增值。

此外，由图6-1可知，在投资前期（图6-1中前6年）投资策略相对比较稳定，而到了后期（图6-1中后4年）投资策略波动性较大，这主要是由于投资前期距到期日比较远，基金经理暂时不存在业绩压力，所以不用大幅调整投资策略；而到了后期，由于距到期日越来越近，基金经理为了完成业绩指标，尽量减少与目标值的差距，必须实时地调整投资策略，从而加剧了投资策略的不稳定性，使得风险资产的投资比例呈现震荡态势。

6.3 BTSV测度下收益确定型资产配置

众所周知，在DB计划中，一般利用精算成本方法来确定理想的缴费率（或正常成本）和理想的基金化水平，并以此保证养老金的正常支付。但实际上，由于未来存在不确定性，养老金计划的进程不可能与期初的设计完全一致，因此缴费率必须是正常成本加上一个正的或负的增量，我们称为辅助成本。计划发起人必须确保未备基金的债务为0，为此发起人需要确立最优的缴费率及投资策略。

DB计划主要存在两种类型的风险：偿付能力风险和缴费率风险。缴费率风险通常可以用缴费率与正常成本之间的偏差来衡量，它与计划的稳定性有关；偿付能力风险可以用精算赤字（即未备基金的精算债务）的大小来测度，它可以看做是计划安全性的一个指示剂。

在已有的文献中，缴费率风险是用缴费率与目标缴费率偏差的平方来衡量，而偿付能力风险则是用基金资产与目标负债偏差的平方来衡量；这意味着基金经理对基金化盈余与基金化不足以及缴费率偏高与缴费率偏低赋予了相同的权重。然而，相比起基金化盈余与缴费率偏低来讲，基金经理更为关心的是基金化不足与缴费额率偏高的问题。为此，本节采用BTSV框架下的第二种形式作为下边风险测度（由基金化不足风险与缴费率偏高风险构成）来修正基金经理的目标函数，从而建立了DB型养老金的动态基金化模型。引入下边风险后，目标函数更能反映投资者对风险的真实心理感受。利用动态随机规划技术，我们将求解最优的缴费率及资产配置策略（Liu et al.，2009）。

6.3.1 市场描述

记 $F(t)$ 为收益确定型养老基金在 t 时刻的基金值，$C(t)$ 为基金发起人为保证退休时刻参与者得到事先确定的养老金支付而设立的缴费率，事先确定的养老金支付记为 P，正常成本（理想的缴费率）记为 NC，它是某一时期得到的养老金支付的现值，精算负债（理想的基金水平）记为 AL，未备基金的精算负债记为 UAL，则

$$\mathrm{UAL} = AL - F \tag{6.12}$$

设偿付 UAL 的增补缴费率（辅助成本）为 SC，则

$$SC = C - NC \tag{6.13}$$

假定 P、NC、AL 是常数，正如 Haberman（1994）所指出的，如果在养老金计划期间人口从一开始就是稳定的，且工资增长率是固定的，则这一假定就是恰当的。

假定该计划估算所用的折现率是常数 θ，则由 Bowers 等（1997）可知

$$\theta AL + NC - P = 0 \tag{6.14}$$

本节我们假定 θ 等于 r，即估算所用的利率等于债券的回报率。考虑到债务现金流没有不确定性，因此，用无风险利率进行估算是合理的。

假定该计划管理的养老基金由 n 个风险资产 $S_1(t),\cdots,S_n(t)$ 和 1 一个无风险资产 $S_0(t)$ 组成，它们所满足的微分方程分别为

$$\mathrm{d}S_0(t) = rS_0(t)\mathrm{d}t, \quad S_0(0) = 1$$

$$\mathrm{d}S_i(t) = S_i(t)\Big(b_i\mathrm{d}t + \sum_{j=1}^{n}\sigma_{ij}\mathrm{d}w_j(t)\Big), \quad S_i(0) = s_i \tag{6.15}$$

式中，b_i、σ_{ij}为非负常数；向量 $w(t) = (w_1(t),\cdots,w_n(t))$ 为概率空间 (Ω,F,P) 上表示金融市场中不确定性的标准维纳过程。

记 $\sigma = (\sigma_{ij})$ 为 $n\times n$ 的波动率矩阵，$b = (b_1,\cdots,b_n)'$ 为平均回报率向量。

设 $\pi(t) = (\pi_1(t),\cdots,\pi_n(t))'$ 为基金经理投资于风险资产的比例，假定 $\pi(t)$ 为适应于 F_t 且 R^n 可测容许策略过程，即对于任意的 t 有

$$\int_0^{\infty}\|\pi(t)\|^2\mathrm{d}t < \infty \quad \text{a. s.}$$

设缴费过程 $C(t)$ 是 F_t 可测的适应过程，且满足

$$\int_0^t C^2(t)\mathrm{d}t < \infty, \text{a. s.}, \forall t$$

则

$$\mathrm{d}F(t) = F(t)\left(\sum_{i=1}^{n}\pi_i(t)\frac{\mathrm{d}S_i(t)}{S_i(t)}\right) + F(t)\left(1 - \sum_{i=1}^{n}\pi_i(t)\right)\frac{\mathrm{d}S_0(t)}{S_0(t)} + (C(t) - P)\mathrm{d}t \tag{6.16}$$

$(C(t) - P)\mathrm{d}t$ 为 $\mathrm{d}t$ 时间内收益确定型养老基金缴费与支付的净值。

将方程（6.15）代入方程（6.16）可得

$$\mathrm{d}F(t) = \left(rF(t) + \sum_{i=1}^{n}\pi_i(t)(b_i - r)F(t) + C(t) - P\right)\mathrm{d}t + \left(\sum_{i=1}^{n}\sum_{j=1}^{n}\pi_i(t)\sigma_{ij}F(t)\right)\mathrm{d}w_j(t)$$

$$F(0) = F_0 > 0 \tag{6.17}$$

令 $\sum = \sigma\sigma', \lambda = \sigma^{-1}(b - r1)$，则 λ 为风险的市场价格。

6.3.2 BTSV 测度下收益确定型资产配置及缴费率策略

假定投资期限是无限期的，即 $T = \infty$。Josa-Fombellida 和 Rincon-Zapatero（2001，2004）假定基金发起人的目标是最小化缴费率风险与偿付能力风险的凸组合，即

$$\min E_0\int_0^{\infty} \mathrm{e}^{-\rho t}[\beta SC^2(t) + (1 - \beta)\mathrm{UAL}^2(t)]\mathrm{d}t \tag{6.18}$$

式中，参数 $0 < \beta \leqslant 1$ 为权重因子，表示基金经理对缴费率风险与偿付能力风险的相对重视程度；$\rho > 0$ 为贴现因子，高的贴现值表明与财富的未来值相比，发起人更关心财富的现值。基金经理主要通过确定缴费率及投资策略来实现其目标。

而实际上，基金经理对于缴费率高于正常成本的波动与缴费率低于正常成本的波动的关注程度是不同的，与低于正常成本的波动相比，基金经理更重视高于正常成本的波动。对于基金化水平也是类似，基金经理更注重基金化水平低于精算负债的波动，为此，我们通过引入惩罚因子在模型中考虑进下边风险，我们将目标函数（6.18）修正为

$$\min_{C,\pi(t)} E_0\int_0^{\infty} \exp(-\rho t)[\beta(SC^2(t) + \gamma SC(t)) + (1 - \beta)(\mathrm{UAL}^2(t) + \eta\mathrm{UAL}(t))]\mathrm{d}t \tag{6.19}$$

式中，γ、η 均为大于等于 0 的正数，是我们引入的惩罚因子，分别表示对缴费高于正常成本以及基金化水平低于精算负债的惩罚。当 $\gamma = \eta = 0$ 时，式(6.19) 便简化为式 (6.18)。

定理 6.4 在 $\theta = r$ 的假定下，优化问题 (6.19) 的最优解 (C^*, π^*) 为

$$C^* = NC + \frac{m}{\beta}(AL - F) + \frac{1}{2\beta}(n - \gamma) \tag{6.20}$$

$$\pi^* = \frac{2m(AL - F) + n}{2mF}\sum^{-1}(b - r1) \tag{6.21}$$

其中，m、n 满足如下方程

$$m = \frac{-\beta(\rho - 2r + \lambda'\lambda) + \sqrt{\beta^2(\rho - 2r + \lambda'\lambda)^2 + 4\beta(1 - \beta)}}{2} \tag{6.22}$$

$$n = \frac{m\beta\gamma + (1 - \beta)\beta\eta}{\beta(\rho + \lambda'\lambda - r) + m} > 0 \tag{6.23}$$

证明：见附录 1 中的附录 G。

6.3.3 最优资产配置及缴费率策略分析

由定理 6.4 可知，最优的基金化过程归结为以下两条：①选择辅助成本 SC 使其与未备基金的精算负债 UAL (t) 成线性关系；②选择与未备基金的精算负债 UAL (t) 呈线性关系的最优资产配置。

Haberman (1993, 1997)、Haberman 和 Sung (1994)、Haberman 等 (2000)、Boulier 等 (1995, 1996)、Cairns (1995, 1996, 2000) 及 Josa-Fombellida 和 Rincon-Zapatero (2001, 2004) 的基本结论是辅助成本 (缴费率 - 正常成本) 与未备基金的债务呈正比关系，这便是所谓的基金化的价差方法 (spread method of funding)。由定理 6.4 可以看到，由于下边风险的引入，上述研究所建议的 spread method 不再适用。结论表明最优缴费率及风险资产的最优的投资比例均与未备基金的债务呈正的线性关系。正如 Boulier 等 (1995) 和 Cairns (1996, 2000) 所指出的，这意味着当基金化水平很低的时候，基金经理需要采取更冒险的策略；当基金有大量盈余时，基金经理采取的策略反而很保守。最优缴费率与未备基金的债务正相关是因为：当 UAL(t) 大于 0 即基金化水平低于精算负债时，基金经理为了减少偿付能力风险，必须提高缴费率；当 UAL(t) 小于 0 即基金化水平高于精算负债时，基金经理为了减少缴费率风险，必须降低缴费率。而最优的资产配置策略与未备基金的债务之间正相关是由于 UAL(t) 为

正值时表明基金化水平低于精算负债。此时，为了减少偿付能力风险，基金经理必须提高风险资产的投资，以获取更大的收益，弥补基金缺口；UAL(t) 为负值时表明基金化水平高于精算负债，此时基本上已不存在偿付能力风险，基金经理降低风险资产的投资是为了能够长期稳定地保持这一状态，毕竟首要目标是减少基金化过程中的内在风险而不是最大化基金的财富值。

6.3.4 下边风险对资产配置及缴费率的影响

下面我们分析下边风险的引入对最优资产配置及缴费率的影响，首先我们给出不存在下边风险时的最优缴费率及最优的资产配置。

推论 6.2 当不考虑下边风险，即 $\gamma = \eta = 0$ 时，优化问题（6.19）最优的缴费率及最优的风险投资比例为

$$C_u^* = NC + \frac{m}{\beta}(AL - F) \tag{6.24}$$

$$\pi_u^* = \frac{AL - F}{F}\sum{}^{-1}(b - r1) \tag{6.25}$$

证明：该推论是定理 6.4 的特例，利用定理 6.1 的证明方法即可证得推论 6.2。

比较定理 6.4 与推论 6.2 我们可以得到下面的推论 6.3。

推论 6.3 考虑下边风险时风险资产的最优投资行为要比不考虑时更为冒险，即 $\pi^* > \pi_u^*$；而最优的缴费率要视 $\frac{\gamma}{\eta}$ 的大小而定，当 $\frac{\gamma}{\eta} < \frac{(1-\beta)\beta}{\beta(\rho + \lambda'\lambda - r) + m(1-\beta)}$ 时，考虑下边风险下的最优缴费率要比不考虑时高，即 $C^* > C_u^*$，当 $\frac{\gamma}{\eta} > \frac{(1-\beta)\beta}{\beta(\rho + \lambda'\lambda - r) + m(1-\beta)}$ 时，$C^* < C_u^*$。

由推论 6.3 知，考虑下边风险加大了风险资产的投资比例，正如韩兆洲和邓勇（2003）、陆源和朱邦毅（2005）所说的，方差夸大了风险的程度，而下边风险可以很好地纠正这一点。由于下边风险降低了风险的程度，故此时的最优投资行为要更冒险些。

当 γ 与 η 的比值小到一定程度即 $\frac{\gamma}{\eta} < \frac{(1-\beta)\beta}{\beta(\rho + \lambda'\lambda - r) + m(1-\beta)}$ 时，基金经理对偿付能力风险的重视程度更高，基金经理宁愿提高缴费率，加大缴费率风险也不愿出现基金化不足的情况（即偿付能力风险）。当 γ 与 η 的比值大到一定程度即 $\frac{\gamma}{\eta} > \frac{(1-\beta)\beta}{\beta(\rho + \lambda'\lambda - r) + m(1-\beta)}$ 时，基金经理更为重视缴费率风险，此

时为了减少缴费率风险，基金经理必须降低缴费。

6.3.5 数值分析

（1）参数设置

考虑一个简单的金融市场，市场中存在两只资产：无风险资产 B 和风险资产 S 。设无风险利率 $r = 0.0414$ ，风险资产的回报率 $b = 0.19$ ，波动率 $\sigma = 0.28$ ，则风险市场价格 $\lambda = 0.536$ 。设养老基金的初始资产 $F_0 = 1000$ 亿，精算负债 $AL = 1200$ 亿元，正常成本 $NC = 60$ 亿元，养老金支付 $P = 50$ 亿元，贴现因子 $\rho = 0.1$ ，权重因子 $\beta = 0.5$ ，惩罚因子 $\gamma = \eta = 1$ 。

（2）结果分析

利用蒙特卡罗模拟得到的前 5 年的风险资产的最优投资比例 π^* 、最优缴费率 C^* 及最优养老基金资产 F^* ，如图 6-3 ~ 图 6-5 所示。

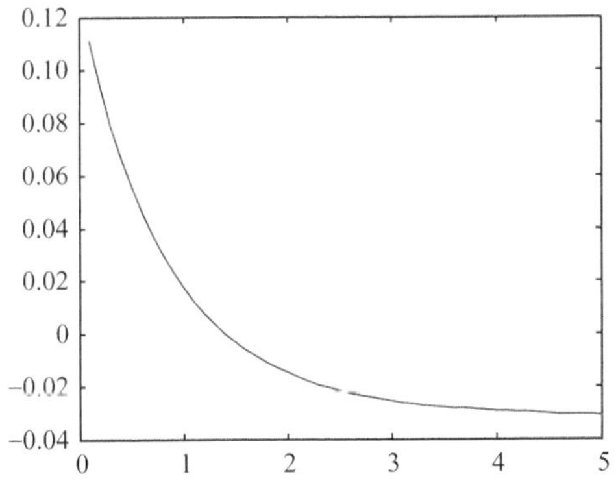

图 6-3　风险资产的最优投资比例

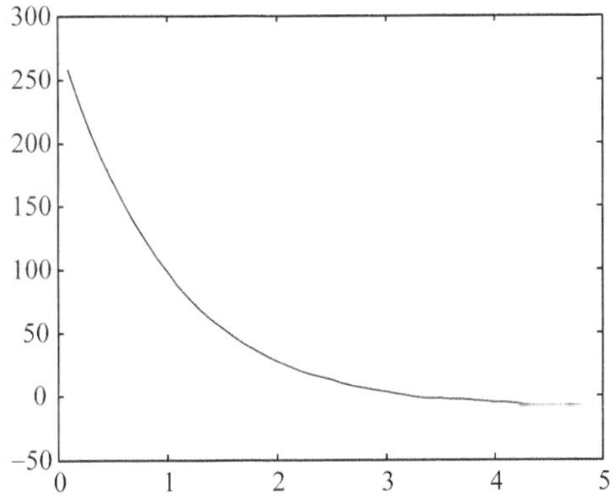

图 6-4　最优的缴费率

由图 6-3 和图 6-4 可知，投资于风险资产的比例及缴费额都随着时间的推移呈先快速下降，后趋于平稳的递减趋势。导致该现象的原因在于：一开始养老基金存在未备基金化的精算负债（本例中 200 亿元），因此为了防止因基金值低于精算负债而受到惩罚，最优的策略应是将缴费水平及风险资产的投资比例设置在较高的水平，尽快弥补基金缺口。由图 6-4 可知，起初设置的 250 多亿元的缴费恰好可以弥补因精算负债及养老金支付而带来的基金缺口（1200 + 50 − 1000 = 250）；随着基金缺口被弥补甚至出现了基金盈余，由定理 6.4 知，养老基金的风险资产投资比例会逐步，并将资金转移到无风险资产上，以免再次因基金值低于

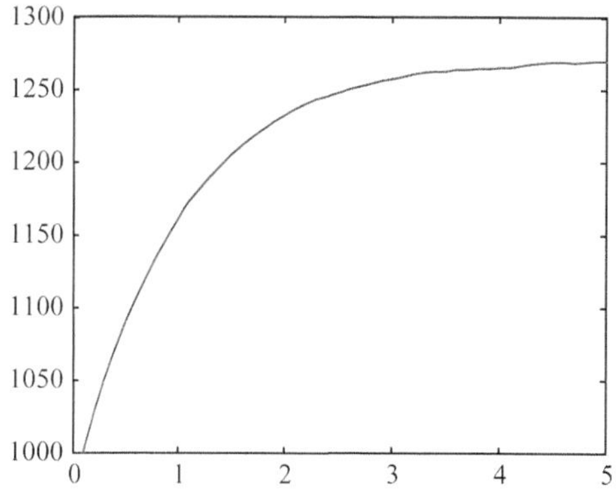

图6-5 最优的养老基金资产过程

精算负债而受到惩罚，而缴费额也会逐步降低，以免因缴费过高而受到惩罚；当资产与精算负债达到相对平衡的状态时，风险资产的投资比例及缴费便稳定了下来。

由图6-5可知，养老基金资产的走势与风险资产的投资比例及缴费过程恰恰相反：养老基金资产随着时间的推移呈上升趋势，只是上升的速度越来越慢，最后趋于平稳。该现象是最优缴费及投资策略直接导致的结果。起初，较高的缴费水平及风险资产的投资比例导致了养老基金资产急剧上涨；但随着缴费水平及风险资产投资比例的下降，养老基金资产的上涨速度趋缓，不过依然在上涨，随着缴费与风险资产投资比例逐步稳定下来，养老基金与精算负债达到了相对平衡的状态，此时缴费、风险资产的投资比例及养老基金的资产都稳定下来，市场处于一种均衡状态。

由图6-3～图6-5可以看出，本例中，对于收益确定型养老基金而言，期初为了弥补养老基金的缺口，可以不惜冒着缴费水平过高、风险投资比例过大的风险进行融资与投资，目的就是为了尽快地积累财富。由图6-5可以看出，在前两年，养老基金资产在急剧地膨胀，随着时间的推移，等到基金缺口被弥补以后，缴费率及风险资产的投资比例都会大幅下调，并稳定在某一水平上。

目前，中国的养老基金由于历史及体制的原因存在巨大的支付缺口。由于中国养老基金的风险投资受到法律法规的限制，投资比例不能太高，故最好的方法便是提高缴费率，尽快弥补养老基金的支付缺口。因此我们认为目前较高的缴费率符合中国的国情，也是合理的。但随着时间的推移以及养老基金在证券市场投资力度的加大，基金缺口将会逐步降低，在这种情况下，根据本节的结论，建议政府部门适时降低缴费率，以缓解在职员工因缴费过高而承受巨大的养老负担。

6.4 本章小结

本章首先阐述了引入下边风险的必要性，介绍了几种类型的下边风险测度，其中包括下偏矩、半方差及VaR，并重点介绍了半方差的几种测度形式，其中包括低于均值的半方差、低于目标值的半方差以及组合偏差。对于养老基金而言，使用低于目标值的半方差是比较合适的。

其次，将半方差作为下边风险测度，本章在 BTSV 框架下考虑了缴费确定型养老基金的最优资产配置问题，利用鞅方法求得了最优资产配置的显性解。结论表明，最优的投资组合包括：债券保值策略，即购买零息债券以保证获得确定性收益；投机策略，获得更多的超额收益；债券的卖空策略。采取债券的卖空策略表明养老基金已经将投资者缴纳的缴费提前“透支”了，并将“透支”的资金投资在债券及风险资产上。养老基金之所以能采取债券的卖空策略是因为它对未来的缴费有确定的预期，从而不必担心发生违约的风险。进一步研究发现，风险资产的最优投资比例与利率水平及缴费率负相关，与设定的目标值正相关。数值分析表明，最优投资策略符合所谓的生活方式投资，即年轻时将更多的资金投资于风险资产，而等到年老时将资金转移到债券及现金上。

最后，本章在收益确定型养老基金的资产配置模型中将最小化偿付能力风险与缴费率风险作为目标函数，引入基金化不足惩罚因子与缴费率偏高惩罚因子，从而在模型整合中考虑了下边风险，利用随机最优控制求得了最优的资产配置及缴费率。结论表明，最优的缴费率及风险资产的最优投资比例均与未备基金的债务呈线性关系，且下边风险的引入加大了风险投资，而缴费率要视惩罚因子的相对大小而定。数值分析表明，对于收益确定型养老基金而言，期初为了弥补养老基金的支付缺口，可以不惜冒着缴费水平过高、风险投资比例过大的风险进行融资与投资，目的就是为了尽快地积累财富。随着时间的推移，等到基金缺口被弥补以后，缴费率及风险资产的投资比例都会大幅下调，并稳定在某一水平上。

第 7 章　收益保证成本估算模型

研究基于内部收益保证和外部收益保证的资产配置策略还不够，因为收益保证是有成本的。在收益保证型金融产品中，针对收益保证设定的一些重要投资决策都需要以收益保证成本作为参考依据。所以，寻求一种基于期权思想的收益保证成本估算方法，提出针对风险管理过程中估算收益保证成本的思想具有重要意义。本章各节的主要内容安排如下：7.1 节首先回顾收益保证成本估算的相关文献，指出现有文献在收益保证成本估算时存在的没有考虑资产配置策略这一问题，提出结合资产配置策略估算收益保证成本的基本思路；7.2 节介绍估算收益保证成本所采用的普通期权和交换期权的定价方法；7.3 节介绍收益保证成本估算过程中所需用到的相关数学模型；7.4 节根据固定组合（CM）、生命周期（DL）、固定比例组合保险（CPPI）三种资产配置策略分别估算多期收益保证成本，并进行数值分析；7.5 节为本章小结。

7.1　问题提出

当前，在全球金融危机的背景下，投资者希望在市场价格下跌时能够保证投资本金的安全，在市场价格上升时又能分享一定的收益，传统投资理财工具已经无法满足投资者这一需求。以收益保证（return guarantee）为特征的新金融产品降低了投资风险，增加了收益的组合方式，符合投资者回避风险、追求收益的投资理念，因而受到了投资者的青睐。收益保证型金融产品可以以多种表现形式出现，如保本基金、银行结构化存款、金融资产挂钩票据、养老金计划（pension plan）、创新型投资保险单等。

在收益保证框架之下，投资机构提供收益保证给投资者，就类似于投资机构卖出了一个期权给投资者，这对投资机构来说相当于未来的一项或有负债，投资机构在到期日就可能出现由收益保证引致的偿付能力不足风险。估算收益保证的成本其实就是估算未来或有负债的价值，所以，针对收益保证的一些重要风险管理参数都需要以收益保证成本作为参照标准，如果相关风险管理参数的设定值不能够覆盖收益保证的真实成本，那么将会使投资机构暴露在较大下边风险中。

以保本基金为例，投资机构需要指定一个担保机构。担保机构会为其所提供的担保而向投资者收取一定数量的担保费用。这种担保费用就是收益保证成本。担保费用的数值大小需要以收益保证的成本为依据。当前，投资机构均在保本基金招募说明书中说明其担保费用从基金管理费收入中列支，这说明在投资机构向投资者收取的管理费用中，有一部分属于担保费用。表 7-1 中给出了国内市场中现有的 20 只保本基金的相关信息，从表 7-1 中可以看出，大部分保本基金选择固定比例投资组合保险策略（constant proportion portfolio Insurance，CPPI），也有选择时间不变性投资组合保险策略（time invariant protection portfolio insurance，TIPP）和基于期权的投资组合保险策略（option-based portfolio insurance，OBPI），而大成保本基金采用 VPPI 可变组合保险策略（variable proportion portfolio insurance，VPPI），VPPI 策略是将基金资产分配在无风险资产和风险资产上，根据数量分析、市场波动等调整、修正风险资产与无风险资产在投资组合中的比重，在保证风险资产可能的损失额不超过扣除相关费用后的无风险资产的潜在收益与基金前期收益的基础上，参与分享市场可能出现的风险收益，从而保证本金安全，并实现基金资产长期增值。

关于收益保证的成本的研究，最早始于 Brennan 和 Schwartz（1976）、Boyle 和 Schwartz（1977）应用 Black 和 Scholes（1973）提出的期权定价理论对嵌入收益保证的投资连接保险进行了研究，结果认为嵌入单期收益保证的投资连接保险的价值可以由欧式看跌期权加上标的投资组合的价值得出。Bacinello 和 Ortu（1993a，1993b）扩展了 Brennan 和 Schwartz（1976）的研究，他们不是将最低收益保证假设为一个定值，而是设定为一内生的函数，分别研究了函数变量为保单持有人所缴的保费和投资组合价值两种情况，得出的结论是前者的保费对投资模型的变动敏感程度远小于后者。Hipp（1996）首先考虑了多期收益保证的成本，不同于单期收益保证，多期收益保证是将产品的存续期划分成若干个区间，在每个区间内都有一个最低收益保证。他应用 Black-Scholes 的期权定价公式，在假定利率为常数的情况下，得到了多期保证成本的解析解。随后，由于某些收益保证型金融产品投资期限较长，如养老基金等，这就要求将固定利率框架扩展为随机利率框架。Persson 和 Aase（1997）、Miltersen 和 Persson（1999）、Lindset（2003）都在随机利率框架下分别估算了单期和多期收益保证的成本，提升了研究的适用性。Pennacchi（1999）在随机利率框架下研究了 DC 型养老金合约中所嵌入的收益保证成本，分别考虑了绝对收益保证与相对收益保证的成本，其中相对收益保证形式被设定为 min（$R-\alpha$，βR），R 为所有养老基金公司的平均收益

表 7-1　现有 20 只保本基金的相关信息

基金代码	基金简称	成立日期	成立时份额/万份	管理费率/%	保本费率/%	保本周期	保本担保人	托管费率/%	托管人	投资策略
202202	南方避险增值混合	2006/6/27	479 686.96	1.2	*	3 年	中投信用担保有限公司	0.2	工商银行	CPPI
020018	国泰金鹿保本 3 期	2010/7/2	29 504.33	1.1	0.2	2 年	中国建银投资有限公司	0.2	中国银行	CPPI 和 OBPI
202211	南方恒元保本混合	2008/11/12	259 388.21	1.3	*	3 年	中国投资担保有限公司	0.2	工商银行	CPPI
519697	交银保本混合	2009/1/21	495 637.56	1.2	*	3 年	中国投资担保有限公司	0.2	工商银行	CPPI
470018	汇添富保本混合	2011/1/26	250 669.65	1.2	0.2	3 年	中国投资担保有限公司	0.2	工商银行	CPPI
530012	建信保本混合	2011/1/18	312 550.69	1.2	0.2	3 年	中国投资担保有限公司	0.2	工商银行	CPPI
320015	诺安保本混合	2011/5/13	270 112.78	1.2	0.2	3 年	中国投资担保有限公司	0.2	招商银行	CPPI 和 TIPP
080007	长盛同鑫保本混合	2011/5/24	303 211.16	1.2	0.2	3 年	安徽省信用担保集团有限公司	0.2	中国银行	CPPI
210006	金鹰保本混合	2011/5/17	93 390.66	1.2	0.1	3 年	广州国际集体有限公司	0.2	工商银行	CPPI
020022	国泰保本混合	2011/4/19	262 481.39	1.2	0.2	3 年	重庆市三峡担保集团有限公司	0.2	招商银行	CPPI
519676	银河保本混合	2011/5/31	105 774.25	1.2	0.2	3 年	中国银河金融控股有限公司	0.2	建设银行	CPPI
180002	银华保本增值 3 期	2010/3/2	476 092.17	1.2	0.2	3 年	北京首都创业集团有限公司	0.2	建设银行	CPPI
270024	广发聚祥保本混合	2011/3/15	410 947.02	1.2	0.2	3 年	中国投资担保有限公司	0.2	工商银行	CPPI
090013	大成保本混合	2011/4/20	167 211.61	1.2	0.2	3 年	中国投资担保有限公司	0.2	工商银行	VPPI
400013	东方保本混合	2011/4/14	186 894.37	1.3	0.2	3 年	中国邮政集团公司	0.2	邮政储蓄银行	CPPI
202212	南方保本	2011/6/21	496 066.12	1.2	0.2	3 年	中国投资担保有限公司	0.2	农业银行	CPPI
180028	银华永祥保本	2011/6/28	142 913.15	1.2	0.2	3 年	中国投资担保有限公司	0.2	中国银行	CPPI
163411	兴全保本	2011/8/3	149 336.90	1.3	0.2	3 年	重庆市三峡担保集团有限公司	0.2	兴业银行	CPPI
620007	金元比联保本	2011/8/16	27 766.95	1.2	0.2	3 年	中国投资担保有限公司	0.2	农业银行	CPPI
217020	招商安达保本	2011/9/1	103 228.66	1.2	0.2	3 年	中国投资担保有限公司	0.2	农业银行	CPPI

* 表示保本费率为 1.797 693 134 862 32E + 308%

率。min（$R-\alpha$，βR）这种收益保证形式最早是由智利养老基金公司采用，随后，许多拉美国家和东欧国家也争先效仿这种收益保证形式。接着 Lindset 于 2004 年在 Pennacchi（1999）的基础上，另外考虑了累计利息效应，主要研究了多种常用的相对收益保证形式下的收益保证成本，其中也包括 min（$R-\alpha$，βR）这种形式，这篇文献为随机利率下估算相对收益保证的成本提供了一个比较完善的模型框架。Yang 等（2008）是最先在随机利率的框架下，将收益保证的设定形式与市场中的利率变量挂钩，将收益保证形式设定为 δ 年期的债券利率，分别研究了单期与多期两种形式下的台湾地区缴费确定型（DC）型养老金计划嵌入收益保证的成本。

在现有关于估算收益保证成本的文献中，收益保证成本和资产配置策略一直被视为两个独立的部分来研究。由于没有考虑到资产配置策略，所以一般都假定在整个投资期内，投资机构不能通过采取某种资产配置策略来影响投资的业绩，模型中投资组合服从的动态过程被外生地决定，例如服从简单的几何布朗运动。然而，事实并非如此，正如 Brennan 和 Schwartz（1976）指出的那样，在多数情况下，投资机构在投资组合的资产配置策略上有决策权。投资机构就能采取某种避险策略降低期末不能偿付收益保证的风险，根据风险与价值对等的原则，采取避险策略后所估算出的收益保证成本就应该降低。反之，如果采取某种冒险的策略那么就会增加收益保证的成本。这一部分的主要目的就是为上述思想提供理论上的估算方法，并验证该理论在实践上的可行性与有效性（王亦奇和刘海龙，2011）。

7.2 收益保证成本的估算方法

收益保证，其实质上具有期权的属性。金融产品发行机构提供收益保证给投资者，就类似于发行机构卖出了看跌期权（put option）给投资者。该看跌期权的执行价格为到期日发行机构所保证的收益给付，在未来，如果标的资产组合的价值低于所保证的收益给付，那么投资者将执行期权，获得所保证的收益给付，此时发行机构则承担了保证的收益给付与标的资产组合实际价值之间差额的支出。反之，如果标的资产组合的未来价值超过了保证的收益给付，投资者将选择不执行期权，发行机构的支出为零。

由于收益保证具有期权的属性，在估算收益保证成本的过程中将需要用到期权定价中的若干模型，在本节中将阐述需要用到的相关期权定价理论。

7.2.1 标准期权定价方法

首先，期权定价公式也即 B－S 公式的推导是建立在以下假设的基础上的：①股价遵循预期收益率 μ 和标准差 σ 为常数的马尔科夫随机过程；②允许使用全部所得卖空衍生证券；③没有交易费用或税金，且所有证券高度可分；④在衍生证券的有效期内没有支付红利；⑤不存在无风险的套利机会；⑥证券交易是连续的，股票价格连续平滑变动；⑦无风险利率 r 为常数，能够用同一利率借入或贷出资金；⑧只能在交割日执行期权。

期权定价公式的推导主要有两种方法，分别阐述如下。

1）第一种方法，随机微分方程模型。

假定股价 S 遵循马尔科夫随机过程：$\mathrm{d}S=\mu S\mathrm{d}t+\sigma S\mathrm{d}z$。其离散形式为

$$\Delta S = \mu S\Delta t + \sigma S\Delta z \tag{7.1}$$

假设 f 是依赖于 S 的衍生证券的价格，则变量 f 一定是 S 和 t 的某一函数。由伊藤公式可得

$$\mathrm{d}f = \left(\frac{\partial f}{\partial S}\mu S + \frac{\partial f}{\partial t} + \frac{1}{2}\frac{\partial^2 f}{\partial S^2}\sigma^2 S^2\right)\mathrm{d}t + \frac{\partial f}{\partial S}\sigma S\mathrm{d}z \tag{7.2}$$

其离散形式为

$$\Delta f = \left(\frac{\partial f}{\partial S}\mu S + \frac{\partial f}{\partial t} + \frac{1}{2}\frac{\partial^2 f}{\partial S^2}\sigma^2 S^2\right)\Delta t + \frac{\partial f}{\partial S}\sigma S\Delta z \tag{7.3}$$

所以我们可以选择该股票和衍生证券的组合来消除维纳过程。我们可以构造如下的投资组合：①卖出一份衍生证券；②买入 $\frac{\partial f}{\partial S}$ 份股票。则该证券组合的价值为

$$\prod = -f + \frac{\partial f}{\partial S}S \tag{7.4}$$

Δt 时间后，该证券组合的价值变化为

$$\Delta\prod = -\Delta f + \frac{\partial f}{\partial S}\Delta S \tag{7.5}$$

将方程（7.1）和方程（7.3）代入上式，得

$$\Delta\prod = \left(-\frac{\partial f}{\partial t} - \frac{1}{2}\frac{\partial^2 f}{\partial S^2}\sigma^2 S^2\right)\Delta t \tag{7.6}$$

因为这个方程不含有 Δz，经过 Δt 时间后证券组合必定没有风险。因此，该证券组合的瞬时收益率一定与其他短期无风险证券的收益率相同。否则，将存在

无风险的套利机会。所以

$$\Delta\prod = r\prod\Delta t \tag{7.7}$$

式中，r 为无风险利率。

将方程（7.4）和方程（7.6）代入上式可得

$$\left(\frac{\partial f}{\partial t} + \frac{1}{2}\frac{\partial^2 f}{\partial S^2}\sigma^2 S^2\right)\Delta t = r\left(f - \frac{\partial f}{\partial S}S\right)\Delta t \tag{7.8}$$

化简得

$$\frac{\partial f}{\partial t} + rS\frac{\partial f}{\partial S} + \frac{1}{2}\sigma^2 S^2\frac{\partial^2 f}{\partial S^2} = rf \tag{7.9}$$

这就是著名的 B – S 微分方程。

对应于不同基础证券 S 定义的不同衍生证券，方程（7.9）有不同的解。解方程时得到的特定的衍生证券取决于使用的边界条件。对于欧式看涨期权，关键的边界条件为

$$f = \max(S_T - X, 0) \tag{7.10}$$

对于欧式看跌期权，边界条件为

$$f = \max(X - S_T, 0) \tag{7.11}$$

在上述边界条件下分别求解 B – S 微分方程，即可得到 B – S 定价公式为

$$\text{看涨期权：}\quad c = SN(d_1) - Xe^{-rT}N(d_2) \tag{7.12}$$

$$\text{看跌期权：}\quad p = Xe^{-rT}\cdot N(-d_2) - S\cdot N(-d_1) \tag{7.13}$$

式中，$d_1 = \dfrac{\ln(S/X) + (r + 0.5\sigma^2)T}{\sigma\sqrt{T}}, d_2 = \dfrac{\ln(S/X) + (r - 0.5\sigma^2)T}{\sigma\sqrt{T}} = d_1 - \sigma\sqrt{T},$

2）第二种方法，风险中性定价方法。

从以上推导中可以发现一个非常重要的现象是，方程（7.9）不包含投资者对股票的预期收益 μ，从而它独立于风险偏好。因此，对资产进行定价可以使用任何一种风险偏好。可以考虑一个非常简单的假设：所有的投资者都是风险中性的，这样所有证券的预期收益率都是无风险利率 r，且其衍生证券的目前价值可以用其期末价值的期望值以无风险利率 r 贴现来得到。

根据风险中性定价理论，欧式看涨期权到期日的期望值为 $\hat{E}[\max(S_T - X, 0)]$。式中，$\hat{E}$ 为风险中性定价下的期望值。因此，欧式看涨期权的价格 C 是这个值以无风险利率 r 贴现的结果，即

$$c = e^{-r(T-t)}\hat{E}[\max(S_T - X, 0)] \tag{7.14}$$

由前面的讨论知道，股价的对数 $\ln S_T$ 服从正态分布。在风险中性的情况下，可将 μ 换成 r，即

$$\ln S_T \sim N\left[\ln S_0 + \left(r - \frac{\sigma^2}{2}\right)T, \sigma\sqrt{T}\right] \tag{7.15}$$

记 $\mu_1 = \ln S_0 + \left(r - \frac{\sigma^2}{2}\right)T$，$\sigma_1 = \sigma\sqrt{T}$，那么 $\ln S_T \sim N$（μ_1，σ_1），也就是 S_T 服从对数正态分布。设 S_T 的概率密度为 g_{S_T}（y），则

$$g_{S_T}(y) = \begin{cases} \dfrac{1}{\sqrt{2\pi}\sigma_1 y} e^{-\frac{(\ln y-\mu_1)^2}{2\sigma_1^2}} & y > 0 \\ 0 & y \leqslant 0 \end{cases} \tag{7.16}$$

$$\begin{aligned} \hat{E}[\max(S_T - X, 0)] &= \int_X^{+\infty} (y - X) g_{S_T}(y) \mathrm{d}y \\ &= \int_X^{\infty} (y - X) \frac{1}{\sqrt{2\pi}\sigma_1 y} e^{-\frac{(\ln y-\mu_1)^2}{2\sigma_1^2}} \mathrm{d}y \end{aligned}$$

令 $\ln y = t$，　　上式 $= \int_{\ln X}^{\infty} \frac{e^t}{\sqrt{2\pi}\sigma_1} \cdot e^{-\frac{(t-\mu_1)^2}{2\sigma_1^2}} \mathrm{d}t - \int_{\ln X}^{\infty} \frac{X}{\sqrt{2\pi}\sigma_1} e^{-\frac{(t-\mu_1)^2}{2\sigma_1^2}} \mathrm{d}t$

上式中

$$\text{右边第一项} = \frac{1}{\sqrt{2\pi}\sigma_1} \int_{\ln X}^{\infty} e^{-\frac{[t-(\mu_1+\sigma_1^2)]^2}{2\sigma_1^2}} \cdot e^{\mu_1 + \frac{\sigma_1^2}{2}} \mathrm{d}t$$

$$= e^{\mu_1 + \frac{\sigma_1^2}{2}} \left\{1 - N\left[\frac{\ln X - (\mu_1 + \sigma_1^2)}{\sigma_1}\right]\right\} = S_0 e^{rT} \cdot N\left[\frac{\ln(S/X) + (r + 0.5\sigma^2)T}{\sigma\sqrt{T}}\right]$$

$$= Se^{rT} \cdot N(d_1) \tag{7.17}$$

$$\text{右边第二项} = X\left[1 - N\left(\frac{\ln X - \mu_1}{\sigma_1}\right)\right] = X \cdot N\left(-\frac{\ln X - \mu_1}{\sigma_1}\right)$$

$$= X \cdot N\left[\frac{\ln(S/X) + (r - 0.5\sigma^2)T}{\sigma\sqrt{T}}\right] = X \cdot N(d_2) \tag{7.18}$$

式中，$d_1 = \dfrac{\ln(S/X) + (r + 0.5\sigma^2)T}{\sigma\sqrt{T}}$，$d_2 = \dfrac{\ln(S/X) + (r - 0.5\sigma^2)T}{\sigma\sqrt{T}} = d_1 - \sigma\sqrt{T}$

所以

$$c = e^{-rT} \cdot \hat{E}[\max(S_T - X, 0)]$$

$$= e^{-rT}[Se^{rT}N(d_1) - XN(d_2)]$$

$$= SN(d_1) - Xe^{-rT}N(d_2) \quad (7.19)$$

根据欧式看涨期权 c 与看跌期权 p 之间的平价关系，有

$$c + Xe^{-rT} = p + S \quad (7.20)$$

因此，欧式看跌期权的价值为

$$p = c - S + Se^{-rT} = Xe^{-rT} \cdot N(-d_2) - S \cdot N(-d_1) \quad (7.21)$$

7.2.2 交换期权定价方法

交换期权类似于标准期权，它也是一种选择权。交换期权的买方向卖方支付一定数额的权利金后，就拥有在未来的某个时间将一种风险资产交换为另一种风险资产的权利。交换期权与标准期权的区别在于，标准期权中执行价格是一个常数，而交换期权中执行价格可以被认为是随机的。交换期权蕴含在一些普通的财务安排中。这类合约的例子包括投资顾问的绩效酬金、一般保证金账户和信誉承诺等，这些合约都具有交换期权的特点。在这里由于投资组合价值和收益保证水平通常都被设定为随机的，可以将投资组合和收益保证视为两种风险资产，于是收益保证的成本估算就需要用到交换期权相关理论。

交换期权的定价最早是由 Margrabe（1978）提出来的。回顾 Margrabe（1978），令 S_1 和 S_2 分别为两种资产 1 和 2 的价格，价格的动态过程为

$$dS_i = a_i dt + v_i dW_i \qquad (i = 1,2) \quad (7.22)$$

$$dW_1 dW_2 = \rho_{12} \quad (7.23)$$

式中，W_i 为维纳过程，a_i 和 v_i 为常数。

设 $c(S_1, S_2, t^*)$ 是到期日为 t^* 的欧式交换期权的价值。期权赋予持有者在执行时获得差价（$S_1 - S_2$）的权利，或在不执行时一无所有。因此，其损益给定为

$$c(S_1, S_2, t^*) = \max(0, S_1 - S_2) \quad (7.24)$$

这份期权的价值最多为 S_1，且具有种正的价值，因而可记为

$$0 \leqslant c(S_1, S_2, t^*) \leqslant S_1 \quad (7.25)$$

可以构造下列对冲组合：出售 $c_1 = (\partial c/\partial S_1)$ 单位的资产 1 和购买 $-c_2 = (\partial c/\partial S_2)$ 单位的资产 2，有

$$c - c_1 S_1 - c_2 S_2 = 0 \quad (7.26)$$

既然投资是零，对冲头寸的价值也是零，并且投资收益必须是零

$$dc - c_1 dS_1 - c_2 dS_2 = 0 \quad (7.27)$$

利用对期权收益的随机分析得

$$dc = c_1 dS_1 + c_2 dS_2 + c_3 dS_3 + \frac{1}{2}(c_{11} v_1^2 S_1^2 + c_{22} v_2^2 S_2^2 + 2\rho_{12} c_{12} v_1 v_2 S_1 S_2) dt \tag{7.28}$$

式中，$c_3 = \partial c / \partial t$，下标在这里是指偏导数。组合方程（7.26）和方程（7.27）得

$$\frac{1}{2}(c_{11} v_1^2 S_1^2 + c_{22} v_2^2 S_2^2 + 2\rho_{12} c_{12} v_1 v_2 S_1 S_2) + c_3 = 0 \tag{7.29}$$

这个方程处于条件（7.24）和条件（7.25）下的解为

$$c(S_1, S_2, t) = S_1 N(d_1) - S_2 N(d_2) \tag{7.30}$$

式中，$d_1 = \frac{1}{v\sqrt{T}}\left[\ln\left(\frac{S_1}{S_2}\right) + \frac{1}{2}v^2 T\right]$，$d_2 = d_1 - v\sqrt{T}$。

这里 N（.）代表累积正态分布函数，$T = t^* - t$。当 $v^2 = v_1^2$ 且 $v_2 = 0$ 时，这个解归结为 B－S 公式。

7.3 问题描述

7.3.1 金融市场模型

考虑一个在概率空间（Ω，F，P）上无摩擦的连续金融市场，其中 P 为真实的概率测度。假定金融市场是完备的、无套利的，根据 Harrison 和 Kreps（1979）的研究，存在一个唯一的等价鞅测度 Q 使得所有可交易资产的无风险利率贴现价格都为一个鞅过程。在风险中性测度 Q 下，假定市场 t 时刻瞬时无风险利率 $r(t)$ 服从 Vasicek（1977）模型

$$dr_t = \kappa(\theta - r_t) dt + \sigma_r dZ \tag{7.31}$$

式中，κ、θ、σ_r 均为常数；Z 为在风险中性测度 Q 下的标准一维布朗运动。另外，简单地假设市场上存在两类资产：风险性资产 S 与保守性资产 P。在风险中性测度 Q 下它们分别服从以下条件：

$$dS = r_r S dt + \sigma_s S dW_s \tag{7.32}$$

$$dP = r_t P dt + \sigma_p P dW_P \tag{7.33}$$

式中，σ_S 和 σ_P（$\sigma_S > \sigma_P$）分别为风险性资产和保守性资产收益的波动率，均为常数；W_S 和 W_P 为在风险中性测度 Q 下两个相关系数为 ρ 的标准一维布朗运动，即 $dW_S dW_P = \rho dt$。

7.3.2 考虑资产配置策略后的投资组合模型

假定在 t 时刻投资资产组合的价值为 $A(t)$，风险性资产占资产组合的比例为 α_t，保守性资产占资产组合的比例为 $1-\alpha$。由于风险性资产占资产组合的比例 α_t 可以被资产配置策略决定，因此定义 α_t 为策略函数。在实际投资操作中，投资机构需要不断在风险性资产和保守性资产之间进行权重的调整，不同的策略函数 α_t 就对应着不同的权重调整方式，所以资产组合 $A(t)$ 实际上是风险性资产和保守性资产按照某种策略函数 α_t 进行权重调整后的组合。风险性资产和保守性资产的单位数分别为 $\frac{\alpha_t A(t)}{S(t)}$、$\frac{(1-\alpha_t)A(t)}{P(t)}$，则 t 时刻投资资产组合 $A(t)$ 服从

$$\frac{\mathrm{d}A(t)}{A(t)} = \frac{\alpha_t \mathrm{d}S(t)}{S(t)} + \frac{(1-\alpha_t)\mathrm{d}P(t)}{P(t)} \tag{7.34}$$

7.3.3 收益保证水平的设定

按照收益保证水平的表现形式，可以将收益保证分为绝对收益保证与相对收益保证。在绝对收益保证中，收益保证水平被假定为一个固定的常数。在相对收益保证中，收益保证水平通常与某一参照组合（reference portfolio）的收益率挂钩。这个参照组合可以是行业平均收益率、证券指数、国债利率、特定金融资产的收益率。鉴于中国金融市场发展还不够完善，波动性特征明显，所以与绝对收益保证相比较，相对收益保证的设定形式更加符合中国当前发展的阶段和实际。不同于现有文献对相对收益保证形式的设定，这里以市场瞬时无风险利率 r_t 为参照组合，令第 i 期收益保证水平 g_i 为

$$g_i = \lambda_i B_{i-1,i} = \lambda_i \exp\left(\int_{i-1}^{i} r_s \mathrm{d}s\right) \tag{7.35}$$

式中，$B_{i-1,i}=\exp\left(\int_{i-1}^{i} r_s \mathrm{d}s\right)$ 为按照瞬时无风险利率 r_s 计息的现金累积账户；λ_i 为第 i 期收益保证水平参数，通常情况下 λ_i 小于 1。

选择市场瞬时无风险利率 r_t 为参照组合，是因为瞬时无风险利率 r_i 作为资金的市场价格，它表示投资者购买金融产品所使用资金的机会成本。在第 i 期，

投资者的机会成本为 $\exp\left(\int_{i-1}^{i} r_s \mathrm{d}s\right)$，而相应的收益保证水平为 $\lambda_i \exp\left(\int_{i-1}^{i} r_s \mathrm{d}s\right)$，于是收益保证水平可以理解为机会成本的 λ_i 倍。对于投资者而言，这就可以将投资者的机会成本与收益保证水平联系起来，使得投资者对购买该金融产品的成本与收益有着更为清晰的了解。对于投资机构来说，收益保证水平参数 λ_i 表示收益保证水平相对于投资者机会成本的比例，有着直观的经济含义。投资机构只需根据市场行情与风险偏好设定相应的收益保证水平参数 λ_i 即可，简单易行。

7.3.4　收益保证成本的估算模型

假定所研究的收益保证型金融产品投资期限为 T 年，收益保证共分为 n 期，每年兑现一次收益保证，即 $n=T$。记 $A_{i-1,i}=\frac{A_i}{A_{i-1}}$，表示第 i 期（$i=1$，2，…，n）资产组合的收益率，第 i 期（i，1，2，…，n）的收益保证水平为 $g_i=\lambda_i B_{i-1,i}=\lambda_i \exp\left(\int_{i-1}^{i} r_s \mathrm{d}s\right)$。首先在第一期比较 $A_{0,1}$ 与 $\lambda_1 B_{0,1}$ 的大小，如果当期资产组合的收益率 $A_{0,1}$ 低于收益保证水平 $\lambda_1 B_{0,1}$，那么投资机构就要以 $A_0 \times \lambda_1 B_{0,1}$ 计入投资者资产账户并作为第二期初始资产，同样在第二期比较 $A_{1,2}$ 与 $\lambda_2 B_{1,2}$ 的大小，如果 $A_{1,2}$ 大于 $\lambda_2 B_{1,2}$，则投资机构将 $A_0 \times \lambda_1 B_{0,1} \times A_{1,2}$ 金额计入投资者资产账户并作为第三期初始资产，依此类推直到期末。根据上述思想，多期收益保证的成本可以看做是一个交换期权的价值，该交换期权对应的两个标的资产分别为 $A_0 \prod_{i=1}^{n} \max(\lambda_i B_{i-1,i}, A_{i-1,i})$ 和 $A_0 \prod_{i=1}^{n} A_{i-1,i}$。为了便于计算和比较，假定期初 $A_0=1$，则该多期收益保证的成本可以被表示为

$$V = E_Q\left[\mathrm{e}^{-\int_0^T r_s \mathrm{d}s} \max\left[\left(\prod_{i=1}^{n} \max(\lambda_i B_{i-1,i}, A_{i-1,i}) - \prod_{i=1}^{n} A_{i-1,i}\right), 0\right]\right] \quad (7.36)$$

7.4　结合资产配置策略估算收益保证成本

策略函数 α_t 表示 t 时刻风险性资产占资产组合的比例，当投资机构在风险性资产和保守性资产之间进行权重的调整时，策略函数 α_t 就表示相应的权重调整方式。投资机构可以通过设定不同的策略函数 α_t 来构建各种不同风险偏好的

资产配置策略，如追涨杀跌、低吸高抛、固定组合策略、生命周期策略、固定比例投资组合策略等。为了分析不同资产配置策略下的收益保证成本，本节根据策略函数的形式，大致将资产配置策略分为三类，分别为 $\alpha_t = c$，$a_t = f(t)$，$\alpha_t = f(A_t)$。然后在三类资产配置策略的框架下各选取一个具有代表性的策略来估算收益保证的成本。

7.4.1 固定组合策略下收益保证的成本

策略函数 $\alpha_t = c$ 表示风险性资产占资产组合的比例始终为一个固定的常数 c，这就是通常所说的固定组合策略（constant-mix），简称 CM 策略。CM 策略的合理性在于：该策略先根据收益率目标和投资者的风险偏好预设一个风险性资产和资产组合之间的比例 c，然后要求在投资期间必须维持这个预设的比例 c 不变，这种策略简单易行，当前一些大型保险公司发行的寿险产品采用的资产配置技术就是 CM 策略。在 CM 策略中，当风险性资产价格大幅下跌，就会导致风险性资产当期比例低于之前预设的比例 c，这时候就要买入风险性资产、卖出保守性资产以维持之前预先设定的比例 c。反之，则要卖出风险性资产、买入保守性资产。由此可见，CM 策略是一种高卖低买的负反馈动态资产配置技术，可以看做是一种凹性策略。

命题 7.1：当资产配置策略函数 $\alpha_t = c$，第 i 期的收益保证水平 $g_i = \lambda_i B_{i-1,i} = \lambda_i \exp\left(\int_{i-1}^{i} r_s \mathrm{d}s\right)$ 时，多期收益保证的成本 V 为

$$V = E_Q\left[\mathrm{e}^{-\int_0^T r_s \mathrm{d}s} \max\left[\left(\prod_{i=1}^{n} \max(\lambda B_{i-1,i}, A_{i-1,i}) - \prod_{i=1}^{n} A_{i-1,i}\right), 0\right]\right]$$

$$= \prod_{i=1}^{n} (N(d_{i,1}) - \lambda_i N(d_{i,2}) + \lambda_i) - 1$$

式中，$N(.)$ 为正态分布函数；$d_{i,1} = \dfrac{-\ln\lambda_i + \frac{1}{2}\sigma^2}{\sigma}$；$d_{i,2} = d_{i,1} - \sigma$；$\sigma^2 = c^2\sigma_S^2 + (1-c)^2\sigma_P^2 + 2\rho c(1-c)\sigma_S\sigma_P$。

命题 7.1 的证明：

$$V = E_Q\left[\mathrm{e}^{-\int_0^T r_s \mathrm{d}s} \max\left[\left(\prod_{i=1}^{n} \max(\lambda B_{i-1,i}, A_{i-1,i}) - \prod_{i=1}^{n} A_{i-1,i}\right), 0\right]\right]$$

$$= E_Q\left[e^{-\int_0^T r_s ds} \left(\prod_{i=1}^{n} \max(\lambda_i B_{i-1,i}, A_{i-1,i}) - A_T \right) \right]$$

$$= E_Q\left[e^{-\int_0^T r_s ds} \prod_{i=1}^{n} \max(\lambda_i B_{i-1,i}, A_{i-1,i}) \right] - E_Q\left[e^{-\int_0^T r_s ds} A_T \right] \tag{7.37}$$

首先，计算式（7.37）中第一项：

$$E_Q\left[e^{-\int_0^T r_s ds} \prod_{i=1}^{n} \max(\lambda_i B_{i-1,i}, A_{i-1,i}) \right] = E_Q\left[\prod_{i=1}^{n} e^{-\int_{i-1}^{i} r_s ds} \max(\lambda_i B_{i-1,i}, A_{i-1,i}) \right] \tag{7.38}$$

令 $\tilde{A}_{i-1,t} = e^{-\int_{i-1}^{t} r_s ds} A_{i-1,t}$，式（7.38）简化为

$$E_Q\left[\prod_{i=1}^{n} e^{-\int_{i-1}^{i} r_s ds} \max(\lambda_i B_{i-1,i}, A_{i-1,i}) \right] = E_Q\left[\prod_{i=1}^{n} \max(\lambda_i, \tilde{A}_{i-1,i}) \right]$$

$$= \prod_{i=1}^{n} E_Q[\max(\lambda_i, \tilde{A}_{i-1,i})] = \prod_{i=1}^{n} \{ E_Q[\max(\tilde{A}_{i-1,i} - \lambda_i, 0)] + \lambda_i \} \tag{7.39}$$

由于资产配置策略函数 $\alpha_t = c$，根据式（7.34）得

$$\begin{aligned} dA(t)/A(t) &= r_t dt + c\sigma_S dW_S + (1-c)\sigma_P dW_P \\ &= r_t dt + \sigma dW \end{aligned} \tag{7.40}$$

式中，W 为一标准的布朗运动；$\sigma^2 = c^2\sigma_S^2 + (1-c)^2\sigma_P^2 + 2\rho c(1-c)\sigma_S\sigma_P$；$\rho$ 为 W_S 与 W_P 间的相关系数。由式（7-40）得

$$A_{i-1,i} = \frac{A(t)}{A(t-1)} = e^{\int_{i-1}^{t} (r_s - \frac{1}{2}\sigma^2) ds + \int_{i-1}^{t} \sigma dW} \tag{7.41}$$

则 $\tilde{A}_{i-1,t} = e^{-\int_{i-1}^{t} r_s ds} A_{i-1,t} = e^{\int_{i-1}^{t} -\frac{1}{2}\sigma^2 ds + \int_{i-1}^{t} \sigma dW}$，根据 Itô 公式得

$$d\tilde{A}_{i-1,t} = \tilde{A}_{i-1,t}\sigma dW \tag{7.42}$$

于是式（7.39）中的 $E_Q[\max(\tilde{A}_{i-1,i} - \lambda_i, 0)]$ 项，便可以看做是初始资产为1、执行价格为 λ_i、无风险利率为0、波动率为 σ、持续期为1的看涨期权的价值。所以，式（7.39）可以表示为

$$\prod_{i=1}^{n} \{ E_Q[\max(\tilde{A}_{i-1,i} - \lambda_i, 0)] + \lambda_i \} = \prod_{i=1}^{n} (N(d_{1,i}) - \lambda_i N(d_{2,i}) + \lambda_i) \tag{7.43}$$

然后计算式（7.37）中第二项 $E_Q[e^{-\int_0^T r_s ds} A_T]$。

由式（7.40）可得，在风险中性测度 Q 下，$A(t)$ 的无风险利率贴现价格为一个鞅过程，所以可得

$$E_Q[e^{-\int_0^T r_s ds} A_T] = A_0 = 1 \tag{7.44}$$

将式（7.43）、式（7.44）代入式（7.37），则命题 7.1 得证。

7.4.2　生命周期策略下收益保证的成本

策略函数 $\alpha_t = f(t)(0 \leqslant t \leqslant T, 0 \leqslant f(t) \leqslant 1)$，意味着风险资产占资产组合的比例是一个关于时间 t 的函数。在此类策略函数下，一个典型的例子就是生命周期配置策略（deterministic lifestyle strategy，DL 策略）。DL 策略是目前在英美等国非常流行的一种资产配置策略，在英国超过 60% 的缴费确定型（DC）型企业年金计划都提供生命周期配置策略供员工选择（马娟，2007）。国内也有采取生命周期配置策略的基金（如汇丰晋信 2026 生命周期基金和大成财富管理 2020 生命周期基金）。生命周期配置策略可以理解为：随着投资者年龄的增长，投资者的风险偏好将会不断改变。年轻时一般倾向于投资较高风险的资产，风险资产比例 α_t 较大，到了中老年，投资风格逐渐转为稳健与保守，风险资产比例 α_t 较小。这种风险偏好的变化表现在风险资产比例 α_t 上，就是风险资产比例 α_t 将随着时间 t 的增长而递减。

假定策略函数 α_t 与时间 t 呈线性关系，且随着投资人生命周期的延续，投入到风险性资产的比例由 a 逐步下降至 b，而保守性资产比例则由 $1-a$ 逐步上升至 $1-b$，进一步假定风险性资产比例下降速度是平滑匀速的，下降速度为 $\frac{a-b}{T}$。则容易推出 $\alpha_t = f(t) = a - \frac{a-b}{T}t$（$0 < a \leqslant 1$，$< 0 \leqslant b < 1$，$a \geqslant b$）。

命题 7.2：当资产配置策略函数 $\alpha_t = f(t) = a - \frac{a-b}{T}t$，第 i 期的收益保证水平 $g_i = \lambda_i B_{i-1,i} = \lambda_i \exp\left(\int_{i-1}^{i} r_s ds\right)$ 时，多期收益保证的成本 V 为

$$V = E_Q\left[e^{-\int_0^T r_s ds} \max\left[\left(\prod_{i=1}^{n} \max(\lambda B_{i-1,i}, A_{i-1,i}) - \prod_{i=1}^{n} A_{i-1,i}\right), 0\right]\right]$$

$$= \prod_{i=1}^{n} (N(d_{i,1}) - \lambda_i N(d_{i,2}) + \lambda_i) - 1$$

式中，$N(.)$ 代表正态分布函数；$d_{i,1} = \dfrac{-\ln\lambda_i + \frac{1}{2}\int_{i-1}^{i}\sigma_t^2 \mathrm{d}t}{\sqrt{\int_{i-1}^{i}\sigma_t^2 \mathrm{d}t}}$；$d_{i,2} = d_{i,1} - \sqrt{\int_{i-1}^{i}\sigma_t^2 \mathrm{d}t}$；

$\sigma_t^2 = f(t)^2\sigma_S^2 + (1 - f(t))^2\sigma_P^2 + 2\rho f(t)(1 - f(t))\sigma_S\sigma_P$；$f(t) = a - \dfrac{a-b}{T}t$。

命题7.2的证明方法和思路与命题7.1的证明完全相同。

7.4.3 固定比例投资组合保险策略下收益保证的成本

策略函数 $\alpha_t = f(A_t)$（$0 \leqslant t \leqslant T$，$0 \leqslant f(A_t) \leqslant 1$），意味着风险性资产占资产组合的比例 α_t 与 t 时刻资产组合市场价值 A_t 相关。追涨杀跌、低吸高抛、固定比例投资组合保险策略（CPPI）和时间不变性投资组合保险策略（TIPP）都属于策略函数 $\alpha_t = f(A_t)$ 的框架中。在这些策略中，CPPI 策略以其模型简单、参数的设置又能充分反映投资人不同的风险偏好、易于实施的优点，已经成为大型收益保证型金融产品投资机构首选的资产配置策略。到目前为止，市场上现有的六只保本基金在招募说明书中都明确表示它们采用的资产配置技术为 CPPI 策略。此外，CPPI 策略也是一些银行理财产品（如渣打银行“聚通天下”信托投资理财，交通银行“得利宝·辉黄5号”等）和风险规避型机构投资者（如养老基金、保险公司等）比较常用的资产配置策略。由此，估算 CPPI 策略下收益保证的成本将有重要的现实意义。

在讨论 CPPI 策略下的收益保证成本前，需要说明的是，Black 和 Jones（1987）提出 CPPI 策略时，保守性资产被设定为 $\mathrm{d}P = r_t P\mathrm{d}t$，然而本文中保守性资产被设定为 $\mathrm{d}P = r_t P\mathrm{d}t + \sigma_P P\mathrm{d}W_P$，但是这并不影响 CPPI 策略的核心思想，也不会影响到分析的结果。Black 和 Jones（1987）所提出的 CPPI 策略可以被看做是 $\sigma_P = 0$ 下的特例。

当按照 CPPI 策略配置资产时，在 t 时刻将

$$S(t) = \begin{cases} A(t) & if \quad m(A(t) - F(t)) \geqslant A(t) \\ m(A(t) - F(t)) & if \quad 0 < mA(t) - F(t) < A(t) \\ 0 & if \quad m(A(t) - F(t)) \leqslant 0 \end{cases} \tag{7.45}$$

的资金投资于风险性资产，其余资金 $A(t) - S(t)$ 投资于保守性资产。式中，

$S(t)$ 为 t 时刻投资于风险性资产的资金（exposure）；m 为乘数（multiplier）；$A(t)$ 为 t 时刻投资资产组合的市场价值（asset）；$F_t = F_0\exp\left(\int_0^t r_s \mathrm{d}s\right)$ 为 t 时刻价值底线（floor）。由式（7.45）得

$$\alpha_t = f(A(t)) = \frac{S(t)}{A(t)} = \begin{cases} 1 & if \quad m(A(t) - F(t)) \geqslant A(t) \\ \dfrac{m(A(t) - F(t))}{A(t)} & if \quad 0 < m(A(t) - F(t)) < A(t) \\ 0 & if \quad m(A(t) - F(t)) \leqslant 0 \end{cases} \tag{7.46}$$

再将 α_t、$\mathrm{d}S(t)$、$\mathrm{d}P(t)$ 代入 $\dfrac{\mathrm{d}A(t)}{A(t)} = \dfrac{\alpha_t \mathrm{d}S(t)}{S(t)} + \dfrac{(1-\alpha_t)\mathrm{d}B(t)}{B(t)}$ 中得

$$\mathrm{d}A_t = \begin{cases} r_t A_t \mathrm{d}t + A_t \sigma_S \mathrm{d}W_S & if \quad m(A_t - F_t) \geqslant A \\ r_t A_t \mathrm{d}t + m(A_t - F_t)\sigma_S \mathrm{d}W_S & \\ \quad + (A_t - m(A_t - F_t))\sigma_P \mathrm{d}W_P & if \quad 0 < m(A_t - F_t) < A_t \\ r_t A_t \mathrm{d}t + A_t \sigma_P \mathrm{d}W_P & if \quad m(A_t - F_t) \leqslant 0 \end{cases} \tag{7.47}$$

式中，资产组合 $A(t)$ 为一分段函数形式，不服从标准分布形式，所以不能得到收益保证成本 $E_Q\left[\mathrm{e}^{-\int_0^T r_s \mathrm{d}s}\max\left[\left(\prod_{i=1}^{n}\max(\lambda_i B_{i-1,i}, A_{i-1,i}) - \prod_{i=1}^{n} A_{i-1,i}\right), 0\right]\right]$ 的解析解。于是，采用数值方法，分别对资产组合 $A(t)$ 和瞬时利率 r_t 各模拟 10 000 条路径，每条路径分为 240 步。每条 $A(t)$ 和 r_t 的模拟路径都将产生不同的收益保证水平 $\lambda_i \exp\left(\int_{i-1}^{i} r_s \mathrm{d}s\right)$，不同的资产组合收益率 $A_{i-1,i}$，不同的贴现水平 $\mathrm{e}^{-\int_0^T r_s \mathrm{d}s}$，再将所有模拟路径下所得出的结果取平均后即得到收益保证成本 V 的数值解。具体参数设定和数值结果将在下节中给出。

上述理论提出了结合资产配置策略估算收益保证成本的方法，根据策略函数的形式将资产配置策略大致分为三类，然后以固定组合（CM）、生命周期（DL）、固定比例组合保险（CPPI）三种策略为特例，分别估算了收益保证成本。从以上三种策略下收益保证成本的推导中可以发现：第一，从式（7.40）中知道，CM 策略下资产组合 $A(t)$ 的波动率为常数。以往估算收益保证成本的文献虽然没有考虑资产配置策略，但同样假定了资产组合 $A(t)$ 的波动率为常数，所以可以理解为以往的文献实际上隐含了采取 CM 策略的假定。第二，按照本文

所设定的收益保证水平，在 CM 和 DL 资产配置策略下，随机利率模型中的参数都没有进入收益保证成本的结果中，即所得出的收益保证成本将与利率市场中的参数无关。这个性质在当前利率市场中的参数不确定性很大的现实情况下，对投资机构事先确定收益保证成本有现实的应用价值。但是，在 CPPI 资产配置策略下这个性质并不成立。

7.4.4 数值分析

这一部分将通过一个数值算例来研究上述估算方法的可行性与合理性，考察金融市场中的关键参数对三种资产配置策略下收益保证成本的影响，然后再讨论资产配置策略参数对收益保证成本的影响。

假定某收益保证型金融产品的投资期限为 T 年，收益保证共分为 x 期，每年兑现一次收益保证，即 $n=T$。同时，为了便于参数 n 在不同取值下，多期收益保证成本之间的比较，假定 $\prod_{i=1}^{n}\lambda_i=\lambda$ 且 $\lambda_1=\lambda_2=\cdots=\lambda_n$（$i=1$，…，$n$）。风险性资产和保守性资产的波动率参数 σ_S、σ_P 以及相关系数 ρ，随机利率的参数 κ、θ、σ_r，收益保证水平参数 λ，投资期限 T，收益保证期数 n 的参数设定值如表 7-2所示。

表 7-2　金融市场参数

σ_S	σ_P	ρ	κ	θ	σ_r	λ	T	n
0.2	0.05	-0.2	0.15	0.04	0.015	0.8	10	10

CM、DL、CPPI 三种资产配置策略的参数设定值如表 7-3 所示。表 7-3 的参数设定值保证了三种资产配置策略期初投入到风险性资产占资产组合的比例都为 60%。

表 7-3　资产配置策略参数

c（CM 策略）	a（DL 策略）	b（DL 策略）	m（CPPI 策略）	F_0（CPPI 策略）
0.6	0.6	0	3	0.8

图 7-1 ~ 图 7-4 反映的是在 CM、CPPI 和 DL 三种资产配置策略下，收益保证成本对金融市场参数的敏感性。首先，从图 7-1 ~ 图 7-4 中都可以发现 CM、CPPI和 DL 三种策略下的收益保证成本有着显著差别，这说明投资机构采取的资

产配置策略是影响收益保证成本的重要因素，也间接表明，如果不考虑投资机构的资产配置策略，那么所得到的收益保证成本无论在何种资产配置策略下都相同，这显然会产生较大的误差。从图中还可以知道，尽管三种策略的期初风险性资产占资产组合的比例都为 60%，但是 CPPI 和 DL 策略下所估算出收益保证成本较 CM 策略下要小。这是因为 CPPI 策略相对于 CM 策略而言具有价值底线对总资产有缓冲保护作用的特征，DL 策略相对于 CM 策略而言具有风险性资产比例随时间递减的特征，上述策略特征使得 CPPI 和 DL 策略可以被视为一种更加安全的策略，这会降低期末不能偿付收益保证的风险，进而降低收益保证的成本。

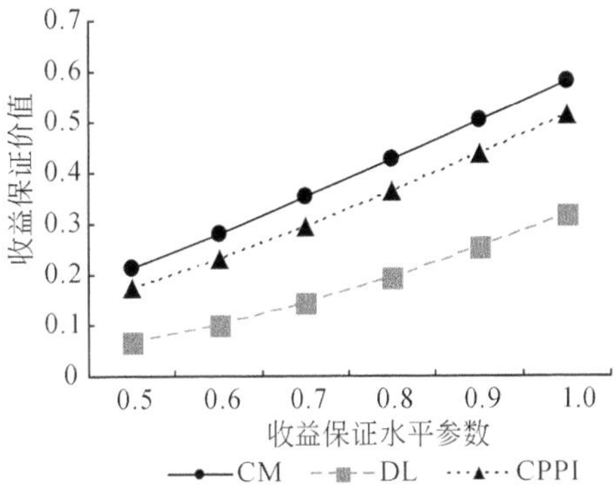

图 7-1　收益保证水平参数对收益保证成本的影响

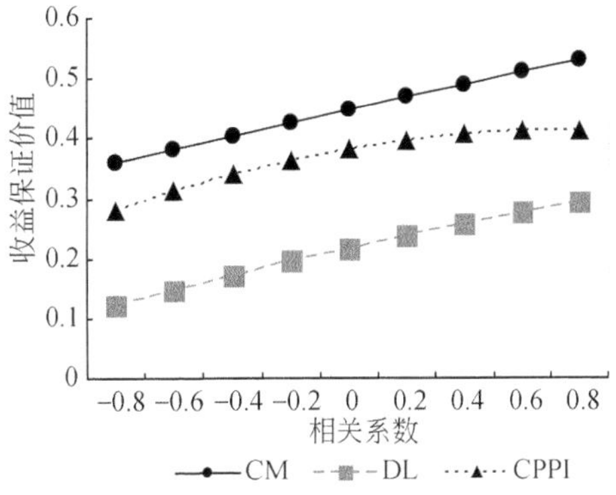

图 7-2　相关系数对收益保证成本的影响

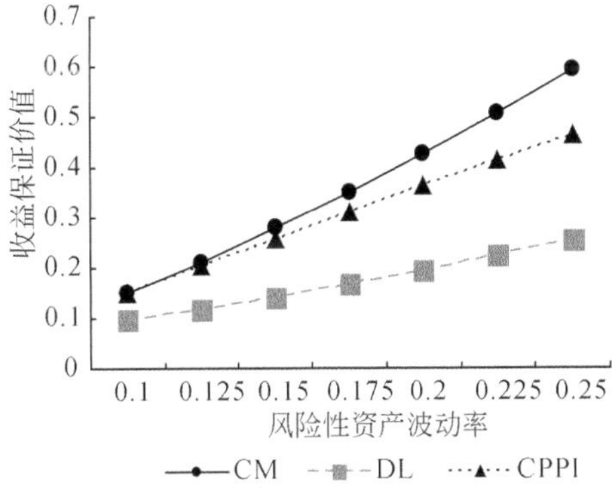

图 7-3　风险资产波动率对收益保证成本的影响

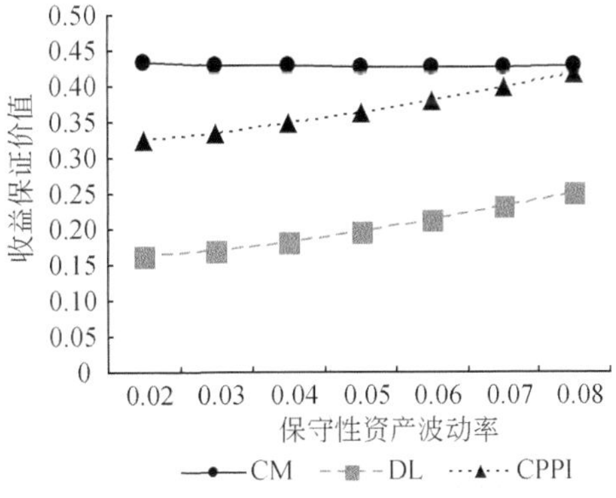

图 7-4　保守资产波动率对收益保证成本的影响

图 7-1 中，随着收益保证水平参数 λ 值的增加，每期收益保证水平逐渐提

高，不能偿付收益保证的风险加大，从而三种策略下收益保证的成本都在增加。图 7-2 反映了随着相关系数 ρ 由 -0.8 逐渐变化至 0.8 时，三种策略下收益保证成本逐渐增加。图 7-2 背后所蕴含的原因是：风险性资产与保守性资产价格的负向相关性可以视为一种相互对冲的机制，这会降低资产组合的波动率，从而减少收益保证的成本。当这种负向相关性逐渐消失时，收益保证成本就会渐渐增大。从图 7-2 还可以发现，CPPI 策略受 ρ 的变化影响最小，这是因为 ρ 逐渐变大时，风险性资产与保守性资产发生同步下跌的可能性越来越大，然而 CPPI 策略自带的缓冲保护机制使得最后资产组合价值波动变化并不大，进而使得收益保证成本变化比较平缓。图 7-3 与图 7-4 反映了风险性资产波动率 σ_S 与保守性资产波动率 σ_P 的变动对收益保证成本的影响。图 7-3 中 CM 策略下收益保证成本对风险性资产波动率变化比 DL 策略与 CPPI 策略下更为敏感。与图 7-3 相反，图 7-4 中 DL 策略和 CPPI 策略下的收益保证成本对保守性资产波动率变化比 CM 策略更为敏感。这是因为当 DL 策略随着时间的推移或者当 CPPI 策略在风险性资产市场价格下跌时，两种策略都将资金大部分投入到保守性资产以寻求保护，这时保守性资产波动率就成为了影响收益保证成本的最重要因素。

图 7-5、图 7-6 和图 7-7 反映了资产配置策略参数以及多期收益保证期数 n 对收益保证成本的影响。首先，当多期收益保证的期数 n 在逐渐增大时，收益保证成本显著地变大。这说明如果收益保证型金融产品的投资机构尝试将单期收益保证转变为多期收益保证时，必须考虑到由于改变参数 n 所带来收益保证成本的急剧变化。其次，图 7-5、图 7-6 和图 7-7 刻画了收益保证成本应该与资产配置策略所蕴含风险成正比的这一思想。从图中可以发现，当策略参数按照如下三种情形进行变动时：

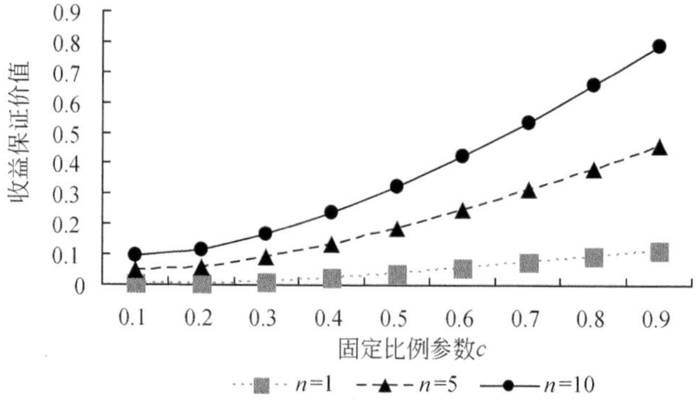

图 7-5　CM 策略参数 c 对多期收益保证成本的影响

1）图 7-5（CM 策略）中，随着风险性资产占总资产的比例 c 逐渐变大。

2）图 7-6（DL 策略）中，随着期初风险性资产比例 a 变大，期末风险性资产比例 b 变大。

3）图 7-7（CPPI 策略中）中，随着乘数 m 变大，初始价值底线 F_0 变小。

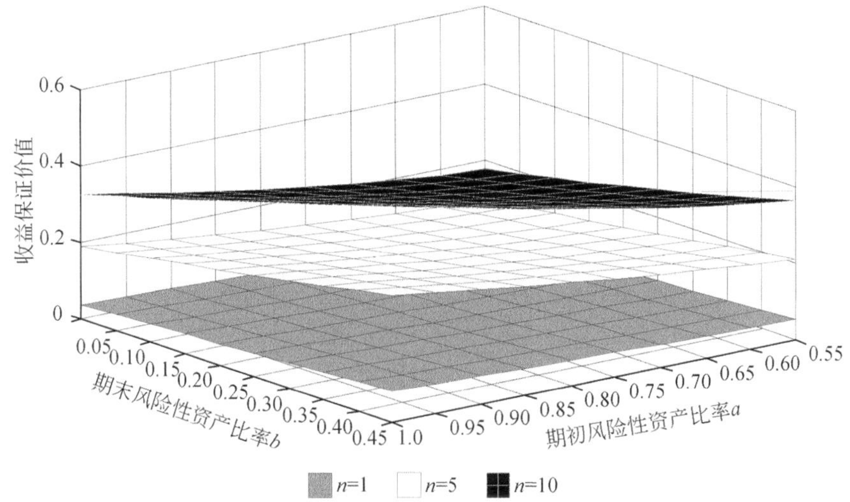

图 7-6　DL 策略下参数 a、b 对多期收益保证成本的影响

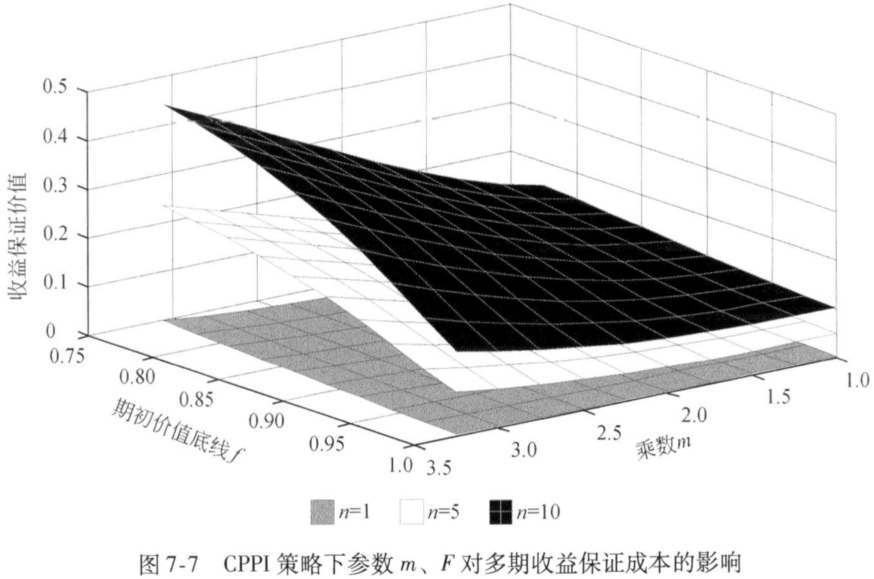

图 7-7　CPPI 策略下参数 m、F 对多期收益保证成本的影响

三种资产配置策略所蕴含风险都是逐渐增强的，期末不能偿付收益保证的风险逐渐增大，这种风险的增加就会反映在收益保证的成本上，从而使得所对应的收益保证成本曲线或者曲面都是逐渐向上且越来越陡峭的。

7.5 本章小结

以往的研究在收益保证成本估算时没有考虑投资机构的资产配置策略。由于不同的资产配置策略背后实际上反映的是不同风险偏好的投资行为，投资机构可以采取某种避险策略降低期末不能偿付收益保证的风险，根据风险与价值对等的原则，采取避险策略后所估算出的收益保证成本就应该降低。反之，如果采取某种冒险的策略那么就会增加收益保证的成本。本章提出结合资产配置策略来估算收益保证成本的方法，并在一种新的收益保证设定形式下，结合 CM、DL 和 CPPI三种策略分别估算了收益保证成本，最后用数值算例研究了新方法的可行性与合理性。研究结果表明：①按照新的估算方法，CM、CPPI 和 DL 三种策略下的收益保证成本有着显著差别。当期初投入到风险性资产比例相同时，DL 和 CPPI 策略产生的收益保证成本明显低于 CM 策略。这说明投资机构采取的资产配置策略及其策略参数都是影响收益保证成本的重要因素，投资机构可以采取某种避险策略（如 DL 和 CPPI 策略等）来降低收益保证的成本。②当多期收益保证的期数 n 逐渐增大时，将会导致收益保证成本显著地变大，所以在设计收益保证型金融产品时，对参数 n 的设定，需要谨慎行事。

收益保证成本的估算在针对收益保证所进行的风险管理过程中有着重要的意义。无论是监管机构针对收益保证向投资机构提取风险准备金，还是投资机构针对收益保证向投资者所收取的担保费用，都应该以收益保证成本作为参考基准。当前，中国还处于根据以往经验主观地确定相关风险管理参数的阶段，随着资本市场的迅猛发展，迫切需要新的理论与方法来指导实践。本章所提出的结合资产配置策略估算收益保证成本的方法，能够对不同风险偏好的投资行为估算出不同的收益保证成本，这种估算方法所得到的收益保证成本将更能反映由收益保证所引致的风险，具有重要的理论与现实意义。一方面，监管机构可以通过这种估算方法，针对不同风险偏好的投资机构提取不同数量的风险准备金，这将有助于监管机构较好地防范金融风险、提高风险准备金的使用效率，同时也将提高监管的效率；另一方面，投资机构也可以根据自己的资产配置策略确定一个合理的担保费用，对投资机构自身的风险管理也有着重要的意义。

第 8 章 收益保证风险度量方法

在收益保证框架之下，能够估算收益保证成本虽然很重要，但是还不够，还应该知道收取一定的费用、提供一定的收益保证后，承担的风险有多大。成本和风险是针对收益保证所进行的风险管理过程中两个重要的方面，收益保证的成本可以直接用来指导投资机构设定相应的担保费用，收益保证的风险可以帮助投资机构更清楚地知道未来可能面临的风险具体有多大。投资机构需要综合参考收益保证的成本与风险来设定相应的风险管理参数，提高风险管理的水平与效率。由此，度量收益保证的风险在针对收益保证所进行的风险管理过程中也有着重要的意义。本章的目的在于寻求一种能够度量收益保证风险的方法。各节的主要内容安排如下：8.1 节首先指出投资机构的资产配置策略会改变期末偿付收益保证的风险，因此针对该收益保证所度量的风险就应该与资产配置策略相关。8.2 节介绍度量收益保证风险所采用的方法及相关模型，并以固定组合（CM）和固定比例组合保险（CPPI）两种策略为特例，在固定利率的假定下，分别得到收益保证的风险值的解析解。8.3 节在随机利率模型的框架下，再结合养老基金常用的生命周期资产配置策略度量收益保证的风险。8.4 节为本章小结。

8.1 问题提出

收益保证对于投资机构来说，蕴含了收益保证给付风险，在未来，如果投资证券组合的价值低于所承诺的收益给付，那么投资机构则需要承担所承诺的收益给付与投资资产组合实际价值之间差额的支出。反之，如果投资证券组合的未来价值超过了所承诺的收益给付，投资机构的支出为零。这种由收益保证所引致的风险属于系统性风险，所以对收益保证的风险管理就无法按照传统大数法则的概念，通过资产多样化来分散风险；而且，从过去的实践经验知道，这种收益保证给付风险发生的频率虽然较低，但是一旦发生将会产生严重的后果。Briys 和 de Varenne（1997）就指出许多人寿保险公司由于不了解收益保证所隐含的风险，不能按期履行由于收益保证所产生的或有债务导致破产，如英国的 Equitable Life 保险公司。所以在对收益保证进行风险管理的过程中，度量收益保证的风险就有重要的意义（王亦奇等，2010）。

针对度量收益保证风险的研究已经有了一些研究成果。主要方法可有两类模式：随机模拟模式和对冲模式，其中对冲模式又包括静态对冲法（static hedging）和动态对冲法（dynamic hedging）两种方法。在度量方法上，因为 VaR 不满足 Artzner 等（1999）提出的次可加性，不是一个一致性风险度量，所以相对于 VaR 而言，Artzner 更加倾向采用 CVaR 来度量风险，如美国设定 CVaR 的置信水平为 90%、加拿大设定 CVaR 的置信水平为 95% 作为风险资本充足性的规范。

Ford 等（1980）发表了一份由英国到期保证研究小组（Maturity Guarantees Working Party，MGWP）研究出的报告，研究的对象是投资连接保单（unit-linked policies），采用随机模拟方法，模拟了投资组合的到期日价值，在 99% 的置信水平下，计算了对所嵌入收益保证应该提取的期初风险准备金。结果发现，保单的持续时间越长，所提取的准备金越小。Collins（1982）用一种免疫的方法来测算嵌入了收益保证的投资连接保单所应提取的风险准备金。他们构建了一个动态对冲组合，该组合被用来满足到期日收益保证的支付。

Boyle 和 Hardy（1997）扩展了 Ford 等（1980）的研究，以加拿大分离基金（segregated fund）为例，比较了随机模拟和对冲这两种方法下收益保证的风险值，在随机模拟中，采用 Wilkie（1987）模型来模拟投资组合未来的表现，根据在险价值（VaR）测算出收益保证的风险值。在对冲方法中，同时考虑静态对冲（直接买入与标的资产对应的期权）和动态对冲（按照 Black-Scholes 提出的期权定价公式构造了动态对冲组合）两种方式。但由于在实践中，连续对冲并不可行，所以他们分别考虑了 time-based 策略、move-based 策略。最后，在相同的对冲成本前提下得出，move-based 策略所产生的追踪误差小于 time-based 策略，表现更为优秀。Hardy（2000）则延续了 Boyle 和 Hardy（1997）的研究，同样比较了随机模拟和对冲这两种方法下收益保证的风险。在随机模拟方法中，同时 Hardy 还比较了考虑与不考虑管理费用两种情形。

Wilkie 等（2003）进一步比较了不同到期日的情形下的收益保证风险，然后，采用盯市方法和走廊方法（corridor approaches）计算了每年需要的风险准备金。Haberman 等（2003）采用随机模拟方法，研究了最低收益保证分红保单的风险准备金，并考虑了三种不同的红利平滑机制，并就保证收益、每年的红利、到期的红利分别计算了初始的风险准备金，最后还分析了风险准备金对模型参数的敏感性。Barbarin 和 Devolder（2005）分析了随机模拟和对冲方法的优缺点，他们建议采取随机模拟方法来评估风险，然后采用对冲方法来对收益保证进行合理的估值。

收益保证型金融产品的投资机构一般都会在产品募集说明书上阐述其资产配置策略。以保本基金为例，国内现有的 20 只保本基金都在募集说明书中明确表示将主要采取固定比例投资组合保险策略（CPPI）。然而，现有文献在度量收益保证风险的时侯，都没有将投资机构在募集说明书中阐述的资产配置策略考虑在内。事实上，正如 Brennan 和 Schwartz（1979）指出，投资机构所采取的资产配置策略会改变到期日不能履行收益保证承诺的风险。如果采取某种避险的策略，那么所度量出的收益保证的风险就应该降低，反之，如果采取某种冒险的策略，那么所度量出的收益保证风险就应该提高。所以，本章提出结合资产配置策略度量收益保证的风险的方法。由于不同的资产配置策略背后实际上反映的是不同的风险偏好，结合资产配置策略后，就能够对不同风险偏好的投资行为度量出不同的风险，这样将更加合理。因此，本章将在现代金融理论的框架下，对风险性资产和无风险性资产分别构建数学模型，再结合投资机构的资产配置策略度量收益保证的风险。

8.2 结合资产配置策略度量收益保证的风险

8.2.1 收益保证风险的度量方法

1）VaR 即在险价值，是指在市场的正常波动和给定的置信水平下，某一金融资产在未来的特定的一段时间内的最大的可能损失。也就是说，VaR 是描述一定目标时段下金融资产的损益分布的分位点。如果我们选择置信水平为 p，则 VaR 是对应损益分布的上 p 分位点。从统计角度上讲，VaR（p）的定义如下

$$\mathrm{P}[Y \leqslant \mathrm{VaR}(p)] = 1 - p \tag{8.1}$$

式中，Y 为一随机变量，代表金融资产的损失；VaR（p）为置信水平 p 下的 VaR 值。例如，VaR（95%）对应于损益分布上的累计概率不超过 95% 的那一点，也意味着在持有期内，金融资产的损失 Y 超过 VaR（95%）的概率为 5%。

2）CVaR 即条件在险价值，是指在市场的正常波动和给定的置信水平下，损失超过 VaR 值的条件均值，代表了超额损失的平均水平。从统计角度上讲，CVaR 是一个条件期望，CVaR（p）的定义如下

$$\mathrm{CVaR}(p) = E[Y \mid Y \geqslant \mathrm{VaR}(p)] \tag{8.2}$$

CVaR 与 VaR 不同，它不是损失分布上单一的分位点，而是尾部损失的平均值，反映了损失超出 VaR 部分的相关信息，因而 CVaR 相比 VaR 风险测量方法而言，在度量过程中对损失分布的尾部损失度量是更加充分和完整的，更能体现

投资组合的潜在风险。

为了便于计算和比较，本章所度量的风险都是对应于 $A(0)=1$（募集一个单位资金）时的结果。假定某收益保证型金融产品投资期为 T 年，每年保证收益率为 g。在到期日 T，投资资产组合价值为 $A(T)$，保证的收益给付为 $G(T)=g^T$，由收益保证所产生的损失 $Y(T)=G(T)-A(T)$。本章采取随机模拟模式以及 CVaR（p）来作为标准来度量风险，计算步骤如下：

1）求出考虑资产配置策略后的投资资产组合期末价值 A（T）服从的概率分布。

2）根据 P［Y（T）≤VaR（p）］=p，求出 VaR（p）。

3）根据 CVaR（p）=E［Y｜Y≥VaR（p）］，求出 CVaR（p）。

4）度量期初收益保证所对应的风险为 $R=\exp(-rT)$ CVaR（p）。

8.2.2 金融市场模型

（1）金融资产

本章考虑一个在概率空间（Ω，F，P）上无摩擦的连续金融市场，其中 P 为真实的概率测度。假设市场上存在两类资产：风险性资产 S 和无风险资产 P，它们分别服从

$$dS=\mu_S S dt+\sigma_s S dW_t \tag{8.3}$$

$$dP=rPdt \tag{8.4}$$

式中，r 为市场瞬时无风险利率，为一常数；μ_S 为风险资产的预期收益率；σ_S 为风险性资产的波动率，均为常数；W_t 为在风险测度 P 下的标准一维布朗运动。

（2）考虑资产配置策略后的资产组合

假定在 t 时刻资产组合的价值为 $A(t)$，风险性资产占资产组合的比例为 α_t，无风险资产占资产组合的比例为 $1-\alpha_t$。由于风险性资产占资产组合的比率 α_t 与资产配置策略有关，因此，α_t 也被称之为策略函数。将策略函数 α_t 的函数形式表示为 $\alpha_t=f(A(t),t)$，即 α_t 可以由 $A(t)$ 和时间 t 来决定。风险性资产和无风险资产的单位数分别为 $\frac{\alpha_t A(t)}{S(t)}$ 和 $\frac{(1-\alpha_t)A(t)}{P(t)}$，则 t 时刻投资资产组合 $A(t)$ 服从

$$dA(t)=\frac{\alpha_t A(t)dS(t)}{S(t)}+\frac{(1-\alpha_t)A(t)dP(t)}{P(t)} \tag{8.5}$$

然后将式（8.5）右边的 $A(t)$ 项移至左边就可以得

$$\frac{dA(t)}{A(t)} = \frac{\alpha_t dS(t)}{S(t)} + \frac{(1-\alpha_t)dP(t)}{P(t)} \tag{8.6}$$

8.2.3 CM 和 CPPI 策略收益保证风险的度量

如果把资产配置策略函数 α_t 设定为 $\alpha_t = f(A(t), t)$ 的形式，那么就可以构建各种类型的资产配置策略。追涨杀跌、低吸高抛、生命周期、投资组合保险等策略都可以归为此类策略框架中。本节将在该类资产配置策略框架下，选取两种具有一定代表性的策略，分别度量两种策略下收益保证的风险。

1）固定组合策略，$\alpha_t = f(A(t), t) = c$（$0 \leqslant t \leqslant T$，$c$ 为一个常数）。

$\alpha_t = c$，意味着风险资产占总资产的比率始终为一个固定的常数 c，就是如 7.4.1 节中所说的固定组合策略，也有机构投资者采用该种策略。例如，一些大型保险公司发行的寿险产品的资产配置技术就采用 CM 策略。CM 策略的思路是根据收益率目标和投资者的风险偏好预设一个风险性资产和总资产之间的比例 c，然后要求在投资期间必须维持这个预设的比例 c 不变。下面给出针对固定组合策略度量收益保证风险的命题 8.1。

命题 8.1：当采取 CM 策略（资产配置策略函数 $\alpha_t = c$），收益保证率为 g 时，收益保证对应的风险值为

$$R_{cm} = \exp(-rT)\left[G(T) - \frac{1}{1-p}\exp\left(\mu_{cm} + \frac{1}{2}\sigma_{cm}^2\right) \times \phi\left(\frac{\ln(G(T) - \mathrm{VaR}(p)) - \mu_{cm} - \sigma_{cm}^2}{\sigma_{cm}}\right)\right]$$

式中，$\mu_{cm} = [c\mu_S + (1-c)r - \frac{1}{2}c^2\sigma_S^2]T$，$\sigma_{cm}^2 = c^2\sigma_S^2 T$，$\mathrm{VaR}(p) = G(T) - \exp[\mu_{cm} + \sigma_{cm}\phi^{-1}(1-p)]$。

命题 8.1 的证明：将 $\alpha_t = c$ 代入式（8.6）中得

$$dA(t)/A(t) = (c\mu_S + (1-c)r)dt + c\sigma_S dW_S \tag{8.7}$$

由式（8.7）得

$$A(T) = \exp\left\{\left[(c\mu_S + (1-c)r) - \frac{1}{2}c^2\sigma_S^2\right]T + c\sigma_S W_T\right\}$$

$$\Rightarrow \ln A(T) \sim N(\mu_{cm}, \sigma_{cm}^2) \tag{8.8}$$

式（8.8）中，$\mu_{cm} = E(\ln A(T)) = \left[c\mu_S + (1-c)r - \frac{1}{2}c^2\sigma_S^2\right]T$；$\sigma_{cm}^2 = \mathrm{VaR}(\ln A(T)) = c^2\sigma_S^2 T$。

由 P［Y（T）≤VaR（p）］=p 得

$$P\{\ln A(T) \geqslant \ln[G(T) - VaR(p)]\} \quad (8.9)$$

由式（8.9）和式（8.8）得

$$P\{Z \leqslant \frac{\ln[G(T) - VaR(p)] - \mu_{cm}}{\sigma_{cm}}\} = 1 - p \quad (8.10)$$

所以由式（8.10）可得

$$VaR(p) = G(T) - \exp[\mu_{cm} + \sigma_{cm}\phi^{-1}(1 - p)] \quad (8.11)$$

$$\begin{aligned} CVaR(p) &= E[Y \mid Y \geqslant VaR(p)] \\ &= E[G(T) - A(T) \mid G(T) - A(T) \geqslant VaR(p)] \\ &= G(T) - E[A(T) \mid G(T) - A(T) \geqslant VaR(p)] \\ &= G(T) - E[\exp(\ln A(T)) \mid G(T) - A(T) \geqslant VaR(p)] \end{aligned}$$

令 $X=\ln A$（T）则

$$CVaR(p) = G(T) - \frac{1}{1-p}\int_{-\infty}^{\ln(G(T)-VaR(p))} \exp(X)\frac{1}{\sqrt{2\pi}\sigma_{cm}}\exp\frac{-(X-\mu_{cm})^2}{2\sigma_{cm}^2}dX$$

$$= G(T) - \frac{1}{1-p}\exp(\mu_{cm} + \frac{1}{2}\sigma_{cm}^2)\int_{-\infty}^{\ln(G(T)-VaR(p))} \frac{1}{\sqrt{2\pi}\sigma_{cm}}\exp\frac{-(X-\mu_{cm}-\sigma_{cm}^2)^2}{2\sigma_{cm}^2}dX$$

$$= G(T) - \frac{1}{1-p}\exp(\mu_{cm} + \frac{1}{2}\sigma_{cm}^2)\phi(\frac{\ln(G(T) - VaR(p)) - \mu_{cm} - \sigma_{cm}^2}{\sigma_{cm}}) \quad (8.12)$$

将式（8.12）代入 $R_{cm}=\exp(-rT)\,CVaR(p)$ 得

$$R_{cm} = \exp(-rT)[G(T) - \frac{1}{1-p}\exp(\mu_{cm} + \frac{1}{2}\sigma_{cm}^2)$$
$$\phi(\frac{\ln(G(T) - VaR(p)) - \mu_{cm} - \sigma_{cm}^2}{\sigma_{cm}})]$$

命题 8.1 得证。

2）固定比例投资组合保险策略，$\alpha_t = f(A(t), t) = \frac{m(A(t) - F(t))}{A(t)}$，（$0 \leqslant t \leqslant T$）。

当 $\alpha_t = \frac{m(A(t) - F(t))}{A(t)}$ 时，这就是 Black 和 Jones（1987）提出的固定比例投资组合保险策略（CPPI）。CPPI 策略由于模型简单、参数的设置又能充分反映投资人不同的风险偏好、易于实施，已经成为大型收益保证型金融产品发行机构首选的资产配置策略。国内，一些收益保证型金融产品大都采

取 CPPI 的资产配置策略，例如，市场上现有的 6 只保本基金以及一些银行理财产品等都在募集说明书中明确表示所采取的资产配置策略为 CPPI 策略。此外，CPPI 策略也是一些风险规避型机构投资者（如养老基金、保险公司等）比较常用的资产配置策略。在 CPPI 策略下度量收益保证的风险具有重要的现实意义。

CPPI 策略所依据的调整公式为 $E(t) = m(A(t) - F(t))$。式中，$E(t)$ 为 t 时刻投资于风险性资产的资金（exposure）；m 为乘数（multiplier）；$A(t)$ 为 t 时刻投资资产组合的市场价值（asset）；$F(t) = F\exp(rt)$ 为 t 时刻价值底线（floor）。所以，CPPI 的策略函数 $\alpha_t = \dfrac{m(A(t) - F(t))}{A(t)}$。

命题 8.2：当采取 CPPI 策略（资产配置策略函数 $\alpha_t = \dfrac{m(A(t) - F(t))}{A(t)}$），收益保证率为 g 时，收益保证对应的风险值为

$$R_{cp} = \exp(-rT)\left[G(T) - F(T) - \frac{1}{1-p}\exp\left(\mu_{cp} + \frac{1}{2}\sigma_{cp}^2\right) \times \phi\left(\frac{\ln(G(T) - F(T) - \mathrm{VaR}(p)) - \mu_{cp} - \sigma_{cp}^2}{\sigma_{cp}}\right)\right]$$

式中，

$$\mu_{cp} = \ln(A_0 - F_0) + \left[m(\mu_S - r) + r - \frac{1}{2}m^2\sigma_S^2\right]T$$

$$\sigma_{cp}^2 = m^2\sigma_S^2 T$$

$$\mathrm{VaR}(p) = G(T) - F(T) - \exp\left[\mu_{cp} + \sigma_{cp}\phi^{-1}(1-p)\right]$$

命题 8.2 的证明：将 $\alpha_t = \dfrac{m(A(t) - F(t))}{A(t)}$ 代入式（8.6）中得

$$\mathrm{d}A(t) = (rA(t) + m(\mu_S - r)(A(t) - F(t)))\mathrm{d}t + m(A(t) - F(t))\sigma_S \mathrm{d}W_t$$

所以，

$$\mathrm{d}(A(t) - F(t)) = (A(t) - F(t))\{(m(\mu_S - r) + r)\mathrm{d}t + m\sigma_S \mathrm{d}W_t\}$$，因此得

$$\ln[A(T) - F(T)] \sim N(\mu_{cp}, \sigma_{cp}^2) \tag{8.13}$$

式中，$\mu_{cp} = E[\ln(A(t) - F(t))] = \ln(A(0) - F(0)) + \left[m(\mu_S - r) + r - \frac{1}{2}m^2\sigma_S^2\right]t$

$$\sigma_{cp}^2 = \mathrm{VaR}[\ln(A(t) - F(t))] = \mathrm{VaR}(m\sigma_S W_t) = m^2\sigma_S^2 t$$

由 $P[Y(T) \leqslant \mathrm{VaR}(p)] = p$ 得

$$P\{\ln[A(T) - F(T)] \geqslant \ln[G(T) - \mathrm{VaR}(p) - F(T)]\} = p \tag{8.14}$$

由式（8.13）和式（8.14）得

$$P\left\{Z \leqslant \frac{\ln[G(T) - \mathrm{VaR}(p) - F(T)] - \mu_{cp}}{\sigma_{cp}}\right\} = 1 - p \tag{8.15}$$

$$\mathrm{VaR}(p) = G(T) - F(T) - \exp[\mu_{cp} + \sigma_{cp}\phi^{-1}(1 - p)] \tag{8.16}$$

$$\begin{aligned}\mathrm{CVaR}(p) &= E[Y \mid Y \geqslant \mathrm{VaR}(p)] \\ &= E[G(T) - A(T) \mid G(T) - A(T) \geqslant \mathrm{VaR}(p)] \\ &= G(T) - F(T) - E[\exp[\ln(A(T) - F(T))] \mid \\ &\quad G(T) - A(T) \geqslant \mathrm{VaR}(p)]\end{aligned}$$

令 $X = \ln[A(T) - F(T)]$，则

$$\begin{aligned}\mathrm{CVaR}(p) &= G(T) - F(T) - \frac{1}{1-p}\int_{-\infty}^{\ln(G(T)-F(T)-\mathrm{VaR}(p))} \exp(X)\frac{1}{\sqrt{2\pi}\sigma_{cp}}\exp\frac{-(X-\mu_{cp})^2}{2\sigma_{cp}^2}\mathrm{d}X \\ &= G(T) - F(T) - \frac{1}{1-p}\exp(\mu_{cp} + \frac{1}{2}\sigma_{cp}^2) \times \\ &\quad \int_{-\infty}^{G(T)-F(T)-\mathrm{VaR}(p)} \frac{1}{\sqrt{2\pi}\sigma_{cp}}\exp\frac{-(X-\mu_{cp}-\sigma_{cp}^2)^2}{2\sigma_{cp}^2}\mathrm{d}X \\ &= G(T) - F(T) - \frac{1}{1-p}\exp(\mu_{cp} + \frac{1}{2}\sigma_{cp}^2) \times \\ &\quad \phi(\frac{\ln(G(T) - F(T) - \mathrm{VaR}(p)) - \mu_{cp} - \sigma_{cp}^2}{\sigma_{cp}})\end{aligned} \tag{8.17}$$

将式（8.17）代入 $R_{cp} = \exp(-rT)\,\mathrm{CVaR}(p)$ 得

$$\begin{aligned}R_{cp} &= \exp(-rT)[G(T) - F(T) - \frac{1}{1-p}\exp(\mu_{cp} + \frac{1}{2}\sigma_{cp}^2) \times \\ &\quad \phi(\frac{\ln(G(T) - F(T) - \mathrm{VaR}(p)) - \mu_{cp} - \sigma_{cp}^2}{\sigma_{cp}})]\end{aligned}$$

命题8.2得证。

8.2.4 实证分析

本节将通过国内的金融市场数据，运用上节提出的度量方法，验证其可行性与合理性。假定某收益保证型金融产品的持续期为 $T=2$ 年，我们用上证指数代替风险性资产，利用1997年1月至2009年1月期间上证指数共145个月

度交易数据，估计出风险性资产的分布参数 μ_s、σ_s，同时使用当前的一年期银行利率代替无风险利率 r，数据来源自港澳资讯数据库，参数的具体估计值如表 8-1 所示。

表 8-1　金融市场参数估计值

μ_S	σ_S	r
0.11	0.29	0.022 5

采用 CVaR（95%）来度量 CM、CPPI 两种策略下收益保证的风险。表 8-2、表 8-3 和表 8-4 分别给出了在 CM 与 CPPI 两种策略下，收益保证率分别为 $g=1$ 和 $g=0.9$ 时收益保证的风险值。从表 8-2、表 8-3 和表 8-4 中可以发现 CM、CPPI两种资产配置策略下的收益保证的风险值有着显著差别，这说明投资机构采取的资产配置策略是影响收益保证风险的重要因素。这也间接表明，如果不考虑投资机构的资产配置策略，那么所度量的收益保证风险值无论在何种资产配置策略下都相同，这显然会产生较大的误差。结合表 8-2 和表 8-3 来看，当收益保证率为 $g=1$（保本基金），在 CM 策略中 $c=0.5$ 与 CPPI 策略中 $m=2$、$F=0.75$ 时，这两种策略初始投入到风险性资产的比例都为 50%，但是 CPPI 策略下所度量出风险值 0.15 要小于 CM 策略下的 0.2101，这是因为相对于 CM 策略而言，CPPI 策略中价值底线 F 具有对总资产缓冲保护的作用，这会降低期末不能偿付收益保证的风险。

表 8-2　CM 策略下风险（CVaR（95%））

CM 策略	$C=0.1$	$C=0.3$	$C=0.5$	$C=0.7$	$C=0.9$
$g=1$	0.027 9	0.122 6	0.210 1	0.290 7	0.364 6
$g=0.9$	0	0.024 8	0.112 3	0.192 9	0.266 9

表 8-3　CPPI 策略下风险（CVaR（95%），g=1）

CPPI 策略（$g=1$）	$F=0.7$	$F=0.75$	$F=0.8$	$F=0.85$	$F=0.9$
$m=1$	0.104 1	0.083 1	0.062 0	0.040 9	0.019 9
$m=1.5$	0.149 3	0.120 7	0.092 1	0.063 5	0.034 9
$m=2$	0.184 5	0.150 0	0.115 5	0.081 1	0.046
$m=2.5$	0.211 3	0.172 3	0.133 4	0.094 5	0.055 6
$m=3$	0.231 3	0.189 0	0.146 7	0.104 5	0.062 2

表 8-4　CPPI 策略下风险（CVaR（95%），$g=0.9$）

CPPI 策略（$g=0.9$）	$F=0.7$	$F=0.75$	$F=0.8$	$F=0.85$	$F=0.9$
$m=1$	0.006 4	0	0	0	0
$m=1.5$	0.051 5	0.022 9	0	0	0
$m=2$	0.086 7	0.052 2	0.017 8	0	0
$m=2.5$	0.113 5	0.074 6	0.035 6	0	0
$m=3$	0.133 5	0.091 2	0.049 0	0.006 7	0

从表 8-2、表 8-3 和表 8-4 中还可以发现，随着资产配置策略所蕴含的风险偏好程度逐渐增强，即 CM 策略中风险性资产占总资产的比例 c 逐渐变大，CPPI 策略中乘数 m 变大、初始价值底线 F_0 变小，两种策略下所度量出的收益保证风险值也逐渐增大，这正好刻画了收益保证风险应该与资产配置策略所蕴含风险成正比的思想。这说明，本章所提出的结合资产配置策略来度量收益保证风险的方法，可以对采取不同风险偏好的金融产品度量出不同的风险值，这样度量出的风险值将能够更好地反映由收益保证所引致的真实风险。

本节提出结合资产配置策略来度量收益保证风险的方法，并在 CM、CPPI 两种策略下分别度量了收益保证的风险，最后实证研究了该方法的可行性与合理性。研究结果表明，CM、CPPI 两种策略下收益保证的风险有着显著差别。当期初投入到风险性资产的比例相同时，CPPI 策略下收益保证的风险明显低于 CM 策略下收益保证的风险。这说明投资机构采取的资产配置策略及其策略参数都是影响收益保证风险的重要因素，投资机构可以采取某种避险策略（如 CPPI 策略等）来降低收益保证的风险。

8.3　随机利率下度量养老基金内嵌收益保证的风险

这一部分与上一节对收益保证风险的分析不同，由于养老型基金一般投资期限较长，利率为常数的假定并不符合现实；另外养老基金的策略函数通常与时间直接相关。因此，本节在随机利率模型的框架下，对风险性资产和无风险性资产分别构建数学模型，然后再结合养老基金常用的生命周期资产配置策略度量内嵌收益保证的风险。

8.3.1　问题描述

考虑一个在概率空间（Ω，F，P）上无摩擦的连续金融市场，其中 P 为真

实的概率测度。假定市场 t 时刻瞬时无风险利率 $r(t)$ 服从 Vasicek（1977）模型

$$\mathrm{d}r(t)=a(b-r(t))\mathrm{d}t+\sigma_r\mathrm{d}Z(t) \tag{8.18}$$

式中，a、b、σ_r 均为常数，$Z(t)$ 是在风险测度 P 下的标准一维布朗运动。另外，假设市场上存在两类资产：风险性资产 S 和无风险资产 P，它们分别服从

$$\mathrm{d}S(t)=\mu_S S(t)\mathrm{d}t+\rho\sigma_s S(t)\mathrm{d}Z(t)+\sqrt{1-\rho^2}\sigma_s S(t)\mathrm{d}W(t) \tag{8.19}$$

$$\mathrm{d}P(t)=r(t)P(t)\mathrm{d}t \tag{8.20}$$

式中，μ_S 为风险性资产的预期收益率，σ_S 为风险性资产的波动率，均为常数；$W(t)$ 为在风险测度 P 下的标准一维布朗运动；$Z(t)$ 与 $W(t)$ 之间相互独立。瞬时无风险利率与风险性资产的相关系数为 ρ。

8.3.2 生命周期策略收益保证风险的度量

与 7.4.2 节相同，假设生命周期策略的策略函数 $\alpha_t=f(t)$，下面给出针对生命周期策略度量收益保证风险的命题 8.3。

命题 8.3：当资产配置策略函数 $\alpha_t=f(t)$，收益保证率为 g 时，收益保证的风险值为

$$R=P(0,T)\left[G(T)-\frac{1}{1-p}\exp(\mu_c+\frac{1}{2}\sigma_c^2)\phi\left(\frac{\ln(G(T)-\mathrm{VaR}(p))-\mu_c-\sigma_c^2}{\sigma_c}\right)\right]$$

其中，

$$\mu_c=\int_0^T(f(t)\mu_S-\frac{1}{2}f(t)^2\sigma_S^2)\mathrm{d}t+r(0)\int_0^T(1-f(t))\mathrm{e}^{-at}\mathrm{d}t$$
$$+b\int_0^T(1-f(t))(1-\mathrm{e}^{-at})\mathrm{d}t$$

$$\sigma_c^2=\int_0^T\left(\int_v^T(1-f(t)\right)\sigma_r\,\mathrm{e}^{-a(t-v)}\mathrm{d}t)^2\,\mathrm{d}v$$
$$+\int_0^T f(t)^2\sigma_S^2\mathrm{d}t+2\int_0^T\left(\int_v^T(1-f(t))\sigma_r\,\mathrm{e}^{-a(t-v)}\mathrm{d}t\right)\rho f(v)\sigma_S\mathrm{d}v$$

$$\mathrm{VaR}(p)=G(T)-\exp[\mu_c+\sigma_c\phi^{-1}(1-p)]$$

命题 8.3 的证明：

$$\mathrm{d}S(t)=\mu_S S(t)\mathrm{d}t+\rho\sigma_s S(t)\mathrm{d}Z(t)$$
$$+\sqrt{1-\rho^2}\sigma_s S(t)\mathrm{d}W(t),\mathrm{d}P(t)=r(t)P(t)\mathrm{d}t$$

$$\mathrm{d}r(t)=a(b-r(t))\mathrm{d}t+\sigma_r\mathrm{d}Z(t)$$

当策略函数 $\alpha_t=f(t)$，根据式（8.5），标的资产组合 t 时刻的市场价值 $A(t)$ 满足 $\frac{\mathrm{d}A(t)}{A(t)}=\frac{f(t)\mathrm{d}S(t)}{S(t)}+\frac{(1-f(t))\mathrm{d}P(t)}{P(t)}$。将 $\mathrm{d}S(t)$、$\mathrm{d}P(t)$ 代入 $\mathrm{d}A(t)/A(t)$ 得

$$\mathrm{d}A(t)/A(t)=(f(t)\mu_S+(1-f(t))r(t))\mathrm{d}t$$

$$+\rho f(t)\sigma_S\mathrm{d}Z(t)+\sqrt{1-\rho^2}f(t)\sigma_s\mathrm{d}W(t) \qquad (8.21)$$

式中，$f(t)$ 为风险性资产占总资产的比例；$1-f(t)$ 为保守性资产占总资产比例。由式（8.21）得

$$A(T)=\exp\Big[\int_0^T(f(t)\mu_S+(1-f(t))r(t)-\frac{1}{2}f(t)^2\sigma_S^2)\mathrm{d}t$$

$$+\int_0^T\rho f(t)\sigma_S\mathrm{d}Z(t)+\int_0^T\sqrt{1-\rho^2}f(t)\sigma_S\mathrm{d}W(t)\Big]$$

$$\ln A(T)\sim N(\mu_c,\sigma_c^2) \qquad (8.22)$$

式（8.22）中

$$\mu_c=E(\ln A(T))=E\Big[\int_0^T(f(t)\mu_S+(1-f(t))r(t)-\frac{1}{2}f(t)^2\sigma_S^2)\mathrm{d}t$$

$$+\int_0^T\rho f(t)\sigma_S\mathrm{d}Z(t)+\int_0^T\sqrt{1-\rho^2}f(t)\sigma_S\mathrm{d}W(t)\Big]$$

$$=\int_0^T\Big(f(t)\mu_S-\frac{1}{2}f(t)^2\sigma_S^2\Big)\mathrm{d}t+E\Big[\int_0^T(1-f(t))r(t)\,\mathrm{d}t\Big] \qquad (8.23)$$

由 $\mathrm{d}r(t)=a(b-r(t))\mathrm{d}t+\sigma_r\mathrm{d}Z(t)$ 可得

$$r(t)=\mathrm{e}^{-at}r(0)+(1-\mathrm{e}^{-at})b+\int_0^t\sigma_r\,\mathrm{e}^{-a(t-v)}\mathrm{d}Z(v) \qquad (8.24)$$

对式（8.24）求积分，并交换积分次序得

$$\int_0^T(1-f(t))r(t)\,\mathrm{d}t=r(0)\int_0^T(1-f(t))\mathrm{e}^{-at}\mathrm{d}t+b\int_0^T(1-f(t))(1-\mathrm{e}^{-at})\mathrm{d}t$$

$$+\int_0^T\int_v^T(1-f(t))\sigma_r\,\mathrm{e}^{-a(t-v)}\mathrm{d}t\mathrm{d}Z(v)$$

$$E\left[\int_0^T (1-f(t))r(t)\ \mathrm{d}t\right] = r(0)\int_0^T (1-f(t))\mathrm{e}^{-at}\mathrm{d}t + b\int_0^T (1-f(t))(1-\mathrm{e}^{-at})\mathrm{d}t \tag{8.25}$$

将式（8.25）代入式（8.23）得

$$\mu_c = \int_0^T (f(t)\mu_S - \frac{1}{2}f(t)^2\sigma_S^2)\mathrm{d}t + r(0)\int_0^T (1-f(t))\mathrm{e}^{-at}\mathrm{d}t$$

$$+ b\int_0^T (1-f(t))(1-\mathrm{e}^{-at})\mathrm{d}t$$

$$\sigma_c^2 = \mathrm{VaR}(\ln A(T))$$

$$= \mathrm{VaR}\left[\int_0^T (f(t)\mu_S + (1-f(t))r(t) - \frac{1}{2}f(t)^2\sigma_S^2)\mathrm{d}t + \int_0^T \rho f(t)\sigma_S \mathrm{d}Z(t)\right.$$

$$\left. + \int_0^T \sqrt{1-\rho^2}f(t)\sigma_S \mathrm{d}W(t)\right]$$

$$= \mathrm{VaR}\left[\int_0^T (1-f(t))r(t)\mathrm{d}t + \int_0^T \rho f(t)\sigma_S \mathrm{d}Z(t)\right]$$

$$+ \mathrm{VaR}\left[\int_0^T \sqrt{1-\rho^2}f(t)\sigma_S \mathrm{d}W(t)\right]$$

$$= \mathrm{VaR}\left[\int_0^T \left(\int_v^T (1-f(t))\sigma_r\ \mathrm{e}^{-a(t-v)}\ \mathrm{d}t + \rho f(v)\sigma_S\right)\mathrm{d}Z(v)\right]$$

$$+ \mathrm{VaR}\left[\int_0^T \sqrt{1-\rho^2}f(t)\sigma_S \mathrm{d}W(t)\right]$$

$$= \int_0^T \left(\int_v^T (1-f(t))\sigma_r\ \mathrm{e}^{-a(t-v)}\ \mathrm{d}t\right)^2 \mathrm{d}v$$

$$+ \int_0^T f(t)^2\sigma_S^2\mathrm{d}t + 2\int_0^T \left(\int_v^T (1-f(t))\sigma_r\ \mathrm{e}^{-a(t-v)}\ \mathrm{d}t\right)\rho f(v)\sigma_S \mathrm{d}v$$

由 $\mathrm{P}[Y(T) \leqslant \mathrm{VaR}(p)] = p \Rightarrow \mathrm{P}[G(T) - A(T) \leqslant \mathrm{VaR}(p)] = p$ 得

$$\mathrm{P}\{\ln A(T) \geqslant \ln[G(T) - \mathrm{VaR}(p)]\} \tag{8.26}$$

由式（8.26）和式（8.22）得

$$\mathrm{P}\left\{Z \leqslant \frac{\ln[G(T)-\mathrm{VaR}(p)]-\mu_c}{\sigma_c}\right\}=1-p \tag{8.27}$$

由式（8.27）得

$$\mathrm{VaR}(p)=G(T)-\exp[\mu_c+\sigma_c\phi^{-1}(1-p)] \tag{8.28}$$

式中，ϕ^{-1}（$1-p$）为标准正态分布中对应于 $1-p$ 的分位数。

$$\begin{aligned}\mathrm{CVaR}(p)&=E[Y\mid Y\geqslant \mathrm{VaR}(p)]\\&=E[G(T)-A(T)\mid G(T)-A(T)\geqslant \mathrm{VaR}(p)]\\&=G(T)-E[A(T)\mid G(T)-A(T)\geqslant \mathrm{VaR}(p)]\\&=G(T)-E[\exp(\ln A(T))\mid G(T)-A(T)\geqslant \mathrm{VaR}(p)]\end{aligned}$$

式中令 $X=\ln A$（T），然后将期望 E［～］表述成积分形式可得

$$\mathrm{CVaR}(p)=G(T)-\frac{1}{1-p}\int_{-\infty}^{\ln(G(T)-\mathrm{VaR}(p))}\exp(X)f(X)\mathrm{d}X$$

$$=G(T)-\frac{1}{1-p}\exp(\mu_c+\frac{1}{2}\sigma_c^2)\int_{-\infty}^{\ln(G(T)-\mathrm{VaR}(p))}\frac{1}{\sqrt{2\pi}\sigma_c}\exp\frac{-(X-\mu_c-\sigma_c^2)^2}{2\sigma_c^2}\mathrm{d}X$$

$$=G(T)-\frac{1}{1-p}\exp\left(\mu_c+\frac{1}{2}\sigma_c^2\right)\phi\left(\frac{\ln(G(T)-\mathrm{VaR}(p))-\mu_c-\sigma_c^2}{\sigma_c}\right) \tag{8.29}$$

将式（8.29）代入 $R=P$（0，T）CVaR（p）得

$$R=P(0,T)\left[G(T)-\frac{1}{1-p}\exp\left(\mu_c+\frac{1}{2}\sigma_c^2\right)\phi\left(\frac{\ln(G(T)-\mathrm{VaR}(p))-\mu_c-\sigma_c^2}{\sigma_c}\right)\right]$$

命题8.3得证。

8.3.3 实证分析

本小节先采用国内金融市场的数据来实证估计出金融市场的主要参数，然后通过一个数值算例研究上节提出的度量方法的可行性与合理性。假定某养老基金的持续期为 $T=20$ 年，采用上证指数代替风险性资产，同时用银行间7日同业拆借月度加权利率代替瞬时利率 r_t，数据的样本区间为1997年1月至2009年1月，共145个交易数据，估计出风险性资产 $\mathrm{d}S(t)=\mu_S S(t)\mathrm{d}t+\rho\sigma_s S(t)\mathrm{d}Z(t)+\sqrt{1-\rho^2}\sigma_s S(t)\mathrm{d}W(t)$ 的分布参数 μ_s、σ_s 和瞬时利率动态过程 $\mathrm{d}r_t=a$（$b-r_t$）$\mathrm{d}t+\sigma_r\mathrm{d}Z$（$t$）的参数 a、b、σ_r，以及瞬时无风险利率与风险性资产的相关系数 ρ。具体估计值如表8-5所示，具体估计方法如下。

表 8-5 金融市场参数估计值

μ_S	σ_S	a	b	σ_r	ρ
0.11	0.29	3.46	0.021 8	0.017	-0.2

1）风险性资产。利用 1998 年 1 月至 2010 年 1 月期间上证指数代替风险性资产，共 145 个月度交易数据，数据来自港澳资讯数据库，由于假定风险性资产服从对数正态分布模型，采用极大似然估计方法，则年化后的参数（μ_S，σ_S）的估计量如下

$$\mu_S = \frac{\sum_{t=1}^{145} R_i}{145} \times 12 = 0.0093 \times 12 = 0.11$$

$$\sigma_S = \sqrt{\frac{\sum_{t=1}^{145} (R_i - \bar{R})^2}{145}} \times \sqrt{12} = 0.085 \times \sqrt{12} = 0.29$$

式中，$R_t = \ln \frac{S_t}{S_{t-1}}$，表示每月的对数报酬率。

2）瞬时利率。实际中，并不存在真正意义上的瞬时利率，一般用短期利率进行替代。银行间同业拆借市场利率是对于资金供求关系反映较敏感的货币市场利率，一般代表金融机构取得批发资金的成本。综合考虑数据的可得性与有用性后，采取 7 天的同业拆借利率 R007 代替瞬时利率，并采用月度加权利率，数据来自中国统计应用支持系统。样本区间为 1998 年 1 月至 2010 年 1 月，共 145 个数据。将数据进行连续复利转化处理，用 RC007 表示 7 天的连续复利的同业拆借利率，即 RC007 = ln（1 + R007/52）×52。采用极大似然方法，估计 $\mathrm{d}r_t = a(b - r_t)\mathrm{d}t + \sigma_r \mathrm{d}Z_t$ 中的参数。

由 $\mathrm{d}r_t = a(b - r_t)\mathrm{d}t + \sigma_r \mathrm{d}Z_t$ 得 $r(t) = \mathrm{e}^{-at} r(0) + (1 - \mathrm{e}^{-at})b + \int_0^t \sigma_r \mathrm{e}^{-a(t-\mu)} dZ(\mu)$

按照 Nowman（1997）的方法，将上式离散后的方程为：$r(t) = \mathrm{e}^{-a} r(t-1) + (1 - \mathrm{e}^{-a})b + \varepsilon_t$，其中 ε_t（$t = 1, 2, \cdots, 145$）满足

$$E(\varepsilon_t) = 0, E(\varepsilon_t^2) = \int_{t-1}^{t} \sigma_r^2 \mathrm{e}^{-2a(t-\mu)} d\mu = \frac{1}{2a}\sigma_r^2 (1 - \mathrm{e}^{-2a}) = m_t^2$$

定义需要估计的参数向量 $\theta = [a, b, \sigma_r]$，将似然函数取对数，乘以 -2，然后除去常数项，化简得

$$L(\theta) = \sum_{t=1}^{145} [\ln m_t^2 + \frac{(r(t) - e^{-a} r(t-1) + (1 - e^{-a}) b)^2}{m_t^2}] \quad (8.30)$$

通过求 $L(\theta)$ 最小化这一最优化问题，便可得到如下的参数估计值：

$$a = 3.46, b = 0.0218, \sigma_r = 0.017$$

然后我们对标准化后的两组样本数据$\frac{R_t - \mu_S}{\sigma_S}$和 ε_t（$t=1, 2, \cdots, 145$），求它们之间的相关系数得 $\rho = -0.2$。

然后做如下几个简单的假设：采用 CVaR（95%）来作为度量风险值标准，初始的瞬时利率 $r(0) = 0.0225$ 且初始的利率期限结构为一水平直线，则 $P(0, T) = e^{-r(0)T}$，投资机构的策略函数 $f(t)$ 被设定为

$$f(t) = m + nt \quad (8.31)$$

将式（8.31）代入 8.3.2 节提出的命题 8.3 中，得

$$R = P(0,T)\Big[G(T) - \frac{1}{1-p} \exp\Big(\mu_c + \frac{1}{2}\sigma_c^2\Big) \times \phi\Big(\frac{\ln(G(T) - \mathrm{VaR}(p)) - \mu_c - \sigma_c^2}{\sigma_c}\Big)\Big] \quad (8.32)$$

式中，

$$\mathrm{VaR}(p) = G(T) - \exp[\mu_c + \sigma_c \phi^{-1}(1-p)]$$

$$\mu_c = (b + (\mu_S - b)m - \frac{1}{2} m^2 \sigma_S^2) T + \Big(\frac{(u_S - b)n}{2} - \frac{mn\sigma_S^2}{2}\Big) T^2 - \frac{1}{6} n^2 T^3 \sigma_S^2 - (r(0) - b)\Big(\frac{a - am - n}{a^2} + \Big(\frac{nT}{a} - \frac{a - am - n}{a^2}\Big) e^{-aT}\Big)$$

$$\sigma_c^2 = \Big(2\rho\sigma_S cn - \frac{2cn}{a}\Big) f + (2\rho\sigma_S cn + 2cd) e + \Big(\frac{\sigma_r^2 n^2 - 2a\rho\sigma_S n^2 \sigma_r}{3a^2} + \frac{n^2\sigma_S^2}{3}\Big) T^3 + \Big(mn\sigma_S^2 + \rho\sigma_S nd - \frac{\rho\sigma_S mn\sigma_r - nd\sigma_r}{a}\Big) T^2 + (d^2 + m^2\sigma_S^2 + 2\rho\sigma_S md) T + \frac{c^2}{2a}(1 - e^{-2aT})$$

$$c = \frac{(m-1)\sigma_r + nT\sigma_r}{a} + \frac{n\sigma_r}{a^2}, d = \frac{(1-m)\sigma_r}{a} - \frac{n\sigma_r}{a^2}$$

$$e = \frac{1 - e^{-aT}}{a}, \quad f = \frac{T}{a} - \frac{1 - e^{-aT}}{a^2}$$

如果养老基金投资机构期初投入到风险性资产的比例为 x，无风险资产为 $1-x$。随着投资目标期限的临近，期末投入到风险性资产的比例逐步下降至 y，

而无风险资产比例逐步上升至 $1-y$。将 $f(0)=x$, $f(T)=y$ 代入到策略函数 $f(t)=m+nt$ 中可得到 $m=x$, $n=-\frac{x-y}{T}$。

表 8-6 和表 8-7 分别给出了在 $f(t)=m+nt\left(m=x,\ n=-\frac{x-y}{T}\right)$ 策略下，当收益保证率分别为 $g=1.01$，$g=0.95$ 两种情况下，所度量的收益保证风险值。随着期初投入到风险性资产的比例 x 或者期末投入到风险性资产比例 y 变大，期末不能履行收益保证承诺的风险逐渐增大，按照之前的思路，这种风险的增加应该反映在所度量的收益保证风险值上。从表 8-6 和表 8-7 中可以发现，按照本文提出的度量方法，所度量的收益保证风险值确实是随着 x、y 的变大而逐渐增加。表 8-6 中，当 $x=0.4$、$y=0.4$ 时，策略函数 $f(t)=0.4$，这意味着风险性资产占总资产的比例始终为 0.4，可被看做一个固定组合（constant-mix，CM）策略，此时度量的收益保证风险值为 0.178，即应该提取总资金的 17.8% 作为风险准备金。当 $x=0.4$、$y=0$ 时，策略函数 $f(t)=0.4-0.02t$，因为 $f(t)=0.4-0.02t$ 相比 $f(t)=0.4$ 而言，是一个更加保守的策略，所以 $f(t)=0.4-0.02t$ 下所度量的收益保证风险值为 0.075，也相应的小于 $f(t)=0.4$ 时的 0.178。表 8-7 中，当 $x=0.7$、$y=0$ 时，策略函数 $f(t)=0.7-0.035t$，此时度量的收益保证风险值为 0，这表示当采取 $f(t)=0.7-0.035t$ 资产配置策略时，能确保在 95% 的置信水平下能够按期兑付收益保证给付。数值分析表明，本节所提出的结合资产配置策略来度量收益保证风险的方法，可以对不同程度风险偏好的资产配置策略度量出不同的收益保证风险值。这样度量出的风险值将更能够真实地反映投资机构的风险。

表 8-6　$g=1.01$ 时的风险值

$f(t)=m+nt$	$y=0$	$y=0.1$	$y=0.2$	$y=0.3$	$y=0.4$
$x=0.4$	0.075	0.089	0.113	0.143	0.178
$x=0.5$	0.122	0.134	0.156	0.183	0.215
$x=0.6$	0.167	0.179	0.199	0.224	0.252
$x=0.7$	0.212	0.223	0.241	0.264	0.290
$x=0.8$	0.255	0.266	0.283	0.304	0.328

表 8-7　$g=0.95$ 时的风险值

$f(t)=m+nt$	$y=0$	$y=0.1$	$y=0.2$	$y=0.3$	$y=0.4$
$x=0.4$	0	0	0	0	0
$x=0.5$	0	0	0	0	0
$x=0.6$	0	0	0	0	0.023
$x=0.7$	0	0	0.012	0.034	0.061
$x=0.8$	0.025	0.037	0.053	0.074	0.099

从表 8-6 和表 8-7 中还可以发现所度量的风险值普遍比较大，这主要有如下两个原因：①国内风险性资产（上证指数）收益率较低，但波动率较大，导致投资风险资产的风险与收益之间并不能合理匹配。如果投入风险性资产比率过高，将会导致期末不能履行收益保证承诺的风险加大。②由于收益保证率是按照复利计算，在很长一个时期内要想保持一个稳定的收益率增长，这对养老基金投资机构的投资管理水平要求特别高，显然蕴含了较高的风险，从而也得到较高的收益保证风险值。

养老型基金一般投资期限较长，假定利率为常数并不符合现实。另外，养老基金属于风险规避型基金，针对养老基金中嵌入的收益保证，投资管理人一般都会采取某种避险策略来降低到期日不能履行收益保证承诺的风险。我们认为这种风险的降低应该反映在之前所度量的收益保证的风险值上。基于以上两点，本节在随机利率的框架下，结合养老基金的资产配置策略，提出了度量风险的方法，并以养老基金常用的生命周期策略为例，得到了收益保证风险值的解析解，最后实证研究了新方法的可行性与合理性。研究结果表明，运用这种度量方法所计算出的收益保证风险值将能够反映投资机构所采取资产配置策略的风险偏好，更加真实和精确地刻画投资机构所面临的风险，这有助于监管机构更好地防范金融风险，提高监管效率，同时也帮助养老基金投资机构提高风险准备金的使用效率。当前，中国养老基金还处于按照所收取管理费的一定比例提取风险准备金的阶段，随着资本市场的迅猛发展，迫切需要新的理论与方法来度量收益保证的风险，可以预见，本节提出的度量收益保证风险的方法具有重要的理论意义和实际的参考价值。

8.4　本章小结

投资机构会在产品募集说明书上说明其资产配置策略，然而以往的研究在度量收益保证风险时却没有考虑投资机构的资产配置策略。由于不同的资产配置策略背后实际上反映的是不同风险偏好的投资行为，投资机构采取避险策略将会降低期末不能偿付收益保证的风险。反之，如果采取冒险的策略会增加期末不能偿付收益保证的风险。为此，本章提出结合资产配置策略来度量收益保证风险的方法，并通过理论证明和数值分析说明该方法的合理性和可行性。

当前，中国针对收益保证的风险防范机制主要是按照所收取管理费的一定比例提取风险准备金。这种方式能否有效覆盖由收益保证所引致的风险值得进一步探讨。理论上，无论是监管机构针对收益保证向投资机构提取风险准备金，还是出于投资机构自身的风险管理需要都应该以科学度量收益保证的风险作为前提，这样才能更好地防范金融风险。本章提出的结合资产配置策略度量收益保证风险的方法，丰富了风险度量的理论，在实践上也为相关机构进行风险管理提供了一个有价值的参考依据。

第 3 部分　实　务　篇

第9章　中国全国社保基金概况

在世界各个国家，尤其是具备完善金融体系和金融市场机制的发达国家，社会保障基金是该国金融市场的重要组成部分，对于一个国家的稳定和长治久安有重要的作用。全国社会保障基金是中央政府集中的社会保障资金，是国家重要的战略储备，主要用于弥补中国人口老龄化高峰时期的社会保障需要。随着中国老龄化进程的不断加快，社会保障基金支出日益增加，仅仅依靠政府的财政补贴已经远远不能满足社会保障基金的需求，只有通过更有效地对社保基金进行投资运作，从而获得更大的收益，才能支付日益增加的社保基金需求。由于中国老龄化趋势不可避免地越发严重，加之历史遗留下来的隐性债务等问题，对社保基金的支付能力提出了很大的挑战。在社保基金的投资运作方面，由于目前社保基金的投资渠道相当有限，主要以风险较低但收益也较低的银行存款和国债为主要投资对象，因此，社保基金的投资收益率普遍较低，同时，通货膨胀率的居高不下对社保基金的实际收益率也有所影响，2004 年更是出现了负增长的现象。对于以安全性至上为原则的社保基金来说，这样的投资收益率确实不够理想，也更加加重了社保基金的支付压力。本章主要介绍中国社会保障基金的性质、职能、投资运行管理模式以及面临的问题，各节的主要内容安排如下：9.1 节分析全国社会保障基金面临的问题和投资收益情况；9.2 节介绍全国社保基金的投资管理模式；9.3 节介绍全国社保基金发展概况；9.4 节介绍全国社保基金投资运作模式；9.5 节为本章小结。

9.1　中国全国社保基金面临的问题与投资收益

9.1.1　全国社保基金的概念

2000 年 9 月，国务院决定建立“全国社会保障基金”（以下简称社保基金），设立了“全国社会保障基金理事会”（以下简称社保基金会），全国社会保障基金是国家按照法律和政策规定建立、运营，并用于社会保障事业的一种专项基金。社保基金作为中央政府集中的社会保障资金，是国家重要的战略储备，主要用于弥补今后人口老龄化高峰时期的社会保障需要。2001 年 12 月，财政部、人力资源和社会保障部颁布了《全国社会保障基金投资管理暂行办法》，对于全国社会保障基金的性质、职能、投资运行原则以及社会保障基金理事会的职责进行了全面的规定。2002 年年末全国社会保障基金理事会选择南方、博时、华夏等六家公司为首批社保基金投资管理人，选择中国银行和交通银行为托管人，将社保基金更大规模地投入股票市场。根据《全国社会保障基金投资管理暂行办法》规定，全国社保基金主要来源有国家财政拨款、国有股减持、彩票收入等及经国务院批准的以其他方式筹集的资金、投资收益、股权资产。其中主要来源为国家财政拨款。另外，还有个人账户基金，为社保基金会受做实个人账户试点省（自治区、直辖市）委托管理的个人账户资金及其投资收益。根据财政部、人力资源和社会保障部《做实企业职工基本养老保险个人账户中央补助资金投资管理暂行办法》和社保基金会与试点省（自治区、直辖市）签署的委托投资管理合同，纳入全国社保基金统一运营，作为基金权益核算（全国社会保障基金理事会 2008 年度报告）。

原行业统筹企业基本养老保险基金（以下简称行业统筹基金）为社保基金会受财政部、人力资源和社会保障部委托管理的原行业统筹企业基本养老保险资金及其收益，根据财政部、人力资源和社会保障部《原行业统筹企业基本养老保险基金管理办法》纳入全国社保基金统一运营，作为基金负债核算。

综上所述，目前全国社保基金会管理的资金主要包括三个方面，分别是全国社保基金、国内 9 个做实个人账户试点省的个人账户基金，以及原行业统筹企业基本养老保险基金。其中，全国社保基金占据大头，后两部分均划入基金中统一管理。

目前，全国社保基金的主要资金来源于中央财政预算拨款、国有股减持或转持划入的资金和股权资产资金、发行各类彩票划拨的一部分资金、投资收益，按规定比例投资于有固定收益的各类债券和存款、股票、实业等，具体如表 9-1 所示。

表 9-1　历年拨入全国社会保障基金的主要收入项目　　单位：亿元

项　目	2000 年	2001 年	2002 年	2003 年	2004 年	2005 年	2006 年	2007 年
财政拨款收入	200	595.26	415.76	49.08	278.54	228.70	574.24	308.14
国有股减持收入	0	121.78	88.1	4.08	47.03	82.65	114.37	43.88
彩票发行收入	0	0	23.75	45	60.53	46.05	73.67	83.28
个人账户基金	0	0	0	0	0	0	45.52	106.9

资料来源：http://www.ssf.gov.cn

9.1.2 全国社保基金面临的现实问题

全国社会保障基金是中央政府集中的社会保障资金，作为国家重要的战略储备，已经受到了越来越多的关注。社保基金的社会保障功能能否实现，直接关系到社会的稳定和发展。而目前，社保基金也面临着一些问题，若不予以重视，将直接影响到社保基金的社会保障功能，从而给社会的稳定带来负面影响。

全国社保基金面临以下几个主要问题。

首先是中国人口老龄化速度加快。2000 年第五次人口普查显示，中国 65 岁以上人口占整个人口比重达 6.96%，按照国际通行标准，即将进入老龄社会。目前，中国人口平均预期寿命已达 72 岁，一些城市更是达到 76 岁，不仅大大超过发展中国家的平均水平，而且比一些发达国家还要高（田雪原，2003）。根据人口学家预测，2010 年，中国 60 岁以上老年人口占总人口的比例为 12.3%，65 岁以上老年人口占总人口比例为 8.1%；到 2020 年，上述比例分别为 16.7% 和 11.5%；到 2050 年分别为 29.9% 和 22.7%（表 9-2）。

表 9-2 各时段老年人口预测比例 单位:%

年 份	60 岁以上老年人口比例	65 岁及以上老年人口比例
2000	10.1	6.96
2005	10.8	7.5
2010	12.3	8.1
2020	16.7	11.5
2050	29.9	22.7

2010 年第六次人口普查的结果显示，中国 60 岁以上人口占整个人口比重达 13.26%，65 岁以上人口占整个人口比重达 8.876%，远高于预测的结果，从中国的人口老龄化发展来看，有两个非常显著的特征。首先，中国人口老龄化过程发生晚，发展速度快（李珍，1999）。按照 65 岁以上人口占 5% 以下，5% ~7% 及 7% 以上分别是青年型、壮年型和老年型人口结构的标准，从人口结构的变化看，中国从 20 世纪 50 年代以来所表现出的特点是，壮年期很短，老年期来得太快。中国人口的壮年期从 1982 年到 2000 年只有 18 年，而全世界平均的人口壮年期为 50 多年。从 2000 年老年人口占总人口的 7% 到 2030 年老年人口占总人口的 14%，中国走完这段历程只有 30 年，而法国经历 140 年，美国花 70 年，瑞典

花85年。可见中国老龄化的趋势发展之迅速，并且就目前情况而言，老龄化的趋势还会继续。其次，老年人口结构的地区间不平衡性明显，人口老龄化由东向西构成了由严重向不严重转变的阶梯。上海、浙江、北京、江苏、天津等地区人口老龄化程度最严重，其次是山东、广东、河南、河北、湖北等地区。可见，经济相对发达的地区老龄化程度也相对比较严重，因此，从动态看，表现为越来越大的养老金需求与经济发展对资金需求的矛盾。

全国社保基金面临的第二个问题是社保基金的积累不够。这个不仅仅是现在的问题，也是历史遗留的问题。社保基金积累不足，就会导致社保基金的隐性债务。社保基金的隐性债务问题，也是同中国社保基金制度选择“统账结合”模式相伴而成的。根据世界银行公布的中国社保基金收支缺口研究报告显示，按照目前的制度模式，到2075年，中国社保基金的收支缺口将高达9.15万亿元。

另外，根据国家统计局提供的数据资料整理并画出中国基本养老保险1996～2009年收入、支出与结余的增长曲线（图9-1）和中国1996年到2009年就业人员平均工资的增长曲线图（图9-2）。由图9-1可以看出盈余积累增长缓慢，由图9-2可以发现，中国在职员工工资是保持高速增长的，在职员工在企业效益正常增长的情况下，每年享受一定程度的工资增长，保证员工生活水平和积累财富的不断增长也是非常正常的。相应的，退休以后如果每月领取固定金额的退休金，也不符合退休人员对于工资增长的期待，所以比较科学的养老金支付方式应该是领取的养老金增长率能够保证其工资的增长率。

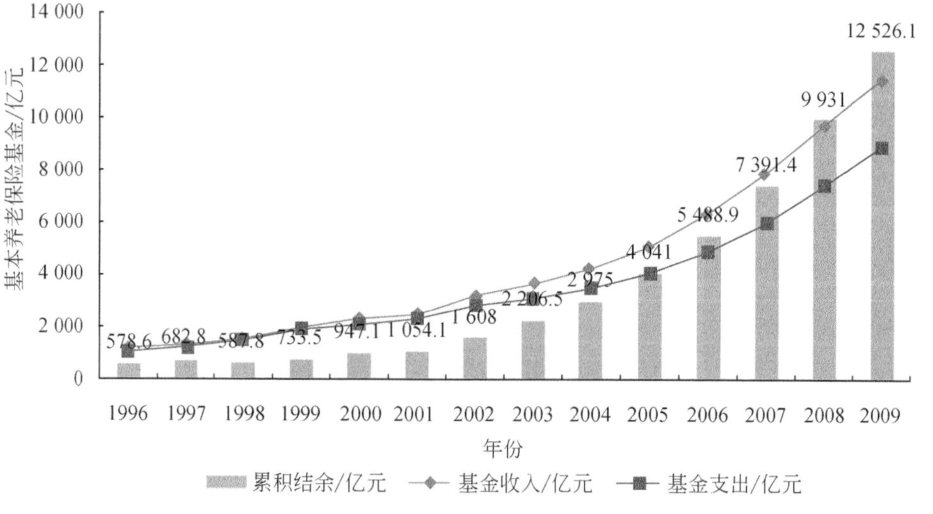

图9-1　中国基本养老保险收入、支出与结余

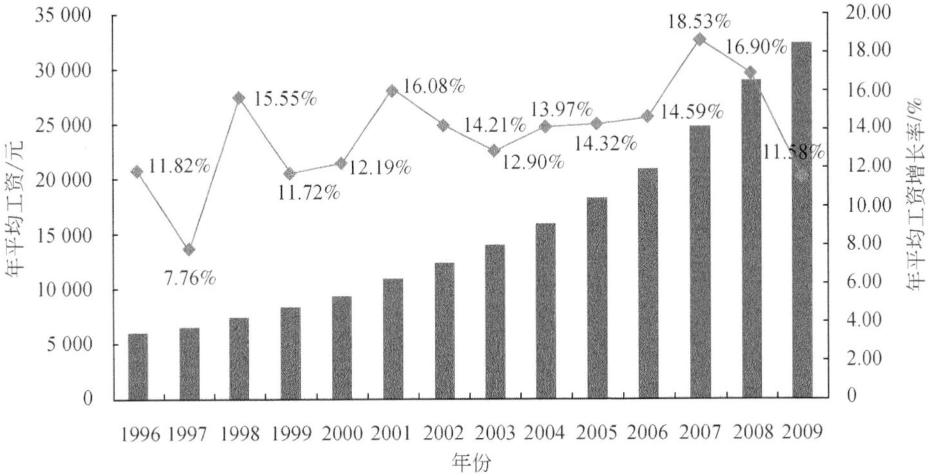

图 9-2　中国就业人员平均工资的增长

具体来说，我们可以观察养老保险替代率这一指标。养老保险替代率是指社会平均工资替代率，即一个人退休之后能拿到相当于社会平均工资多少的比例。1995 年实行统账结合的城镇职工基本养老保险制度时，目标替代率为 60% 左右，这一水平能保证必要的生活支出。如果低于这个水平，对于改革时已经进入退休和进入高龄的职工而言，退休金很难提供“保基本”的水平，许多人将会陷入相对贫困。

最后，还要高度重视社保基金的投资风险。一般认为，社保基金投资的股票，安全性比较高，在历史上的阶段性低点，社保基金多少会有一些正买入的迹象；而相反，在重要性的高点，社保基金卖出会表现得非常的迅速，这将在第 11 章通过历史数据进行分析。但是，2011 年 7 月 9 日《第一财经日报》根据 Wind 数据统计显示，截至 2011 年 7 月 8 日社保基金共参与了 73 只新股网下申购，其中有 43 家上市公司处于破发状态，这说明社保基金申购新股的风险不可忽视，具体如表 9-3 所示。

表 9-3　截至 2011 年 7 月 8 日社保基金申够新股破发股票一览表

名　称	参与社保组合数	获配数量/万股	最新价格/元	首发价格/元	后复权收盘价/元	占总股本比例/%	折价率/%
天瑞仪器	1	37.00	25.71	65.00	41.44	0.31	-36.26
亚太科技	2	244.00	20.20	40.00	26.46	0.59	-33.91
华锐风电	5	331.03	30.09	90.00	61.18	0.05	-32.01

续表

名　称	参与社保组合数	获配数量/万股	最新价格/元	首发价格/元	后复权收盘价/元	占总股本比例/%	折价率/%
大智慧	10	351.68	15.85	23.20	16.00	0.08	-31.08
通裕重工	3	450.00	17.94	25.00	17.94	0.25	-28.24
风范股份	1	8.24	24.84	35.00	25.19	0.04	-28.06
佳士科技	1	200.00	19.13	26.50	19.13	0.90	-27.81
通源石油	1	85.00	31.08	51.10	37.80	1.07	-25.97
福安药业	1	39.00	31.68	41.88	31.68	0.29	-24.36
森马服饰	1	140.00	50.90	67.00	50.90	0.21	-24.03
舒泰神	1	55.00	40.07	52.50	40.07	0.82	-23.68
大华农	1	88.00	16.70	22.00	17.00	0.33	-22.73
亚威股份	2	110.00	31.24	40.00	31.44	0.63	-21.46
天喻信息	1	88.00	31.62	40.00	31.62	1.10	-20.95
江南水务	4	35.96	15.28	18.80	15.28	0.06	-18.72
华峰超纤	2	160.00	16.11	19.73	16.11	0.51	-18.35
博威合金	1	55.08	22.13	27.00	22.13	0.26	-18.11
中电环保	1	100.00	20.53	25.16	20.63	1.00	-17.98
万和电气	1	100.00	24.61	30.00	24.86	0.50	-17.22
潜能恒信	1	50.00	34.50	41.46	34.50	0.63	-16.79
东方国信	1	40.00	46.09	55.36	46.59	0.99	-15.85
聚光科技	2	200.00	17.02	20.00	17.02	0.22	-14.90
佳讯飞鸿	1	70.00	18.80	22.00	18.80	0.83	-14.55
德力股份	1	73.00	24.92	28.80	24.92	0.86	-13.47
上海绿新	1	67.00	27.15	31.20	27.15	0.50	-12.98
贝因美	1	66.00	37.16	42.00	37.16	0.15	-11.52
辉隆股份	2	150.00	21.10	37.50	33.96	0.31	-9.45
维尔利	1	52.00	52.54	58.50	53.04	0.98	-9.27
新都化工	1	84.00	30.62	33.88	30.92	0.51	-8.67
文峰股份	2	556.18	18.34	20.00	18.34	0.21	-8.30
金新农	1	80.00	22.55	24.00	22.85	0.85	-4.85
星宇股份	6	258.21	20.00	21.24	20.23	0.29	-4.71

续表

名　称	参与社保组合数	获配数量/万股	最新价格/元	首发价格/元	后复权收盘价/元	占总股本比例/%	折价率/%
汉得信息	1	65.00	17.38	25.32	24.63	0.40	-2.83
三星电气	1	189.21	19.47	20.00	19.47	0.71	-2.65
九牧王	2	100.28	21.48	22.00	21.48	0.06	-2.36
秀强股份	1	78.00	33.94	35.00	34.20	0.84	-2.20
北京君正	2	50.00	43.23	43.80	43.23	0.31	-1.30
东富龙	3	75.00	42.10	86.00	85.00	0.16	-1.08
史丹利	1	160.00	34.66	35.00	34.66	1.23	-0.97
圣阳股份	1	75.00	25.57	25.80	25.57	1.00	-0.89
内蒙君正	1	49.32	24.94	25.00	24.94	0.08	-0.24
美亚柏科	1	54.00	39.95	40.00	39.95	1.01	-0.12
安利股份	2	132.00	17.99	18.00	17.99	0.63	-0.06

从整体上看，由于巨大的历史隐性债务需要通过统筹账户来补偿，人口老龄化更使社会养老保险基金的统筹账户支付压力巨大，不但养老金支出要增加，而且医疗保险金支出也会迅速增加，社会负担会成倍扩大，未来一段时间内统筹账户的支付风险会越来越大。从地区分布来看，人口老龄化使社会养老保险基金在地区之间分布极不均衡，赤字与盈余并存。因此，在目前的收支模式下，必须尽可能地提高社保基金的资产积累，从而避免由于社保基金支付能力不足所带来的种种风险。同时还必须加强社保基金的投资风险控制，不能因为取得了较好的成绩沾沾自喜，而忽视风险。特别是新股申购风险，风险控制是原则，是一整套规程，不能因为业绩的好坏和领导人的态度而改变，只能不断总结经验来加强和改进风险控制，提高风险管理的能力和收益率水平。

9.1.3　全国社保基金投资收益

从近几年的投资管理和投资收益来看，全国社保基金的投资管理精细化趋势日渐明显。一是合理配置各类资产，调整固定收益类投资中各项金融产品结构，提高长期大额存款收益率，增加对社会保障房建设的支持力度。二是增加委托股票投资的组合，稳定和增加对股票的投资。三是增加对未上市公司股权和股权投资基金的投资，创造条件启动对养老事业项目的投资。四是适当扩大对境外投资的范围和金额。五是主动选择投资项目，建立投资项目储备库，按每年实际投资额 2 倍以上的规模，建立准备程度不同的投资项目储备库，做好滚动开发。

自 2003 年 6 月按照相关法规规定开展股票投资以来，除了 2008 年受金融危机影响，国内股票大幅下跌，收益率首次出现负数外，其他年份均实现了正的收益率。2004 年社保基金的已实现收益率为 3.32%，2005 年已实现收益率为 3.12%，2006 年已实现收益率将近 10%，特别是 2007 年，借助股市大幅上涨，全国社会保障基金已实现投资收益 1129.20 亿元，已实现收益率 38.9%。2001 年到 2008 年 8 年间累计投资收益率达到 8.98%。全国社保基金 2009 年已实现收益 427.66 亿元，收益率为 8.39%。2010 年年报表明，全国社保基金在当年全年的利息收入、证券差价收入、股利收入、信托投资收益、衍生金融工具收益和长期股权投资收益等方面，较 2009 年都有了较大幅度的提高。2010 年已实现收益 426.41 亿元，收益率为 6.56%。基金自成立以来到 2010 年年底，累计投资收益额 2772.60 亿元，年均投资收益率为 9.17%（表 9-4）。

表 9-4　历年社保基金收益率和通货膨胀率

年　份	投资收益		已实现收益		通货膨胀率/%
	金额/亿元	收益率/%	金额/亿元	收益率/%	
2001	7.42	1.73	9.67	2.25	0.7
2002	19.76	2.59	21.00	2.75	-0.8
2003	44.71	3.56	34.07	2.71	1.20
2004	36.72	2.61	45.91	3.32	3.90
2005	71.22	4.16	52.90	3.12	1.80
2006	619.79	29.01	195.80	9.34	1.50
2007	1 453.50	43.19	1129.20	38.93	4.80
2008	-393.72	-6.79	233.62	5.20	5.9
2009	850.49	16.12	427.66	8.39	-0.7
2010	321.22	4.23	426.41	6.56	3.3

图 9-3 给出了全国社保基金 2001～2010 年投资收益情况，图 9-4 给出了全国社保基金 2001～2010 年的实际收益率曲线，即社保基金收益率与通货膨胀率之差，从中可以发现除了 2004 年和 2008 年为负值外，其余各年都能获得正的收益率，也就是说，至少达到了社保基金保值的功能。并且在 2006 年和 2007 年的两年大牛市中，2006 年的实际收益率接近 10%，2007 年更是接近 35%。在保值

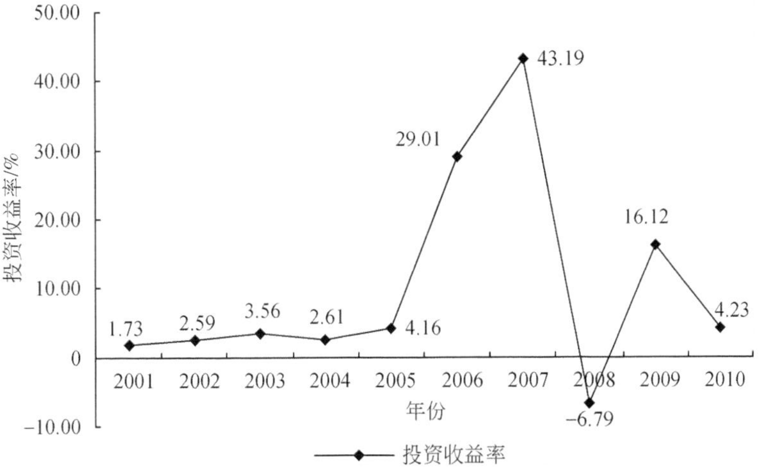

图 9-3 全国社保基金历年投资收益曲线

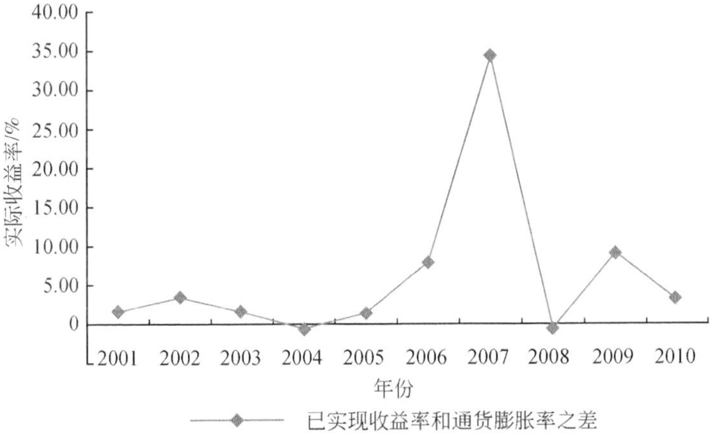

图 9-4 社保基金 2001 ~2010 实际收益率

的目标之上还达到了增值的目的。

但近几年的通货膨胀率呈现出逐步走高的趋势，特别是金融危机以来，各国为了刺激经济增长，帮助经济尽快复苏，均采取了低利率政策和增加流动性的办法，但随之而来的却是对通货膨胀预期的增加。尽管央行为了治理通货膨胀，人民币存款基准利率也一再提高，一年期整存整取已经达到 3. 50%，5 年期整存整取已经达到 5. 50%（表 9-5），但从实际收益率来看（即一年期定期存款利率和通货膨胀率两者利差）也是非常低的，甚至在 2004 年、2007 年、2008 年以及

2010 年度实际收益率为负值，因此，仅靠大比例地投资于银行存款，社保基金的收益率很难令人满意；而投资于国债，尽管收益率略比银行存款高，但远不能满足社保基金的基本收益率要求。因此，要提高社保基金的收益率，就必须加大风险资产的投资。目前，根据《全国社会保障基金管理暂行办法》，比较合理地提高社保基金收益率的方式即是加大股权资产的投资。

表 9-5　2001 ~ 2011 年通货膨胀率和银行定期存款利率比较

时　间	通货膨胀率/%	银行定期存款利率/%					
		三个月	半年	一年	二年	三年	五年
2001	0.7	1.98	2.16	2.25	2.43	2.70	2.88
2002	0.8	1.71	1.89	1.98	2.25	2.52	2.79
2003	1.20	1.71	1.89	1.98	2.25	2.52	2.79
2004	3.90	1.71	2.07	2.25	2.70	3.24	3.60
2005	1.80	1.71	2.07	2.25	2.70	3.24	3.60
2006	1.50	1.80	2.25	2.52	3.06	3.69	4.14
2007	4.80	3.33	3.78	4.14	4.68	5.4	5.58
2008	5.9	1.71	1.98	2.25	2.79	3.33	3.60
2009	-0.7	1.71	1.98	2.25	2.79	3.33	3.60
2010	3.3	2.25	2.50	2.75	3.55	4.15	4.55
2011-2-9	4.9	2.60	2.80	3.00	3.90	4.50	5.00
2011-4-6	5.3	2.85	3.05	3.25	4.15	4.75	5.25
2011-6-7	6.4	3.10	3.30	3.50	4.40	5.00	5.50

9.2　中国全国社保基金的投资管理模式

目前，社保基金的投资模式主要分为直接投资和委托投资。直接投资是社保基金会直接进行投资运作管理；委托投资是社保基金会根据《全国社会保障基金管理暂行办法》，委托符合管理人标准的专业金融投资管理公司进行社保基金的投资运作。社保基金会直接运作的社保基金的投资范围限于银行存款、在一级市场购买国债；而其他投资需委托社保基金投资管理人管理和运作，并委托社保基金托管人托管，也就是必须通过委托投资来进行。社保基金托管人对社保基金资产进行托管并对社保基金委托管理人进行监管。同时，中国人民银行和证监会也会分别对社保基金托管人和社保基金委托管理的基金公司进行监管。

9.2.1 全国社保基金理事会

全国社会保障基金理事会于 2000 年 8 月正式成立，是社会保障基金的独立法人机构。全国社会保障基金主要由全国社会保障基金理事会统一进行管理。作为国务院直属正部级事业单位。全国社会保障基金理事会 2010 年度基金年度报告给出了全国社会保障基金理事会的组织架构图 9-5。理事大会由理事长、副理事长、理事组成，是社保基金会的最高权力机构，主要负责基金的重大战略决策和社保基金会的重大事宜决策。理事长、副理事长由国务院任命，理事由国务院聘任。理事长是社保基金会的法定代表人和最高负责人。社保基金会现设办公厅、规划研究部、基金财务部、投资部、境外投资部、股权资产部（实业投资部）、法规及监管部、信息技术部、机关党委（人事部）和机关服务中心等职能部门。投资决策委员会、风险管理委员会和专家评审委员会为社保基金会非常设机构。

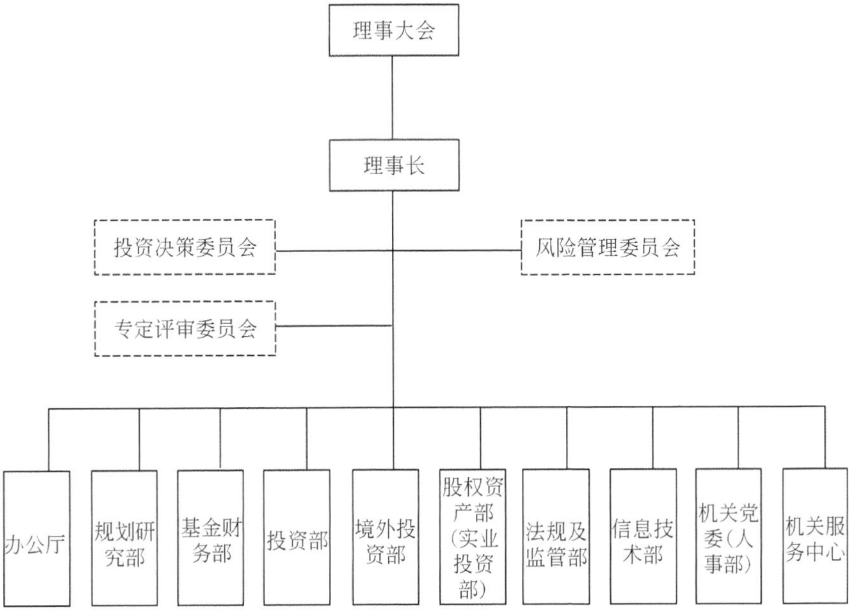

图 9-5　全国社会保障基金理事会的组织架构图

全国社会保障基金理事会具体负责管理中央财政拨入的资金、减持国有股所获资金及其他方式筹集的资金；制定全国社会保障基金的投资经营策略并组织实施；选择并委托全国社会保障基金投资管理人、托管人，对全国社会保障基金资产进行投资运作和托管，对投资运作和托管情况进行检查；在规定的范围内对全国社会保障基金资产进行直接投资运作；负责全国社保基金的财务管理与会计核算，定期编制财务会计报表，起草财务会计报告；定期向社会公布全国社保基金的资产、收益、现金流量等财务情况；根据财政部、人力资源和社会保障部共同下达的指令和确定的方式拨出资金；承办国务院交办的其他事项。

全国社保基金理事会直接运作的社保基金的投资范围限于银行存款、在一级市场购买国债。目前，全国社保基金理事会主要管理社保基金 001 和 002 等零字头组合投资股票，其他都委托专业的基金管理公司和证券公司进行投资运作。

9.2.2 全国社会保障基金投资管理人

社保基金委托投资主要采取境内委托和境外委托两种方式来进行委托投资。根据《全国社会保障基金管理暂行办法》，社保基金投资管理人必须履行社会保障基金会委托资产管理合同，根据市场情况，合理地进行社保基金的投资运作。社保基金投资管理人可以是专业的基金管理公司、证券公司以及其他满足其要求的相关金融投资机构。

从 2003 年社保基金理事会委托投资比例来看，呈现出上升的趋势。通过专业的金融投资机构进行委托投资，可以更好地利用其经验获得更高的收益率。尤其随着中国资本市场的不断完善，入市比例的不断增加，委托投资将成为社保基金投资的主要方式。

（1）境内委托管理人

对于境内委托投资管理人，在 2003 年 6 月，南方基金管理有限公司、博时基金管理有限公司、华夏基金管理有限公司、鹏华基金管理有限公司、长盛基金管理有限公司、嘉实基金管理有限公司 6 家基金公司成为首批社保基金委托投资管理人。2004 年 11 月，易方达基金管理有限公司、招商基金管理有限公司、国泰基金管理有限公司三家基金管理公司和中国国际金融有限公司，成为第二批社保基金委托投资管理人。2010 年 12 月大成基金管理有限公司、富国基金管理有限公司、工银瑞信基金管理有限公司、广发基金管理有限公司、海富通基金管理有限公司、汇添富基金管理有限公司、银华基金管理有限公司、中信证券股份有限公司共 8 家公司成为第三批境内委托投资管理人。至此，社保基金委托投资管理人共为 18 家专业金融机构，根据公开信息和熊婷婷等（2011）报道，笔者整理出已知的 10 家机构与全国社保基金理事会管理的社保组合 59 只，具体如表 9-6 所示。

表 9-6 全国社保基金理事会与境内委托投资管理人管理的社保组合一览表

名称	股票型	债券型	稳健配置型	新股型	合计
南方基金管理有限公司	101 组合	201 组合 301 组合		401 组合 701 组合	5
博时基金管理有限公司	102 组合 108 组合 103 组合 501 组合	202 组合 802 组合 902 组合		402 组合 702 组合	9
鹏华基金管理有限公司	104 组合 503 组合	204 组合 304 组合		404 组合 704 组合	6
长盛基金管理有限公司	105 组合	205 组合 305 组合	603 组合	405 组合 705 组合	6
嘉实基金管理有限公司	106 组合 504 组合	206 组合 306 组合	602 组合	406 组合 706 组合	7
华夏基金管理有限公司	107 组合 007 组合	203 组合 801 组合 901 组合		403 组合 703 组合	7
易方达基金管理有限公司	109 组合 502 组合		601 组合	407 组合 707 组合	5
招商基金管理有限公司	110 组合		604 组合	408 组合 708 组合	4
国泰基金管理有限公司	111 组合			409 组合 709 组合	3
中国国际金融有限公司	112 组合			410 组合 710 组合	3
大成基金管理有限公司					
富国基金管理有限公司					
工银瑞信基金管理公司					
广发基金管理有限公司					

续表

名　称	股票型	债券型	稳健配置型	新股型	合　计
海富通基金管理有限公司					
汇添富基金管理有限公司					
银华基金管理有限公司					
中信证券股份有限公司					
全国社保基金理事会	001 组合 002 组合 005 组合 006 组合				4
合计	21	14	4	20	59

从表 9-6 中可以看出，新增的 8 家机构管理的社保组合还没有公开信息，笔者认为全国社保基金可以不像共同基金一样公布投资组合，但应定期公布管理人、组合规模与市值及盈亏数量和原因，全国人民代表大会应该履行对全国社保基金理事会监督管理的责任。

（2）境外委托投资管理人

境外委托投资的产品主要有投资于全球股票（不包括美国）的积极型权益类产品、投资于美国股市的指数型产品、投资于香港市场的积极型权益类产品及全球债券和先进组合。境外委托的社保基金投资管理人如表 9-7 所示。

表 9-7　全国社保基金境外委托投资管理人

产　品	类　型	管理人
全球股票（除美国）	积极型	State Street Global Advisor（道富）
		Alliance Bernstein（联博）
		AXA Rosenberg（安盛罗森堡）
美国股票	指数增强型	T. Rowe Price（普信）
		JANUSINTECH（骏利英达资产管理）
香港股票	积极型	Allianz（德盛安联）
		UBS（瑞士银行）
		INVESCO（景顺投资）

续表

产　品	类　型	管理人
全球债券	积极型	Black Rock（贝莱德）
		PIMCO
		Alliance Bernstein（联博）
现金组合		Black Rock（贝莱德）

资料来源：全国社保基金理事会投资报告

9.2.3　中国全国社会保障基金托管人

全国社会保障基金托管人受社会保障基金理事会的委托作为社会保障基金理事会的保管代理人执行基金托管职能。全国社保基金托管人目前主要还是以商业银行为主。其主要职责为尽职保管社保基金的托管资产，执行社保基金投资管理人的投资指令并负责办理社保基金名下的资金结算，监督社保基金投资管理人的投资运作，发现社保基金投资管理人的投资指令有违法违规情况的向理事会报告等。目前，中国银行、交通银行和工商银行为全国社保基金境内主要托管人；北美信托银行和花旗银行为全国社保基金境外投资全球托管银行。

9.3　中国全国社保基金发展情况

9.3.1　全国社保基金资产规模发展

截至2000年年末，全国社保基金的总量为200亿元，均为财政拨款。此时，社保基金的投资动作还较为谨慎。显然2000年的起步资金不高，但是社保基金的发展速度有目共睹，仅仅在一年之后，社保基金的规模就翻了两番。根据全国社会保障基金理事会2001～2010年的年度报告财务数据整理得到的结果如表9-8所示。

2001年12月31日社保基金的资产总额只有805.09亿元。而截至2010年12月30日，社保基金资产总额达8566.9亿元，相比2000年成立时的200亿元，资金总量已经增长40多倍，与2001年比增长了10倍。而全国社保基金权益总额超过了7800亿元。由此可见社保基金资金增长速度之快，图9-6给出了社保基金2000～2010年的资产规模及增长率。

表 9-8　2001～2010 年全国社保基金主要财务数据　　（单位：亿元）

项　目	2001 年	2002 年	2003 年	2004 年	2005 年	2006 年	2007 年	2008 年	2009 年	2010 年
资产总额	805.10	1241.86	1325.01	1711.44	2117.87	2827.69	4396.94	5623.70	7766.22	8566.90
全国社保直接投资	—	—	1006.14	1098.77	1387.58	1771.05	2327.54	3057.89	4145.07	4977.56
委托投资	—	—	318.87	612.67	730.29	1056.64	2069.40	2565.81	3621.15	3589.34
权益总额	805.09	1241.86	1325.01	1659.86	1954.27	2769.83	4337.83	5130.89	7367.32	8375.58
全国社保权益	—	—	—	—	—	2724.16	4139.75	4803.81	6927.73	7809.18
个人账户权益	—	—	—	—	—	45.67	198.08	327.08	439.59	566.40
负责余额	0	0	0	51.58	163.60	57.86	59.11	492.81	398.90	191.32
财政拨款收入	795.26	415.76	49.08	278.54	228.70	574.24	308.14	326.95	825.89	634.44
已实现投资收益	9.67	21	34.07	45.91	52.90	195.80	1129.20	233.62	427.66	426.41
累计投资收益额	9.84	—	—	—	—	—	—	1598.11	2448.59	2772.60
投资收益额	7.42	19.76	44.71	36.72	71.22	619.79	1453.50	-393.72	850.49	321.22

注：“—”表示不详

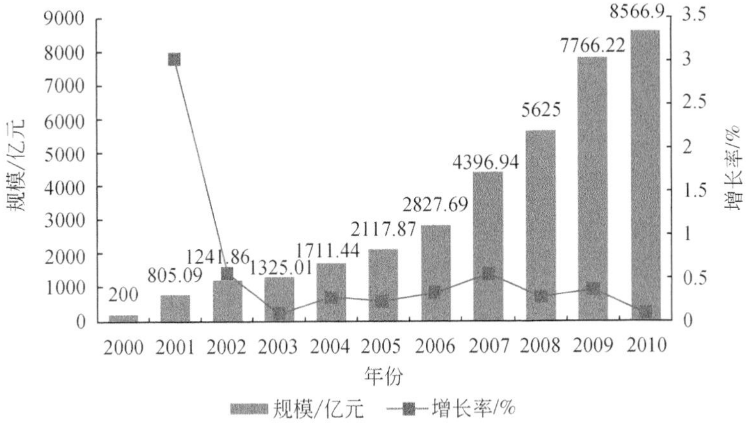

图 9-6 社保基金 2000～2010 年资产规模及增长率

9.3.2 全国社保基金股票市场投资规模

社保基金入市开始于 2001 年 12 月 13 日，《全国社会保障基金投资管理暂行办法》出台，该文件规定社保基金投资基金、股票的比例最高可达总资金量的 40%。全国社保基金第一次在国内股市最大的投资，便是以战略投资者身份申购中国石化新股 3 亿股，成本 12.64 亿元。

2003 年 6 月，社保基金与南方、博时、华夏等 6 家基金管理公司正式签订相关授权委托协议，拉开了社保基金投身股市的序幕。

由图 9-7 可以看出，自 2001～2010 年仅 10 年时间，社保基金持股市值从

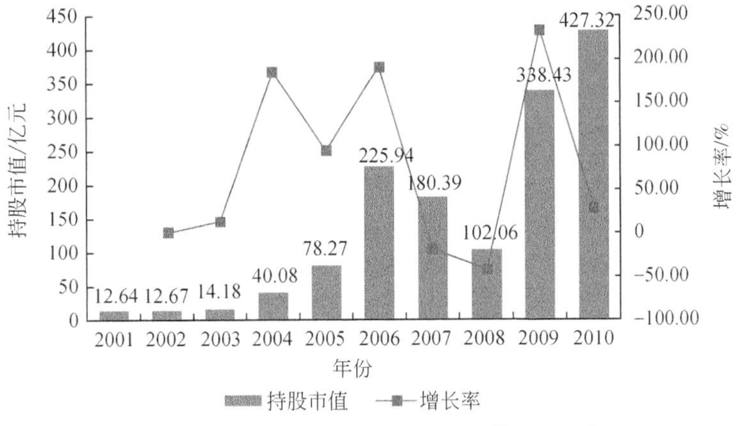

图 9-7 全国社保基金历年持股市值及增长率

12.64亿元增长到427.32亿元，增幅达33倍，年均增长率达到42.2%，可见社保基金入市资金规模的增长态势。除了2008年遇熊市行情，股市资产缩水外，其他年份基本保持稳定增长。截至2010年年末社保基金持股市值达427.32亿元。

随着社保基金规模的不断壮大和政策面的不断创新，流入股市的资金量将会大为增加，市场的资金面环境将更为宽松。这样，更有助于转变市场的投资理念，引导投资理念向价值回归，充分发挥社保基金稳定市场的功能。

9.3.3 国有股转持充实社保基金的政策影响

2009年6月19日，国务院发布了《境内证券市场转持部分国有股充实全国社会保障基金实施办法》。该办法指出，在境内证券市场实施国有股转持政策，即股权分置改革新老划断后，凡在境内IPO的含国有股公司，须按发行股份数量的10%，将部分国有股转由全国社保基金持有。这一实施办法具有十分重大的历史与现实意义。

这一政策除了有补充社保基金资本金、填补社保基金历史缺口、缓解人口老龄化压力、分散公司股权、走出“一股独大”的困境等作用外，最重要的一点是国有股转持的政策有利于延长“大小限”的锁定期，从而延后或分散市场减持压力，这将非常有利于对个股的股价稳定。同时，通过国有股转持全国社保基金，并强制延长这部分转持“大小非”的锁定期，可以迫使社保基金进行硬性“长期投资”，从而有利于中国股市的长期稳定与健康发展。最后，国有股转持后，社保基金将再增加持有131家公司的国有股约83.94亿股，发行市值约639.33亿元，更加巩固了社保基金作为资本市场最大机构投资者的地位。因此也会增加其在资本市场的影响力，这一点也更凸显了对社保基金资产配置研究的重要价值。

9.4 中国全国社保基金投资运作

全国社会保障基金是中央政府集中的社会保障资金，是国家重要的战略储备，2000年成立以来，全国社保基金在股票投资实践中逐渐形成了价值投资理念、长期投资理念和责任投资理念，并建立了投资原则，明确了投资范围。

9.4.1 全国社保基金投资原则

社保基金的投资要遵循三大原则，即安全性、盈利性和流动性。社保基金投资运作必须以三大原则为基础，进行有效的资产投资，从而达到社保基金保值增值的目的（万解秋等，2003）。下面详细说明三大原则。

（1）安全性原则

安全性原则是指资本金及其收益安全收回的确定性。安全性原则是社保基金投资运作中最为重要的原则。社保基金作为老百姓的养命钱，一旦盲目投资于高风险的项目而未能获得预期收益，势必会影响到被保障群体的基本生活，引起社会动荡。因此，社保基金的投资应尽可能地避免财务风险、利率风险、汇率风险等。

（2）盈利性原则

盈利性原则是指在符合安全性原则的情况下，尽可能地使社保基金的投资收益率最大化。尤其在当今通货膨胀率持续走高的经济环境中，如果社保基金投资能够取得较大收益，无疑可以大大减轻国家的财政压力，个人的经济压力也会大大减小。

（3）流动性原则

流动性原则简而言之就是社保基金变现的难易程度。从未来的发展趋势来看，社保基金投资将不仅仅局限于流动性较强的银行存款和股票资产等，房地产投资和实业投资也会成为社保基金的主要投资产品。而房地产投资等项目缺乏流动性，对于具有专款专用性和应急性特点的社保基金而言，无疑加大了其流动性风险。

9.4.2 全国社保基金投资范围

社保基金境内投资范围包括银行存款、债券、信托投资、资产证券化产品、股票、证券投资基金、股权投资和产业投资基金等。基金境外投资范围包括银行存款、银行票据、大额可转让存单等货币市场产品，债券、股票、证券投资基金，以及用于风险管理的掉期、远期等衍生金融工具。社保基金投资的主要产品种类有以下几种（郭士征，2006）。

（1）银行存款

银行存款历来是国内外社保基金投资的重要工具，在中国建立资本市场之前是最主要的保值渠道。相对于其他投资方式，银行储蓄存款种类较多，安全性较高，并且除了长期存款以外，活期存款和短期定期存款的方式比较灵活，因此资金的流动性较好，但是收益率较低。由于中国的存款利率是受管制的官方固定利率，再加上 20 世纪 90 年代初期经济过热带来高通货膨胀，以及 21 世纪初刺激内需多次降息，加大了社保基金存入银行所面临的通货膨胀风险。尽管一些国家对于存入银行的社会保障基金给予优惠利率，特别是在通货膨胀水平较高的时期，对存入银行的社会保障基金还给予保值甚至一定的增值补贴。但是，从整体来说银行存款的收益率还是较低。

（2）国债

由于国家债券的高安全性和流动性，国际上将社会保障基金大量投资国债的现象极为普遍，且在社会保障基金投资组合中还占有较大的比重。自从 2002 年以来，中国政府实行积极的财政政策，国债发行数量逐年递增，交易日趋活跃。社保基金对于国债投资的比例也较大，将近 50%。但是问题还是存在的。目前，中国已发行的国债存在品种单一，期限结构不合理，可上市流通国债数量有限等问题，制约了社保基金可选择的种类和结构。

（3）股票

股票与国债、银行存款等相比，风险大、收益高，受市场情况影响较大。股票的风险主要体现在以下几个方面：

一是利率风险。利率作为资金的价格，是调节资金供求的杠杆。同时，利率也是证券确定价格的重要因素之一，因此与证券的价格存在密切的联系，利率升高，证券价格下跌，利率降低，证券价格上升。由于中国目前仍未实行人民币利率市场化，因此股票投资的利率风险相对来说小一些。

二是政策风险。政策风险和中国目前的国情是分不开的。中国仍处于计划经济向市场经济转变的时期，产业结构也在调整之中，随着改革的深入，许多改革措施、产业政策以及政府的宏观调控政策的出台都会对中国某些产业、行业甚至整个经济产生影响，从而投资于这些行业的股票也就不可避免地存在风险。可以预见，政策风险在今后的时期内仍将长期存在。

三是股票价格变动风险。股票价格受到许多因素的影响，如股票本身基本面的变化、整个经济环境的改变以及市场供求状况等。如果股价下跌投资者就将面临损失。在中国股票市场上由于散户众多，投机性强，股价波动频繁，风险也比较大。

四是经营风险。经营风险泛指由于上市公司经营状况变化而引起的风险，其中包括公司的许多行为，比如，公司经营决策失误、产品竞争力下降、产品市场占有率下降、公司财务情况不佳、管理不善等行为，由此引起公司的经营状况变化，盈利水平下降，就会使股价面临下跌的风险。

五是流动性风险。流动性风险与股价变动有关，当股价下降时，投资者一般会抛出股票，如果不能转手，就会遇到流动性风险。

正因为存在以上的风险性，各国对社保基金入市比例也有严格的限制。社保基金入市比例大小，主要取决于两个因素：资本市场的发展程度以及社保基金自身的成熟程度。目前，尽管中国股票市场风险和问题依旧存在，但经过若干年的发展，股票市场已达到了一定的规模，资本市场也在不断发展，在投资运营、监管等方面等改善了不少，因此，可以预见，今后社保基金入市的比例会逐步增加，股票投资将成为社保基金投资的一个重要组成部分。

（4）投资基金

投资基金是世界各国社保基金投资的重要品种。目前中国经批准设立的专业投资基金管理公司有几十家，管理几百只基金。因其由专业人士按科学的投资组合原理管理，投资安全性高，开放式基金还会使其流动性增强。但是同时也要充分意识到，基金投资风险性要高于银行存款和国债，尤其对于偏股型基金，在2002～2004 年的熊市中，连续几年都是数百亿的亏损。从国际经验来看，社保基金的基金一般采取消极型或防守型投资策略，指数化投资占社保基金投资基金的比重较大。主要原因是指数化投资能够有效地降低非系统风险，同时管理运作费用和交易费用较低。近年来，随着资本市场的不断完善，以及经济的迅速发展，主动型的基金投资也越来越多追求超额收益。

（5）金融债券、公司债券

对于金融债券、公司债券，其收益率大于同期银行存款和国债，但风险较大，主要受到市场利率的影响。当利率升高时，债券的收益率降低；而利率降低时，债券的收益率增加。另外，从流动性来讲，也不如股票等那么强，因此，社保基金在金融债券和公司债券的投资比例较低。

（6）抵押贷款

抵押贷款是指银行在发放贷款时，要求借款人以自己的资产作为抵押。一方面风险较小，因为借方可以通过财产作价款抵押；另一方面收益相对较高，因而可作为社保基金投资的一种方式。当前资金短缺是中国金融市场存在的普遍现象，相对国有企业而言，民营企业特别是中小企业很难从银行获得信贷资金，因此，从社保基金投资的社会效益角度出发，可以从这些企业中挑选优质的、信誉好的企业作为抵押贷款的发放对象。

（7）不动产

不动产是指土地、住宅、厂房、办公楼等财产。投资不动产的收益主要来自两个方面：一是通过出租获取租金；二是获取买卖不动产时的增额差价。投资于不动产一般需要巨额资金，同时，它的流动性比较差，但出现通货膨胀时，不动产的价格也将上升。因此，不动产投资也可以使资产价值免受通货膨胀的影响。

不动产投资有一定的安全性，但流动性差，且效益性在一定程度上也会遭受宏观经济环境变化风险的影响。不动产投资的收益和风险与经济周期密切相关，在经济繁荣阶段，不动产的投资的盈利性和流动性都较好；但经济衰退时，不动产投资的流动性较差，盈利情况也不理想。

从目前中国社保基金的投资情况来看，不动产和抵押贷款的投资渠道还未彻底开放，而在美国、德国等国家的不动产和抵押贷款的投资都占到了社保基金投资额的相当比例。可见，随着中国经济不断发展，金融市场不断完善，不动产和抵押贷款也会最终成为社保基金的主要投资渠道之一。

社保基金一直追求多元的投资渠道。2008 年下半年，全国社保基金支持了京沪高铁等国家重要基础设施和多个省市的民生工程建设，并且以战略投资者身份参与对国家开发银行和中国农业银行的股份制改造。在产业基金和私募股权投资方面，社保基金于2004 年入股中比产业投资基金，2006 年又发起了渤海产业投资基金。在2008 年6 月，以国内首家可以自主投资股权投资基金的机构投资者身份，承诺对弘毅和鼎晖两只股权基金各投资 20 亿元，2010 年全国社保基金再次投资于弘毅二期人民币基金 30 亿元人民币，力求从多种渠道实现基金保值增值。全国社保基金理事会在 2009 年扩大股权投资基金的投资。目前，向社保基金提出募集资金的机构已经有近20 家。全国社保基金将选择3 ~5 家进行投资。尤其值得注意的是，全国社保基金 2010 年首次新增了对 PE 的投入，并将其锁定为新的投资重点，其2010 年收益超过了 3494 万元。目前已有4 家基金管理公司纳入全国社保基金新投资范围，即中信资本、金浦产业投资基金、国创母基金和赛富亚洲投资基金。截至 2010 年 11 月，全国社保基金已经投资了 7 家管理公司、8 只基金，承诺投资 117 亿，实际投资 65 亿，预计至 2011 年年底，全国社保基金委托 PE 投资总规模将升至 210 亿元。而根据国家发改委于 2011 年年初发布的 PE 备案指引，全国社保基金可投资 PE 的比例上调至 10%。按照全国社保基金资产总额 8566.90 亿元来估算，将有超过 850亿元可用于投资 PE。但是，由于 PE 在中国的发展时间不长，很多风险并未充分暴露出来，在投资 PE 的节奏上需要慎之又慎，同时进行严格的风险管控，不能掉以轻心。

此外，社保基金还投资信托，此项投资是社保基金自 2005 年起拓展投资渠道、进行多元化投资的新尝试。2008 年社保基金在信托投资上实现收益 11亿元，较上年增加 7 亿元。到 2011 年 7 月，全国社保基金拿出 30 亿元信托贷款投资南京市保障房项目，为天津市提供了 30 亿元信托贷款，专项用于该市的公共租赁住房项目建设，交银国信受托全国社保 45 亿投资重庆保障房建设，而这仅仅是开端，未来全国社保基金会在多地调研，将陆续投资更多的保障房建设。目前全国社保基金的投资范围仅限定为中央企业，所以只能投资中央企业或其地方子公司。另外，投资基金可以在各地选择成长型企业进行投资，部分资金可以进行信托贷款，但主要是发放保障房项目的建设贷款（陈莹莹，2011）。

9.4.3 全国社保基金的资产组合限制

根据《全国社会保障基金管理暂行办法》，社保基金的投资比例中，银行存款和国债投资比例不得低于 50%。其中，银行存款的比例不得低于 10%。在一家银行的存款不得高于社保基金银行存款总额的 50%；企业债、金融债投资的比例不得高于 10%；证券投资基金、股票投资的比例不得高于 40%。可见，在社保基金的资产配置中，银行存款和国债投资的比例还是相当之高的。截至 2009 年 10 月，社保基金股票投资约占 32%，约为 2240 亿元；固定收益产品投资约占 46%，未上市公司股权投资和现金投资占 22%（欧阳晓红和王玉，2009），具体如图 9-8 所示。

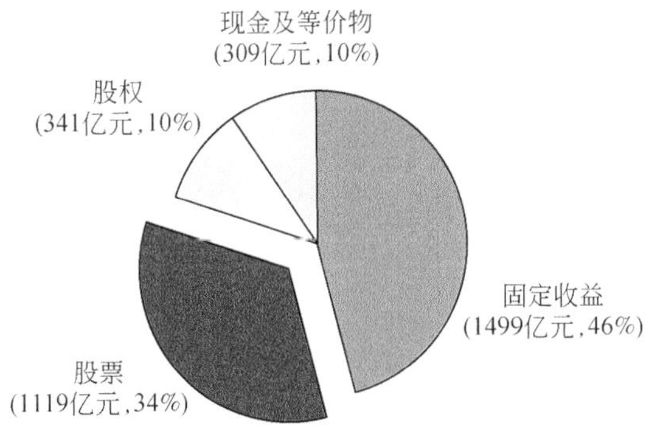

图 9-8　社保基金 2009 年 10 月资产配置

而社保基金在 2006 年股票投资比例占 34%，固定收益产品投资同样占 46%，未上市公司股权投资占 10%，现金占 9%。可以看出，社保基金在资产配置方面没有特别大的变动，保持了一定的稳定性。但全国社保基金理事会拟适当减少对固定收益产品的投资，维持对股票投资的比例，适当增加对实业的投资，并把对境外投资的比例提高到 20%（目前为 7%）以及开辟对境外未上市公司和股权投资基金的投资。

9.5 本章小结

本章主要介绍了中国社保基金的管理模式和整体发展概况。9.1 节介绍了全国社保基金的概念、资金来源、面临的问题和投资收益情况。全国社保基金来源主要包括中央财政拨入资金、国有股减持或转持所获资金和股票、划入的股权资产；主要面临人口老龄化所产生的支付问题以及风险控制问题。9.2 节主要介绍了社保基金的投资管理模式，主要由全国社保基金理事会、全国社会保障基金投资管理人及全国社会保障基金托管人组成。9.3 节主要介绍了社保基金的发展概况，包括其历年资金主要来源、资产规模及股票市场投资情况，并专门讨论了国有股转持充实社保基金的政策影响。9.4 节主要介绍了社保基金的投资运作情况，具体内容包括社保基金的投资理念、投资原则、投资范围和资产配置。

第 10 章　全国社保基金的资产配置特征

社保基金作为证券市场重要的机构投资者之一，其总规模不断扩大，领先的政策敏感性使其屡屡扮演市场先知先觉的角色，其一举一动亦成为市场重要的投资参考。社保基金股票投资主要委托基金公司和证券公司进行投资运作，这一部分主要研究社保基金理事会委托十个机构管理的 101 至 112 共 12 个股票型基金组合，而不同的基金公司由于投资风格的差异，对投资组合、资产的配置也会不同，不同的资产配置特点直接影响到了组合的收益和风险。以 101 至 112 组合为研究对象，通过数值分析和结构分析的研究方法，对其重仓股的行业配置、β 系数、市盈率以及每股收益特征进行分析及比较。本章各节的主要内容安排如下：10.1 节对重仓股的行业配置特点进行分析与比较；10.2 节分析与比较重仓股的个股特征；10.3 节分析社保基金重仓股组合收益风险状况；10.4 节为本章小结。

10.1　重仓股的行业配置特点分析与比较

全国社保基金如果仍然通过投资风险较低但收益率也较低的银行存款以及国债，已经很难满足社保基金高于通货膨胀的基本收益率要求，当然也不可能实现保值增值的目标。当出现支付危机时，社保基金的社会保障功能就难以实现，社会保险制度将无法正常运行，势必会影响整个社会的稳定与发展。因此，社保基金必须通过拓宽投资渠道，来达到保值增值的目的。毫无疑问，股票市场是最直接、最有效的投资渠道。而股票市场在提供高收益率的同时，也给社保基金的投资带来了巨大的风险，因此，通过资产配置在提高收益率的同时有效地控制风险，是一个重要的研究课题。社保基金进入证券市场要获得比较理想的收益率，主要取决于对整个股票型组合的资产配置情况。而资产配置主要还是通过行业配置以及个股选择来完成。不同的行业特点，以及不同的个股特点都会对投资组合的收益率和风险产生重大的影响，那么社保基金究竟是如何选择行业的呢？行业配置有什么特征？这一部分主要就这些问题进行详细的分析和比较。

10.1.1 重仓股的行业配置比例统计分析

不同行业配置显然会对组合的收益风险产生影响。尤其是配置比例较高的行业，其行业特点对组合的收益情况关系更密切。因此，首先看一下各组合每季度配置比例前三位的行业及其对应的配置比例和股票个数情况。2006 年和 2007 年的统计结果分别如表 10-1 和表 10-2 所示。

表 10-1 2006 年行业配置比例统计结果

组合	2006 年第一季度			2006 年第二季度			2006 年第三季度			2006 年第四季度		
101	重仓股总数	16	市值比重/%	重仓股总数	18	市值比重/%	重仓股总数	17	市值比重/%	重仓股总数	16	市值比重/%
	制造业	9	49.41	制造业	11	49.51	制造业	8	66.23	制造业	11	73.41
	社会服务业	1	18.95	交通运输、仓储业	2	14.54	批发和零售贸业	2	13.8	批发和零售贸业	2	16.96
	交通运输、仓储业	2	14.3	金融保险类	1	12.1	交通运输、仓储业	2	6.63	水电煤气的生产和供应业	2	6.76
102	重仓股总数	38	市值比重/%	重仓股总数	34	市值比重/%	重仓股总数	37	市值比重/%	重仓股总数	35	市值比重/%
	制造业	19	55.1	制造业	14	45.19	制造业	16	39.49	制造业	14	38.38
	交通运输、仓储业	5	11.66	交通运输、仓储业	8	23.18	交通运输、仓储业	10	20.73	交通运输、仓储业	8	19.45
	水电煤气的生产和供应业	3	10.94	房地产业	4	14.56	水电煤气的生产和供应业	5	17.41	水电煤气的生产和供应业	4	10.88
103	重仓股总数	11	市值比重/%	重仓股总数	10	市值比重/%	重仓股总数	29	市值比重/%	重仓股总数	30	市值比重/%
	制造业	6	44.36	制造业	5	64.56	制造业	15	52.98	制造业	14	48.59
	水电煤气的生产和供应业	1	26.1	交通运输、仓储业	3	30.68	房地产业	5	12.71	交通运输、仓储业	8	16.28
	传播与文化产业	1	21.06	批发和零售贸易业	1	4.49	交通运输、仓储业	5	12.65	信息技术业	2	15.67

续表

组合	2006 年第一季度			2006 年第二季度			2006 年第三季度			2006 年第四季度		
104	重仓股总数	31	市值比重/%	重仓股总数	30	市值比重/%	重仓股总数	37	市值比重/%	重仓股总数	30	市值比重/%
	制造业	22	63.62	制造业	23	73.72	制造业	23	59.49	制造业	20	62.75
	交通运输、仓储业	2	8.71	交通运输、仓储业	3	11.58	批发和零售贸易业	3	11.06	批发和零售贸易业	2	9.87
	信息技术业	3	8.31	信息技术业	3	9.33	信息技术业	5	9.83	信息技术业	3	9.12
105	重仓股总数	8	市值比重/%	重仓股总数	15	市值比重/%	重仓股总数	16	市值比重/%	重仓股总数	15	市值比重/%
	制造业	7	91.12	制造业	12	66.74	制造业	13	68.78	制造业	13	74.06
	社会服务业	1	8.88	信息技术业	1	14.25	建筑业	1	16.73	建筑业	1	14.66
	—	—	—	金融保险业	1	10.59	信息技术业	1	12.89	信息技术业	1	11.27
106	重仓股总数	32	市值比重/%	重仓股总数	32	市值比重/%	重仓股总数	43	市值比重/%	重仓股总数	46	市值比重/%
	制造业	19	58.74	制造业	20	59.05	制造业	24	56.03	制造业	24	37.37
	社会服务业	2	12.34	批发和零售贸易业	4	12.87	交通运输、仓储业	4	13.19	批发和零售贸易业	5	14.76
	批发和零售贸易业	4	12.27	社会服务业	2	10.93	批发和零售贸易业	5	11.54	交通运输、仓储业	6	11.97
107	重仓股总数	25	市值比重/%	重仓股总数	18	市值比重/%	重仓股总数	26	市值比重/%	重仓股总数	27	市值比重/%
	制造业	14	59.01	制造业	14	81.97	制造业	16	67.43	制造业	17	68.34
	房地产业	2	13.41	批发和零售贸易业	2	8.88	批发和零售贸易业	4	13.95	批发和零售贸易业	5	14.34
	综合类	2	9.62	建筑业	1	5.43	建筑业	1	5.87	建筑业	1	6.16

续表

组合	2006年第一季度			2006年第二季度			2006年第三季度			2006年第四季度		
108	重仓股总数	20	市值比重/%	重仓股总数	25	市值比重/%	重仓股总数	32	市值比重/%	重仓股总数	32	市值比重/%
	制造业	10	45.45	制造业	11	43.33	制造业	17	50.26	制造业	18	48.87
	交通运输、仓储业	4	21.94	交通运输、仓储业	9	30.78	交通运输、仓储业	8	23.88	交通运输、仓储业	6	16.66
	房地产业	3	16.62	房地产业	4	22.94	房地产业	3	11.26	房地产业	3	15.34
109	重仓股总数	20	市值比重/%	重仓股总数	37	市值比重/%	重仓股总数	39	市值比重/%	重仓股总数	36	市值比重/%
	制造业	10	28.19	制造业	18	49.05	制造业	22	57.01	制造业	24	69.16
	交通运输、仓储业	3	26.03	交通运输、仓储业	3	11.31	批发和零售贸易业	3	10.84	批发和零售贸易业	2	11.84
	批发和零售贸易业	3	25.33	批发和零售贸易业	3	11.17	交通运输、仓储业	3	5.65	交通运输、仓储业	3	5.28
110	重仓股总数	9	市值比重/%	重仓股总数	10	市值比重/%	重仓股总数	16	市值比重/%	重仓股总数	14	市值比重/%
	交通运输、仓储业	2	24.61	房地产业	1	33.68	制造业	9	36.19	制造业	8	36.14
	水电煤气的生产和供应业	2	23.05	制造业	2	18.39	批发和零售贸易业	3	24.87	批发和零售贸易业	3	31.84
	制造业	2	20.63	交通运输、仓储业	2	17.23	信息技术业	1	14.59	信息技术业	1	13.88
111	重仓股总数	13	市值比重/%	重仓股总数	19	市值比重/%	重仓股总数	21	市值比重/%	重仓股总数	15	市值比重/%
	制造业	12	78.31	制造业	13	53.05	制造业	13	63	制造业	7	64.53
	金融保险业	1	21.69	金融保险业	1	14.61	批发和零售贸易业	2	13.76	批发和零售贸易业	3	15.33
	—	—	—	信息技术业	1	10.61	传播与文化产业	2	12.02	传播与文化产业	2	11.95

续表

组合	2006年第一季度			2006年第二季度			2006年第三季度			2006年第四季度		
112	重仓股总数	5	市值比重/%	重仓股总数	18	市值比重/%	重仓股总数	12	市值比重/%	重仓股总数	9	市值比重/%
	制造业	3	50.72	制造业	10	63.14	制造业	8	67.38	制造业	4	36.58
	交通运输、仓储业	1	29.46	建筑业	1	15.09	综合类	1	13.71	社会服务业	2	21.19
	采掘业	1	19.82	综合类	2	9.41	信息技术业	2	13.49	信息技术业	1	17.44

表10-2 2007年行业配置比例统计结果

组合	2007年第一季度			2007年第二季度			2007年第三季度			2007年第四季度		
101	重仓股总数	10	市值比重/%	重仓股总数	7	市值比重/%	重仓股总数	9	市值比重/%	重仓股总数	8	市值比重/%
	制造业	6	69.39	制造业	6	75.89	制造业	8	83.7	制造业	5	63.64
	批发和零售行业	2	23.38	批发和零售行业	1	24.11	批发和零售贸业	1	16.3	批发和零售贸业	1	22.77
	水电煤气的生产和供应业	1	6.03	—	—	—	交通运输、仓储业	—	—	社会服务业	1	9.47
102	重仓股总数	37	市值比重/%	重仓股总数	37	市值比重/%	重仓股总数	35	市值比重/%	重仓股总数	23	市值比重/%
	制造业	12	34.14	制造业	14	34.79	制造业	12	36.46	制造业	8	43.88
	交通运输、仓储业	12	17.27	交通运输、仓储业	12	18.86	交通运输、仓储业	11	17.4	水电煤气的生产和供应	7	28.76
	水电煤气的生产和供应业	4	10.14	水电煤气的生产和供应业	4	12.42	水电煤气的生产和供应业	4	12.72	交通运输、仓储业	5	17.31

续表

组 合	2007 年第一季度			2007 年第二季度			2007 年第三季度			2007 年第四季度		
103	重仓股总数	23	市值比重/%	重仓股总数	12	市值比重/%	重仓股总数	8	市值比重/%	重仓股总数	5	市值比重/%
	制造业	13	52.55	制造业	8	56.69	制造业	3	67.67	制造业	2	68.87
	房地产业	3	25.36	房地产业	1	15.26	水电煤气的生产和供应业	3	18.51	水电煤气的生产和供应业	2	20.37
	水电煤气的生产和供应业	2	9.98	水电煤气的生产和供应业	1	14	社会服务业	1	9.91	社会服务业	1	10.75
104	重仓股总数	29	市值比重/%	重仓股总数	26	市值比重/%	重仓股总数	23	市值比重/%	重仓股总数	15	市值比重/%
	制造业	19	66.42	制造业	19	70.81	制造业	13	63.49	制造业	10	79.92
	批发和零售贸易业	3	16.75	批发和零售贸易业	2	14.74	房地产业	4	16.61	房地产业	3	11.89
	传播与文化产业	2	5.6	传播与文化产业	2	6.86	批发和零售贸易业	2	5.59	批发和零售贸易业	2	8.2
105	重仓股总数	15	市值比重/%	重仓股总数	8	市值比重/%	重仓股总数	10	市值比重/%	重仓股总数	5	市值比重/%
	制造业	11	67.89	制造业	7	86.73	制造业	5	59.87	制造业	5	100
	建筑业	2	17.77	信息技术业	1	13.27	交通运输、仓储业	1	17.89	—	—	—
	信息技术业	1	12.21	—	—	—	采掘业	2	11.69	—	—	—
106	重仓股总数	37	市值比重/%	重仓股总数	34	市值比重/%	重仓股总数	22	市值比重/%	重仓股总数	26	市值比重/%
	制造业	14	31.74	制造业	14	43.68	制造业	9	21.52	制造业	13	30.07
	交通运输、仓储业	8	24.2	交通运输、仓储业	5	19.4	金融保险业	2	20.29	批发和零售贸易业	3	16.2
	采掘业	2	16.35	批发和零售贸易业	7	13.66	交通运输、仓储业	3	19.58	信息技术业	1	15.47

续表

组合	2007 年第一季度			2007 年第二季度			2007 年第三季度			2007 年第四季度		
107	重仓股总数	24	市值比重/%	重仓股总数	21	市值比重/%	重仓股总数	15	市值比重/%	重仓股总数	9	市值比重/%
	制造业	15	70.32	制造业	12	63.31	制造业	10	75.3	制造业	5	63.81
	建筑业	2	9.64	建筑业	1	9.36	建筑业	1	14.56	建筑业	1	18.29
	房地产业	1	8.89	房地产业	1	10.56	采掘业	2	5.44	社会服务业	1	8.64
108	重仓股总数	30	市值比重/%	重仓股总数	37	市值比重/%	重仓股总数	32	市值比重/%	重仓股总数	19	市值比重/%
	制造业	15	46.06	制造业	20	45.37	制造业	9	32.31	制造业	5	35.84
	房地产	2	15.97	交通运输、仓储业	5	15.29	房地产	5	17.8	交通运输、仓储	4	23.75
	交通运输、仓储业	6	14.41	房地产业	3	14.86	交通运输、仓储业	6	16.08	房地产业	3	18.75
109	重仓股总数	36	市值比重/%	重仓股总数	29	市值比重/%	重仓股总数	28	市值比重/%	重仓股总数	27	市值比重/%
	制造业	24	72.96	制造业	18	72.06	制造业	21	79.78	制造业	20	75.14
	社会服务业	2	10.72	房地产业	2	9.25	房地产业	1	8.9	房地产业	1	10.88
	批发和零售贸易业	2	4.36	水电煤气的生产和供应业	2	6.47	水电煤气的生产和供应业	2	3.63	农、林、渔、牧业	2	5.15
110	重仓股总数	8	市值比重/%	重仓股总数	12	市值比重/%	重仓股总数	13	市值比重/%	重仓股总数	7	市值比重/%
	批发和零售贸易业	3	57.25	批发和零售贸易业	2	34.87	批发和零售贸易业	2	40.75	制造业	6	69.9
	制造业	3	18.44	制造业	4	21.65	制造业	4	22.58	房地产	1	30.1
	采掘业	1	13.97	房地产业	1	16.91	采掘业	3	15.91	—	1	—

续表

组合	2007 年第一季度			2007 年第二季度			2007 年第三季度			2007 年第四季度		
111	重仓股总数	8	市值比重/%	重仓股总数	11	市值比重/%	重仓股总数	4	市值比重/%	重仓股总数	4	市值比重/%
	制造业	12	75.41	制造业	7	82.15	制造业	4	100	制造业	4	100
	房地产业	1	8.6	房地产业	1	6.98	—	—	—	—	—	—
	传播与文化产业	1	3.4	批发和零售贸易业	1	6.25	—	—	—	—	—	—
112	重仓股总数	9	市值比重/%	重仓股总数	12	市值比重/%	重仓股总数	2	市值比重/%	重仓股总数	/	市值比重/%
	制造业	3	30.25	制造业	4	44.87	制造业	1	57.09	—	—	—
	信息技术业	1	25.81	综合类	1	14.68	房地产业	1	42.91	—	—	—
	社会服务业	2	20.07	交通运输、仓储业	2	12.99	—	—	—	—	—	—

10.1.2 重仓股的行业配置特点比较分析

首先，从总体来看，制造业成为社保基金股票投资最青睐的行业。从各组合各季度的重仓股行业配置比例大小来看，制造业无一例外，都进入了行业配置比例的前三位。并且除了 110 组合以外，其他组合中，制造业都是以绝对的高行业配置比例成为社保基金股票投资首选的行业。由表 10-3 可以看出，各季度制造业平均持有比重都超过 50% 以上，可见，作为基础行业的制造业无疑成为了社保基金重点的投资行业。从制造业细分可以进一步发现，制造业中的机械设备类（中国重汽等）占据了制造业重仓股的绝大比例。随着中国经济快速增长，全球制造业加速向中国转移，为中国制造业发展提供了一个巨大的市场需求。从世界制造业发展历程进行分析，可以发现，人均 GDP 在 1120 ~ 2100 美元的发展阶段，正是制造业向中期发展的关键时期，尤其是制造业中的机械设备行业。根据 2003 ~ 2005 年中国各行业销售收入平均增长速度比较，机械设备业的增速位列绝大部分工业之前，仅次于制造业中的煤炭、钢铁、有色金属行业。

从行业的需求角度来看，由于中国作为发展中国家，目前还是以制造业建设为基础，无论是重工业（如汽车、船舶），还是工程机械等在国内都有着极大的市场需求；还有一些如船舶制造业等可以通过比较优势来拉动出口，扩大国际市场的需求。同时，从政策面来看，国家发改委也出台了一系列支持制造业发展的政策和法规，尤其对于机械设备类，给出了更多的扶持措施。大力振兴装备制造业也已成为政府高层对中国经济建设走新型工业化道路的决策之一。机械设备类作为制造业发展的基础分支行业，对于其他分支行业有着至关重要的作用。另外国家经济政策导向及国家重点投资项目的拉动，如新农村投入、节能环保投入、铁路投资等也无疑给制造业的发展提供了更好的机会，因此作为中国经济基础的制造业，尤其是机械设备行业，有着很大的发展空间。

表 10-3　2006 年和 2007 年各季度行业平均比重比较　　单位:%

时　期	制造业平均比重	其他行业平均比重
2006 年第一季度	53.72	46.28
2006 年第二季度	55.64	44.36
2006 年第三季度	57.02	42.98
2006 年第四季度	54.84	45.16
2007 年第一季度	52.96	47.04
2007 年第二季度	58.17	41.83
2007 年第三季度	54.52	45.48
2007 年第四季度	62.84	37.16

其次，从各个组合的行业配置情况我们可以发现以下特点：102 组合投资的主要行业是制造业、交通运输业以及电力、煤气及水的生产和供应业。除了在 2006 年第二季度，房地产行业的市值比例排入了前三位。其余各季度，制造业、交通运输业以及电力、煤气及水的生产和供应业无一例外的排在了市值比重的前三位。从行业特点看，交通运输业显然是属于低风险、稳定发展的行业。交通运输业是国民经济和社会发展的基础产业，“发展经济、交通先行”，其正确性已为各国的实践所证实。研究表明，交通运输与国家和地区的经济增长存在很强的相关性，其相关系数在 0.9 以上，这就进一步证实了交通运输在区域经济发展中所起的重大作用。只有现代化的交通运输，才能使各种资源在区域间自由地、便捷地流动，实现资源的优化配置。从交通运输行业的业绩成长能力来看，2004 年，随着经济高速增长带来了物流业的飞速发展，加之洋山深水港等国家大型物流基地的投建，使得交通运输业盈利增速达到了一个新高，并且一些交通辅助行业也开始不断发展壮大。所谓交通辅助行业是指为道路运输服务的客运代理、联

运、货物包装、仓储以及车辆检验等。随着制造业尤其是机械设备行业的发展，越来越多的车流量使得对于相应的交通运输辅助服务业的需求大大增加。在未来一段时间内将会有很大的发展空间。而电力、煤气及水的生产和供应业也显然是低风险、稳健性的行业。电力、煤气、水等居民生活必需品，绝大多数都是垄断性行业，因此竞争相对不是非常激烈。并且由于电力、煤气、水等是生活必需品，替代品较少，因此受到经济周期影响较小。而且，由于行业的特殊性，政府也会在必要时候对行业进行扶持，因此，总体来说，电力、煤气及水的生产和供应业在未来发展比较乐观，投资风险较小，收益率稳定。因此可见，在行业板块配置方面，102 组合配置相对比较稳定，主要以风险较低、受经济环境影响较小、稳健性的行业为主要投资对象。

而 108 组合的配置特点也和 102 组合比较相似，从各季度的配置比例来看，制造业、交通运输业和房地产业都占据了配置比例的前三位。房地产业作为资金密集型行业，受国家宏观调控的影响较大。并且房地产企业的市场表现短期主要受业绩、销售量和国家货币政策影响较大；中期主要受房地产商品销售价格和土地市场供求关系影响；长期主要与经济情况、收入增长、人口因素相关。而房地产股票受短中期因素影响更大。从 2006 年的房地产市场可以发现，无论是在销售量、房价、土地购置等方面都显现出了较快的发展势头。据统计，2006 年房地产投资全年 15.4 亿元，比 2005 年增长 23.4%；土地购置面积成倍增加，2006 年共购置土地面积 845 453 平方米，为 2005 年的 2.1 倍，同比增长 111.5%；2006 年全年商品房屋销售面积 1 061 450 平方米，同比增长 63.7%，其中住宅销售 971 963 平方米，增长 59.0%，销售额为 15 亿元，增长 93.3%，其中住宅销售额 11.6 亿元，增长 74.6%。因此，在 2006 年和 2007 年，显然房地产业有着很大的预期投资价值。可见，108 组合配置也相对比较稳定，主要以风险较低、受经济环境影响较小、稳健性的行业为主要投资对象。

而其他组合各季度投资的板块变动较大。主要还是体现了对于市场的敏感性。不同行业在不同的经济周期、不同的市场环境中，表现大不一样。104 组合和 105 组合更是偏向于选择那些高风险、高回报的行业。①首先是信息技术业。信息技术作为高科技行业的代表，越来越受到投资者的青睐，目前，中国作为发展中国家主要还是依靠制造业作为基础行业，还是以劳动密集型的产业作为其主导产业。而纵观全球产业结构可以发现，绝大多数发达国家（如美国、日本）都已经摆脱了劳动密集型产业的束缚，走上了技术密集型产业的道路，因此中国要发展，要跻身世界经济强国，必须走创新、科技之路。信息技术行业无疑是高科技产业中的典型代表，但就信息行业的投资来看，风险巨大。一方面，信息技术业不同于基础制造业，更新换代很快，整个行业始终处于不断创新、不断更新、优胜劣汰的激烈竞争中；另一方面，信息技术业的不确定性较多，不同产品的生命周期相差很大，预测性较差。并且，从国内外的信息技术业的股票来看，往往市盈率很高，有的甚至上百倍，有一定的泡沫成分。因此，信息技术业是个高风险、高投入、高回报的行业。②其次，传播与文化传媒行业。同信息技术行业一样，传播与文化传媒行业也属于高风险、高投入、高回报的行业。其行业风险主要体现在两个方面：其一，传媒产业各媒介“产品”具有相同特征，盈利模式、收入构成相似，竞争相当激烈。其二，集中表现在信息服务增值，更多地体现于媒体所生产的“产品”之外（即广告收入上），发行需求弹性较大，规模效益显著，集中度高，受市场经济环境影响也较大。

因此，社保基金股票投资的行业配置特征整体还是以制造业为主，从个体来看，102 组合以及 108 组合更加偏向于受市场经济环境影响较小、发展稳定的行业（如交通运输业，电力、煤气及水的生产和供应业）作为主要投资对象；104 组合以及 105 组合更加偏向于高风险、高回报的行业（如信息技术业、传播与文化传媒行业）作为主要投资对象；而其他组合则没有特别的行业配置偏好，更多的是根据市场情况、不同的行业特征来及时地调整行业板块配置比例，从而获得更好的预期收益率。

10.2 重仓股的个股特征比较与分析

对于投资组合而言，行业配置固然重要，但是个股的选取也非常重要。往往那些在行业中盈利性好、有发展潜力的公司股票更受欢迎。本节就对社保基金重仓股的市盈率、每股收益、β 系数特征进行详细的分析与比较。

10.2.1 重仓股的 β 系数分析

β 系数是度量股票投资相对大盘组合系统风险的指标。β 系数 =1，代表该个股的风险等同大盘整体系统风险，即受整体经济因素影响的程度基本和大盘一致，β 系数大于 1 则代表该个股的风险高于大盘组合的系统风险，即受整体经济因素影响的程度甚于大盘组合。β 系数小于 1 则代表该个股的风险低于大盘组合的系统风险，即受整体经济因素影响的程度小于大盘。投资者可以利用 β 系数来估算其风险以及回报率。这里主要对在一个考察期内（12 个月）的重仓股 β 系数进行统计分析（具体数据来源于 Wind 数据库）。2006 年和 2007 年的统计结果分别如表 10-4 和表 10-5 所示。

表 10-4　2006 年各组合 β 值统计结果

组　合		101	102	103	104	105	106	107	108	109	110	111	112
2006 年第一季度	重仓股个数	16	38	11	31	8	32	25	20	20	9	13	5
	$\beta>1$	11	19	9	11	6	21	17	10	12	3	8	4
	$\beta<1$	5	19	2	20	2	11	8	10	8	6	5	1
	$\beta>1$ 个数比例/%	68	50	81	35	75	65	68	50	60	33	61	80
2006 年第二季度	重仓股个数	18	34	10	30	15	32	18	25	37	10	19	18
	$\beta>1$	11	15	7	14	10	20	16	8	23	4	12	14
	$\beta<1$	7	19	3	16	5	12	2	17	14	6	7	4
	$\beta>1$ 个数比例/%	61	44	70	46	66	62	88	32	62	40	63	77
2006 年第三季度	重仓股个数	17	37	29	37	16	43	26	32	39	16	21	12
	$\beta>1$	13	18	17	25	11	26	21	17	27	14	16	10
	$\beta<1$	4	19	12	12	5	17	5	15	12	2	5	2
	$\beta>1$ 个数比例/%	76	48	58	67	68	60	80	53	69	87	76	83
2006 年第四季度	重仓股个数	16	35	30	30	15	46	27	32	36	14	15	9
	$\beta>1$	13	6	2	7	1	9	4	5	5	4	5	1
	$\beta<1$	3	29	28	23	14	37	23	27	31	10	10	8
	$\beta>1$ 个数比例/%	81	17	6	23	6	19	14	15	13	28	33	11%

表 10-5　2007 年各组合 β 值统计结果

组　合		101	102	103	104	105	106	107	108	109	110	111	112
2007 年第一季度	重仓股个数	10	37	23	29	15	37	24	30	36	8	8	9
	$\beta>1$	7	4	4	9	2	2	5	6	3	3	1	2
	$\beta<1$	3	33	19	20	13	35	19	24	33	5	7	7
	$\beta>1$ 个数比例/%	70	10	17	31	13	5	20	20	8	37	12	22

续表

组　合		101	102	103	104	105	106	107	108	109	110	111	112
2007 年第二季度	重仓股个数	7	37	12	26	8	34	21	37	29	12	11	12
	$\beta>1$	6	6	0	7	1	12	4	6	3	3	7	4
	$\beta<1$	1	31	12	19	7	22	17	31	26	9	4	8
	$\beta>1$ 个数比例/%	85	16	0	26	12	35	19	16	10	25	63	33
2007 年第三季度	重仓股个数	9	35	8	23	10	22	15	32	28	13	4	12
	$\beta>1$	5	8	2	5	1	4	4	7	4	5	3	4
	$\beta<1$	4	27	6	18	9	18	11	25	24	8	1	8
	$\beta>1$ 个数比例/%	55	22	25	21	10	18	26	21	14	38	75	33
2007 年第四季度	重仓股个数	8	23	5	15	5	26	9	19	27	7	4	4
	$\beta>1$	4	3	0	3	1	3	3	3	4	4	0	0
	$\beta<1$	4	20	5	12	4	23	6	16	23	3	4	4
	$\beta>1$ 个数比例/%	50	13	0	20	20	11	33	15	14	57	0	0

从各组合所持有的重仓股 β 值来看，在 2006 年第一季度，绝大多数组合都以 β 值大于 1 的股票为主要投资对象，只有 104 组合以及 110 组合所持重仓股中 β 值大于 1 的不足 50%；在 2006 年第二季度，大多数组合仍然以 β 值大于 1 的股票为主要投资对象，只有 102 组合、104 组合、108 组合以及 110 组合重仓股中 β 值大于 1 的不足 50%；2006 年第三季度，只有 102 组合重仓股中 β 值大于 1 的不足 50%。而在 2006 年第四季度、2007 年第一季度，除了 101 组合重仓股依然以 β 值大于 1 的股票为其主要投资对象外，其他组合无一例外地选择了以 β 值小于 1 的股票为投资对象，并且在这两个季度中，β 小于 1 的股票平均占比高达约 84%；在 2007 年第二季度和第三季度，只有 101 组合以及 111 组合将 β 值大于 1 的股票作为主要投资对象；而在 2007 年第四季度，只有 101 组合以及 110 组合仍然以 β 值大于 1 的股票作为主要投资对象，其他组合都选择了 β 小于 1 的股票为主要投资对象，并且 103 组合、111 组合以及 112 组合重仓股全部由 β 小于 1 的股票构成。从以上数据分析，可以发现以下特点。

首先，从整体上看，在 2006 年前三季度，绝大多数组合都选择 β 大于 1 的股票作为主要投资对象（即 β 大于 1 的股票个数占组合重仓股个数比例超过

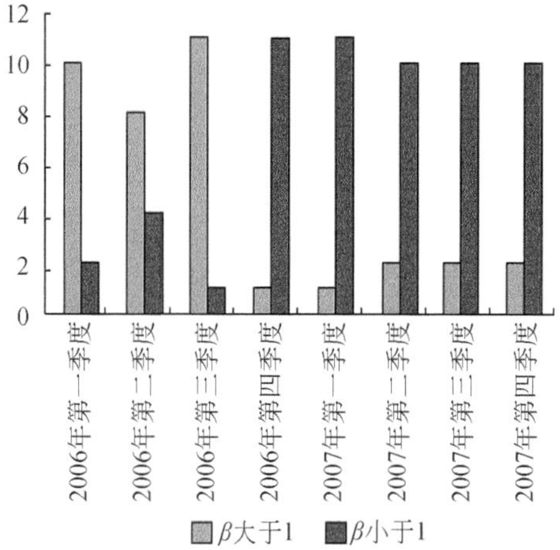

图 10-1　β 大于 1 的组合个数比较

50%）（图 10-1）。

通过持有高风险的股票，从而使得预期收益率也增加；由表 10-6 可以看出，从 2006 年第四季度开始，绝大多数组合倾向于投资 β 小于 1 的股票，预期收益率相对较小的同时，风险也随之减少。并且从所有组合 β 大于 1 的股票平均比重来看（图 10-2），前三季度都围绕在 60% 左右，而从 2006 年第四季度开始，比例大幅度下降，平均比重低于 30%。

表 10-6　β 系数平均占比

	2006 年第一季度	2006 年第二季度	2006 年第三季度	2006 年第四季度	2007 年第一季度	2007 年第二季度	2007 年第三季度	2007 年第四季度
β 大于 1 平均比例/%	60. 5	59. 25	68. 75	22. 17	22. 08	28. 33	29. 83	19. 42
β 小于 1 平均比例/%	39. 5	40. 75	31. 25	77. 83	77. 92	71. 67	70. 17	80. 58

因此，社保基金股票投资在 2006 年前三季度主要以高风险的股票即 β 大于 1 的股票作为投资对象，而从 2006 年第四季度开始至整个 2007 年，主要以低风险的股票即 β 小于 1 的股票作为其投资对象。

其次，从各组合持有重仓股来看，101 组合在 2006 年和 2007 年总共 8 个季度内，每个季度 β 小于 1 的股票占其重仓股的比例都不超过 50%，也就是说，101 组合的选股和市场环境相关性较差，无论市场环境如何，101 组合始终选择

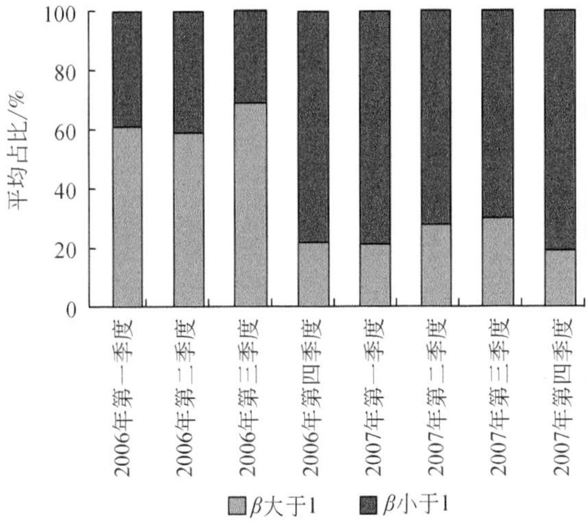

图 10-2　β 系数平均占比比较

β 大于 1 的股票作为主要的投资对象，通过承担高风险而获得更多的投资收益率；而 102 组合却与 101 组合相反，在 2006 年和 2007 年总共 8 个季度内，主要都以 β 小于 1 的股票为投资对象，β 小于 1 的股票占比都超过 50%，可见，102 组合更倾向于收益小，但风险也较小的股票进行投资；而通过观察 110 和 111 组合，可以发现，110 组合在 2006 年第一季度和第二季度，以及 2007 年第四季度都选择了和其他组合相反的投资策略。在 2006 年第一季度和第二季度，110 组合选择了更加保守的择股策略，以 β 小于 1 的股票作为主要投资对象；而在 2007 年第四季度，却选择了风险更大的投资策略，以 β 大于 1 的股票作为主要投资对象；111 组合则在 2007 年第一季度和第二季度选择了风险更大的投资策略，以 β 大于 1 的股票为主要投资对象；103 组合、104 组合、105 组合、106 组合、107 组合、108 组合、109 组合则在 2006 年前三季度以 β 大于 1 的股票为主要投资对象，而在 2006 年第四季度至 2007 年第四季度，它们则更倾向于 β 小于 1 的股票。

10.2.2　重仓股的市盈率分析

市盈率即每股价格和每股收益的比例。市盈率对个股的选取是个很重要的指标。任何股票若市盈率大大超出同类股票都需要有充分的理由支持。一般而言，一家公司股票市盈率较高，说明投资人普遍相信该公司未来每股盈余将快速成长，一旦盈利增长不理想，支撑高市盈率的力量无以为继，股价往往会大幅回落。而市盈率过低，可能是公司股票的价值被低估。因此，投资者可以利用该比例值估量某股票的投资价值，或者用该指标在不同公司的股票之间进行比较，来确定股票是否被高估或被低估。这里主要计算个股的静态市盈率，即在一个考察期内（12 个月）的市盈率。2006 年和 2007 年的具体统计的结果分别如表 10-7 和表 10-8 所示。

表 10-7　2006 年市盈率统计结果

组　合		101	102	103	104	105	106	107	108	109	110	111	112
2006 年第一季度	重仓股个数	16	38	11	31	8	32	25	20	20	9	13	5
	小于平均市盈率个数	9	26	8	15	3	18	6	17	8	3	6	3
	比例/%	56	68	73	48	38	56	24	85	40	33	46	60
2006 年第二季度	重仓股个数	18	34	10	30	15	32	18	25	37	10	19	18
	小于平均市盈率个数	13	25	5	16	6	20	3	21	19	4	11	12
	比例/%	72	74	50	53	40	63	17	84	51	40	58	67
2006 年第三季度	重仓股个数	17	37	29	37	16	43	26	32	39	16	21	12
	小于平均市盈率个数	6	27	25	15	9	24	9	29	14	4	5	8
	比例/%	35	73	86	41	56	56	35	91	36	25	24	67
2006 年第四季度	重仓股个数	16	35	30	30	15	46	27	32	36	14	15	9
	小于平均市盈率个数	4	25	24	9	7	18	7	26	17	4	5	1
	比例/%	25	71	80	30	47	39	26	81	47	29	33	11

表 10-8　2007 年市盈率统计结果

组　合		101	102	103	104	105	106	107	108	109	110	111	112
2007 年第一季度	重仓股个数	10	37	23	29	15	37	24	30	36	8	8	9
	小于平均市盈率个数	7	28	13	15	4	16	9	25	25	3	3	2
	比例/%	70	76	57	52	27	43	38	83	69	38	38	22
2007 年第二季度	重仓股个数	7	37	12	26	8	34	21	37	29	12	11	12
	小于平均市盈率个数	2	29	8	13	1	15	6	30	16	5	6	6
	比例/%	29	78	67	50	13	44	29	81	55	42	55	50

续表

组合		101	102	103	104	105	106	107	108	109	110	111	112
2007 年第三季度	重仓股个数	9	35	8	23	10	22	15	32	28	13	4	2
	小于平均市盈率个数	5	28	6	15	4	11	4	23	14	2	2	1
	比例/%	56	80	75	65	40	50	27	72	50	15	50	50
2007 年第四季度	重仓股个数	8	23	5	15	5	26	9	19	27	7	4	4
	小于平均市盈率个数	5	21	3	12	0	17	4	15	12	3	3	2
	比例/%	63	91	60	80	0	65	44	79	44	43	75	50

市盈率作为比较不同价格的股票高估或者低估的指标，对于选股有着重要的指导性。社保基金作为长期投资，更注重股票的长期投资价值，往往价格被低估的股票会受到更大的青睐。观察表 10-7 和表 10-8，可以发现以下特点：

首先，从所有组合持有的小于行业平均市盈率股票的平均比例来看，可以发现，社保基金股票投资，除了在 2006 年第四季度以及 2007 年第二季度，偏向于市盈率大于行业平均值的股票为其主要投资对象，而在其余季度，市盈率小于行业平均值的股票平均比例都超过了 50%。但是从统计数据来看，每个季度平均占有比例的差并不是很大（图 10-3）。

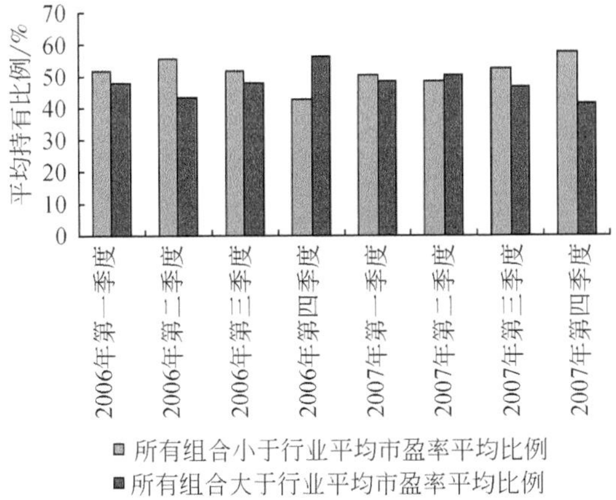

图 10-3　组合平均持有比例

其次，从各组合的重仓股可以发现，102 组合、103 组合、108 组合各季度所持有的重仓股当中，小于行业平均市盈率的股票个数占比各个季度都超过了 50%，也就是说，社保基金股票投资主要还是以小于行业平均市盈率的股票作为主要的投资对象，通过投资价格被低估的股票，从而在长期获得一个比较理想的收益率；而110组合和107组合则完全相反，这两个组合主要以大于行业平均市盈率的股票为主要投资对象，大于行业平均市盈率的股票个数占比各个季度超过了50%。而101组合、104组合、105组合、106组合、109组合、111组合、112组合在市盈率的选择上，没有显著的偏向性，可能主要原因是它们在选取时结合股票自身的价值综合分析，而并不以市盈率指标来作为绝对的选股标准。

10.2.3 重仓股的每股收益分析

每股收益即每股税后利润、每股盈余，指税后利润与股本总数的比率。它是测定股票投资价值的重要指标之一，是分析每股价值的一个基础性指标，是综合反映公司获利能力的重要指标，它是公司某一时期净收益与股份数的比率。该比率反映了每股创造的税后利润，比率越高，表明所创造的利润越多。作为一个有着发展潜力的企业，每股收益一般都高于行业平均值，同时也更受投资者的青睐。表10-9和表10-10分别为社保基金重仓股在2006年和2007年的每股收益统计结果。

表10-9　2006年每股收益统计结果

组合		101	102	103	104	105	106	107	108	109	110	111	112
2006年第一季度	重仓股个数	16	38	11	31	8	32	25	20	20	9	13	5
	大于行业平均每股收益个数	15	36	10	30	5	30	23	20	15	8	13	3
	比例/%	94	95	91	97	63	94	92	100	75	89	100	60
2006年第二季度	重仓股个数	18	34	10	30	15	32	18	25	37	10	19	18
	大于行业平均每股收益个数	17	31	10	29	11	25	17	22	33	9	15	16
	比例/%	94	91	100	97	73	78	94	88	89	90	79	89
2006年第三季度	重仓股个数	17	37	29	37	16	43	26	32	39	16	21	12
	大于行业平均每股收益个数	12	34	24	32	12	29	19	30	37	13	14	9
	比例/%	71	92	83	86	75	67	73	94	95	81	67	75
2006年第四季度	重仓股个数	16	35	30	30	15	46	27	32	36	14	15	9
	大于行业平均每股收益个数	7	21	19	19	9	22	13	17	15	6	6	4
	比例/%	44	60	63	63	60	48	48	53	42	43	40	44

表 10-10　2007 年每股收益统计结果

组　合		101	102	103	104	105	106	107	108	109	110	111	112
2007 年第一季度	重仓股个数	10	37	23	29	15	37	24	30	36	8	8	9
	大于行业平均每股收益个数	9	32	20	26	13	24	19	28	31	6	6	6
	比例/%	90	86	87	90	87	65	79	93	86	75	75	67
2007 年第二季度	重仓股个数	7	37	12	26	8	34	21	37	29	12	11	12
	大于行业平均每股收益个数	6	31	9	23	6	29	17	32	25	9	9	9
	比例/%	86	84	75	88	75	85	81	86	86	75	82	75
2007 年第三季度	重仓股个数	9	35	8	23	10	22	15	32	28	13	4	2
	大于行业平均每股收益个数	9	31	7	22	9	20	13	28	22	12	3	1
	比例/%	100	89	88	96	90	91	87	88	79	92	75	50
2007 年第四季度	重仓股个数	8	23	5	15	5	26	9	19	27	7	4	4
	大于行业平均每股收益个数	6	14	4	13	3	19	8	14	20	6	4	3
	比例/%	75	61	80	87	60	73	89	74	74	86	100	75

通过观察表 10-9 和表 10-10，可以发现以下特点：首先，从整体而言，除了 2006 年第四季度各组合大于行业平均每股收益的股票平均比例小于 50% 外，在其他季度，所有组合无一例外地选择了每股收益大于行业平均每股收益的股票作为其主要投资对象，较高的每股收益往往代表着企业有着较好的盈利以及发展潜力。因此一般通过投资盈利能力较强公司的股票，预期回报率也常常较高。

其次，从各组合来看，102 组合、103 组合、104 组合、105 组合以及 108 组合每季度持有的大于行业平均每股收益股票的比例都超过了 50%，尤其是 103 组合在 2006 年第二季度所持有的大于行业平均每股收益股票的比例达到了 100%；而 101 组合、106 组合、107 组合、109 组合、110 组合、111 组合以及 112 组合，除了 2006 年第四季度主要以低于行业平均每股收益的股票为投资对象，其他各季度都选择了高盈利性的公司股票作为其主要投资对象。

10.3 社保基金重仓股组合收益风险特征分析

前两节已经就社保基金股票型组合从行业配置以及个股特点进行了分析和比较。可见不同的组合配置的特点有相似之处，也有不同之处，主要取决于不同基金管理人的投资风格。而不同的投资风格、配置特点，对于组合的收益以及风险情况也会产生一定的影响。这里主要就社保基金重仓股不同的资产配置特点对于组合收益风险状况的影响进行详细的分析。

10.3.1 社保基金重仓股组合的收益风险比较

首先对各组合重仓股构成的股票组合，根据马克威茨组合理论，在不考虑期间变更仓位操作的情况下，计算其重仓股组合的收益和风险。

用 $\ln \frac{S_t}{S_{t-1}}$ 来表示单只股票第 t 天的收益率，其中 S_t 表示股票第 t 天的收盘价，S_{t-1}表示股票第 $t-1$ 天的收盘价。因此单只股票每日的平均收益率为 $\frac{\sum_{t=1}^{t=T} r_t}{T}$，其中 r_t 为单只股票第 t 天的收益率，T 为季度中交易日天数。用 w_i 表示第 i 只股票的市值占整个重仓股组合总市值的比例，于是，根据马克威茨理论，整个重仓股组合每日的收益率为 $R = \sum w_i R_i$，式中，R 为组合每日的收益率；R_i 为第 i 只股票每日的平均收益率。季度的收益率为 $R = T \times \sum w_i R_i$，$T$ 为季度中交易日的天数。

然后计算各重仓股组合的方差。用 σ_i 表示第 i 只股票整个季度的收益率标准差，用 σ_{ij}表示第 i 个股票和第 j 个股票的协方差，σ_p^2 表示整个重仓股组合的方差，N 表示重仓股组合中有 N 个股票。于是根据马克威茨理论，整个组合的方差 $\sigma_P{}^2 = \sum_{i=1}^{N} w_i{}^2 \sigma_i{}^2 + \sum_{i=1}^{N} \sum_{j=1, j\neq i}^{N} w_i w_j \sigma_{i,j}$。

同时，用 Sharp 比率来比较各组合间的业绩好坏。Sharp 比率主要是衡量投资收益与其投资风险间的关系。具体计算公式为$\frac{R_p - r}{\sigma_p}$，式中，R_p 为各时期的重仓股组合收益率；σ_p 为各时期重仓股组合的标准差；r 为无风险利率，我们以一年期的定期存款的利率作为基准 r。具体计算结果如表 10-11 和表 10-12 所示。

表 10-11　2006 年重仓股各季度的收益率、标准差、Sharp 比率计算值

组合		101	102	103	104	105	106	107	108	109	110	111	112
2006 年第一季度	收益率/%	12.1	11.5	4.8	13.4	-1.2	11.4	15.4	9.7	15.5	13.3	17.8	-0.3
	标准差/%	7.4	37.3	10.1	8.7	10.3	7.7	11.1	10.0	10.1	9.9	10.2	17.5
	Sharp 比率	1.543	0.295	0.416	1.464	-0.177	1.401	1.323	0.909	1.462	1.286	1.676	-0.055
2006 年第二季度	收益率/%	39.7	12.6	39.2	10.8	26.5	18.5	50.6	6.4	21.8	8.0	12.1	26.8
	标准差/%	18.6	14.9	19.8	16.7	17.7	22.5	19.9	20.7	47.1	18.8	16.5	18.4
	Sharp 比率	2.099	0.802	1.946	0.606	1.457	0.797	2.502	0.280	0.449	0.393	0.693	1.422
2006 年第三季度	收益率/%	0.3	-5.3	-6.0	6.1	-6.7	-7.4	-7.6	-5.8	-2.0	-4.8	-6.8	-3.8
	标准差/%	13.7	10.0	11.9	12.9	12.2	11.8	14.8	11.0	29.9	12.4	13.1	16.9
	Sharp 比率	0.018	-0.592	-0.558	-0.521	-0.602	-0.687	-0.553	-0.587	-0.090	-0.439	-0.566	-0.262
2006 年第四季度	收益率/%	45.4	30.9	31.2	26.3	8.5	25.1	16.2	35.5	19.8	26.1	22.4	15.4
	标准差/%	15.5	11.1	12.1	12.7	12.2	12.3	13.8	11.6	12.0	12.6	11.7	12.5
	Sharp 比率	2.886	2.723	2.512	2.022	0.644	1.990	1.124	2.994	1.593	2.022	1.850	1.179

表 10-12　2007 年重仓股各季度的收益率、标准差、Sharp 比率计算值

组合		101	102	103	104	105	106	107	108	109	110	111	112
2007 年第一季度	收益率/%	36.9	29.8	27.5	25.0	27.9	26.4	24.5	24.0	20.8	43.1	29.0	29.6
	标准差/%	30.3	19.1	20.0	21.3	16.8	17.7	19.4	19.9	17.4	22.7	24.0	21.9
	Sharp 比率	1.193	1.519	1.337	1.135	1.618	1.446	1.224	1.167	1.152	1.859	1.176	1.179
2007 年第二季度	收益率/%	56.2	23.9	18.0	12.1	41.6	25.5	25.4	26.5	24.6	23.6	23.9	10.9
	标准差/%	29.3	25.3	24.6	21.6	19.4	17.4	21.5	25.2	16.5	28.7	30.5	24.8
	Sharp 比率	1.891	0.916	0.699	0.525	2.099	1.420	1.145	1.020	1.444	0.796	0.759	0.409
2007 年第三季度	收益率/%	30.7	43.3	47.3	16.8	35.5	26.4	33.0	43.9	17.7	24.9	7.0	26.2
	标准差/%	18.2	25.8	18.1	18.6	19.1	17.3	16.1	15.4	26.0	17.6	37.9	24.4
	Sharp 比率	1.645	1.649	2.566	0.860	1.814	1.483	2.005	2.800	0.652	1.372	0.164	1.040
2007 年第四季度	收益率/%	-8.5	-9.1	-10	-0.4	-15	-0.7	-8.1	-10	9.0	-19	-0.1	0
	标准差/%	15.5	15.4	18.8	17.8	20.1	15.7	17.4	16.7	17.5	19.8	21.0	0
	Sharp 比率	-5.456	-0.642	-0.621	0.068	-0.829	-0.097	-0.510	-0.688	0.474	-1.041	-0.044	—

根据表 10-11 和表 10-12 计算得到的结果，分别按照收益率、标准差、Sharp 比率进行降序排列，得出各组合各自的投资风格以及配置特点，同时从各个重仓股组合的收益率和标准差可以发现，不同的投资风格所获得的收益和风险大为不同。不同的配置特点对于组合的收益率和风险都会产生很大的影响：有偏向于稳健性资产配置特点的组合，其风险控制较好，如 102 组合、103 组合以及 108 组合；而 105 组合、106 组合、112 组合、111 组合等，由于其对市场敏感性较强，偏向于投资热门行业，其收益率的波动也较大，风险也较大。而作为社保基金的投资，首要的考虑就是安全性，只有在确保安全性的前提下，尽可能地提高投资收益。因此从安全性角度考虑，102 组合、103 组合、108 组合风险控制能力较强，更符合社保基金的投资原则。

10.3.2 社保基金各重仓股的综合分析

101 组合重仓股的资产配置特征有着典型的南方基金的投资风格，即偏重于行业配置及个股研究，偏重于风险激进的投资风格。从行业配置来看，可以发现，除了制造业市值比例，稳居重仓股市值比例的第一位外，市值比例第二位以及第三位的行业排名，每季度都会发生变化。也充分说明 101 组合具有紧跟市场热点、行业敏感性较强的特征。在 2006 年第二季度，101 组合重点投资金融保险行业，2006 年第一季度、2007 年第四季度两度持有社会服务业股票，也正是反映根据不同市场环境及时调整行业配置的特点；在个股的选取上，101 组合更倾向于 β 值大于 1 的股票作为其主要投资对象，在 2006 年和 2007 年共 8 个季度中，无论市场环境如何，101 组合 β 大于 1 的股票比例占重仓股个数比例始终大于 50%，在预期收益率增加的同时，风险也增加了；从每股收益的数据可以发现，101 组合主要还是选择高于行业每股收益的绩优股作为主要投资对象，而市盈率的选择上，101 组合不一味地追求低市盈率或者高市盈率，主要还是根据市场情况，结合每股收益，综合地来选择有投资价值的股票。101 组合具有典型的高收益、高风险的特征。

102 组合重仓股的资产配置特征则是典型的稳健性的投资风格，风险控制意识较强。从行业配置来看，可以发现，在 2006 年和 2007 年所有的 8 个季度中，制造业、交通运输业以及电力、煤气及水的生产和供应业几乎始终占据了重仓股市值比例的前三位，而这三个行业属于典型的受经济环境影响小、风险也较小的行业。显然，风险较小的行业，尽管收益率一般，但收益率至少能够得到更大的保证。而从个股来看，102 组合在 2006 年和 2007 年所有 8 个季度内，持有的重仓股中β值小于1的比例都超过了50%，可见，102组合更多地考虑到收益率的风险性；而在市盈率的选取上，在2006年和2007年共8个季度内，102组合无一例外地选择了小于行业平均市盈率的股票作为其主要投资对象，各季度小于行业平均市盈率股票个数占重仓股比重都超过了50%；而在每股收益的选取上，102组合也是以大于行业平均每股收益的股票作为主要投资对象。因此，从以上重仓股配置可以明显发现，102组合的投资风格主要是以稳健性为主，无论是行业配置还是个股的选择，都十分注重长期投资价值。可见，尽管102组合收益率一般，但其投资风险控制得相当不错，也充分体现了102组合稳健型的投资特点，说明高风险高收益、低风险低收益是有道理的。

103组合重仓股的资产配置特点则是稳健性为主，同时对于市场趋势变化敏感性较强。从行业配置来看，总体偏向于稳健性风险较小的行业，如制造业、交通运输业等，同时根据行业市场变化情况，及时调整行业配置结构，加入了一些风险性较大的行业，期待更大的预期收益率。2006年第一季度传播与文化产业，2006年第四季度信息技术业都进入了重仓股市值比例的前三位。可见，103组合在保证基础行业的配置比例前提下，适时地增加了风险行业的投资比例。在个股的选择上，可以发现，在2006年前三季度，103组合主要以β大于1的股票作为其主要投资对象，而从2006年第四季度起至2007年末，对于β大于1的股票投资比例明显下降，β大于1的股票占重仓股个数比例都小于50%，并且在2007年第二季度和2007年第四季度重仓股都选择了β小于1的股票。可见，103组合对于市场环境的变化敏感性很强；同时在市盈率和每股收益方面，103组合选择了每股收益大于行业平均值并且市盈率小于行业平均值的股票作为其主要投资对象，通过选择那些有成长性，并且价格暂时可能被低估的股票作为其重仓股。因此，103组合的投资风格主要还是以稳健性为主，同时充分结合市场，适时调整风险投资比例。从重仓股组合收益风险比较可以发现，103组合在风险控制方面还需要进一步加强。

104组合重仓股的资产配置特点则在于着重把握各行业发展趋势和市场波动特征，重点投资利润增长超过行业平均水平的成长型公司，追求超额回报。从104组合的行业配置可以发现，信息技术业、批发和零售贸易业、房地产业、传播与文化产业等这些受经济环境影响较大的行业，受到了104组合的青睐。从个股的β值看，除了2006年三季度β大于1的比例超过50%外，其余季度都是偏向于风险较小的股票作为主要投资对象；而市盈率方面，和其他组合不同的是，在2006第一季度、第二季度以及第四季度，104组合主要以市盈率大于行业平均市盈率的股票为主要投资对象；在每股收益方面，主要以每股收益大于行业平均值的股票为主要投资对象。从以上特点可以发现，与其他组合注重通过市盈率寻找价格被低估的股票进行投资不同，104 组合更加注重股票的成长性，即使市盈率较高，但是只要有投资价值，依然会倾向于这类股票。同时，由于 104 组合的行业配置涉及信息技术业、房地产业等风险较大的行业，一旦所选的股票不理想，势必会造成股价大幅波动，大大增加了其投资风险。从重仓股组合收益风险比较可以发现，在风险控制方面相对比较理想，因此，使用这种投资策略对于投资者行业发展趋势的把握以及对上市公司的成长性分析要求相当高。

105 组合重仓股的资产配置特点则在于注重行业配置，着重把握不同时期各行业的发展趋势，市场敏感性强。在行业配置方面，105 组合和 104 组合较相似，信息技术业、采掘业、金融保险业、建筑业等这些受经济环境影响较大的行业，受到了 105 组合的青睐，并且从行业配置比例来看，除了制造业比例始终占据了各季度的首位外，第二、第三位的行业都在不停地变化。可见，105 组合对于市场敏感性较强，及时捕捉市场热点行业进行大比例投资。同时在个股选择方面，除了 2006 年三季度 β 大于 1 的股票比例超过了 50%，其余季度主要还是投资于 β 小于 1 的股票，可见总体来说，105 组合倾向于风险较小的股票；同时在市盈率方面，除了 2006 年三季度市盈率小于行业平均值的股票比例超过了 50%，其余季度主要以市盈率大于行业平均值的股票为投资对象；在每股收益方面，105 组合无一例外地都选择高于行业平均每股收益的绩优股作为主要投资对象。

106 组合重仓股的资产配置特点也是主要强调行业配置，对市场敏感性较强。从各季度的行业配置比例可以发现，信息技术业、金融保险业、批发和零售贸易业、采掘业等风险行业都进入了 106 组合行业市值比例的前三位，可见，106 组合通过把握行业不同时期的发展趋势从而选择更大预期收益率的行业作为主要投资对象。同时，在个股选取方面，2006 年第一季度至第三季度，主要重仓股持有 β 大于 1 的股票，而 2006 年第四季度至 2007 年末主要以 β 小于 1 的股票作为其主要投资对象；市盈率方面，在 2006 年第四季度，2007 年第一季度和第二季度，106 组合主要以大于行业平均市盈率的股票为主要投资对象；而每股收益方面，106 组合主要以高于行业平均每股收益的股票为主要投资对象。从重仓股组合收益风险比较可以发现，收益率和风险总体水平都位于中上游。

107 组合重仓股的资产配置特点是紧扣市场环境，以发展势头迅猛的行业作为其主要投资对象。从行业配置来看，在 2006 年和 2007 年由于国际经济的持续增长以及中国对外贸易利好政策的相继出台，并且国内投资大量增加，房市急剧升温，在此外部环境下，107 组合选择了建筑业、房地产以及批发和零售贸易业等有着高预期收益率的股票作为其重仓股首选；在个股方面，2006 年前三季度 107 组合偏向于β大于1的股票，而从2006年第四季度开始至2007年第四季度，则把β小于1的股票作为主要的投资对象；在市盈率方面，主要偏向于高于行业平均市盈率的股票；而在每股收益方面，则更倾向于高于行业平均每股收益的绩优股。

108组合重仓股的资产配置特点则和102组合类似，都属于稳健性投资风格，风险控制较好。从行业配置看，主要以制造业和交通运输业为主，同时由于2006年和2007年的房地产行业相当景气，因此，108组合也重点投资了房地产行业；从个股的选择来看，除了2007年第三季度持有β大于1的股票比例超过50%，其余季度都以β小于1的股票为主要投资对象，即β小于1的股票比例大于50%；从市盈率来看，与102组合较类似，主要以小于行业平均市盈率的股票为主要投资对象；每股收益方面，则主要以高于行业平均每股收益的股票为主要投资对象。从重仓股组合收益风险比较可以发现，在2006年第三季度、2007年第二季度和第三季度，收益率都排进了前三位，其他季度排名处于中下游；而风险方面控制较好，各季度的排名都在中上游，尤其是2006年第三季度以及第四季度，都排在第二位，仅次于102组合，2007年第三季度更是登上了榜首。可见，108组合的资产配置主要还是强调了对于风险的控制，在行业配置、个股的选取上，也主要以稳健性行业和那些业绩好的公司股票作为主要投资对象。

观察109组合各季度行业配置比例前三位的行业可以发现，至少有两个行业属于基础性行业，受宏观经济环境影响较小，如制造业、交通运输业、电力煤气及水的生产和供应业等；同时又适时地根据不同环境配置一些批发和零售贸易业等受环境因素影响较大的行业。在个股选取方面，对于β大于1股票选取，与社保基金总体的选股特点比较一致，即2006年第一季度至第三季度，主要以β大于1的股票作为主要投资对象，而从2006年第四季度开始至2007年末，主要以β小于1的股票作为主要投资对象；在市盈率方面，109组合在2006年第二季度、2007年第一季度和第二季度主要都以大于行业平均市盈率的股票为首选对象，而在其他季度则依然以小于行业平均市盈率的股票作为主要投资对象；在每股收益方面，在2006年第四季度，109组合更多地选择了小于行业平均每股收益的股票作为主要投资对象。因此，109组合主要持有小于行业平均每股收益的股票，而并非绩优股，可能主要原因也是对未来公司预期收益上扬。因此，109组合选择了基础行业和风险行业相结合、绩优股和非绩优股相结合的投资策略，也包含了一定的风险。

110组合重仓股的配置特点主要以波动较小且业绩好、盈利性强的公司股票作为主要投资策略。在行业配置方面，110组合是唯一一个不以制造业作为主要投资行业的组合。从各季度重仓股的行业配置来看，除了2006年第三季度和2006年第四季度以及2007年第四季度，持有制造业重仓股比例排在了首位，而在其他季度，批发和零售贸易业、交通运输仓储业、房地产业等分别占据了首位。可见，110 组合和其他各组合制造业比例始终排名首位大为不同，同时从 110 组合所持有的房地产业和批发零售贸易业来看，也属于风险性行业，因此，110 组合把握行业发展趋势能力较强；从个股的选取来看，110 组合偏向于 β 小于 1 的股票，除了 2006 年第三季度和 2007 年第四季度，β 大于 1 的股票占重仓股比例大于 50% 外，其余季度都偏向于风险较小的股票；在市盈率方面，110 组合更倾向于大于行业平均市盈率的股票，可以发现，各个季度大于行业平均市盈率的股票都超过了 50%；同时，在每股收益方面与 109 组合比较相似，除了 2006 年第四季度持有大于行业平均每股收益的股票小于 50% 外，其余各季度都以高于行业平均每股收益的绩优股作为主要投资对象。从重仓股组合收益风险比较可以发现，在 2006 年第一季度至 2007 年第一季度，总体的收益率都处于中上游，而从 2007 年第二季度开始，收益率明显下降。再从风险角度来看，2006 年前三个季度，总体风险控制比较合理，排名始终处于中上游，而从 2006 年第四季度开始，重仓股组合的风险增加，因此，从 110 组合的配置风格可以发现，公司盈利性强，业绩好，市盈率高，同时股价波动也比较小，这类成长性的绩优股是 110 组合首选的投资对象。但是，要寻找到类似的公司股票，对于基金管理人的选股能力要求很高，一旦选择有误，会造成重大损失，增加了投资风险。

111 组合重仓股的配置特点主要是偏向于风险激进的投资风格。从行业配置比例可以发现，金融保险业、信息技术业、传播与文化产业、批发和零售贸易业等风险行业都成为了 111 组合青睐的行业，配置比例较高；同时，从个股来看，在 2007 年第二季度和第三季度持有的 β 大于 1 的股票比例都超过了 50%，而所有组合中，也只有 101 组合同样在 2007 年第二季度和第三季度持有高风险的股票；在市盈率方面，111 组合在 2006 年第一季度至第三季度都选择了高于行业市盈率的股票作为其主要投资对象；在每股收益方面，111 组合则主要以高于行业平均每股收益的股票作为首选投资对象；从重仓股组合收益风险比较可以发现，收益率排名的波动比较大；从投资风险方面可以发现，2007 年第一季度至第四季度，投资风险明显增大。

112 组合重仓股的配置特点和 106 组合比较相似，强调行业配置，紧跟市场行业发展热点。从行业配置来看，信息技术业、采掘业、建筑业、社会服务业等都在不同时期成为 112 组合的重仓比例配置。同时，在个股选取方面，2006 年第一季度至第三季度，112 组合主要以 β 大于 1 的股票重仓持有，而 2006 年第四季度至 2007 年末主要以 β 小于 1 的股票作为其主要投资对象；在市盈率方面，2006 年前三个季度 112 组合主要以市盈率小于行业平均值的股票为投资对象，然而从2006年第四季度至2007年第四季度，主要以市盈率大与行业平均值的股票为投资对象；在每股收益方面，主要以高于行业平均每股收益的股票作为主要的投资选择。

10.4 本章小结

通过本章的一系列分析比较，可以发现，社保基金股票投资通过近几年的专业运作，确实取得了比较好的效果。在选股能力上，更加趋于理性。在行业配置方面，考虑到中国经济发展的实际情况，主要以基础行业制造业为投资对象，追求长期的价值投资。同时，对于市场敏感性也有所提高。根据不同行业特点，社保基金适时地进行行业配置比例调整，以确保较理想的预期收益率；但因社保基金在投资运作上必须以安全性为首位，因此，在资产配置方面，主要以受经济环境影响较小的基础行业（如制造业、交通运输业等）为重点投资对象，在个股的选取上，以高成长性的股票为首选。从组合配置特征可以发现，102组合、103组合、108组合偏向于相对稳健的投资风格，尤其在行业配置方面，采用了基础行业重点投资策略，因此风险得到了很好的控制；而对于101组合、111组合采用的风险基金的投资策略，尽管预期收益率比较高，但投资风险也被放大了；而对于104组合、105组合、106组合、107组合、109组合、110组合以及112组合等，由于这些组合的投资特点主要是通过把握不同时期行业发展趋势，以热点行业为主要投资对象，从各时期组合的风险收益情况可以发现，收益率波动较大。因此社保基金投资必须对于行业的发展趋势以及个股的价值估计等要有很强的分析能力，而做到这一点是非常难的，预测正确往往会带来巨大的收益，而稍有偏差即会给收益率带来巨大的影响。因此，作为以安全性为首的社保基金投资，目前，还主要应该以风险较小、受市场环境影响较小的基础行业作为首选行业，同时，在个股的选取方面，应以高成长性的股票为首选，通过对国际和国内的经济形势、行业周期和政治经济政策等基本方面分析，再进行全面、细致的量化分析，选出具有清晰、可持续的业绩增长潜力且被市场相对低估、价格处于合理区间的股票进行投资，从而获得相对稳定的收益率。

最后必须说明的是整个研究过程一定存在许多不足之处。首先，对于社保基金101组合至112组合，主要通过研究其重仓股的配置特点，而未对其持有的所有股票进行比较分析，同时收益风险也仅限于重仓股组合，因此不能完全说明社保基金股票投资的所有特点。其次，由于在计算收益风险时，忽略各组合期间变更头寸、买卖股票的情况，因此收益风险计算结果也会和实际情况有所差异。

第 11 章　社保基金操作对市场影响分析

全国社保基金是证券市场具有举足轻重作用的最大的机构投资者之一，其投资策略与选股思路吸引着市场各方的密切关注。由于社保基金具有出色的投资业绩、庞大的资金量以及较低的风险承受能力，社保基金的投资动向一直被众多投资者视为投资风向标。本章对此主要运用统计规律分析和 t 检验的方法来研究社保基金增减仓操作对市场的影响以及这种影响作用的时间长短，旨在验证社保基金是否具有投资风向标作用的同时，也为其他投资者提供一些投资参考。由于社保基金投资稳健，倡导长期投资和价值投资，因此若能正确引导投资者，将有助于稳定股市并且引导市场加速由投机向价值投资转变。本章各节的主要内容安排如下：11.1 节介绍数据来源、时间和研究目的；11.2 节研究增仓操作对市场的影响；11.3 节研究减仓操作对市场的影响；11.4 节给出分析的主要结论；11.5 节为本章小结。

11.1　数据选取及说明

（1）时间选取

由于社保基金从 2003 年起才开始正式进入股市，因此本章实证分析选择的数据为 2003 年 12 月 31 日至 2009 年 6 月 30 日，并且以季度为单位。但从 Wind 中整理的数据发现社保基金增仓和减仓操作是从 2004 年三季度报中才开始的，所以社保基金增仓的时间段为 2004 年 6 月 30 日至 2009 年 6 月 30 日。

（2）时间节点选取

由于与公募基金相比，社保基金具体操作数据没有定期公布的义务。因此对于市场上绝大多数投资者而言，只有通过上市公司的季度报、中报及年报中公布的十大重仓股股东资料来获取社保基金的持仓变动情况。因此在增仓和减仓前后的时间节点选择社保基金每个增持或减持股票公布报告的时间，这样能够最精确地统计出市场获知社保基金增仓信息后对其的反应。

例如，社保基金在 2005 年 10 月 1 日至 2005 年 12 月 31 日期间对深发展 A 进行了增仓操作。而在 2006 年 4 月 1 日深发展 A 公布的 2005 年年报中，市场上大多数投资者才获知社保基金对其的增仓信息。因此，增仓前一个季度时间区间段为2005年7月1日至2005年10月1日，增仓当个季度时间区间段为2005年10月1日至2005年12月31日，但此时已经过去了3个月。

（3）确定增仓操作

因为从Wind中得到的数据仅有社保基金持股在本期的变动股数、在本期持股变动数占流动股总数的比例、持股市值的变动数及占流通股总市值的比例等，因此需要根据此数据来手动统计社保基金的增仓情况。

若社保基金本期持股数量变动大于零且本期持股变动占流通股比例大于零（排除了由于配股或发放股利带来的持股数增加这种情况），则确定为增仓。

同样，若社保基金本期持股数量变动小于零且本期持股变动占流通股比例小于零（排除了由于管理层回购股票等带来的总股数减少这种情况），则确定为减仓。

（4）数据来源

本章数据全部来源于Wind数据库。

（5）数据选择

针对社保基金增仓操作对市场影响的实证研究采用的数据为面板数据和横截面数据，即先整体对社保基金在2004年6月30日至2009年6月30日期间所有增仓过的股票进行统计，此为面板数据。采用面板数据的好处是样本数量大，社保基金在此期间对相同或不同的股票总共增仓过的记录为896条。

另外，个股股票收益率选择为两个时间节点对应股票复权后收盘价的涨跌幅。若是在上海证券交易所上市的股票，则大盘指数选择为上证综合指数（000001）；若是在深圳证券交易所上市的股票，则大盘指数选择为深证成分指数（399001）。此外，定义短期为1年以下（包括1年），长期为2年以上，中长期为1~2年。

11.2 增仓操作对市场的影响

11.2.1 社保基金所有增仓股票的统计分析

（1）基本统计分析

总样本个数为896个，数据为面板数据，单个季度股票涨跌情况区间为报告公布的当季，例如对于2004年三季度，单个季度股票涨跌区间即指2004年6月30日至2004年9月30日。而后 i 个季度是指社保基金进行增仓操作的每个股票发布报告后的一个季度之间的涨跌幅，同时大盘指数也选择相对应的时间段。

表 11-1 为在 2004 年 6 月 30 日至 2009 年 6 月 30 日期间，社保基金所有增仓操作的统计规律结果。从表 11-1 可以看出，社保基金进行增仓操作的股票，相对于大盘指数，在增仓后一半以上都出现了上涨。其中，在增仓后第四个季度和第七个季度相对于大盘上涨的股票数占比最大，分别为 53% 和 53.1%。

表 11-1 社保基金所有增仓操作统计规律结果

统计变量	单个季度	后一个季度	后二个季度	后三个季度	后四个季度	后五个季度	后六个季度	后七个季度	后八个季度
上涨个数	451	412	405	389	397	375	359	368	356
总数	896	862	823	782	749	724	709	693	684
上涨占比/%	50.33	47.80	49.21	49.74	53.00	51.80	50.63	53.10	52.05

由于股票增仓数量占流通股比例不同会对市场产生不同的影响，因此研究按照社保基金增仓变动占流通股的比例不同分为三个等级。将变动股数占流通股股数的比例从大到小排列，第一等级为大于等于 5%，即增仓股数占流通股比例为 5% 以上；第二等级为 1% ~5%，即增仓股数占流通股比例为 1% ~5% 的增仓操作；第三等级为小于 1%，即增仓股数占流通股比例在 1% 以下的增仓操作。

表 11-2 为社保基金在 2004 年 6 月 30 日至 2009 年 6 月 30 日，按增仓数量占流通股比例所作的统计结果。由表 11-2 可以看出，在社保基金增仓股票变动数占流通股比例大于 5% 的股票中，在第二季度有 58.62% 的股票出现了上涨；而增仓变动比例在 1% ~5% 的股票，则是在后面第五季度出现了最大数量的上涨，为 54.55%；增仓变动比例小于 1% 的股票，在后面第八个季度才出现最大数量的上涨，为 52.55%。这说明市场对社保基金增仓比例大的股票反应较为迅速。

表 11-2 按社保基金增仓变动占流通股比例的统计分析结果

变动占流通股比例	统计变量	当个季度	后一个季度	后二个季度	后三个季度	后四个季度	后五个季度	后六个季度	后七个季度	后八个季度
≥5%	上涨个数	14	15	17	10	11	11	10	12	11
	总数	30	30	29	27	27	25	24	23	22
	上涨占比/%	46.67	50.00	58.62	37.04	40.74	44.00	41.67	52.17	50.00

续表

变动占流通股比例	统计变量	当个季度	后一个季度	后二个季度	后三个季度	后四个季度	后五个季度	后六个季度	后七个季度	后八个季度
≥1%，<5%	上涨个数	219	197	184	178	178	174	165	164	161
	总数	367	367	358	346	328	319	311	305	298
	上涨占比/%	59.67	53.68	51.40	51.45	54.27	54.55	53.05	53.77	54.03
<1%	上涨个数	263	239	211	217	200	212	200	183	196
	总数	501	499	475	450	427	405	389	381	373
	上涨占比/%	52.50	47.90	44.42	48.22	46.84	52.35	51.41	48.03	52.55

（2）t 检验

时间段选择同样为2004 年6 月30 日至2009 年6 月30 日。分别比对被增仓的股票在增仓前一个季度和增仓当个季度与随后八个季度的股票超额收益率均值是否有显著提高，显著性水平选择为1% 和5% 。其中，时间节点选择同上述第11 章数据选取中所述，依然是每个股票报告公布的时间。数据为面板数据，样本个数为541。采用的工具为Excel 中的数据分析中的检验前后均值是否为零的t 检验。

表11-3 为t 检验的结果。从其中看出，和增仓前一个季度股票相对于大盘的超额收益率均值相比，在5% 的显著性水平下，在后面第三个季度开始显著大于前一个季度的超额收益率均值。t 值在增仓后第五个季度达到相对最大，并在第六个季度开始有下降趋势。在后面第七个季度t 值达到最大。而在增仓后的第八个季度又出现了再次下降。可见在增仓后的第五和第八季度，t 值达到了极大值和最大值。并且在1% 的显著性水平下，在增仓后的第七季度，社保基金增仓的股票收益率均值显著大于增仓前一个季度。由此可以看出社保基金增仓后对市场有正向拉动的作用，并且对市场的指示作用偏向中长期，为第七个季度。

与增仓当个季度股票相对于大盘的超额收益率相比，在1% 的显著水平下，后面1 ~3 个季度股票的超额收益率均值都显著低于增仓当个季度。其中，观察发现，t 值在其后第二个季度出现了下跌，原因有可能是由于部分机构投资者逢高减仓造成的。

在其后第五、第六季度表现为不显著，直到第七季度开始增仓后股票的超额收益率均值才显著大于增仓当个季度。这主要是因为在社保基金增仓的当个季度，在流动性良好的市场条件下，由于自身对所持股票的买进会拉高股票的股价，因此后面几个季度股票的超额收益率均值都表现为显著低于增仓当个季度。这也从侧面说明了市场良好的流动性。

表 11-3　社保基金所有增仓股票在增仓前后超额收益率均值的 t 检验

时间		t 值	单边 p 值	显著性水平/%	结论
前一个季度	后一个季度	-2.726	0.003	1	显著小于报告公布日前一个季度
	后二个季度	-0.277	0.391	1	不显著
	后三个季度	1.787	0.037	5	显著大于报告公布日前一个季度
	后四个季度	1.779	0.038	5	显著大于报告公布日前一个季度
	后五个季度	2.996	0.001	1	显著大于报告公布日前一个季度
	后六个季度	2.389	0.009	1	显著大于报告公布日前一个季度
	后七个季度	4.581	0	1	显著大于报告公布日前一个季度
	后八个季度	4.521	0	1	显著大于报告公布日前一个季度
报告公布当个季度	后一个季度	-3.253	0.001	1	显著小于报告公布日前一个季度
	后二个季度	-4.983	0	1	显著小于报告公布日前一个季度
	后三个季度	-2.783	0.003	1	显著小于报告公布日前一个季度
	后四个季度	-1.721	0.043	5	显著小于报告公布日前一个季度
	后五个季度	-0.410	0.341	1	不显著
	后六个季度	-0.247	0.402	1	不显著
	后七个季度	2.523	0.006	1	显著大于报告公布日前一个季度
	后八个季度	3.055	0.001	1	显著大于报告公布日前一个季度

从图 11-1 中可以直观地看出在增仓后 1 ~8 个季度相对于增仓前一个季度和增仓当季的 t 值走势。发现相对于增仓前一个季度和增仓当季，t 值走势基本一样，但存在一个差值，此差值是由于社保基金当季增仓带来的股票拉升所造成的。但是随着时间的推移此差值也在逐渐缩小。这也说明随着时间的拉长，社保

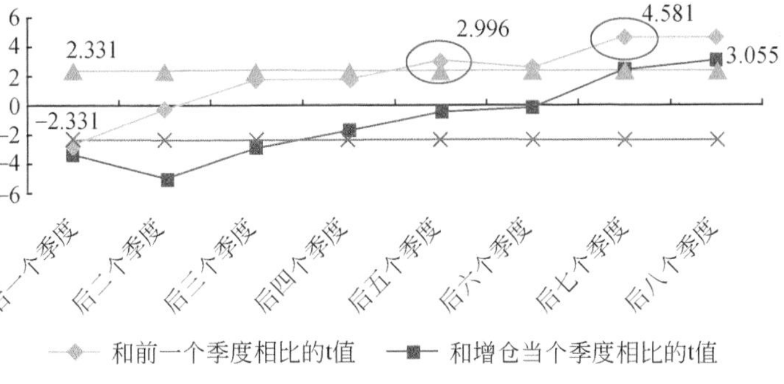

图 11-1　与增仓前一个季度及增仓当季相比对的 t 值

基金增仓对市场资金的引导作用带来的股价上扬逐渐消化了由其增仓本身带来的股价上涨，从一定程度上说明了社保基金增仓具有对市场较为长期的风向标作用。

11.2.2 牛市中社保基金增仓股票的统计分析

数据为横截面数据，并对增仓操作所在牛市和熊市行情分别进行讨论。根据市场一致的观点，牛市行情界定为2005年6月30日至2007年12月31日（即2005年第三季度初到2007年第四季度末）；熊市行情区间为2004年6月30日至2005年6月30日（即2004年第三季度初到2005年第二季度末）和2007年12月31日至2009年6月30日，即2008年第一季度初到2009年第二季度末。

（1）基本统计分析

通过分析在2005年第三季度初至2007年第四季度末期间，即牛市期间所有的增仓操作，可以得到社保基金所有增仓股票相对于大盘收益大于零的个数，进而得到了表11-4中的结果。结果显示，在牛市中，社保基金在增仓后第七个季度实现了最大的上涨数占比，为53%。这个结果和上述11.2.1中讨论的结果并无差异。但在牛市中，社保基金增仓当季度增仓的股票中有56%的股票实现了相对于大盘的上涨。说明在牛市中，增仓操作对市场向上有一定的冲击作用。

表11-4　牛市中社保基金增仓股票上涨数的统计结果

统计变量	当个季度	后一个季度	后二个季度	后三个季度	后四个季度	后五个季度	后六个季度	后七个季度	后八个季度
上涨个数	303	250	247	256	282	270	267	280	266
总数	541	541	541	541	541	541	540	525	516
上涨占比/%	56.01	46.21	45.66	47.32	52.13	49.91	49.44	53.33	51.55

附表1～附表3中分别为牛市行情下对社保基金各个季度所有增仓股票上涨数的统计分析结果。分析发现，在2005年第三季度初到2007年第四季度末期间，在2007年第三季度，增仓后的股票在后面第六个季度和第七个季度相对于大盘的上涨数占比达到了88.89%，高于上述所有年份统计下的最大值53%。并且发现随着牛市的不断深入，最大值多出现在增仓后的第七季度和第八季度，一定程度上说明了社保基金增仓对市场的长期指示作用。

同时，通过观察也发现了社保基金在 2007 年第三季度和第四季度增仓的股票总数明显减少，分别为 9 和 16，相对第一、第二季度的增仓数，分别为 49 和 32，缩减了一半以上。这也从侧面验证了社保基金对市场行情的准确把握，说明在一定程度上其投资操作确实具有“高抛”的特征，因此具有一定的市场风向标作用。

（2）t 检验

从 2005 年第三季度初至 2007 年第四季度末，样本总数为 540，即在此牛市期间所有的增仓操作总数为 540。从表 11-5 中可以看出，与增仓前一个季度股票相对于大盘的超额收益率均值相比，在 5% 的显著性水平下，在后面第四、第五个季度显著大于前一个季度的超额收益率均值，其中 t 值在第五个季度达到了极大值。而在 1% 的显著水平下，在增仓后第七个季度的股票超额收益率均值显著大于增仓前一个季度，并且 t 值达到最大。

表 11-5　牛市行情中对社保基金增仓股票进行的 t 检验

时　间		t 值	单边 p 值	显著性水平/%	结　论
前一个季度	后一个季度	-2.547	0.006	1	显著小于报告公布日前一个季度
	后二个季度	-1.158	0.124	5	不显著
	后三个季度	1.361	0.087	5	不显著
	后四个季度	1.932	0.027	5	显著大于报告公布日前一个季度
	后五个季度	2.116	0.017	5	显著大于报告公布日前一个季度
	后六个季度	1.208	0.114	5	不显著
	后七个季度	3.390	0	1	显著大于报告公布日前一个季度
	后八个季度	2.379	0.009	1	显著大于报告公布日前一个季度
报告公布当个季度	后一个季度	-7.405	0	1	显著小于报告公布日前一个季度
	后二个季度	-6.194	0	1	显著小于报告公布日前一个季度
	后三个季度	-3.492	0	1	显著小于报告公布日前一个季度
	后四个季度	-1.832	0.034	1	不显著
	后五个季度	-1.029	0.152	5	不显著
	后六个季度	-1.537	0.062	5	不显著
	后七个季度	1.194	0.117	5	不显著
	后八个季度	0.647	0.259	5	不显著

与增仓当个季度股票相对于大盘的超额收益率相比，在 1% 的显著水平下，

后面 1 ~3 个季度股票的超额收益率均值都显著低于增仓当个季度，但 t 值呈现上涨趋势。而在 5% 的显著性水平下，增仓后的第五至第八个季度结果都不显著。这说明在牛市行情下，由于流动性充裕，社保基金的增仓行为自身更加容易拉高股价，并且引发市场其他投资者的加入。因此在增仓后的三个季度中，增仓的股票的超额收益率均值都表现为显著低于增仓当个季度。

另外从图 11-2 中可以看出这点，与增仓前一个季度和增仓当个季度相比，增仓后 1 ~8 个季度的 t 值呈现一样的向上趋势。且同样在第七个季度达到了最大。

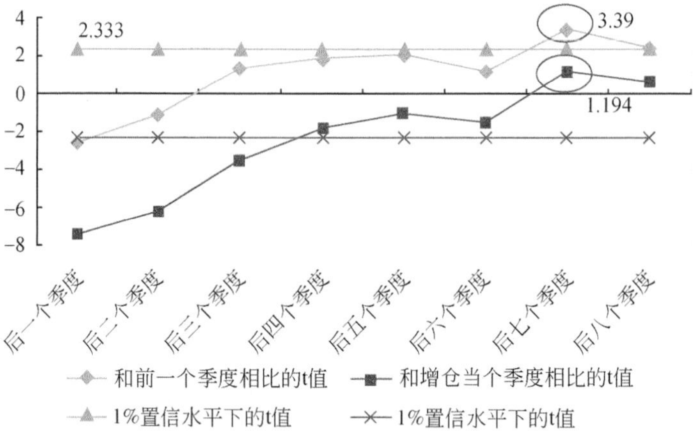

图 11-2　牛市中与增仓前一个季度及增仓当季相比对的 t 值

由此可以看出在牛市行情中结论和上述总体行情来看，结果是一样的。同样说明社保基金增仓后对市场有正向拉动的作用，并且对市场的指示作用偏向中长期，为七个季度。

11.2.3　熊市中社保基金增仓股票的统计分析

（1）基本统计分析

对熊市行情下社保基金增仓股票进行统计分析，仅考虑 2004 年第三季度初至 2005 年第二季度末。主要原因是在此阶段，样本数较少，且缺乏 2009 年后的数据，因此仅对第一个熊市行情中社保基金增仓股票的上涨数占比进行统计分析。

由表 11-6 可以看出，在熊市中，社保基金增仓后的股票在增仓后的第四个季度出现了最大比例的上涨。市场对社保基金的增仓操作反应较为敏感，也说明了社保基金在熊市中对市场偏短期的指示作用。

表 11-6 熊市中社保基金增仓股票上涨数的统计结果

统计变量	当个季度	后一个季度	后二个季度	后三个季度	后四个季度	后五个季度	后六个季度	后七个季度	后二年
上涨个数	60	64	64	67	69	68	66	65	66
总数	122	122	122	122	122	122	122	122	122
上涨占比/%	49. 18	52. 46	52. 46	54. 92	56. 56	55. 74	54. 10	53. 28	54. 10

附表 4 和附表 5 中分别为两段熊市行情下的统计分析结果。其中附表 4 为 2004 年第三季度初到 2005 年第二季度末这波熊市行情下的统计结果；附表 5 为 2008 年第一季度初到 2008 年第二季度末熊市行情下的结果。观察统计结果发现，在熊市行情中，社保基金增仓的股票大多数都在其后第二季度和第三季度就出现了较大的上涨数占比，与本研究得出的结论基本相吻合。

同时，通过观察也发现了社保基金在 2004 年第四季度和 2005 年第一季度增仓的股票总数明显增加，分别为 46 和 48。在 2008 年第三季度和第四季度，更是大举加仓，总增仓数分别为 33 和 52，相对于 2008 年第一季度的 14，增仓数接近其 4 倍。这一点同时从侧面验证了社保基金对市场走势的判断，说明在一定程度上其投资操作确实具有“低吸”的特征，具有一定的市场风向标作用。

（2）t 检验

同样，仅考虑 2004 年第三季度初至 2005 年第二季度末。表 11-7 为熊市行情下的 t 检验结果。分析发现，在熊市行情中，和增仓前一个季度及当个季度相比，在 1% 的显著性水平下，社保基金增仓的股票的超额收益率均值均在增仓后第四个季度开始显著大于增仓前一个季度，t 值都在第八个季度达到了最大。

从图 11-3 中可以看出，相对于增仓前一个季度和增仓当季的 t 值两者快速收敛，差异在第四季度基本就相差无几。这一方面说明在熊市中，由于市场情绪不稳定，不确定性比较大，加之可能缺乏一定的流动性，因此在社保基金增仓当季度对由于其增仓行为对股票价格拉升有限。

但由于在熊市中大多数投资者缺乏投资方向，因此其对社保基金的增仓操作反应更强烈，所以在增仓后第四季度股票的超额收益率均值就显著大于增仓前一个季度，说明了社保基金在熊市中对市场有更迅速的指示作用。

表 11-7　熊市行情中社保基金增仓股票进行的 t 检验

时间		t 值	单边 p 值	显著性水平/%	结论
前一个季度	后一个季度	-2.244	0.013	5	显著小于报告公布日前一个季度
	后二个季度	-0.442	0.329	5	不显著
	后三个季度	1.534	0.064	5	不显著
	后四个季度	2.729	0.004	1	显著大于报告公布日前一个季度
	后五个季度	2.722	0.004	1	显著大于报告公布日前一个季度
	后六个季度	3.118	0.001	1	显著大于报告公布日前一个季度
	后七个季度	3.286	0.001	1	显著大于报告公布日前一个季度
	后八个季度	3.82	0	1	显著大于报告公布日前一个季度
报告公布当个季度	后一个季度	-0.519	0.302	1	不显著
	后二个季度	0.434	0.333	1	不显著
	后三个季度	1.886	0.031	5	显著大于报告公布日前一个季度
	后四个季度	2.913	0.002	1	显著大于报告公布日前一个季度
	后五个季度	2.88	0.002	1	显著大于报告公布日前一个季度
	后六个季度	3.216	0.001	1	显著大于报告公布日前一个季度
	后七个季度	3.357	0.001	1	显著大于报告公布日前一个季度
	后八个季度	3.861	0	1	显著大于报告公布日前一个季度

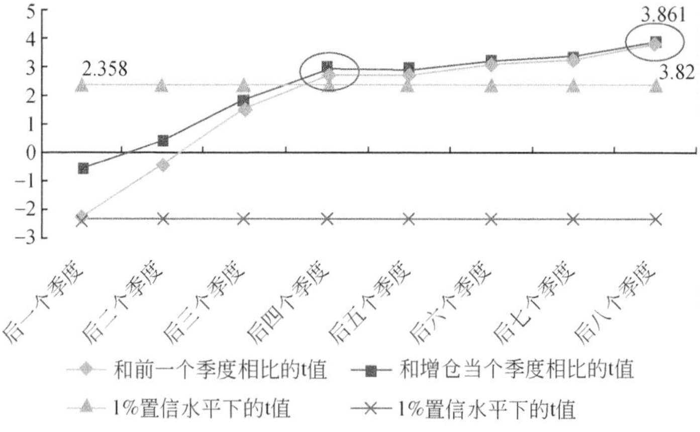

图 11-3　熊市中与增仓前一个季度及增仓当季相比对的 t 值

11.3 减仓操作对市场的影响

11.3.1 社保基金所有减仓股票的统计分析

(1) 基本统计分析

总样本个数为 887 个，数据为面板数据。

表 11-8 为 2004 年 6 月 30 日至 2009 年 6 月 30 日，社保基金所有减仓操作的统计结果。从表 11-8 可以看出，社保基金进行减仓操作的股票，相对于大盘指数，在减仓后的 1 ~ 8 个季度中，除了第一季度出现了最大下跌个数外，其余季度的下跌数均在一半以下。在减仓后第一个季度相对于大盘下跌的股票数占比最大，为 55.31%。

表 11-8 社保基金所有减仓操作统计规律结果

统计变量	当个季度	后一个季度	后二个季度	后三个季度	后四个季度	后五个季度	后六个季度	后七个季度	后八个季度
下跌个数	462	469	395	365	364	344	329	293	275
总数	887	848	794	773	750	730	684	655	598
下跌占比/%	52.09	55.31	49.75	47.22	48.53	47.12	48.10	44.73	45.99

同 11.2.1 节一样，按照同样的标准，可以将社保基金所有减仓操作按照变动股数占流通股的比例不同分为三个等级，即为大于等于 4%、1%~4% 和小于 1%。

表 11-9 为社保基金在 2004 年 6 月 30 日至 2009 年 6 月 30 日期间，按减仓数量占流通股比例所作的统计结果。由表 11-9 可以看出，在社保基金减仓股票变动数占流通股比例大于 4% 的股票中，在减仓后第六季度出现了最大下跌数，但占比也仅为 43.64%；而减仓变动比例在 1%~4% 的股票，在减仓后第一个季度出现了最大下跌数，为 33%；减仓变动比例小于 1% 的股票，在后面第六个季度才出现最大数量的下跌，为 41.71%。

以上可以看出即便是在社保基金减仓幅度较大的情况下，相对于大盘的下跌数依然不到所有减仓股票个数的一半。说明社保基金的减仓对市场的影响较弱。

表 11-9 按社保基金减仓变动占流通股比例的统计分析结果

变动占流通股比例	统计变量	当个季度	后一个季度	后二个季度	后三个季度	后四个季度	后五个季度	后六个季度	后七个季度	后八个季度
≥4%	下跌个数	24	24	19	17	21	22	24	23	20
	总数	66	65	63	60	58	57	55	53	48
	下跌占比/%	36.36	36.92	30.16	28.33	36.21	38.60	43.64	43.40	41.67
≥1%，<4%	下跌个数	110	100	83	28	50	54	36	18	28
	总数	316	303	275	239	258	250	213	200	191
	下跌占比/%	34.81	33.00	30.18	11.72	19.38	21.60	16.90	9.00	14.66
<1%	下跌个数	187	184	165	152	162	151	146	120	92
	总数	475	450	417	405	389	379	350	336	307
	下跌占比/%	39.37	40.89	39.57	37.53	41.65	39.84	41.71	35.71	29.97

（2）t 检验

时间段选择同样为 2004 年 6 月 30 日至 2009 年 6 月 30 日。分别比对在此期间被减仓的股票在减仓前一个季度和减仓当个季度与随后八个季度的股票超额收益率均值是否有显著减少，显著性水平选择为 1% 和 5%。数据为面板数据，样本个数为 887。采用的工具为 Excel 中的数据分析中的检验前后均值是否为零的 t 检验。

表 11-10 为 t 检验的结果。从其中看出，和减仓前一个季度股票相对于大盘的超额收益率均值相比，在 1% 的显著性水平下，减仓后的第一个季度显著小于减仓前一个季度，且 t 值达到最小。从减仓后的第三个季度开始，t 值呈上涨趋势，且减仓后的第三至第八个季度，股票相对于大盘的收益率均低于减仓前一个季度。这说明社保基金的减仓操作对市场的影响是很短的，也说明市场对其减仓操作敏感度很高。

与减仓当个季度股票相对于大盘的超额收益率相比，在 5% 的显著水平下，减仓后一个季度股票的超额收益率均值和减仓当个季度相比没有显著区别。在减仓后的第二至第八个季度，股票相对于大盘的收益率均高于减仓前一个季度。这说明社保基金减仓对市场的影响有可能都在减仓当个季度得到了消化。

从图 11-4 中可以直观地看出在减仓后 1 ~ 8 个季度相对于减仓前一个季度和减仓当季的 t 值走势。发现相对于减仓前一个季度和减仓当季，t 值走势也是基本一样的。和增仓操作一样，两者之间同样存在一个差值，此差值是由于社保基金当季自身减仓操作带来的股票打压所造成的；但是随着时间的推移此差值也在逐渐缩小。

表 11-10　社保基金所有减仓股票在减仓前后超额收益率均值的 t 检验

时　间		t 值	单边 p 值	显著性水平/%	结　论
前一个季度	后一个季度	-5.042	0	1	显著小于报告公布日前一个季度
	后二个季度	-0.577	0.282	5	不显著
	后三个季度	1.772	0.038	5	显著大于报告公布日前一个季度
	后四个季度	1.697	0.045	5	显著大于报告公布日前一个季度
	后五个季度	3.598	0	1	显著大于报告公布日前一个季度
	后六个季度	3.926	0	1	显著大于报告公布日前一个季度
	后七个季度	5.945	0	1	显著大于报告公布日前一个季度
	后八个季度	4.895	0	1	显著大于报告公布日前一个季度
报告公布当个季度	后一个季度	-1.289	0	5	不显著
	后二个季度	1.926	0	5	显著大于报告公布日前一个季度
	后三个季度	3.874	0	1	显著大于报告公布日前一个季度
	后四个季度	3.282	0	1	显著大于报告公布日前一个季度
	后五个季度	4.816	0	1	显著大于报告公布日前一个季度
	后六个季度	4.855	0	1	显著大于报告公布日前一个季度
	后七个季度	6.799	0	1	显著大于报告公布日前一个季度
	后八个季度	5.442	0	1	显著大于报告公布日前一个季度

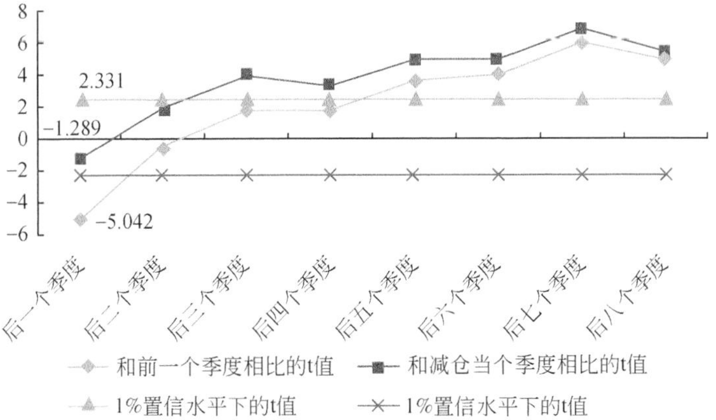

图 11-4　与减仓前一个季度及减仓当季相比对的 t 值

11.3.2 牛市中社保基金减仓股票的统计分析

对牛市和熊市不同的市场行情划分同 11.2.2 节一样，牛市行情界定为 2005 年 6 月 30 日至 2007 年 12 月 31 日（即 2005 年第三季度初至 2007 年第四季度末）；熊市行情界定为 2004 年 6 月 30 日至 2005 年 6 月 30 日（即 2004 年第三季度初至 2005 年第二季度末）和 2007 年 12 月 31 日至 2009 年 6 月 30 日，即 2008 年第一季度初到 2009 年第二季度末。

（1）基本统计分析

通过分析在 2005 年第三季度初至 2007 年第四季度末期间，即牛市期间所有的减仓操作，可以得到社保基金所有减仓股票相对于大盘收益小于零的个数，并得出了表 11-11 中的统计结果。结果显示，在牛市中，社保基金在减仓后第一个季度实现了最大的下跌数占比，为 54.38%。

表 11-11 牛市中社保基金减仓股票下跌数的统计结果

统计变量	当个季度	后一个季度	后二个季度	后三个季度	后四个季度	后五个季度	后六个季度	后七个季度	后八个季度
下跌个数	277	298	271	258	279	262	256	223	208
总数	548	548	548	548	548	548	536	510	453
下跌占比/%	50.55	54.38	49.45	47.08	50.91	47.81	47.76	43.73	45.92

同时通过附表 6 ~ 附表 8 中牛市行情下对社保基金各个季度减仓股票下跌数的分析发现，在 2005 年第三季度初到 2007 年第四季度末期间，在社保基金减仓后，最大下跌数基本上都出现在减仓后的第一个和第二个季度，说明了在牛市中，市场对社保基金的减仓操作非常敏感，也同时说明社保基金减仓对市场的短期指示作用。

（2）t 检验

从 2005 年第三季度初到 2007 年第四季度末的牛市行情来看，样本总数为 546。从表 11-12 中可以看出，与减仓前一个季度股票相对于大盘的超额收益率均值相比，在 1% 的显著性水平下，后面第一季度显著小于前一个季度的超额收益率均值，且 t 值达到了最小值。在减仓后的第二至第八个季度中，t 值呈上升趋势。该结论和 11.3.1 节对所有时间区间进行的 t 检验得出的结论是一致的。

表 11-12　牛市行情中对社保基金减仓股票进行的 t 检验

时间		t 值	单边 p 值	显著性水平/%	结论
前一个季度	后一个季度	-3.976	0	1	显著小于报告公布日前一个季度
	后二个季度	-1.417	0.078	5	不显著
	后三个季度	0.691	0.245	5	不显著
	后四个季度	0.725	0.234	5	不显著
	后五个季度	2.659	0.004	1	显著大于报告公布日前一个季度
	后六个季度	3.141	0.001	1	显著大于报告公布日前一个季度
	后七个季度	4.810	0	1	显著大于报告公布日前一个季度
	后八个季度	3.412	0	1	显著大于报告公布日前一个季度
报告公布当个季度	后一个季度	-0.557	0.289	5	不显著
	后二个季度	1.143	0.127	5	不显著
	后三个季度	2.683	0.004	1	显著大于报告公布日前一个季度
	后四个季度	2.165	0.015	1	不显著
	后五个季度	3.860	0	1	显著大于报告公布日前一个季度
	后六个季度	4.086	0	1	显著大于报告公布日前一个季度
	后七个季度	5.717	0	1	显著大于报告公布日前一个季度
	后八个季度	4.061	0	1	显著大于报告公布日前一个季度

与减仓当个季度股票相对于大盘的超额收益率相比，在 5% 的显著水平下，减仓后第一个和第二个季度股票的超额收益率均值与减仓当个季度相比没有显著区别。在减仓后的第五至第八个季度，股票相对于大盘的收益率均高于减仓前一个季度。此结论也和 11.3.1 节对所有时间区间进行的 t 检验得出的结论基本是一样的。

从图 11-5 中可以直观地看出在减仓后第一至第八个季度相对于减仓前一个季度和减仓当季的 t 值走势，基本上与图 11-4 相似，可以得到相同的解释。

由以上可以看出同增仓一样，从牛市行情中和上述总体行情来看，结果并没有出现特别的差别。这些都说明社保基金减仓后对市场的指示作用偏向短期，为当季或后面一个季度。也从一定程度上说明了市场对社保基金减仓操作的敏感性很高。

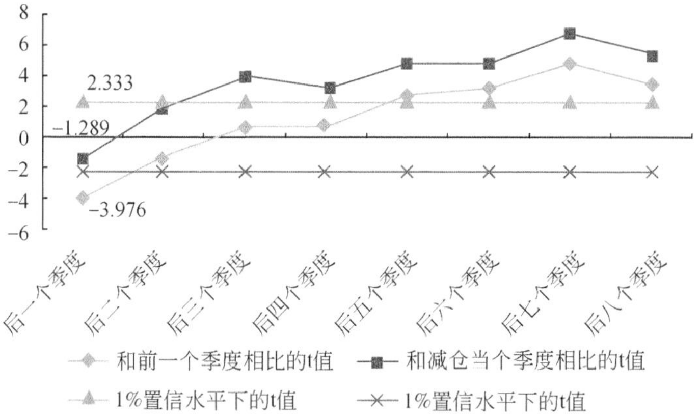

图 11-5　牛市中与减仓前一个季度及减仓当季相比对的 t 值

11.3.3　熊市中社保基金减仓股票的统计分析

(1) 基本统计分析

以下分析同样仅会考虑 2004 年三季度初至 2005 年二季度末这个熊市周期。由表 11-13 中可以看出，在熊市中，社保基金减仓后的股票在减仓后的第一个季度出现了最大比例的下跌，为 57.24%。

附表 9 到附表 10 分别为两段熊市行情下按季度的统计分析结果。其中附表 9 为 2004 年第三季度初至 2005 年第二季度末这波熊市行情下的统计结果；附表 10 为 2008 年第一季度初至 2008 年第二季度末熊市行情下的结果。观察结果发现，在熊市行情中，社保基金减仓的股票大多数都在其后第一和第二个季度出现了较大的下跌数，这和由表 11-13 得出的结论是相吻合的。

表 11-13　熊市中社保基金减仓股票下跌数的统计结果

统计变量	当个季度	后一个季度	后二个季度	后三个季度	后四个季度	后五个季度	后六个季度	后七个季度	后八个季度
下跌个数	89	83	79	82	70	67	73	70	67
总数	145	145	145	145	145	145	145	145	145
下跌占比/%	61.38	57.24	54.48	56.55	48.28	46.21	50.34	48.28	46.21

由此说明了在熊市中，市场对社保基金的减仓操作也非常敏感，同时说明社保基金减仓对市场的短期指示作用。

（2）t 检验

表 11-14 为熊市行情下的 t 检验结果。分析发现，在熊市行情中，与减仓前一个季度及当个季度相比，在 5% 的显著性水平下，社保基金减仓的股票的超额收益率均值在减仓后第一至第三个季度没有明显差异。从第四个季度开始，t 值呈上涨趋势，并在 1% 的显著性水平下大于减仓前一个季度。

表 11-14　熊市行情中对社保基金减仓股票进行的 t 检验

时　间		t 值	单边 p 值	显著性水平/%	结　论
前一个季度	后一个季度	0.506	0.307	5	不显著
	后二个季度	1.036	0.151	5	不显著
	后三个季度	1.552	0.061	5	不显著
	后四个季度	3.060	0.001	1	显著大于报告公布日前一个季度
	后五个季度	3.382	0	1	显著大于报告公布日前一个季度
	后六个季度	2.756	0.003	1	显著大于报告公布日前一个季度
	后七个季度	3.509	0	1	显著大于报告公布日前一个季度
	后八个季度	3.470	0	1	显著大于报告公布日前一个季度
报告公布当个季度	后一个季度	1.126	0.131	5	不显著
	后二个季度	1.520	0.065	5	不显著
	后三个季度	1.795	0.037	5	显著大于报告公布日前一个季度
	后四个季度	3.341	0.001	1	显著大于报告公布日前一个季度
	后五个季度	3.568	0	1	显著大于报告公布日前一个季度
	后六个季度	2.893	0.002	1	显著大于报告公布日前一个季度
	后七个季度	3.601	0	1	显著大于报告公布日前一个季度
	后八个季度	3.541	0	1	显著大于报告公布日前一个季度

从图 11-6 中可以看出，相对于减仓前一个季度和减仓当季的 t 值两者快速收敛，差异在第五季度基本就相差无几。这说明在熊市中，即便是在社保基金减仓的当个季度，社保基金的减仓操作对股价的下拉作用也十分有限。说明在熊市中，社保基金减仓操作对市场的影响很小。

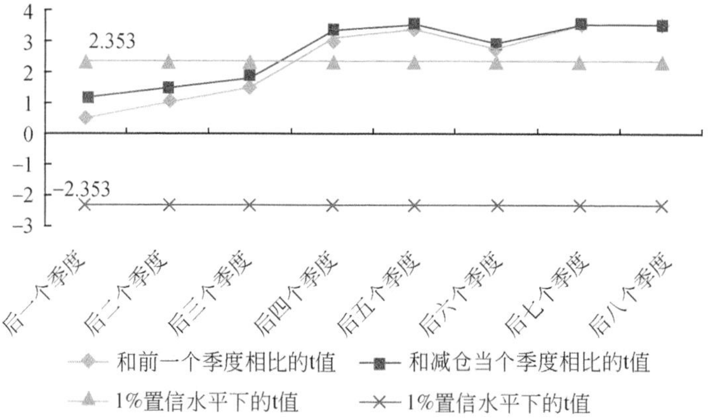

图 11-6 熊市中与减仓前一个季度及减仓当季相比对的 t 值

11.4 主要结论

11.4.1 增仓操作的主要结论

表 11-15 为统计规律分析结果总结。从统计规律分析的角度总体来看，在社保基金增仓后对市场具有一定的带动作用，其对市场的指示作用多在增仓后的第四个季度和第七个季度。

表 11-15 社保基金增仓统计规律分析结果

分类标准	参照变量	时间区间	增仓后第几个季度上涨数占比最大	上涨数占比/%
从整体看	整个时间区间	2004. 6. 30 ~ 2009. 6. 30	4，7	53. 00
按仓位变动比例	≥5%	2004. 6. 30 ~ 2009. 6. 30	2	58. 62
	≥1%，<5%		5	54. 55
	<1%		8	52. 55
按市场行情	牛市	2005. 6. 30 ~ 2007. 12. 31	7	53. 33
	熊市	2004. 6. 30 ~ 2005. 6. 30	4	56. 56

从整个时间区间来看，即从 2004 年 6 月 30 日至 2009 年 6 月 30 日期间，当社保基金增仓时，在增仓后的第四季度和第七季度社保基金增仓的股票相对于大

盘上涨比例最多，为 53%。意义即若社保基金增仓了 100 只股票，则在增仓后的第四季度和第七季度有 53 只股票相对于大盘出现了上涨，说明社保基金增仓对市场资金具有一定的偏中长期的引导作用。

从仓位变动来看，社保基金所有增仓比例超过流通股 5% 的股票，在增仓后的第二季度出现了上涨数占比最大，为 58.62%；而该比例小于 1% 的，则在其增仓后第八季度出现上涨数最多。说明增仓比例大的股票，对市场的信号作用较强，因此市场对此反应也最为敏感。而增仓比例小的股票，对市场的信号作用是短期弱，中长期较强。

从市场行情来看，我们可以看到在牛市中，社保基金对市场的影响偏向中长期，即在增仓后第七个季度出现了上涨数最多；而在熊市，则是在增仓后第四季度。说明在熊市中，市场对社保基金的增仓操作反应较为敏感，也说明了社保基金在熊市中对市场偏短期的指示作用。

表 11-16 为 t 检验的分析结果总结。从整体来看，社保基金增仓后，和增仓前一个季度相比，t 值最大值出现在第七季度。并且在 1% 的显著水平下，增仓后的股票相对于大盘的收益率显著高于增仓前一个季度。和增仓当个季度相比，t 值最大值出现在第八季度。在 1% 的显著水平下，增仓后的股票相对于大盘的收益率也显著高于增仓当个季度。

表 11-16　社保基金增仓 t 检验结果统计

分类标准		相比对的季度	t 值极大值	极大值出现的季度	显著性水平/%	显著高于或低于	t 值最大值	最大值出现的季度	显著性水平/%	显著高于或低于
从整体看		前一个季度	2.996	5	1	高于	4.581	7	1	高于
		增仓当个季度	—	—	—	—	3.055	8	1	高于
按市场行情	牛市	前一个季度	2.116	5	5	高于	3.39	7	1	高于
		增仓当个季度	-1.029	5	5	不显著	1.194	7	5	不显著
	熊市	前一个季度	2.729	4	1	高于	3.82	8	1	高于
		增仓当个季度	2.913	4	1	高于	3.861	8	1	高于

从市场行情来看，在牛市和熊市中，和增仓前一个季度相比，t 值最大值分别出现在第七季度和第八季度，且在 1% 的显著性水平下，均显著高于增仓前一个季度。和增仓当个季度相比，牛市和熊市中 t 值最大值也分别出现在第七季度和第八季度。但在牛市中，即使是在 t 值最大的第七季度，并且在 5% 的显著性

水平下，增仓后股票的超额收益率均值和增仓当个季度相比也不显著，主要原因是在牛市行情下，由于流动性原因，社保基金的增仓行为自身更加容易拉高股价。

不管是整体来看，还是按不同市场行情来看，t 值极大值都出现在增仓后第四、第五季度。说明社保基金增仓后的第四、第五季度对市场影响也较大。

综上可以看出，t 检验的结果基本和统计规律分析结果保持一致，即社保基金增仓后确实具有一定的市场风向标作用，且对市场的指示作用多在其增仓后第四、第五季度和第七、第八季度。说明社保基金对市场的影响偏于中长期。

11.4.2 减仓操作的主要结论

表 11-17 为统计规律分析结果总结。从统计规律分析的角度总体来看，在社保基金减仓后对市场具有一定的负向作用，其对市场的指示作用多在减仓后的第一季度。

表 11-17 社保基金减仓统计规律分析结果

分类标准	参照变量	时间区间	减仓后第几个季度下跌数占比最大	下跌数占比/%
从整体看	整个时间区间	2004. 6. 30 ~ 2009. 6. 30	1	55. 31
按仓位变动比例	≥4%	2004. 6. 30 ~ 2009. 6. 30	6	43. 64
	≥1%， <4%		1	33. 00
	<1%		6	41. 71
按市场行情	牛市	2005. 6. 30 ~ 2007. 12. 31	1	54. 38
	熊市	2004. 6. 30 ~ 2005. 6. 30	1	57. 24

从整个时间区间来看，即从 2004 年 6 月 30 日至 2009 年 6 月 30 日期间，当社保基金减仓时，在减仓后的第一季度社保基金减仓的股票相对于大盘均出现了下跌数最多，为 55. 31% 。意义即若社保基金减仓了 100 只股票，则在减仓后的第一季度有约 55 只股票相对于大盘出现了下跌，说明社保基金减仓对市场资金具有一定的短期引导作用。

从仓位变动来看，社保基金所有减仓比例超过流通股 4% 和小于 1% 的股票，均在减仓后的第六个季度出现了下跌数占比最大，下跌数占比分别为 43. 64% 和 41. 71% 。说明即便减仓股数占流通股比例很大，但对市场的信号作用仍然比较微弱。

从市场行情来看，可以发现不管是在牛市中，还是在熊市中，社保基金对市场的影响都和在整个时间区间中基本是一样的，并且是偏向短期的，即都在减仓后第一个季度出现了下跌数最多。

表 11-18 为 t 检验的分析结果总结。可以看出不管是在整个市场行情下，还是在牛市及熊市中，与减仓前一个季度及当个季度相比，t 值最小值均出现在减仓后第一个季度。

表 11-18　社保基金减仓 t 检验结果统计

分类标准		相比对的季度	t 值极小值	最小值出现的季度	显著性水平/%	大于或小于
从整体看		前一个季度	-5.042	1	1	小于
		减仓当个季度	-1.289	1	5	不显著
按市场行情	牛市	前一个季度	-3.976	1	1	小于
		减仓当个季度	-0.557	1	5	不显著
	熊市	前一个季度	0.506	1	5	不显著
		减仓当个季度	1.126	1	5	不显著

在 1% 的显著水平下，只有在整个市场行情及牛市行情下，社保基金减仓后一个季度股票相对于大盘的收益率才是显著小于减仓前一个季度的。

综上可以看出，t 检验的结果基本与统计规律分析结果保持一致，即社保基金减仓的信号作用比较微弱，对市场影响比较小，且指示作用偏短期，多为减仓当季或减仓后一个季度影响较大。

11.5　本章小结

本章分别采用统计规律分析和 t 检验的方法针对社保基金增减仓操作对市场的影响进行了实证分析。

第一节介绍了实证分析的数据来源、选取方法和分析思路。第二节和第三节采用统计分析方法分别对社保基金增仓和减仓对市场的影响进行了实证研究，并针对整体时间区间和不同市场行情下进行了分析；然后采用了 t 检验的方法针对社保基金增仓和减仓对市场的影响进行了检验，同样也是分为整体时间区间和不同市场行情下进行了分别讨论。第四节得出了增减仓操作的实证分析结论。结果表明，两种方法结论基本一致，即社保基金增仓操作对市场产生一定的正向带动影响，并且其增仓的股票多在增仓后第四、第五季度和第七、第八季度上涨数最多，并且与增仓前一个季度相比，t 值也是在这两个时间段分别出现了极大值和最大值，由此说明社保基金增仓操作对市场的指示作用偏向中长期；社保基金减仓操作对市场的影响比较微弱，并且其减仓的股票多在减仓后第一季度下跌数最多。并且与减仓前一个季度相比，t 值也是在这个时间段出现了最小值。由此说明社保基金减仓操作对市场的指示作用偏向短期。

附　　录

附录 1　定理的证明

附录 A

定理 4.1 的证明

证明：由方程（4.12）知，在任意的时刻 t，最优的期末财富应该最大化余下时间的目标函数，因此，$\{W_T\}$ 应是下面问题的解：

$$\max_{W(T)} E_t\left[\mathrm{e}^{-\beta(T-t)}\frac{(W(T)-G(T))^{1-\gamma}-1}{1-\gamma}\right]$$

$$\text{s.t.}\quad E_t\left[\xi_t^{-1}\xi_T W(T)-\int_t^T \xi_t^{-1}\xi_s C(s)\,\mathrm{d}t\right]=W_t \tag{A.1}$$

由拉格朗日数乘法，其一阶条件为

$$\mathrm{e}^{-\beta(T-t)}(W_T-G_T)^{-\gamma}=\phi\frac{\xi_T}{\xi_t} \tag{A.2}$$

其中 ϕ 为拉格朗日乘子。

由（A.2）式可以解得 W_T 为

$$W_T=\phi^{-\frac{1}{\gamma}}\mathrm{e}^{-\frac{\beta}{\gamma}(T-t)}\left(\frac{\xi_T}{\xi_t}\right)^{-\frac{1}{\gamma}}+G_T \tag{A.3}$$

将（A.3）代入（A.1）中的预算约束可得

$$\phi^{-\frac{1}{\gamma}}=\left[\frac{W_t+E_t\left[\int_t^T\xi_t^{-1}\xi_s C(s)\,\mathrm{d}t\right]-E_t(\xi_t^{-1}\xi_T G(T))}{E_t\left[(\xi_t^{-1}\xi_T)^{1-\frac{1}{\gamma}}\mathrm{e}^{-\frac{\beta}{\gamma}(T-t)}\right]}\right] \tag{A.4}$$

令 $M_t=E_t(\xi_t^{-1}\xi_T G(T))$，$Q_t=E_t\left[(\xi_t^{-1}\xi_T)^{1-\frac{1}{\gamma}}\mathrm{e}^{-\frac{\beta}{\gamma}(T-t)}\right]$，$N_t=E_t\left[\int_t^T\xi_t^{-1}\xi_s C(s)\,\mathrm{d}t\right]$，则（A.4）变为

$$\phi = \left[\frac{W_t + N_t - M_t}{Q_t}\right]^{-\gamma} \tag{A.5}$$

由于 $M_t = E_t(\xi_t^{-1}\xi_T G(T)) = G(t)$，将（A.5）代入（A.3）定理4.1即可得证。

附录 B

定理4.2的证明

证明：由定理4.1知

$$W_t + N_t - G_t = (W_0 + N_0 - G_0)\frac{Q_t}{Q_0}\mathrm{e}^{-\frac{\beta}{\gamma}t}\left(\frac{\xi_t}{\xi_0}\right)^{-\frac{1}{\gamma}},\quad 0 \leqslant t \leqslant T \tag{B.1}$$

由随机分析中的鞅表示定理知，存在漂移过程 μ_Q 及波动过程 σ_Q 使得

$$\mathrm{d}Q_t = Q_t\ [\mu_Q \mathrm{d}t + \sigma'_Q \mathrm{d}w_t]$$

故由（B.1）知

$$\begin{aligned}\mathrm{d}(W_t + N_t - G_t) &= (W_t + N_t - G_t)\left[(\ldots)\mathrm{d}t + \sigma_Q \mathrm{d}w_t + \frac{\lambda_t}{\gamma}\mathrm{d}w_t\right] \\ &= (W_t + N_t - G_t)\left[(\ldots)\mathrm{d}t + \left(\sigma_Q + \frac{\lambda_t}{\gamma}\right)\mathrm{d}w_t\right] \end{aligned} \tag{B.2}$$

由方程（4.9）知

$$N_t = E_t[\int_t^T \xi_t^{-1}\xi_s C(s)\mathrm{d}t] = \int_t^T P_t(s)C(s)\mathrm{d}s$$

由于

$$\mathrm{d}[\int_t^T P_t(s)C(s)\mathrm{d}s] = (\ldots)\mathrm{d}t + [\int_t^T P_t(s)C(s)\sigma'_P(t,s)\mathrm{d}s]\mathrm{d}w_{Bt}$$

$$\mathrm{d}W_t = [(r_t + \pi'_t\sigma_t\lambda_t)W_t - C_t]\mathrm{d}t + W_t\pi'_t\sigma_t\mathrm{d}w_t, \mathrm{d}G_t = G_t[a\mathrm{d}t + s'\mathrm{d}w_t]$$

所以

$$\mathrm{d}(W_t + N_t - G_t) = (\ldots)\mathrm{d}t + (W_t\pi'_t\sigma_t - G_t s' + \tilde{\sigma}_P{}^C(t,T))\mathrm{d}w_t \tag{B.3}$$

其中 $\tilde{\sigma}_P(t,T) = (\sigma'_P(t,T), 0_{1\times(n-k)})'$，$\tilde{\sigma}_P^C(t,T) = (\sigma'^C_P(t,T), 0_{1\times(n-k)})'$，$\sigma_P^C(t, T) = \int_t^T P_t(s)C(s)\sigma_P(t,s)\mathrm{d}s$

结合（B.2）、（B.3）两式得

$$\begin{aligned}\pi'_t = &\frac{1}{\gamma}\frac{(W_t + N_t - G_t)}{W_t}\sigma_t^{-1}\lambda_t + \frac{(W_t + N_t - G_t)}{W_t}\sigma_t^{-1}\sigma_Q \\ &+ \frac{G_t}{W_t}\sigma_t^{-1}s - \frac{1}{W_t}\sigma_t^{-1}\tilde{\sigma}_P{}^C(t,T)\end{aligned} \tag{B.4}$$

由对数正态分布的性质知

$$E_t\left(\left(\frac{\xi_T}{\xi_t}\right)^{1-\frac{1}{\gamma}}\right) = \exp\left\{\frac{\gamma-1}{\gamma}E_t\left[\ln\left(\frac{\xi_T}{\xi_t}\right)\right] + \frac{1}{2}\left(\frac{\gamma-1}{\gamma}\right)^2 \mathrm{Var}_t\left[\ln\left(\frac{\xi_T}{\xi_t}\right)\right]\right\} \quad (\mathrm{B}.5)$$

故

$$P_t(T) = E_t\left[\left(\frac{\xi_T}{\xi_t}\right)\right] = \exp\left\{E_t\left[\ln\left(\frac{\xi_T}{\xi_t}\right)\right] + \frac{1}{2}\mathrm{Var}_t\left[\ln\left(\frac{\xi_T}{\xi_t}\right)\right]\right\} \quad (\mathrm{B}.6)$$

结合（B.6）、（B.7）可得

$$E_t\left(\left(\frac{\xi_T}{\xi_t}\right)^{1-\frac{1}{\gamma}}\right) = P_t(T)^{\frac{\gamma-1}{\gamma}}\exp\left\{\frac{1-\gamma}{2\gamma^2}g(t,T)\right\}$$

其中

$$\begin{aligned} g(t,T) &= \frac{1}{2}\mathrm{Var}_t\left[\ln\left(\frac{\xi_T}{\xi_t}\right)\right] = \frac{1}{2}\mathrm{Var}_t\left[-\int_t^T r_u \mathrm{d}u - \frac{1}{2}\int_t^T \|\lambda(u)\|^2 \mathrm{d}u - \int_t^T \lambda(u)'\mathrm{d}w_u\right] \\ &= \frac{1}{2}\left[\int_t^T \|\lambda(u)\|^2\mathrm{d}u + \int_t^T \left\|\int_u^T \sigma_f(u,\tau)\mathrm{d}\tau\right\|^2 \mathrm{d}u + 2\int_t^T \lambda(u)' \right. \\ &\quad \left. \times\left[\int_u^T \sigma_f(u,\tau)\mathrm{d}\tau\right]\mathrm{d}u\right] \\ &= \frac{1}{2}\left[\int_t^T \|\lambda(u)\|^2\mathrm{d}u + \int_t^T \|\sigma_P(u,T)\|^2\mathrm{d}u + 2\int_t^T \lambda(u)'\sigma_P(u,T)\mathrm{d}u\right] \end{aligned}$$

所以

$$Q_t = E_t\left(\left(\frac{\xi_T}{\xi_t}\right)^{1-\frac{1}{\gamma}} \mathrm{e}^{-\frac{\beta}{\gamma}(T-t)}\right) = \mathrm{e}^{-\frac{\beta}{\gamma}(T-t)}P_t(T)^{\frac{\gamma-1}{\gamma}}\exp\left\{\frac{1-\gamma}{2\gamma^2}g(t,T)\right\} \quad (\mathrm{B}.7)$$

对方程（B.7）利用 Itô 公式可得

$$\mathrm{d}Q_t = Q_t\left((\ldots)\mathrm{d}t + \frac{\gamma-1}{\gamma}\sigma_P(t,\tau)'\mathrm{d}w_B\right)$$

所以

$$\sigma_Q = \frac{\gamma-1}{\gamma}(\sigma_P(t,T)',0')' = \frac{\gamma-1}{\gamma}\tilde{\sigma}_P(t,T) \quad (\mathrm{B}.8)$$

结合（B.5）、（B.8），定理4.2得证。

附录 C

定理4.3的证明

证明：由方程（4.31）知，在任意的时刻 t，最优的期末财富应该最大化余下时间的目标函数，因此，$\{W_T\}$ 应是下面问题的解

$$\max_{X(T)} E_t\left[e^{-\beta(T-t)} \frac{(X(T))^{1-\gamma} - 1}{1-\gamma} \right]$$

$$\text{s.t.} \quad E_t\left[\frac{\xi_T}{\xi_t} X(T) \right] \leqslant X(t) \tag{C.1}$$

由拉格朗日数乘法，其一阶条件为

$$e^{-\beta(T-t)}(X(T))^{-\gamma} = \phi \frac{\xi_T}{\xi_t} \tag{C.2}$$

其中 ϕ 为拉格朗日乘子。

由（C.2）式可以解得 X（T）为

$$X(T) = \phi^{-\frac{1}{\gamma}} e^{-\frac{\beta}{\gamma}(T-t)} \left(\frac{\xi_T}{\xi_t}\right)^{-\frac{1}{\gamma}} \tag{C.3}$$

将（C.3）代入（C.1）中的预算约束可得

$$\phi^{-\frac{1}{\gamma}} = \left[\frac{X(t)}{E_t\left(\left(\frac{\xi_T}{\xi_t}\right)^{-\frac{1}{\gamma}1-\frac{1}{\gamma}} e^{-\frac{\beta}{\gamma}(T-t)} \right)} \right] \tag{C.4}$$

令 $Q_t = E_t\left(\left(\frac{\xi_T}{\xi_t}\right)^{-\frac{1}{\gamma}} e^{-\frac{\beta}{\gamma}(T-t)} \right)$，则（C.4）变为

$$\phi = \left[\frac{X(t)}{Q_t} \right]^{-\gamma} \tag{C.5}$$

将（C.5）代入（C.3）得

$$X(T) = \frac{X(t)}{Q_t} e^{-\frac{\beta}{\gamma}(T-t)} \left(\frac{\xi_T}{\xi_t}\right)^{-\frac{1}{\gamma}}, 0 \leqslant t \leqslant T \tag{C.6}$$

由（C.6）知

$$\frac{X(0)}{Q_0} e^{-\frac{\beta}{\gamma}T} \left(\frac{\xi_T}{\xi_0}\right)^{-\frac{1}{\gamma}} = \frac{X(t)}{Q_t} e^{-\frac{\beta}{\gamma}(T-t)} \left(\frac{\xi_T}{\xi_t}\right)^{-\frac{1}{\gamma}}, 0 \leqslant t \leqslant T \tag{C.7}$$

所以

$$X(t) = X(0) \frac{Q_t}{Q_0} e^{-\frac{\beta}{\gamma}t} \left(\frac{\xi_t}{\xi_0}\right)^{-\frac{1}{\gamma}}, 0 \leqslant t \leqslant T \tag{C.8}$$

由于 ξ_t 是对数正态分布的，故

$$Q_t = E_t\left(\left(\frac{\zeta_s}{\zeta_t}\right)^{1-\frac{1}{\gamma}} e^{-\frac{\beta}{\gamma}(T-t)} \right) = e^{-\frac{\beta}{\gamma}(T-t)} \exp\left\{ \frac{\gamma-1}{\gamma} E_t\left[\ln\left(\frac{\zeta_T}{\zeta_t}\right) \right] + \frac{1}{2}\left(\frac{\gamma-1}{\gamma}\right)^2 \mathrm{Var}_t\left[\ln\left(\frac{\zeta_T}{\zeta_t}\right) \right] \right\}$$

$$= \exp\left\{ \frac{\gamma-1}{\gamma} E_t\left[\ln\left(\frac{\zeta_T}{\zeta_t}\right) \right] + \frac{1}{2}\left(\frac{\gamma-1}{\gamma}\right)^2 \mathrm{Var}_t\left[\ln\left(\frac{\zeta_T}{\zeta_t}\right) \right] - \frac{\beta}{\gamma}(T-t) \right\}$$

$$= \exp\left\{(T-t)\left[-\frac{\gamma-1}{\gamma}\left(r+\frac{1}{2}r+\frac{1}{2}\left(\frac{\mu-r}{\sigma}\right)^2\right)+\frac{1}{2}\left(\frac{\gamma-1}{\gamma}\right)^2 r+\frac{1}{2}\left(\frac{\mu-r}{\sigma}\right)^2-\frac{\beta}{\gamma}\right]\right\} \tag{C.9}$$

故 Q_t 是确定性函数，所以

$$\mathrm{d}X(t) = X(t)\left[(\ldots)\mathrm{d}t+\frac{\mu-r}{\gamma\sigma}\mathrm{d}W(t)\right] \tag{C.10}$$

结合方程（4.29）及（C.10），定理3.3得证。

附录 D

定理6.1的证明

证明：引入拉格朗日乘子 η、γ，优化问题（6.4）等价于下面的优化问题

$$\begin{gathered}\min E[Y_+{}^2-2\eta(Y_+-Y_-)-2\gamma\xi(T)(Y_+-Y_-)]\\ \text{s.t.}\quad Y_+,Y_-\geqslant 0\end{gathered} \tag{D.1}$$

对（D.1）化简整理，则（D.1）等价于下面的优化问题

$$\begin{gathered}\min E[[Y_+-(\eta+\gamma\xi(T))]^2+(\eta+\gamma\xi(T))Y_--E(\eta+\gamma\xi(T))]^2\\ \text{s.t.}\quad Y_+,Y_-\geqslant 0\end{gathered} \tag{D.2}$$

显然，优化问题（D.2）的最优解为

$$\begin{cases}Y_+^*=\eta+\gamma\xi(T),Y_-^*=0,\eta+\gamma\xi(T)\geqslant 0\\ Y_+^*=0,Y_-^*=\infty,\eta+\gamma\xi(T)<0\end{cases} \tag{D.3}$$

由方程（6.4）中的第一个约束可知（D.3）中只有第一种情况满足，因此（D.2）的最优解为

$$(Y_+^*,Y_-^*)=(\eta+\gamma\xi(T),0) \tag{D.4}$$

其中 $\eta+\gamma\xi(T)\geqslant 0$，且

$$Y_+^*-Y_-^*=\eta+\gamma\xi(T)\geqslant 0 \tag{D.5}$$

将（D.4）代入方程（6.4）的约束方程可得

$$\begin{cases}E[\eta+\gamma\xi_T]=(c-1)L/c\\ E\left[\xi_T(\eta+\gamma\xi_T)+\int_0^T\xi_0^{-1}\xi_t C(t)\mathrm{d}t\right]=LE\xi_T-W_0\end{cases} \tag{D.6}$$

解方程组（D.6）可得

$$\begin{cases}\eta=(c-1)L/c-\gamma E(\xi_T)\\ \gamma=c^{-1}\left(LE(\xi_T)-c\left[W_0+E\int_0^T\xi_0^{-1}\xi_t C(t)\mathrm{d}t\right)\right]/\mathrm{Var}(\xi_T)\end{cases} \tag{D.7}$$

结合方程（6.3）、（D.5）及（D.7）即可得方程（6.5），定理6.1得证。

附录 E

定理6.2的证明

由方程（6.5）可得

$$W^*(t) = (L-\eta)E_t[\xi_t^{-1}\xi_T] - \gamma\xi_t E_t[[\xi_t^{-1}\xi_T]^2 - E_t[\int_t^T \xi_t^{-1}\xi_s C(s)\mathrm{d}t] \quad (E.1)$$

由于

$$P_t(T) = E_t[\xi_t^{-1}\xi_T] \quad (E.2)$$

$$E_t[\xi_t^{-1}\xi_T] = \exp\{E_t[\ln\xi_t^{-1}\xi_T] + 0.5\mathrm{Var}_t[\ln\xi_t^{-1}\xi_T]\} \quad (E.3)$$

$$E_t[\xi_t^{-1}\xi_T]^2 = \exp\{2E_t[\xi_t^{-1}\xi_T] + 2\mathrm{Var}_t[\ln\xi_t^{-1}\xi_T]\} \quad (E.4)$$

结合方程（E.2）至（E.4）可得

$$E_t[\xi_t^{-1}\xi_T]^2 = P_t^2(T)\exp\{g(t,T)\} \quad (E.5)$$

其中 $g(t,T)$ 满足方程（6.11），令 a、$b(t)$ 满足方程（6.10），则有

$$\mathrm{d}W^*(t) = a\mathrm{d}P_t(T) + \mathrm{d}[b(t)\xi(t)P_t^2(T)] - \mathrm{d}[\int_t^T P_t(s)C(s)\mathrm{d}s] \quad (E.6)$$

由 Munk 等（2004）知

$$\mathrm{d}[\int_t^T P_t(s)C(s)\mathrm{d}s] = (\ldots)\mathrm{d}t + [\int_t^T P_t(s)C(s)\sigma'_P(t,s)\mathrm{d}s]\mathrm{d}w_{Bt} \quad (E.7)$$

结合方程（4.6）、（4.8）及（E.6－E.7）可得

$$\mathrm{d}W^*(t) = (\cdots)\mathrm{d}t + \{aP_t(T)\tilde{\sigma}_P(t,T) + b(t)\xi(t)P_t^2(T)\{2\tilde{\sigma}_P(t,T) + \lambda\} - \tilde{\sigma}_P^C(t,T)\}\mathrm{d}w_t \quad (E.8)$$

将方程（E.8）与等式（4.10）进行比较，定理6.2即可得证。

附录 F

推论6.1的证明

证明：由于

$$E_t\left[\frac{\xi(T)}{\xi(t)}\right] = P_t(T) = \exp\{-\int_t^T r(s)\mathrm{d}s\} \quad (F.1)$$

$$E_t\left[\frac{\xi(T)}{\xi(t)}\right]^2 = P_t^2(T)\exp\{g(t,T)\} = \exp\{-2\int_t^T r(s)\mathrm{d}s + \int_t^T \|\lambda\|^2\mathrm{d}s\} \quad (F.2)$$

故

$$\begin{aligned}
\mathrm{d}W^{*}(t) &= \mathrm{d}\left\{aE_t\left[\frac{\xi(T)}{\xi(t)}\right]-\gamma\xi(t)E_t\left[\frac{\xi(T)}{\xi(t)}\right]^2-E_t\left[\int_t^T\frac{\xi(s)}{\xi(t)}C(s)\mathrm{d}t\right]\right\}\\
&= \mathrm{d}\left\{a\exp\left\{-\int_t^T r(s)\mathrm{d}s\right\}-\gamma\exp\left\{-2\int_t^T r(s)\mathrm{d}s+\int_t^T\|\lambda\|^2\mathrm{d}s\right\}\xi(t)\right.\\
&\quad\left.-\int_t^T\exp\left(-\int_t^s r(u)\mathrm{d}u\right)C(s)\mathrm{d}t\right\}\\
&= (\ldots)\mathrm{d}t+\gamma\exp\left\{-2\int_t^T r(s)\mathrm{d}s+\int_t^T\|\lambda\|^2\mathrm{d}s\right\}\xi(t)\lambda\mathrm{d}w_t
\end{aligned}\tag{F.3}$$

所以

$$\pi_t = \frac{1}{W(t)}\left\{\gamma\exp\left\{-2\int_t^T r(s)\mathrm{d}s+\int_t^T\|\lambda\|^2\mathrm{d}s\right\}\xi(t)\right\}\sigma^{-1}\lambda \tag{F.4}$$

又由于

$$\begin{aligned}
E(\xi(T)) &= \exp\left\{\int_0^T -r(s)\mathrm{d}s\right\}\\
V(\xi(T)) &= \exp\left\{\int_0^T -2r(s)\mathrm{d}s\right\}\left(\exp\left\{\int_0^T\|\lambda\|^2\mathrm{d}s\right\}-1\right)
\end{aligned}\tag{F.5}$$

结合方程（D.7）及（F.5）可得

$$\begin{cases}
\eta = \left(1-\dfrac{1}{c}\right)L\psi+1\\
\quad +\psi\dfrac{c\left(W_0+\int_0^T\exp\left(-\int_0^s r(u)\mathrm{d}u\right)C(s)\mathrm{d}t\right)E(\xi(T))-L[E(\xi(T))]^2}{cV(\xi(T))}\\
\gamma = \dfrac{\psi\left(LE(\xi(T))-c\left(W_0+\int_0^T\exp\left(-\int_0^s r(u)\mathrm{d}u\right)C(s)\mathrm{d}t\right)\right)}{cV(\xi(T))}
\end{cases}\tag{F.6}$$

将方程（F.6）代入（F.4），推论6.1即可得证。

附录 G

定理6.4的证明

定义值函数$\hat{V}$（F）为

$$\hat{V}(F) = \inf_{C,\pi}\{J(F,C,\pi)\} \tag{G.1}$$

很显然$\hat{V}$（F）是严格凸的非负函数，且有$\hat{V}$（AL）$=0$

由 Duffie（1996）知$\hat{V}$（F）满足如下的 HJB 方程

$$\rho V(F) = \min_{C,\pi}\{\beta((C-NC)^2+\gamma(C-NC))+(1-\beta)((AL-F)^2 + \eta(AL-F))+(rF+\pi'(b-r1)F+C-P)V'(F) + \frac{1}{2}\pi'\sum\pi F^2V''(F)\} \tag{G.2}$$

由一阶条件可得

$$\hat{C} = NC - \frac{1}{2\beta}(V'(F)+\gamma) \tag{G.3}$$

$$\hat{\pi} = \frac{V'(F)}{-FV''(F)}\sum{}^{-1}(b-r1) \tag{G.4}$$

类似于 Josa-Fombellida 和 Rincon-Zapatero（2001，2004），我们猜测值函数的形式为

$$V(F) = m(AL-F)^2 + n(AL-F) + l \tag{G.5}$$

则

$$V'(F) = -2m(AL-F) - n \tag{G.6}$$

$$V''(F) = 2m \tag{G.7}$$

将（G.5－G.6）代入方程（G.3－G.4）可得

$$\hat{C} = NC + \frac{m}{\beta}(AL-F) + \frac{1}{2\beta}(n-\gamma) \tag{G.8}$$

$$\hat{\pi} = \frac{2m(AL-F)+n}{2mF}\sum{}^{-1}(b-r1) \tag{G.9}$$

将（G.8－G.9）代入（G.2）可得

$$m^2 + \beta(\rho - 2r + \theta'\theta)m - \beta(1-\beta) = 0 \tag{G.10}$$

$$n = \frac{m\beta\gamma + (1-\beta)\beta\eta}{\beta(\rho+\theta'\theta-r)+m} \tag{G.11}$$

$$\rho l = \frac{(n-\gamma)^2}{4\beta} + 2\gamma(n-\gamma) - \frac{(n-\gamma)}{2\beta}n - \frac{n^2}{4\beta}\theta'\theta \tag{G.12}$$

由于$\hat{V}$（F）是严格凸的，故 $m>0$，解方程（G.10）可得

$$m = \frac{-\beta(\rho-2r+\theta'\theta)+\sqrt{\beta^2(\rho-2r+\theta'\theta)^2+4\beta(1-\beta)}}{2} \tag{G.13}$$

由于

$$\beta(\rho+\theta'\theta-r)+m = \frac{\beta(\rho+\theta'\theta)+\sqrt{\beta^2(\rho-2r+\theta'\theta)^2+4\beta(1-\beta)}}{2} > 0 \tag{G.14}$$

故 $n>0$，定理 6.4 得证。

附录2　社保基金增减仓操作统计结果

附表1　牛市下社保基金增仓操作统计结果（2005年）

时间	统计变量	当个季度	后一个季度	后二个季度	后三个季度	后四个季度	后五个季度	后六个季度	后七个季度	后八个季度
2005年第三季度	上涨个数	6	16	18	25	24	21	18	17	13
	总数	39	39	39	39	39	39	39	39	39
	上涨占比/%	15.38	41.03	46.15	64.10	61.54	53.85	46.15	43.59	33.33
2005年第四季度	上涨个数	16	51	38	31	43	43	31	33	39
	总数	82	82	82	82	82	82	82	82	82
	上涨占比/%	19.51	62.20	46.34	37.80	52.44	52.44	37.80	40.24	47.56

附表2　牛市下社保基金增仓操作统计结果（2006年）

时间	统计变量	当个季度	后一个季度	后二个季度	后三个季度	后四个季度	后五个季度	后六个季度	后七个季度	后八个季度
2006年第一季度	上涨个数	31	64	48	41	53	44	35	51	47
	总数	96	96	96	96	96	96	96	96	96
	上涨占比/%	32.29	66.67	50.00	42.71	55.21	45.83	36.46	53.13	48.96
2006年第二季度	上涨个数	61	23	41	50	51	38	59	54	50
	总数	100	100	100	100	100	100	100	100	100
	上涨占比/%	61.00	23.00	41.00	50.00	51.00	38.00	59.00	54.00	50.00
2006年第三季度	上涨个数	44	22	34	28	21	34	31	29	26
	总数	64	64	64	64	64	64	64	64	64
	上涨占比/%	68.75	34.38	53.13	43.75	32.81	53.13	48.44	45.31	40.63
2006年第四季度	上涨个数	43	31	19	26	30	25	27	32	37
	总数	54	54	54	54	54	54	54	54	54
	上涨占比/%	79.63	57.41	35.19	48.15	55.56	46.30	50.00	59.26	68.52

附表 3　牛市下社保基金增仓操作统计结果（2007 年）

时　间	统计变量	当个季度	后一个季度	后二个季度	后三个季度	后四个季度	后五个季度	后六个季度	后七个季度	后八个季度
2007 年第一季度	上涨个数	46	21	17	27	30	32	30	35	35
	总数	49	49	49	49	49	49	49	49	49
	上涨占比/%	93.88	42.86	34.69	55.10	61.22	65.31	61.22	71.43	71.43
2007 年第二季度	上涨个数	31	7	17	13	14	17	19	21	19
	总数	32	32	32	32	32	32	32	32	32
	上涨占比/%	96.88	21.88	53.13	40.63	43.75	53.13	59.38	65.63	59.38
2007 年第三季度	上涨个数	9	8	7	6	6	7	8	8	—
	总数	9	9	9	9	9	9	9	9	—
	上涨占比/%	100.00	88.89	77.78	66.67	66.67	77.78	88.89	88.89	—
2007 年第四季度	上涨个数	16	7	8	9	10	9	9	—	—
	总数	16	16	16	16	16	16	15	—	—
	上涨占比/%	100.00	43.75	50.00	56.25	62.50	56.25	60.00	—	—

附表 4　熊市下社保基金增仓操作统计结果（2004～2005 年）

时　间	统计变量	当个季度	后一个季度	后二个季度	后三个季度	后四个季度	后五个季度	后六个季度	后七个季度	后八个季度
2004 年第三季度	上涨个数	26	19	16	24	23	21	19	21	19
	总数	39	39	39	39	39	39	39	39	39
	上涨占比/%	66.67	48.72	41.03	61.54	58.97	53.85	48.72	53.85	48.72
2004 年第四季度	上涨个数	33	29	28	26	25	29	26	23	24
	总数	46	46	46	46	46	46	46	46	46
	上涨占比/%	71.74	63.04	60.87	56.52	54.35	63.04	56.52	50.00	52.17
2005 年第一季度	上涨个数	20	24	30	23	24	28	25	21	24
	总数	48	48	48	48	48	48	48	48	48
	上涨占比/%	41.67	50.00	62.50	47.92	50.00	58.33	52.08	43.75	50.00
2005 年第二季度	上涨个数	14	21	18	20	22	19	22	23	23
	总数	35	35	35	35	35	35	35	35	35
	上涨占比/%	40.00	60.00	51.43	57.14	62.86	54.29	62.86	65.71	65.71

附表 5　熊市下社保基金增仓操作统计结果（2008～2009 年第二季度）

时　间	统计变量	当个季度	后一个季度	后二个季度	后三个季度	后四个季度	后五个季度
2008 年第一季度	上涨个数	14	7	8	9	9	8
	总数	14	14	14	14	14	14
	上涨占比/%	100.00	50.00	57.14	64.29	64.29	57.14
2008 年第二季度	上涨个数	24	12	19	15	12	—
	总数	26	26	26	26	26	—
	上涨占比/%	92.31	46.15	73.08	57.69	46.15	—
2008 年第三季度	上涨个数	0	26	26	16	—	—
	总数	33	33	33	33	—	—
	上涨占比/%	0	78.79	78.79	48.48	—	—
2008 年第四季度	上涨个数	0	14	13	—	—	—
	总数	52	52	40	—	—	—
	上涨占比/%	0	26.92	32.50	—	—	—
2009 年第一季度	上涨个数	0	10	—	—	—	—
	总数	28	28	—	—	—	—
	上涨占比/%	0	35.71	—	—	—	—
2009 年第二季度	上涨个数	17	—	—	—	—	—
	总数	34	—	—	—	—	—
	上涨占比/%	50.00	—	—	—	—	—

附表 6　牛市下社保基金减仓操作统计结果（2005 年）

时　间	统计变量	当个季度	后一个季度	后二个季度	后三个季度	后四个季度	后五个季度	后六个季度	后七个季度	后八个季度
2005 年第三季度	下跌个数	17	25	18	15	19	22	13	17	20
	总数	39	39	39	39	39	39	39	39	39
	下跌占比/%	43.59	64.10	46.15	38.46	48.72	56.41	33.33	43.59	51.28
2005 年第四季度	下跌个数	18	4	9	16	8	10	12	12	10
	总数	30	30	30	30	30	30	30	30	30
	下跌占比/%	60.00	13.33	30.00	53.33	26.67	33.33	40.00	40.00	33.33

附表 7　牛市下社保基金减仓操作统计结果（2006 年）

时　间	统计变量	当个季度	后一个季度	后二个季度	后三个季度	后四个季度	后五个季度	后六个季度	后七个季度	后八个季度
2006 年第一季度	下跌个数	24	17	20	23	16	17	27	16	17
	总数	48	48	48	48	48	48	48	48	48
	下跌占比/%	50.00	35.42	41.67	47.92	33.33	35.42	56.25	33.33	35.42
2006 年第二季度	下跌个数	12	32	24	19	25	26	19	20	23
	总数	43	43	43	43	43	43	43	43	43
	下跌占比/%	27.91	74.42	55.81	44.19	58.14	60.47	44.19	46.51	53.49
2006 年第三季度	下跌个数	56	61	37	43	58	38	51	44	52
	总数	81	81	81	81	81	81	81	81	81
	下跌占比/%	69.14	75.31	45.68	53.09	71.60	46.91	62.96	54.32	64.20
2006 年第四季度	下跌个数	56	40	51	46	36	40	40	37	27
	总数	69	69	69	69	69	69	69	69	69
	下跌占比/%	81.16	57.97	73.91	66.67	52.17	57.97	57.97	53.62	39.13

附表 8　牛市下社保基金减仓操作统计结果（2007 年）

时　间	统计变量	当个季度	后一个季度	后二个季度	后三个季度	后四个季度	后五个季度	后六个季度	后七个季度	后八个季度
2007 年第一季度	下跌个数	9	46	57	41	47	44	46	36	34
	总数	75	75	75	75	75	75	75	75	75
	下跌占比/%	12.00	61.33	76.00	54.67	62.67	58.67	61.33	48.00	45.33
2007 年第二季度	下跌个数	32	41	18	23	33	26	18	22	25
	总数	66	66	66	66	66	66	66	66	66
	下跌占比/%	48.48	62.12	27.27	34.85	50.00	39.39	27.27	33.33	37.88
2007 年第三季度	下跌个数	35	11	19	17	20	18	15	19	—
	总数	59	59	59	59	59	59	59	59	—
	下跌占比/%	59.32	18.64	32.20	28.81	33.90	30.51	25.42	32.20	—
2007 年第四季度	下跌个数	18	21	18	15	17	21	15	—	—
	总数	38	38	38	38	38	38	26	—	—
	下跌占比/%	47.37	55.26	47.37	39.47	44.74	55.26	57.69	—	—

附表 9　熊市下社保基金减仓操作统计结果（2004～2005 年）

时　间	统计变量	当个季度	后一个季度	后二个季度	后三个季度	后四个季度	后五个季度	后六个季度	后七个季度	后八个季度
2004 年第三季度	下跌个数	17	24	25	25	20	21	18	15	17
	总数	34	34	34	34	34	34	34	34	34
	下跌占比/%	50.00	70.59	73.53	73.53	58.82	61.76	52.94	44.12	50.00
2004 年第四季度	下跌个数	19	20	17	19	18	14	18	20	16
	总数	34	34	34	34	34	34	34	34	34
	下跌占比/%	55.88	58.82	50.00	55.88	52.94	41.18	52.94	58.82	47.06
2005 年第一季度	下跌个数	30	21	12	14	16	11	15	17	10
	总数	35	35	35	35	35	35	35	35	35
	下跌占比/%	85.71	60.00	34.29	40.00	45.71	31.43	42.86	48.57	28.57
2005 年第二季度	下跌个数	23	18	25	24	16	21	22	18	24
	总数	42	42	42	42	42	42	42	42	42
	下跌占比/%	54.76	42.86	59.52	57.14	38.10	50.00	52.38	42.86	57.14

附表 10　熊市下社保基金减仓操作统计结果（2008～2009 年第二季度）

时　间	统计变量	当个季度	后一个季度	后二个季度	后三个季度	后四个季度	后五个季度
2008 年第一季度	下跌个数	12	13	20	10	8	15
	总数	37	37	37	37	37	37
	下跌占比/%	32.43	35.14	54.05	27.03	21.62	40.54
2008 年第二季度	下跌个数	12	10	6	5	7	—
	总数	19	19	19	19	19	—
	下跌占比/%	63.16	52.63	31.58	26.32	36.84	—
2008 年第三季度	下跌个数	16	4	6	10	—	—
	总数	24	24	24	24	—	—
	下跌占比/%	66.67	16.67	25.00	41.67	—	—
2008 年第四季度	下跌个数	3	17	11	—	—	—
	总数	22	22	18	—	—	—
	下跌占比/%	13.64	77.27	61.11	—	—	—

续表

时 间	统计变量	当个季度	后一个季度	后二个季度	后三个季度	后四个季度	后五个季度
2009 年第一季度	下跌个数	27	44	—	—	—	—
	总数	52	52	—	—	—	—
	下跌占比/%	51.92	84.62	—	—	—	—
2009 年第二季度	下跌个数	26	—	—	—	—	—
	总数	40	—	—	—	—	—
	下跌占比/%	65.00	—	—	—	—	—

附录3 社保基金重仓股变动的统计结果

附表11 2004 年第三季度社保基金持股变动占流通股比例为前 40 位的股价涨跌幅数据

股票代码	股票名称	变动股数/万股	变动占比	后二个季度	后四个季度	后六个季度	后八个季度
600415	小商品城	290.92	5.81	18.09	25.76	69.75	203.78
600863	内蒙华电	1556.71	3.94	-35.23	-27.02	-35.04	-23.81
000830	鲁西化工	339.79	3.78	-12.60	4.47	37.17	101.31
600497	驰宏锌锗	207.76	2.97	-23.67	-13.43	57.00	235.99
600261	浙江阳光	114.62	2.87	-2.67	48.17	81.03	148.49
600481	双良股份	215.37	2.69	-31.07	-41.16	-36.66	0.88
600398	凯诺科技	322.31	2.63	-32.49	-21.57	-24.41	-8.00
000024	招商地产	479.33	2.35	-11.51	-1.01	88.10	120.72
600550	天威保变	194.98	2.17	26.55	174.02	260.68	286.92
600012	皖通高速	478.18	1.91	42.56	18.14	13.17	34.40
600352	浙江龙盛	193.06	1.69	-2.65	-9.73	-17.19	-4.90
000825	太钢不锈	893.23	1.53	-11.35	-20.16	6.99	79.76
600386	北巴传媒	118.29	1.48	-24.30	-46.24	-38.84	75.47
600267	海正药业	579.71	1.48	-18.16	-28.20	-38.37	-38.51
000651	格力电器	312.35	1.47	-22.95	-10.01	17.80	40.48
600210	紫江企业	1072.68	1.46	-32.41	-21.10	-27.45	-18.21
600033	福建高速	323.88	1.12	32.36	42.58	8.38	30.46
600597	光明乳业	239.58	1.00	-33.55	-38.20	-33.17	5.56
600521	华海药业	57.24	0.91	-0.64	41.29	-2.45	29.20
600089	特变电工	261.65	0.89	-28.64	6.41	6.80	126.72

续表

股票代码	股票名称	变动股数/万股	变动占比	后二个季度	后四个季度	后六个季度	后八个季度
000778	新兴铸管	156.90	0.71	-1.49	-7.68	-5.33	15.46
600824	益民商业	54.75	0.61	-7.66	47.47	94.47	119.21
000027	深圳能源	239.21	0.49	-30.69	-25.99	-16.48	-4.70
000068	赛格三星	85.25	0.38	-24.17	-42.91	-56.00	-38.55
600020	中原高速	105.61	0.38	7.48	0.47	-14.53	-1.90
600183	生益科技	67.79	0.35	-23.20	-47.22	-0.93	66.21
000898	鞍钢股份	254.35	0.34	-0.37	-13.67	35.27	48.04
600266	北京城建	49.05	0.33	-30.34	-7.36	12.80	84.00
000858	五粮液	194.55	0.25	-9.86	-1.71	9.86	101.48
600785	新华百货	15.15	0.23	-29.54	1.18	7.35	53.37
000066	长城电脑	41.90	0.23	-17.60	-18.39	-22.21	-23.10
000037	深南电 A	14.87	0.23	-10.85	-38.07	-46.29	-47.22
000100	TCL 集团	225.69	0.23	-30.27	-55.28	-50.88	-40.96
600535	天士力	10.00	0.13	10.05	16.90	22.13	77.62
600552	方兴科技	6.79	0.13	-28.05	-48.06	-51.03	-33.09
600016	民生银行	174.25	0.11	-20.75	0.87	44.84	107.57
000839	中信国安	19.96	0.08	-27.24	-23.86	-7.62	65.28
600708	海博股份	1.08	0.01	-3.34	1.37	20.59	37.21
600428	中远航运	98.99	0	11.16	1.38	1.87	5.57
000528	柳工	0	0	-33.28	-28.86	16.33	71.89

附表 12　2004 年第三季度社保基金持股变动占流通股比例为后 33 位的股价涨跌幅数据

股票代码	股票名称	变动股数/万股	变动占比	后二个季度	后四个季度	后六个季度	后八个季度
600418	江淮汽车	-0.95	-0.01	-29.24	-0.23	19.88	19.04
600866	星湖科技	-10.00	-0.03	-21.55	-42.05	-34.70	-26.62
600812	华北制药	-21.06	-0.04	-29.18	-49.76	-45.39	-27.87
600493	凤竹纺织	-2.79	-0.05	-34.45	-36.04	-29.36	-8.43
600058	五矿发展	-11.14	-0.07	-11.26	-22.79	-25.71	15.92
600508	上海能源	-9.34	-0.08	-6.69	-9.33	14.69	31.50
600221	海南航空	-48.00	-0.13	-27.04	-44.06	-37.06	-0.48
600896	中海海盛	-21.44	-0.14	-32.50	-26.47	-15.65	21.87
600854	*ST 春兰	-30.00	-0.15	-26.04	-23.01	-28.87	-8.67
000078	海王生物	-27.36	-0.17	-29.46	-34.82	-30.89	8.39

续表

股票代码	股票名称	变动股数/万股	变动占比	后二个季度	后四个季度	后六个季度	后八个季度
000962	东方钽业	-26.83	-0.19	-16.76	-37.93	-1.08	44.02
000831	关铝股份	-28.32	-0.19	-31.43	-42.17	0.58	40.86
000060	中金岭南	-40.00	-0.19	-9.50	9.27	114.28	219.79
600798	宁波海运	-31.08	-0.22	-24.04	-31.45	-30.73	-12.87
600754	锦江股份	-31.45	-0.32	-4.98	17.50	39.46	77.46
600362	江西铜业	-74.26	-0.32	-29.91	-18.66	13.46	87.81
000422	湖北宜化	-50.65	-0.47	-7.77	-21.33	2.18	85.37
600292	九龙电力	-28.75	-0.48	-33.04	-41.35	-31.85	-15.07
600166	福田汽车	-80.09	-0.51	-24.31	-42.90	-39.83	25.21
000939	凯迪电力	-72.61	-0.53	-28.12	-25.20	-21.01	8.72
600470	六国化工	-60.05	-0.75	-0.91	-4.90	-3.02	49.42
000717	韶钢松山	-300.00	-0.81	-37.37	-30.02	-35.77	-30.17
600132	重庆啤酒	-63.88	-0.82	-23.19	-5.92	36.85	174.66
600533	栖霞建设	-38.17	-0.95	-9.92	-7.47	73.52	131.97
000525	红太阳	-135.66	-1.05	-29.22	-42.33	-31.06	64.77
600030	中信证券	-455.08	-1.14	-39.52	2.94	34.41	192.81
000541	佛山照明	-218.13	-1.48	-18.70	-25.73	-24.03	-23.23
600305	恒顺醋业	-72.81	-1.82	-14.01	-7.46	12.20	49.36
600710	常林股份	-313.18	-2.10	-42.71	-60.32	-50.83	-9.13
600161	天坛生物	-113.67	-2.11	-11.23	-17.89	2.30	162.88
600096	云天化	-227.01	-2.28	2.61	1.79	17.17	55.62
600366	宁波韵升	-190.52	-2.29	-27.96	-19.40	20.35	63.15
600594	益佰制药	-67.08	-3.35	-27.68	-22.50	-10.43	-16.33

附表 13　2004 年第四季度社保基金持股变动占流通股比例为前 40 位的股价涨跌幅数据

股票代码	股票名称	变动股数/万股	变动占比	后二个季度	后四个季度	后六个季度	后八个季度
600386	北巴传媒	658.98	8.24	7.05	-47.56	-37.14	21.17
002005	德豪润达	163.49	6.29	2.71	-42.34	-20.32	-3.14
600573	惠泉啤酒	285.93	4.54	2.27	-22.98	-30.08	11.10
000568	泸州老窖	895.37	3.50	0.20	3.35	59.31	437.02
600470	六国化工	257.49	3.22	0.88	5.19	-1.02	72.71
000876	新希望	329.23	3.17	1.23	8.04	18.09	132.78
600418	江淮汽车	614.75	2.69	2.68	28.37	33.23	98.14
600398	凯诺科技	247.65	2.02	3.70	-24.28	-16.29	-0.73

续表

股票代码	股票名称	变动股数/万股	变动占比	后二个季度	后四个季度	后六个季度	后八个季度
000027	深圳能源	943.99	1.94	1.65	-14.30	-8.91	28.30
600267	海正药业	191.75	1.66	9.47	-17.31	-33.37	-18.96
600660	福耀玻璃	593.65	1.54	1.56	-1.20	-20.87	34.11
600785	新华百货	97.97	1.52	4.20	-6.61	5.43	69.34
600323	南海发展	200.68	1.52	0.48	5.09	22.59	39.18
600596	新安股份	145.86	1.41	2.24	8.28	51.08	145.60
000429	粤高速 A	385.50	1.40	3.36	0.00	-5.79	17.44
600350	山东高速	685.64	1.36	0.40	10.75	-0.55	27.43
600761	安徽合力	183.45	1.30	1.04	-14.52	23.37	233.77
600592	龙溪股份	60.94	1.22	0.70	28.85	52.87	177.35
600183	生益科技	223.92	1.16	1.03	-45.32	-11.52	84.19
000939	凯迪电力	144.62	1.05	1.22	-5.51	12.40	43.14
600875	东方电气	52.80	0.88	1.61	-7.68	3.22	85.94
600475	华光股份	48.10	0.80	1.83	-9.73	14.13	101.59
000970	中科三环	166.49	0.73	1.65	-10.98	15.06	162.97
600012	皖通高速	141.51	0.57	3.69	5.16	-1.77	14.50
600058	五矿发展	236.16	0.50	1.52	6.28	-3.38	92.15
000651	格力电器	94.00	0.44	5.12	7.25	10.34	85.67
000037	深南电 A	21.66	0.33	4.58	-38.99	-48.81	-38.19
600016	民生银行	461.08	0.29	0.46	3.93	36.15	106.89
600166	福田汽车	40.22	0.26	3.85	-42.16	-55.32	-5.51
000423	东阿阿胶	69.99	0.24	1.47	-21.62	-31.60	41.22
600033	福建高速	68.79	0.24	1.58	14.31	4.07	20.22
600089	特变电工	37.27	0.22	2.74	-37.52	-21.40	82.10
600790	轻纺城	55.00	0.22	0.26	-36.52	-34.37	34.13
600863	内蒙华电	79.00	0.20	4.72	-19.77	-28.82	-5.19
600135	乐凯胶片	20.00	0.16	1.04	-52.27	-51.01	-33.57
000898	鞍钢股份	114.99	0.15	1.68	-31.15	-6.84	53.84
600066	宇通客车	20.00	0.14	2.14	7.18	5.87	122.69
600362	江西铜业	29.42	0.13	2.96	-23.64	-7.64	156.26
600662	强生控股	25.00	0.11	0.83	6.66	0.68	33.73
600177	雅戈尔	55.00	0.11	1.08	6.23	0.34	92.82

附表 14　2004 年第四季度社保基金持股变动占流通股比例为后 40 位的股价涨跌幅数据

股票代码	股票名称	变动股数/万股	变动占比	后二个季度	后四个季度	后六个季度	后八个季度
000810	华润锦华	0	0	0.94	-26.49	-4.95	56.44
002028	思源电气	0	0	3.73	-23.68	48.22	141.04
002031	巨轮股份	0	0	1.26	6.86	32.32	45.00
600114	东睦股份	0	0	1.75	-30.46	-3.57	25.35
600708	海博股份	0	0	0.51	-11.57	2.49	48.17
600824	益民商业	0	0	2.46	21.62	55.02	161.61
600289	亿阳信通	-0.30	0	1.93	-42.66	-35.45	18.16
600481	双良股份	-0.55	-0.01	3.61	-34.72	-33.03	6.19
600078	澄星股份	-1.57	-0.01	1.45	-25.18	-17.55	3.17
600037	歌华有线	-1.00	-0.01	1.97	-24.46	14.57	49.03
000060	中金岭南	-3.00	-0.01	2.58	-0.26	35.33	311.10
600884	杉杉股份	-5.00	-0.02	0.44	-32.76	-25.29	49.48
600664	哈药股份	-39.00	-0.05	0.12	-20.04	-7.71	46.63
000831	关铝股份	-10.00	-0.07	1.62	-33.25	-25.35	84.21
600035	楚天高速	-20.00	-0.07	0.34	-29.26	-14.41	23.85
600993	马应龙	-1.43	-0.08	4.71	7.97	7.04	52.33
600210	紫江企业	-54.00	-0.09	2.63	-15.62	-18.58	-0.86
600508	上海能源	-10.00	-0.09	1.25	-26.31	-19.04	44.48
600707	彩虹股份	-13.08	-0.09	0.86	-42.27	-51.00	-31.11
000525	红太阳	-13.60	-0.11	2.27	-32.25	-34.37	98.79
600896	中海海盛	-24.34	-0.16	0.70	-19.29	-20.82	36.06
000100	TCL 集团	-187.56	-0.19	0.84	-46.38	-35.60	-15.37
600777	新潮实业	-49.93	-0.24	2.29	-23.66	-26.46	41.22
600415	小商品城	-12.27	-0.24	9.75	-23.06	7.49	112.85
600710	常林股份	-38.00	-0.26	2.21	-44.98	-50.08	34.84
600591	*ST 上航	-80.00	-0.27	2.10	-49.22	-47.71	-42.43
000625	长安汽车	-136.00	-0.39	2.48	-2.01	-33.83	30.31
600428	中远航运	-74.65	-0.44	2.54	0	13.84	23.72
000825	太钢不锈	-260.11	-0.44	2.12	-15.56	-14.42	101.06
600597	光明乳业	-133.05	-0.55	3.26	-40.79	-35.04	18.69
600421	*ST 国药	-32.08	-0.71	1.39	-32.24	-35.60	23.86

续表

股票代码	股票名称	变动股数/万股	变动占比	后二个季度	后四个季度	后六个季度	后八个季度
600266	北京城建	-115.48	-0.77	2.26	16.76	3.17	47.28
600533	栖霞建设	-42.10	-1.05	4.54	-16.95	43.36	150.84
600426	华鲁恒升	-87.34	-1.46	3.34	-12.06	-16.78	41.51
600550	天威保变	-147.05	-1.63	2.99	24.76	182.13	402.55
000024	招商地产	-337.71	-1.65	5.09	-12.20	52.60	69.04
600493	凤竹纺织	-102.23	-1.70	4.29	-36.45	-21.42	3.72
600521	华海药业	-137.60	-2.18	4.84	-5.94	-10.22	3.30
600594	益佰制药	-67.04	-3.35	7.07	-38.53	-11.45	24.61
600439	瑞贝卡	-245.76	-9.31	10.26	-6.79	12.29	77.38

附表15　2005年第一季度社保基金持股变动占流通股比例为前40位的股价涨跌幅数据

股票代码	股票名称	变动股数/万股	变动占比	后二个季度	后四个季度	后六个季度	后八个季度
000541	佛山照明	767.64	5.22	-8.66	-6.57	-5.58	83.39
000024	招商地产	812.11	3.97	11.86	123.84	149.42	368.07
600470	六国化工	293.89	3.67	-4.02	-2.13	50.79	161.40
600066	宇通客车	425.31	3.03	10.71	43.16	128.53	354.27
000568	泸州老窖	761.10	2.97	43.13	120.89	470.30	921.22
600660	福耀玻璃	1145.07	2.97	-22.18	-23.00	11.83	165.13
600150	中国船舶	225.11	2.92	42.33	75.36	306.38	1299.87
600600	青岛啤酒	565.10	2.83	-5.17	9.73	42.98	136.55
000625	长安汽车	977.95	2.79	-4.96	6.48	38.41	299.14
600636	三爱富	284.29	2.65	51.94	47.66	90.10	171.23
600418	江淮汽车	376.73	2.34	41.00	69.01	68.23	241.83
600436	片仔癀	67.38	1.68	52.37	77.82	110.23	217.77
600426	华鲁恒升	200.15	1.59	-13.00	5.70	48.30	176.31
600591	*ST上航	455.31	1.52	-23.89	-29.58	-13.54	57.00
600276	恒瑞医药	113.76	1.48	17.60	33.54	159.92	325.65
600880	博瑞传播	79.91	1.36	18.71	13.11	86.77	202.85
600694	大商股份	200.61	1.28	27.42	111.07	262.77	293.89
600233	大杨创世	95.09	1.27	-4.21	-1.07	34.32	184.43
600489	中金黄金	126.24	1.26	24.78	154.87	285.55	610.96

续表

股票代码	股票名称	变动股数/万股	变动占比	后二个季度	后四个季度	后六个季度	后八个季度
600875	东方电气	70.48	1.17	5.93	32.09	122.59	379.45
600469	风神股份	77.53	1.03	23.40	13.55	8.51	116.80
000651	格力电器	179.47	0.84	16.79	55.68	82.31	283.44
000423	东阿阿胶	208.23	0.72	-17.26	-33.42	54.44	79.79
000881	大连国际	108.36	0.69	-10.78	-1.12	20.09	159.45
600438	通威股份	40.46	0.67	36.55	119.31	200.64	655.66
000400	许继电气	113.14	0.58	3.18	39.79	174.19	238.69
000027	深圳能源	265.27	0.55	6.77	20.49	37.50	149.23
600533	栖霞建设	19.63	0.49	2.73	101.46	157.53	311.33
600166	福田汽车	70.82	0.45	-24.56	-21.86	65.43	267.79
600422	昆明制药	28.50	0.45	-17.91	-18.26	-24.04	32.10
600323	南海发展	58.93	0.45	2.18	3.58	25.10	104.76
600400	红豆股份	31.24	0.36	-20.52	-15.98	7.54	131.71
000659	珠海中富	117.55	0.33	-9.96	-10.47	7.41	225.88
600573	惠泉啤酒	20.58	0.33	-11.70	-18.85	7.24	54.84
000036	*ST 华控	75.22	0.28	-30.90	20.73	80.00	345.62
600415	小商品城	12.24	0.24	6.49	46.18	157.24	192.22
600597	光明乳业	50.39	0.21	-7.00	-2.82	58.86	137.08
600662	强生控股	46.50	0.21	12.99	14.83	36.60	164.38
600398	凯诺科技	24.93	0.20	16.17	11.97	36.26	130.76
600033	福建高速	57.53	0.20	7.73	-18.50	-1.43	70.55

附表 16　2005 年第一季度社保基金持股变动占流通股比例为后 40 位的股价涨跌幅数据

股票代码	股票名称	变动股数/万股	变动占比	后二个季度	后四个季度	后六个季度	后八个季度
600688	S 上石化	0	0	-12.64	42.33	54.87	123.81
600707	彩虹股份	0	0	-32.33	-39.89	-22.33	72.54
600740	山西焦化	0	0	-36.43	-38.97	-19.81	32.62
600790	轻纺城	0	0	-17.43	-8.57	79.14	220.56
600827	友谊股份	0	0	12.63	34.18	48.66	183.80
000898	鞍钢股份	-80.90	-0.11	-13.35	36.77	48.58	286.58
600428	中远航运	-18.70	-0.11	-8.80	-7.00	-5.04	146.24

续表

股票代码	股票名称	变动股数/万股	变动占比	后二个季度	后四个季度	后六个季度	后八个季度
000800	一汽轿车	-77.06	-0.14	-12.38	5.57	35.83	296.11
000037	深南电 A	-9.23	-0.14	-30.54	-41.05	-40.79	7.27
600004	白云机场	-58.32	-0.15	7.18	2.96	13.46	98.93
600020	中原高速	-55.00	-0.20	-6.52	-20.47	-8.72	74.16
600863	内蒙华电	-78.88	-0.20	12.68	-1.65	17.65	161.95
600260	凯乐科技	-25.25	-0.21	-13.43	29.96	126.86	229.59
000528	柳工	-45.50	-0.23	6.63	74.35	157.62	501.44
600521	华海药业	-14.84	-0.24	42.19	-2.33	30.03	80.78
000828	东莞控股	-60.89	-0.25	14.09	6.61	5.04	217.26
600362	江西铜业	-79.43	-0.35	16.06	61.89	167.97	414.07
600896	中海海盛	-54.85	-0.35	8.93	34.47	80.55	291.74
000767	漳泽电力	-102.08	-0.44	-1.59	14.26	55.26	181.74
600386	北巴传媒	-43.56	-0.54	-28.98	-19.21	131.80	234.85
000825	太钢不锈	-326.04	-0.56	-9.93	24.73	102.77	511.25
600058	五矿发展	-131.02	-0.56	-13.00	-16.29	30.62	210.08
000525	红太阳	-79.89	-0.62	-18.53	-2.37	132.79	235.41
600267	海正药业	-72.40	-0.63	-12.27	-26.05	-24.87	16.75
600169	太原重工	-98.91	-0.69	-38.46	-47.98	1.27	111.20
600210	紫江企业	-473.99	-0.79	16.74	7.84	21.02	186.41
600777	新潮实业	-177.23	-0.87	-8.31	-3.26	56.23	203.11
600761	安徽合力	-129.45	-0.92	27.46	66.04	288.16	503.17
600475	华光股份	-59.58	-0.99	26.08	52.31	124.23	281.09
600585	海螺水泥	-208.32	-1.04	13.63	77.94	177.20	490.16
600710	常林股份	-159.62	-1.07	-30.74	-14.17	58.62	157.07
600089	特变电工	-182.43	-1.08	49.13	60.39	217.72	388.30
600183	生益科技	-223.92	-1.16	-31.28	32.62	116.42	231.07
000939	凯迪电力	-180.22	-1.31	4.06	10.73	51.24	140.13
600993	马应龙	-24.11	-1.34	35.83	18.69	68.67	174.31
600481	双良股份	-152.62	-1.91	-14.64	-8.11	46.36	223.33
000778	新兴铸管	-485.07	-2.21	-6.28	-3.90	17.21	141.17
000876	新希望	-252.70	-2.43	25.00	52.18	122.60	480.80
600785	新华百货	-242.60	-3.75	43.59	51.12	117.66	201.70
002005	德豪润达	-204.00	-7.85	-14.27	-5.92	13.42	78.00

附表 17　2005 年第二季度社保基金持股变动占流通股比例为前 40 位的股价涨跌幅数据

股票代码	股票名称	变动股数/万股	变动占比	后二个季度	后四个季度	后六个季度	后八个季度
600875	东方电气	292. 41	4. 87	8. 20	94. 91	209. 43	629. 39
600150	中国船舶	308. 84	4. 01	14. 94	203. 79	341. 74	1824. 59
600741	华域汽车	1208. 05	3. 60	-2. 62	49. 60	75. 26	512. 56
600993	马应龙	63. 08	3. 50	-4. 57	35. 81	53. 84	223. 47
600066	宇通客车	788. 37	3. 09	-4. 23	101. 45	219. 66	580. 52
000876	新希望	295. 56	2. 84	5. 38	107. 73	240. 81	494. 46
600880	博瑞传播	156. 82	2. 67	22. 31	103. 04	137. 96	236. 02
600616	金枫酒业	282. 74	2. 58	27. 76	169. 66	138. 44	333. 14
600550	天威保变	195. 84	2. 18	126. 13	302. 81	235. 98	908. 31
600033	福建高速	597. 02	2. 07	-13. 78	-0. 40	16. 97	76. 03
600761	安徽合力	245. 86	1. 74	36. 13	268. 27	456. 66	613. 03
600352	浙江龙盛	390. 61	1. 73	-5. 63	15. 10	18. 31	190. 45
000423	东阿阿胶	335. 21	1. 17	-15. 51	74. 44	117. 16	480. 07
600573	惠泉啤酒	71. 40	1. 13	-12. 70	38. 73	14. 88	60. 78
600859	王府井	220. 88	1. 11	8. 24	145. 49	454. 32	1021. 18
000625	长安汽车	389. 14	1. 11	-34. 06	29. 85	115. 52	298. 18
600058	五矿发展	250. 52	1. 07	-13. 24	72. 54	50. 21	370. 51
000024	招商地产	214. 67	1. 05	63. 36	80. 95	389. 56	750. 79
600438	通威股份	40. 56	0. 68	20. 85	123. 75	235. 13	451. 49
000758	中色股份	177. 56	0. 65	21. 92	144. 55	143. 08	645. 43
600636	三爱富	68. 99	0. 64	27. 58	69. 43	71. 30	124. 65
000651	格力电器	119. 99	0. 56	1. 77	71. 24	127. 98	570. 30
000069	华侨城 A	289. 80	0. 55	41. 85	64. 81	215. 16	473. 29
000036	*ST 华控	100. 00	0. 37	1. 83	186. 43	266. 13	436. 57
600470	六国化工	27. 75	0. 35	-8. 82	59. 09	44. 73	96. 96
600323	南海发展	43. 50	0. 33	14. 32	29. 79	32. 28	92. 73
600004	白云机场	93. 07	0. 23	4. 36	6. 05	18. 16	191. 48
600176	中国玻纤	29. 27	0. 21	2. 86	62. 42	112. 64	290. 45
600660	福耀玻璃	74. 99	0. 19	-23. 62	29. 45	135. 46	391. 67
600089	特变电工	20. 00	0. 12	23. 53	186. 19	234. 59	591. 61
000939	凯迪电力	16. 03	0. 12	13. 62	44. 68	64. 90	255. 64

续表

股票代码	股票名称	变动股数/万股	变动占比	后二个季度	后四个季度	后六个季度	后八个季度
600276	恒瑞医药	7.00	0.09	11.57	123.63	300.46	633.54
600418	江淮汽车	511.93	0.09	-0.22	48.41	47.21	213.87
600085	同仁堂	10.00	0.08	-6.85	9.63	16.90	161.78
600000	浦发银行	12.12	0.01	29.48	73.35	272.76	540.04
000429	粤高速 A	0	0	-9.81	12.44	21.04	108.58
000875	吉电股份	0	0	-18.82	26.92	24.79	170.11
000972	新中基	0	0	14.55	94.43	243.42	287.77
600232	金鹰股份	0	0	-2.45	25.59	23.73	81.77
600398	凯诺科技	0	0	15.79	37.32	38.96	170.55

附表 18　2005 年第二季度社保基金持股变动占流通股比例为后 40 位的股价涨跌幅数据

股票代码	股票名称	变动股数/万股	变动占比	后二个季度	后四个季度	后六个季度	后八个季度
600012	皖通高速	-53.87	-0.22	-9.10	5.96	20.96	61.92
000061	农产品	-60.55	-0.25	28.36	184.78	280.60	553.73
600183	生益科技	-50.00	-0.26	60.72	234.57	278.25	468.66
600567	山鹰纸业	-44.38	-0.28	0	65.32	63.79	214.62
600688	S 上石化	-215.78	-0.30	20.09	78.69	78.39	234.55
600785	新华百货	-23.73	-0.37	8.45	74.20	72.63	244.22
600426	华鲁恒升	-33.07	-0.37	-13.53	47.04	86.43	266.86
600020	中原高速	-115.52	-0.41	-23.87	4.02	17.81	123.84
000828	东莞控股	-111.65	-0.45	12.33	15.96	4.54	124.72
000898	鞍钢股份	-340.06	-0.45	26.94	109.62	249.37	523.59
000970	中科三环	-143.80	-0.63	25.54	186.91	113.44	174.68
600423	柳化股份	-55.00	-0.71	7.26	61.59	112.57	241.45
600475	华光股份	-43.43	-0.72	23.38	117.92	145.02	300.58
000782	美达股份	-98.96	-0.78	-13.82	47.40	45.78	180.18
000400	许继电气	-153.59	-0.79	20.89	101.22	148.77	260.53
600210	紫江企业	-492.21	-0.82	-3.50	17.49	19.77	183.30
000541	佛山照明	-123.71	-0.84	-6.01	19.59	15.90	249.01
600685	广船国际	-110.00	-0.87	14.94	243.81	585.30	1846.33
600415	小商品城	-20.39	-0.91	32.96	163.30	259.34	368.30

续表

股票代码	股票名称	变动股数/万股	变动占比	后二个季度	后四个季度	后六个季度	后八个季度
600400	红豆股份	-37.95	-0.99	-2.04	57.30	50.39	173.89
600694	大商股份	-174.47	-1.12	52.67	268.89	222.50	580.06
600489	中金黄金	-126.24	-1.26	11.98	259.66	260.04	797.34
000060	中金岭南	-278.87	-1.36	29.46	293.28	411.30	869.67
000027	深圳能源	-678.00	-1.39	1.56	43.05	56.32	326.37
600362	江西铜业	-333.69	-1.45	13.65	215.33	222.27	581.50
000089	深圳机场	-430.23	-1.49	-0.55	59.36	83.77	190.50
600863	内蒙华电	-599.34	-1.52	-17.87	9.40	6.60	118.24
600591	*ST 上航	-455.31	-1.52	-1.42	8.52	33.22	133.50
600600	青岛啤酒	-388.65	-1.94	-6.23	39.53	91.00	256.01
600029	南方航空	-2049.85	-2.05	-9.56	-6.48	39.59	192.83
000568	泸州老窖	-605.85	-2.37	60.65	441.56	840.66	1462.82
600469	风神股份	-197.36	-2.63	7.78	12.48	16.59	253.29
600166	福田汽车	-443.22	-2.84	-28.22	51.79	100.83	654.86
600399	抚顺特钢	-464.57	-3.87	-33.54	-2.75	-9.25	98.47
600258	首旅股份	-271.94	-3.88	21.48	86.42	246.00	811.72
000830	鲁西化工	-319.54	-4.22	22.41	141.00	125.99	274.84
600386	北巴传媒	-373.73	-4.67	9.83	111.72	252.60	611.64
600169	太原重工	-802.87	-5.58	-6.32	77.73	148.88	586.30
600267	海正药业	-769.15	-6.68	-19.43	-2.00	-18.64	112.90
000937	金牛能源	-371.16	-7.76	-14.75	10.26	5.65	189.19

附表 19　2005 年第三季度社保基金持股变动占流通股比例为前 40 位的股价涨跌幅数据

股票代码	股票名称	变动股数/万股	变动占比	后二个季度	后四个季度	后六个季度	后八个季度
600978	宜华木业	1378.22	16.62	1.74	163.52	340.82	738.85
600600	青岛啤酒	1222.05	6.11	14.46	51.49	150.64	541.16
600423	柳化股份	337.44	4.33	20.03	52.87	174.21	340.28
600584	长电科技	280.74	3.19	23.86	102.27	176.19	299.68
002039	黔源电力	156.07	3.12	-0.32	17.39	132.84	194.41
000800	一汽轿车	1681.23	3.08	20.92	55.58	353.70	988.86
600880	博瑞传播	174.26	2.97	-6.59	57.83	155.92	276.79

续表

股票代码	股票名称	变动股数/万股	变动占比	后二个季度	后四个季度	后六个季度	后八个季度
600315	上海家化	208.96	2.61	61.79	270.64	496.14	950.87
600547	山东黄金	140.00	2.33	52.73	218.90	416.69	2298.57
600270	外运发展	491.94	2.15	-6.75	22.84	126.54	247.91
600037	歌华有线	426.95	1.83	34.95	54.48	208.85	440.28
000539	粤电力 A	587.44	1.50	-2.91	11.97	161.17	429.86
000089	深圳机场	402.49	1.40	0.80	46.76	156.49	267.53
600870	*ST 厦华	163.51	1.08	3.60	87.66	159.64	135.54
000651	格力电器	212.05	1.00	30.78	55.95	228.00	735.61
000828	东莞控股	234.85	0.95	-5.08	-7.75	178.63	296.15
600863	内蒙华电	370.58	0.94	-10.72	4.71	133.14	261.61
000625	长安汽车	309.13	0.88	9.79	41.60	308.34	696.50
000400	许继电气	166.72	0.86	42.93	177.79	243.14	392.06
000709	唐钢股份	402.31	0.71	30.68	65.10	299.67	1180.93
000858	五粮液	532.15	0.70	11.76	104.98	311.69	839.32
000630	铜陵有色	286.01	0.63	23.30	44.03	180.54	704.77
002038	双鹭药业	11.27	0.49	17.86	81.59	279.68	573.69
000759	武汉中百	60.00	0.41	33.35	116.70	301.72	478.88
000069	华侨城 A	134.75	0.34	60.37	103.96	170.67	741.15
000617	石油济柴	37.99	0.32	-4.34	53.86	131.63	608.13
600004	白云机场	114.12	0.29	-3.15	6.55	86.82	203.22
000970	中科三环	61.17	0.27	70.14	76.63	181.50	166.84
000027	深圳能源	109.20	0.22	13.52	29.54	134.80	433.11
600066	宇通客车	37.38	0.20	29.17	111.94	321.30	804.29
000860	顺鑫农业	26.43	0.19	11.28	80.04	264.12	468.62
600033	福建高速	44.93	0.16	-20.38	-4.15	65.84	126.64
600085	同仁堂	92.39	0.15	-15.19	0.99	39.38	134.09
600616	金枫酒业	10.02	0.09	40.73	92.87	243.02	380.62
600887	*ST 伊利	20.00	0.08	35.12	133.29	184.63	279.50
600012	皖通高速	14.58	0.06	-3.27	14.88	78.55	119.39
600258	首旅股份	0.99	0.01	10.36	123.83	349.63	819.30
600028	中国石化	5.00	0	23.49	67.96	214.40	506.06
002029	七匹狼	42.59	0	6.58	99.18	295.04	520.26
000429	粤高速 A	0	0	-7.83	9.10	91.53	193.31

附表 20　2005 年第三季度社保基金持股变动占流通股比例为后 40 位的股价涨跌幅数据

股票代码	股票名称	变动股数/万股	变动占比	后二个季度	后四个季度	后六个季度	后八个季度
600664	哈药股份	0	0	9.64	40.25	184.49	290.57
000541	佛山照明	0	0	2.38	3.46	100.95	291.52
600795	国电电力	-55.00	-0.09	-15.17	-2.76	95.05	253.85
600276	恒瑞医药	-10.00	-0.13	8.95	119.50	259.46	461.19
600177	雅戈尔	-111.76	-0.15	9.62	62.05	344.77	907.59
600236	桂冠电力	-50.48	-0.18	6.54	30.57	166.70	352.52
000423	东阿阿胶	-60.55	-0.21	-19.01	84.63	114.93	573.88
600029	南方航空	-250.36	-0.25	-1.19	16.21	193.68	846.25
000758	中色股份	-82.51	-0.30	28.71	83.19	316.78	1177.19
600020	中原高速	-88.83	-0.32	-15.04	-2.49	86.05	196.49
600267	海正药业	-41.71	-0.36	-14.16	-14.36	33.09	138.37
600183	生益科技	-70.66	-0.36	87.70	214.93	381.75	567.37
000024	招商地产	-79.73	-0.39	91.39	124.57	321.44	1069.36
600176	中国玻纤	-61.19	-0.43	12.57	55.93	213.62	592.80
600489	中金黄金	-50.13	-0.50	87.52	208.57	469.01	2398.24
600098	广州控股	-226.05	-0.52	-8.35	5.87	114.62	260.63
000568	泸州老窖	-152.80	-0.60	46.22	292.14	602.18	1525.70
600150	中国船舶	-47.74	-0.62	26.02	193.18	909.91	3284.01
600470	六国化工	-50.00	-0.63	1.97	57.12	172.36	179.52
600210	紫江企业	-323.99	-0.63	-8.82	2.79	143.28	358.73
600761	安徽合力	-116.01	-0.82	24.68	194.99	358.39	597.14
600426	华鲁恒升	-95.93	-1.07	18.53	70.46	217.60	492.90
600660	福耀玻璃	-460.98	-1.20	-1.90	43.00	239.02	514.10
600323	南海发展	-162.38	-1.23	0.62	21.53	98.90	127.20
600058	五矿发展	-299.10	-1.28	-5.43	47.57	250.32	942.55
600422	昆明制药	-203.44	-1.59	0.49	-6.38	62.82	95.89
600169	太原重工	-248.92	-1.73	-13.45	68.48	251.39	1003.79
002023	海特高新	-49.99	-1.77	-12.83	25.44	55.64	85.22
000888	峨眉山 A	-181.84	-1.94	11.00	99.95	222.09	341.57
600636	三爱富	-216.02	-2.02	-0.67	27.88	82.45	89.34
600741	华域汽车	-678.30	-2.02	-2.45	36.34	234.41	544.48
600596	新安股份	-232.81	-2.26	57.26	136.03	481.43	752.01

续表

股票代码	股票名称	变动股数/万股	变动占比	后二个季度	后四个季度	后六个季度	后八个季度
600993	马应龙	-42.40	-2.36	-12.96	26.47	105.69	238.94
600415	小商品城	-127.05	-2.40	37.38	145.85	179.28	218.47
600573	惠泉啤酒	-208.86	-3.32	-9.54	20.21	73.57	101.98
600970	中材国际	-109.37	-3.89	-1.52	87.56	219.14	339.14
600875	东方电气	-249.62	-4.16	25.92	112.19	357.04	788.62
600418	江淮汽车	-672.59	-4.38	23.48	22.62	149.16	299.22
000550	江铃汽车	-730.57	-6.21	31.31	125.06	231.86	520.60
600386	北巴传媒	-685.25	-9.13	14.73	229.17	375.52	867.69

附表21　2005年第四季度社保基金持股变动占流通股比例为前40位的股价涨跌幅数据

股票代码	股票名称	变动股数/万股	变动占比	后二个季度	后四个季度	后六个季度	后八个季度
600594	益佰制药	207.54	5.90	40.72	1.34	13.67	227.22
600067	冠城大通	906.38	4.34	39.51	104.09	506.63	523.20
600012	皖通高速	1071.78	4.29	16.57	33.07	78.13	115.82
000997	新大陆	501.60	3.88	24.53	-4.05	47.12	167.80
600202	哈空调	360.86	3.58	66.96	17.35	166.09	300.23
600125	铁龙物流	819.18	3.34	82.77	100.20	247.87	314.42
000932	华菱钢铁	2930.35	3.29	-19.16	-10.95	81.51	154.07
000539	粤电力A	1175.82	3.00	32.81	60.80	208.46	317.48
000927	一汽夏利	625.90	2.61	61.79	81.90	182.13	391.65
600361	华联综超	306.64	2.49	150.08	219.74	283.43	353.87
600183	生益科技	473.73	2.45	108.17	135.34	253.82	358.49
600315	上海家化	178.02	2.23	166.90	270.56	723.62	874.76
600360	华微电子	240.64	2.08	77.20	121.73	202.65	244.47
000024	招商地产	411.48	2.01	10.77	199.69	420.82	527.95
000825	太钢不锈	1139.10	1.95	134.94	389.37	884.44	1115.58
600104	上海汽车	3283.72	1.84	86.85	160.51	450.67	743.80
000429	粤高速A	500.00	1.82	24.66	34.21	131.27	198.35
000800	一汽轿车	976.79	1.79	51.33	82.81	394.45	772.27
000538	云南白药	160.61	1.75	89.95	146.21	254.14	244.05
000530	大冷股份	167.17	1.70	42.72	77.24	196.97	274.37

续表

股票代码	股票名称	变动股数/万股	变动占比	后二个季度	后四个季度	后六个季度	后八个季度
600267	海正药业	180.19	1.56	21.64	0.99	164.25	237.68
600584	长电科技	368.14	1.54	41.11	72.97	102.75	201.44
000027	深圳能源	714.52	1.47	40.84	53.92	319.81	357.32
600415	小商品城	76.39	1.44	98.03	170.26	252.22	201.96
000541	佛山照明	206.36	1.40	27.23	23.31	271.32	297.74
000848	承德露露	148.51	1.36	124.18	273.56	589.05	576.70
600066	宇通客车	232.51	1.27	110.35	233.77	610.55	798.89
600456	宝钛股份	119.92	1.19	271.19	334.39	503.25	855.09
000970	中科三环	265.99	1.17	128.54	70.02	118.80	152.21
600332	广州药业	88.12	1.13	53.06	61.66	155.17	260.52
000568	泸州老窖	651.32	1.10	237.10	485.52	872.79	1608.48
002032	苏泊尔	60.18	1.01	109.21	207.99	481.24	687.72
600331	宏达股份	219.43	0.91	161.24	139.63	661.23	1160.08
000828	东莞控股	334.90	0.84	3.23	-6.93	100.05	248.67
600596	新安股份	84.99	0.82	62.56	173.55	557.41	921.81
000625	长安汽车	280.15	0.80	96.92	226.83	503.83	728.06
600236	桂冠电力	210.93	0.74	54.04	69.91	251.99	285.90
600309	烟台万华	202.92	0.72	68.76	182.01	523.38	521.21
600863	内蒙华电	232.59	0.59	33.19	29.79	165.71	288.44
000619	海螺型材	94.00	0.58	49.54	63.91	160.68	138.76

附表 22　2005 年第四季度社保基金持股变动占比为后 40 位的股价涨跌幅数据

股票代码	股票名称	变动股数/万股	变动占比	后二个季度	后四个季度	后六个季度	后八个季度
000423	东阿阿胶	0	0	106.47	157.04	586.58	755.86
000617	石油济柴	0	0	79.88	77.24	313.95	412.59
000987	广州友谊	0	0	76.59	173.35	475.86	499.45
600035	楚天高速	0	0	44.71	68.20	159.14	246.94
600169	太原重工	0	0	89.72	165.67	632.60	1055.63
600280	南京中商	0	0	68.59	69.69	174.48	241.17
600422	昆明制药	0	0	30.59	2.93	58.85	140.96
600787	中储股份	0	0	108.45	128.96	287.08	389.91

续表

股票代码	股票名称	变动股数/万股	变动占比	后二个季度	后四个季度	后六个季度	后八个季度
600900	长江电力	0	0	1.80	45.19	128.82	194.96
600970	中材国际	0	0	75.89	136.74	349.99	393.19
600879	火箭股份	-0.91	0	107.16	138.51	312.08	329.82
600386	北巴传媒	-10.30	-0.08	92.77	221.04	547.95	768.21
000759	武汉中百	-17.03	-0.12	134.44	202.82	342.83	516.20
000858	五粮液	-108.36	-0.14	136.39	271.49	617.23	936.86
600547	山东黄金	-10.00	-0.17	200.91	229.04	669.86	1675.12
600887	*ST 伊利	-44.76	-0.17	127.98	165.09	211.71	194.35
000875	吉电股份	-73.29	-0.19	56.35	53.73	232.74	343.14
000680	山推股份	-92.01	-0.24	192.19	340.99	923.76	1161.86
000100	TCL 集团	-278.45	-0.28	31.41	26.06	159.61	211.95
600176	中国玻纤	-69.32	-0.49	57.91	106.74	279.61	710.95
600058	五矿发展	-135.43	-0.58	98.87	73.14	442.32	955.50
600870	*ST 厦华	-95.79	-0.63	32.34	48.01	89.68	108.02
000758	中色股份	-217.63	-0.80	100.57	99.37	511.39	836.43
600761	安徽合力	-100.30	-1.05	170.54	308.93	423.80	593.89
600616	金枫酒业	-51.64	-1.16	111.07	86.63	239.02	268.58
600550	天威保变	-155.00	-1.23	78.13	48.58	345.89	834.07
600216	浙江医药	-170.08	-1.29	53.51	25.87	84.36	458.44
600600	青岛啤酒	-261.08	-1.31	48.80	103.69	279.67	478.30
000089	深圳机场	-281.66	-1.43	60.24	84.78	192.11	271.93
600880	博瑞传播	-92.83	-1.58	66.00	94.55	174.72	321.37
000550	江铃汽车	-202.30	-1.72	113.30	193.76	288.05	404.91
600875	东方电气	-103.47	-1.72	80.14	185.99	574.14	842.00
600037	歌华有线	-235.81	-1.73	30.08	119.40	270.79	345.29
002029	七匹狼	-73.49	-1.74	92.94	227.36	351.80	572.85
600270	外运发展	-404.58	-1.77	43.34	33.17	125.73	240.49
600741	华域汽车	-605.03	-1.80	53.63	79.98	529.07	527.13
600660	福耀玻璃	-1150.22	-2.98	69.49	208.29	543.74	656.38
600150	中国船舶	-150.99	-3.39	164.31	284.33	1574.47	2925.05
600858	银座股份	-288.73	-4.25	138.96	204.08	358.06	526.71
600470	六国化工	-468.80	-5.86	74.49	58.73	116.02	313.06

附表 23　2006 年第一季度社保基金持股变动占比为前 40 位的股价涨跌幅数据

股票代码	股票名称	变动股数/万股	变动占比	后二个季度	后四个季度	后六个季度	后八个季度
000807	云铝股份	1277.34	6.35	27.92	262.66	957.76	396.44
600325	华发股份	595.68	5.87	22.17	181.27	599.45	542.74
000900	现代投资	1170.87	5.46	22.37	135.05	312.64	295.04
600033	福建高速	1439.00	5.00	20.37	108.28	184.64	167.56
000651	格力电器	1634.61	4.31	19.25	150.81	538.96	565.80
600600	青岛啤酒	843.81	4.22	32.36	118.98	460.17	231.26
600268	国电南自	161.73	4.04	37.99	112.82	168.72	179.23
000099	中信海直	1032.37	4.02	13.35	82.04	232.47	106.40
600030	中信证券	2137.43	3.96	117.85	526.18	1312.19	666.62
000837	秦川发展	671.28	3.93	70.44	192.59	304.88	244.56
000822	山东海化	1549.72	3.92	14.39	154.35	354.65	244.84
000402	金融街	1396.78	3.63	50.05	131.22	399.57	248.99
000423	东阿阿胶	930.68	3.24	127.96	165.38	732.06	570.32
600573	惠泉啤酒	196.47	3.12	32.89	91.87	123.28	102.73
000829	天音控股	302.41	3.05	182.08	881.36	1391.52	648.97
000538	云南白药	278.47	3.04	38.05	108.65	159.22	102.28
600104	上海汽车	3721.39	2.83	58.01	275.46	801.80	319.15
002008	大族激光	153.68	2.81	72.05	171.20	403.29	303.72
600312	平高电气	260.04	2.55	150.64	182.96	313.41	156.97
600557	康缘药业	217.76	2.54	31.78	137.77	314.60	402.41
000089	深圳机场	912.97	2.52	45.60	154.46	264.61	140.20
000539	粤电力 A	2101.79	2.49	15.33	169.01	445.77	153.67
000970	中科三环	923.88	2.46	3.81	65.45	56.84	35.75
000951	中国重汽	364.38	2.33	27.11	242.52	751.52	313.95
000698	沈阳化工	953.29	2.33	38.27	108.15	261.73	181.48
600012	皖通高速	575.28	2.30	18.76	84.59	126.80	59.19
000625	长安汽车	789.72	2.25	28.98	271.94	625.50	201.41
600269	赣粤高速	690.53	2.21	20.68	131.45	267.48	191.45
600176	中国玻纤	303.81	2.13	38.52	178.59	515.42	488.48
600423	柳化股份	215.39	2.12	27.36	128.44	266.80	200.12
600879	火箭股份	910.75	1.93	53.22	113.45	204.67	122.13

续表

股票代码	股票名称	变动股数/万股	变动占比	后二个季度	后四个季度	后六个季度	后八个季度
600761	安徽合力	327.99	1.84	136.60	267.65	459.14	246.10
600418	江淮汽车	1169.05	1.78	-0.70	101.78	223.30	99.20
000069	华侨城A	1181.31	1.78	27.18	68.78	424.51	249.08
600270	外运发展	404.51	1.77	31.73	142.94	273.09	147.49
000157	中联重科	285.83	1.69	62.62	281.56	844.55	851.91
600143	金发科技	123.56	1.62	167.99	581.81	633.54	530.93
000021	长城开发	309.48	1.54	30.59	116.21	195.08	116.77
600858	银座股份	95.00	1.40	156.51	287.13	588.16	557.68
600580	卧龙电气	100.00	1.32	39.44	107.61	246.52	155.50
000807	云铝股份	1277.34	6.35	27.92	262.66	957.76	396.44

附表24　2006年第一季度社保基金持股变动占流通股比例为后40位的股价涨跌幅数据

股票代码	股票名称	变动股数/万股	变动占比	后二个季度	后四个季度	后六个季度	后八个季度
002032	苏泊尔	-15.50	-0.26	136.30	295.31	506.94	516.83
600026	中海发展	-127.70	-0.28	44.33	160.31	544.70	410.09
600886	国投电力	-79.12	-0.29	4.08	120.54	325.82	149.86
000550	江铃汽车	-40.00	-0.34	71.40	152.74	372.64	177.44
600660	福耀玻璃	-103.94	-0.43	45.77	245.59	526.00	401.55
600863	内蒙华电	-196.31	-0.50	17.29	161.15	305.05	172.68
002029	七匹狼	-21.08	-0.50	86.88	270.64	481.95	474.37
600282	南钢股份	-220.06	-0.56	26.23	201.15	700.50	506.82
000629	攀钢钢钒	-532.72	-0.61	24.35	167.36	419.81	401.01
600315	上海家化	-49.57	-0.62	129.09	268.47	549.54	422.05
600150	中国船舶	-63.45	-0.62	132.64	701.38	2585.26	1091.46
600641	万业企业	-112.09	-0.63	20.67	86.88	387.58	293.77
600428	中远航运	-192.64	-0.63	3.63	168.70	477.05	412.47
600662	强生控股	-227.38	-0.68	17.34	127.11	286.03	188.13
000930	丰原生化	-504.10	-0.70	24.38	120.15	97.51	117.16
000997	新大陆	-87.30	-0.79	7.44	45.72	119.50	100.11
600004	白云机场	-414.06	-0.87	10.01	92.89	213.07	130.40
600801	华新水泥	-54.67	-0.88	11.30	128.39	512.47	297.28

续表

股票代码	股票名称	变动股数/万股	变动占比	后二个季度	后四个季度	后六个季度	后八个季度
000875	吉电股份	-389.04	-1.02	45.87	164.61	320.71	236.78
600067	冠城大通	-170.19	-1.25	62.43	204.46	512.43	370.58
000528	柳工	-87.19	-1.27	47.76	244.96	623.97	379.47
000848	承德露露	-154.04	-1.41	65.26	276.90	461.17	312.47
600361	华联综超	-193.43	-1.57	82.21	127.79	218.11	100.55
600102	莱钢股份	-323.14	-1.59	11.25	245.10	448.88	326.52
600535	天士力	-164.94	-1.70	45.43	123.33	251.47	177.89
600973	宝胜股份	-106.10	-1.75	31.29	287.12	569.72	329.18
002003	伟星股份	-51.44	-1.75	61.17	219.67	382.09	447.30
600085	同仁堂	-343.14	-1.77	19.08	64.34	176.01	70.79
000024	招商地产	-95.74	-2.07	17.34	120.20	510.98	255.76
000568	泸州老窖	-706.00	-2.12	168.19	380.23	1011.83	1001.18
600547	山东黄金	-100.08	-2.13	67.04	170.64	1156.38	818.98
600639	浦东金桥	-225.07	-2.15	36.46	124.70	249.80	166.83
600970	中材国际	-156.36	-2.70	90.45	224.05	345.90	359.81
600415	小商品城	-142.95	-2.70	78.96	103.29	131.82	176.72
600267	海正药业	-360.78	-3.58	-0.23	55.03	177.68	266.81
000932	华菱钢铁	-2616.97	-3.73	3.90	129.63	290.65	174.75
600880	博瑞传播	-177.12	-3.91	68.97	173.98	303.38	225.64
600978	宜华木业	-435.51	-4.17	159.01	333.27	724.49	331.47
600066	宇通客车	-786.89	-4.41	64.08	226.16	600.07	416.14
600584	长电科技	-567.37	-4.88	63.31	122.99	222.70	178.74

附表 25　2006 年第二季度社保基金持股变动占流通股比例为前 40 位的股价涨跌幅数据

股票代码	股票名称	变动股数/万股	变动占比	后二个季度	后四个季度	后六个季度	后八个季度
600831	广电网络	1140.09	16.13	8.78	48.73	116.02	-13.70
600423	柳化股份	1101.77	10.87	26.87	103.79	207.23	107.88
002032	苏泊尔	452.69	7.59	42.33	168.61	264.03	109.35
600525	长园集团	289.86	7.42	53.85	180.55	185.00	50.09
000825	太钢不锈	5719.81	7.30	104.70	311.79	408.48	126.70
600386	北巴传媒	1373.69	7.06	50.26	203.26	306.35	102.40
000550	江铃汽车	789.55	6.71	37.72	81.93	136.72	-1.04

续表

股票代码	股票名称	变动股数/万股	变动占比	后二个季度	后四个季度	后六个季度	后八个季度
600202	哈空调	518.30	5.14	-29.36	60.16	140.90	41.69
000997	新大陆	857.91	5.11	-25.40	14.39	108.22	-11.66
600126	杭钢股份	993.34	4.41	4.06	83.50	209.73	93.09
000951	中国重汽	495.81	4.30	79.73	265.92	376.64	49.51
000488	晨鸣纸业	1993.95	4.27	1.42	70.85	216.42	103.77
600739	辽宁成大	1258.39	4.23	54.55	434.02	673.46	287.98
000617	石油济柴	260.91	4.18	-2.92	126.74	180.77	-12.32
000829	天音控股	407.23	4.10	147.98	693.15	524.10	106.32
600858	银座股份	419.44	4.03	27.25	91.69	162.27	105.26
000410	沈阳机床	696.36	3.87	50.64	188.94	145.96	-12.35
600549	厦门钨业	914.42	3.31	15.85	25.47	91.46	-28.74
600863	内蒙华电	2339.70	3.28	-1.22	102.23	195.64	53.12
000024	招商地产	793.64	3.24	170.03	369.27	465.81	114.96
600591	*ST 上航	1103.67	2.83	20.29	110.85	490.31	98.01
600058	五矿发展	858.31	2.60	-12.84	173.01	431.35	233.56
600067	冠城大通	557.14	2.43	46.80	336.35	348.27	81.45
000061	农产品	573.82	2.42	29.05	121.66	192.31	106.08
000629	攀钢钢钒	3353.70	2.40	16.94	173.29	347.76	203.69
000758	中色股份	930.22	2.36	1.48	211.19	376.64	73.55
600050	中国联通	20267.64	2.27	92.18	144.50	403.16	180.78
600548	深高速	480.24	2.20	26.60	128.42	225.02	37.81
600268	国电南自	190.01	2.10	4.79	59.45	109.80	39.64
000069	华侨城 A	970.82	1.98	89.09	243.97	334.28	75.75
600835	上海机电	524.99	1.95	28.75	237.81	308.36	98.78
600533	栖霞建设	147.32	1.92	55.40	180.16	219.98	15.68
000623	吉林敖东	302.67	1.88	94.94	485.99	693.29	286.22
000933	神火股份	433.98	1.83	19.89	205.39	468.42	281.85
600582	天地科技	122.00	1.80	24.76	234.20	331.80	298.51
600970	中材国际	100.00	1.72	34.59	155.83	180.39	170.63
002046	轴研科技	70.01	1.64	-13.37	8.71	25.66	-29.42
002029	七匹狼	67.34	1.59	67.94	131.78	245.18	213.56
600600	青岛啤酒	315.86	1.58	38.80	158.71	294.06	102.16
600366	宁波韵升	320.36	1.58	-14.18	92.01	140.06	11.76

附表 26　2006 年第二季度社保基金持股变动占流通股比例为后 40 位的股价涨跌幅数据

股票代码	股票名称	变动股数/万股	变动占比	后二个季度	后四个季度	后六个季度	后八个季度
600102	莱钢股份	-14.98	-0.07	11.66	278.85	393.70	154.31
600418	江淮汽车	-64.35	-0.12	0.82	114.96	125.65	1.53
600270	外运发展	-40.88	-0.18	-2.91	64.57	148.24	2.01
000837	秦川发展	-40.68	-0.25	23.09	91.75	128.81	20.01
600162	香江控股	-58.91	-0.27	4.81	408.94	462.52	91.63
600895	张江高科	-217.29	-0.37	54.12	287.53	300.76	111.33
600415	小商品城	-20.00	-0.38	36.48	77.86	52.49	62.89
600030	中信证券	-217.38	-0.40	72.32	234.53	463.79	204.72
600315	上海家化	-42.34	-0.53	38.84	208.59	265.22	159.71
600026	中海发展	-266.40	-0.59	62.99	266.40	490.26	224.96
000630	铜陵有色	-331.77	-0.61	10.62	215.72	321.18	85.47
600569	安阳钢铁	-391.51	-0.70	11.16	236.26	384.22	100.25
600360	华微电子	-33.80	-0.86	25.13	70.80	94.40	-12.90
600015	华夏银行	-858.73	-0.87	67.57	175.62	338.62	112.89
000157	中联重科	-155.50	-0.92	111.72	450.72	721.79	297.18
000937	金牛能源	-307.98	-0.94	-2.13	167.88	371.81	644.35
600182	S 佳通	-169.91	-1.00	-15.78	103.11	164.89	10.44
600642	申能股份	-839.69	-1.08	19.06	131.91	191.92	54.02
000858	五粮液	-997.54	-1.12	51.42	192.35	322.64	69.31
600332	广州药业	-67.64	-1.17	6.49	68.09	137.49	50.20
000930	丰原生化	-1125.51	-1.56	-0.70	11.87	38.92	9.95
000527	美的电器	-654.31	-1.57	37.79	611.13	768.09	324.31
002045	广州国光	-50.00	-1.72	55.06	64.66	99.88	-11.43
600354	敦煌种业	-132.94	-1.77	6.65	25.97	54.35	160.60
000027	深圳能源	-639.49	-1.80	9.42	198.43	225.10	11.53
600630	龙头股份	-493.60	-1.94	-5.35	58.31	110.42	167.61
600801	华新水泥	-124.45	-1.99	43.91	274.57	482.27	161.25
600219	南山铝业	-97.51	-2.01	60.25	304.46	375.76	88.77
000099	中信海直	-552.36	-2.24	-24.60	37.45	98.06	-13.65
600269	赣粤高速	-614.02	-2.41	33.41	117.94	192.99	58.78
600325	华发股份	-249.77	-2.46	81.32	299.08	380.39	201.12

续表

股票代码	股票名称	变动股数/万股	变动占比	后二个季度	后四个季度	后六个季度	后八个季度
000822	山东海化	-946.32	-2.53	3.86	154.62	270.38	81.92
000423	东阿阿胶	-824.01	-2.86	21.45	224.40	304.39	220.43
000651	格力电器	-859.67	-3.18	32.84	290.57	452.29	250.29
000807	云铝股份	-462.34	-3.59	80.98	342.08	577.06	165.15
600033	福建高速	-1092.00	-3.79	17.44	76.74	126.33	47.02
600066	宇通客车	-598.71	-3.96	59.06	238.62	328.37	119.89
000538	云南白药	-152.33	-4.03	26.22	81.55	76.37	37.77
600594	益佰制药	-49.64	-4.41	-27.69	-18.89	133.48	10.82
000927	一汽夏利	-1267.04	-5.28	12.43	74.38	203.89	-11.98

附表 27　2006 年第三季度社保基金持股变动占流通股比例为前 40 位的股价涨跌幅数据

股票代码	股票名称	变动股数/万股	变动占比	后二个季度	后四个季度	后六个季度	后八个季度
600410	华胜天成	233.67	3.90	42.61	75.31	37.15	-16.70
600523	贵航股份	450.42	3.85	47.37	58.41	63.99	-24.54
002045	广州国光	229.33	3.59	75.24	60.74	39.62	-29.63
000410	沈阳机床	642.62	3.57	75.00	182.45	56.53	-25.28
600693	东百集团	287.12	3.17	103.14	148.60	241.64	140.24
600386	北巴传媒	567.60	3.17	44.46	193.98	107.95	-24.22
600360	华微电子	369.57	2.96	29.14	53.14	40.50	-34.00
600677	航天通信	584.68	2.74	22.97	233.26	138.79	-28.06
600829	三精制药	256.31	2.63	77.74	182.79	97.76	26.54
600806	昆明机床	153.42	2.56	112.25	429.07	422.34	208.66
000568	泸州老窖	849.59	2.55	79.07	314.57	323.18	177.89
600867	通化东宝	585.39	2.47	96.30	111.57	123.92	95.22
600416	湘电股份	240.71	2.45	106.02	215.38	99.44	-28.44
000423	东阿阿胶	680.42	2.37	16.41	265.00	199.40	75.08
600694	大商股份	399.55	2.33	8.58	85.18	36.89	-42.85
600600	青岛啤酒	394.17	1.97	65.44	323.22	158.98	66.08
600582	天地科技	130.87	1.94	92.78	296.33	253.09	124.37
600062	双鹤药业	343.63	1.40	65.84	254.70	278.12	214.68
000528	柳工	302.13	1.15	133.46	389.95	238.50	107.02

续表

股票代码	股票名称	变动股数/万股	变动占比	后二个季度	后四个季度	后六个季度	后八个季度
002029	七匹狼	47.65	1.13	98.33	211.41	212.84	121.26
000930	丰原生化	800.00	1.11	77.00	58.80	85.00	-26.00
000837	秦川发展	181.20	1.11	71.66	137.55	102.98	36.95
600831	广电网络	77.18	1.09	42.01	159.58	20.34	-23.47
600016	民生银行	4450.67	1.09	130.80	249.03	144.60	48.68
600739	辽宁成大	304.22	1.02	151.04	776.98	429.83	168.42
600289	亿阳信通	114.46	1.02	24.85	50.74	39.36	-15.35
000301	东方市场	459.23	0.95	139.85	436.90	302.24	73.25
600169	太原重工	168.80	0.88	108.56	555.14	403.60	225.34
000897	津滨发展	300.00	0.84	46.41	161.58	92.25	-7.49
600428	中远航运	238.88	0.78	159.29	456.84	395.57	192.00
000625	长安汽车	341.03	0.74	188.38	462.51	146.97	16.20
600135	乐凯胶片	90.00	0.71	134.81	215.09	125.48	-5.05
002052	同洲电子	16.41	0.68	56.97	83.67	42.15	-20.02
600548	深高速	146.34	0.67	81.69	244.33	94.87	47.82
600486	扬农化工	45.92	0.64	65.76	168.81	298.47	123.99
600258	首旅股份	43.86	0.63	100.88	310.71	239.92	12.71
000501	鄂武商 A	171.87	0.62	97.17	205.65	142.05	6.01
600280	南京中商	107.30	0.55	74.89	105.27	118.24	-2.45
600015	华夏银行	801.53	0.51	158.53	360.35	235.43	95.94
000099	中信海直	120.70	0.49	60.59	193.31	90.34	-15.96

附表 28　2006 年第三季度社保基金持股变动占流通股比例为后 40 位的股价涨跌幅数据

股票代码	股票名称	变动股数/万股	变动占比	后二个季度	后四个季度	后六个季度	后八个季度
600900	长江电力	-3493.70	-1.56	98.48	199.46	124.90	127.06
000758	中色股份	-536.08	-1.57	127.52	597.22	235.00	14.02
000811	烟台冰轮	-130.62	-1.59	45.60	140.33	103.58	18.85
600270	外运发展	-376.64	-1.65	84.42	183.22	97.72	0.59
600835	上海机电	-448.74	-1.67	115.01	367.02	220.77	74.02
000602	金马集团	-149.35	-1.75	65.49	346.17	418.14	-29.45
600058	五矿发展	-579.15	-1.90	137.39	606.48	365.51	206.96

续表

股票代码	股票名称	变动股数/万股	变动占比	后二个季度	后四个季度	后六个季度	后八个季度
002008	大族激光	-161.27	-1.97	57.62	192.52	145.71	60.32
000598	蓝星清洗	-436.07	-1.98	93.40	349.32	215.21	52.40
000825	太钢不锈	-1644.11	-2.10	201.45	546.60	269.88	68.66
600881	亚泰集团	-700.00	-2.10	249.46	865.59	361.65	152.69
600415	小商品城	-101.58	-2.14	13.60	29.54	53.03	32.28
000695	滨海能源	-223.87	-2.23	20.52	68.74	51.98	-32.05
000069	华侨城A	-1095.35	-2.24	32.71	312.42	171.51	29.53
000538	云南白药	-30.93	-2.37	51.14	87.77	50.87	66.48
600879	火箭股份	-840.73	-2.43	39.31	98.84	61.10	-38.03
600006	东风汽车	-1490.84	-2.48	125.99	249.60	126.04	19.32
600354	敦煌种业	-163.32	-2.49	83.04	88.48	221.52	89.35
000829	天音控股	-77.24	-2.51	247.90	428.76	187.60	-1.23
000917	电广传媒	-335.83	-2.58	56.89	231.09	148.07	75.23
600418	江淮汽车	-1714.14	-2.61	103.19	225.57	102.70	-2.98
600361	华联综超	-421.86	-2.64	25.01	74.58	14.01	-29.02
000061	农产品	-573.82	-2.68	44.33	81.14	94.79	38.65
600827	友谊股份	-218.10	-2.74	90.91	172.49	135.86	62.49
000024	招商地产	-689.49	-2.81	87.66	420.70	223.50	32.27
600268	国电南自	-21.04	-3.03	54.23	94.74	109.68	-12.53
600031	三一重工	-531.60	-3.07	149.63	528.22	398.14	200.38
000488	晨鸣纸业	-1501.98	-3.12	102.48	248.49	246.89	68.48
000651	格力电器	-127.27	-3.42	110.32	435.82	472.51	249.95
000970	中科三环	-1046.87	-3.61	59.37	51.08	30.09	-51.82
600366	宁波韵升	-542.71	-3.80	55.44	157.85	99.08	1.61
600978	宜华木业	-275.39	-4.31	67.28	218.33	76.35	-25.84
000882	华联股份	-64.72	-4.47	43.65	71.69	44.49	-37.80
000400	许继电气	-1160.05	-4.53	23.52	77.13	145.36	-29.00
000997	新大陆	-642.07	-4.65	35.63	104.31	96.28	-33.19
000850	华茂股份	-1588.92	-4.72	146.90	344.95	177.38	57.66
600202	哈空调	-319.60	-5.00	59.79	226.26	213.08	66.54
600094	*ST华源	-647.76	-5.87	101.03	85.97	57.81	43.08
600423	柳化股份	-645.00	-6.36	79.37	188.00	135.65	14.24
002032	苏泊尔	-384.54	-7.11	67.30	156.86	190.02	47.41

附表 29　2006 年第四季度社保基金持股变动占流通股比例为前 40 位的股价涨跌幅数据

股票代码	股票名称	变动股数/万股	变动占比	后二个季度	后四个季度	后六个季度	后八个季度
000951	中国重汽	703.66	6.11	103.60	165.20	-20.97	-33.87
600428	中远航运	1826.43	5.51	101.38	264.84	137.82	23.35
002045	广州国光	422.14	4.66	6.19	28.91	-44.08	-46.39
600690	青岛海尔	2801.46	3.77	73.54	146.04	0.29	0.74
600126	杭钢股份	778.37	3.45	76.34	197.64	79.54	29.05
600138	中青旅	486.75	3.20	93.17	161.91	80.02	-21.89
600299	蓝星新材	485.08	3.11	149.93	163.22	9.82	-47.59
600765	中航重机	136.59	3.05	242.35	304.70	124.76	109.51
600801	华新水泥	244.42	2.99	160.28	304.61	76.26	66.27
600361	华联综超	421.86	2.64	19.92	41.95	-24.09	-65.05
000539	粤电力 A	1285.15	2.51	91.83	159.63	10.50	12.94
600289	亿阳信通	277.42	2.46	61.30	54.56	-5.52	-16.15
600827	友谊股份	309.99	2.30	88.90	190.57	42.91	20.41
000024	招商地产	560.00	2.29	73.79	109.54	-25.61	-30.09
002052	同洲电子	71.31	2.26	89.34	90.97	0.31	-8.41
600386	北巴传媒	393.30	2.19	101.83	170.43	28.77	-18.04
600600	青岛啤酒	1058.93	2.09	86.39	183.91	42.53	46.36
000829	天音控股	256.38	2.05	219.84	151.67	-19.38	-42.24
000807	云铝股份	520.37	1.96	144.26	274.10	45.24	-18.61
600114	东睦股份	187.96	1.92	38.38	99.60	16.55	-4.90
000768	西飞国际	661.16	1.87	164.87	214.04	41.48	7.81
600557	康缘药业	242.23	1.80	64.22	222.66	235.77	193.22
600085	同仁堂	299.55	1.54	123.92	103.96	10.34	-13.29
600489	中金黄金	186.24	1.46	149.23	507.90	156.26	99.99
600029	南方航空	1260.01	1.26	109.78	583.13	66.01	17.10
600587	新华医疗	59.86	1.13	84.06	109.09	15.53	36.40
600886	国投电力	499.99	1.10	117.48	180.34	10.90	55.77
600280	南京中商	119.73	1.10	61.75	101.05	20.56	-38.87
600835	上海机电	294.22	1.09	162.37	217.16	47.17	3.37
000831	关铝股份	214.06	1.09	178.18	419.93	117.91	23.51
600406	国电南瑞	157.97	0.93	58.30	64.45	1.95	8.21

续表

股票代码	股票名称	变动股数/万股	变动占比	后二个季度	后四个季度	后六个季度	后八个季度
600189	吉林森工	162.82	0.89	-6.82	134.43	-6.11	-32.77
600350	山东高速	538.61	0.81	75.29	132.63	20.39	16.01
600479	千金药业	36.50	0.79	120.33	318.82	111.20	126.76
600548	深高速	150.00	0.69	80.43	156.73	7.59	-7.33
600084	ST 中葡	163.53	0.66	71.16	138.52	-10.82	-33.59
000970	中科三环	180.36	0.62	28.69	48.34	-28.38	-59.12
000501	鄂武商 A	154.81	0.56	117.60	224.91	52.09	-12.54
600829	三精制药	46.54	0.48	84.72	120.52	13.73	41.32
600598	北大荒	202.77	0.42	49.41	164.95	177.20	89.57

附表 30　2006 年第四季度社保基金持股变动占流通股比例为后 40 位的股价涨跌幅数据

股票代码	股票名称	变动股数/万股	变动占比	后二个季度	后四个季度	后六个季度	后八个季度
600176	中国玻纤	-150.00	-0.88	83.62	292.26	202.51	83.63
600169	太原重工	-168.80	-0.88	175.75	334.98	168.76	71.29
000910	大亚科技	-155.61	-0.88	81.40	108.25	-23.78	-44.76
600470	六国化工	-93.57	-0.91	36.09	160.22	86.19	-5.33
600050	中国联通	-7910.79	-0.95	27.22	161.82	42.82	10.18
601111	中国国航	0	-0.99	91.01	435.37	59.28	-19.38
000837	秦川发展	-162.55	-0.99	55.78	85.89	-6.83	-24.67
000917	电广传媒	276.83	1.09	93.86	223.76	150.78	111.57
600410	华胜天成	-69.38	-1.16	43.15	92.30	-11.60	-5.30
600316	洪都航空	-133.72	-1.24	85.21	81.47	-0.82	-9.32
600962	国投中鲁	-112.79	-1.29	158.73	229.07	119.44	14.35
000825	太钢不锈	-1010.34	-1.29	101.17	148.40	2.26	-44.67
600118	中国卫星	-122.67	-1.29	57.16	121.35	-3.40	2.30
600104	上海汽车	-800.78	-1.39	111.38	223.91	-4.50	-32.82
600549	厦门钨业	-218.34	-1.41	8.30	65.27	-39.94	-40.93
600582	天地科技	-101.57	-1.50	167.87	246.10	213.08	84.53
600486	扬农化工	-61.69	-1.55	111.93	227.49	230.68	161.79
600831	广电网络	-113.40	-1.60	36.73	98.58	-18.66	-32.22
002023	海特高新	-79.99	-1.61	37.09	61.80	-8.51	-24.33

续表

股票代码	股票名称	变动股数/万股	变动占比	后二个季度	后四个季度	后六个季度	后八个季度
600012	皖通高速	-507.18	-1.69	33.86	62.18	-10.79	-31.08
600525	长园集团	-10.90	-1.76	82.35	85.25	-5.44	-15.68
600048	保利地产	-153.96	-1.80	112.17	199.43	18.48	33.19
000528	柳工	-475.50	-1.81	45.02	146.41	7.25	-42.49
600360	华微电子	-229.05	-1.83	36.50	55.36	-32.02	-52.78
600859	王府井	-374.16	-1.89	102.26	109.53	51.06	-20.68
600125	铁龙物流	-828.04	-2.08	73.76	107.00	-6.84	5.63
000099	中信海直	-520.70	-2.11	82.31	162.69	11.31	-15.59
000423	东阿阿胶	-624.35	-2.17	167.11	232.97	150.34	39.74
000027	深圳能源	-1308.48	-2.37	172.75	197.12	-1.00	3.21
000541	佛山照明	-424.29	-2.85	201.13	222.55	60.72	27.40
600713	南京医药	-432.95	-3.10	93.45	143.78	12.20	-7.56
600978	宜华木业	-271.57	-3.28	130.96	101.78	-26.83	-53.80
600518	康美药业	-243.16	-3.65	118.56	173.56	127.11	153.24
000625	长安汽车	-1748.75	-3.78	84.75	153.36	-23.16	-40.51
600521	华海药业	-559.20	-3.95	62.44	91.18	55.22	18.19
600858	银座股份	-414.10	-5.30	50.64	106.10	58.95	35.08
000900	现代投资	-1437.74	-5.50	70.38	247.59	64.24	25.01
000882	华联股份	-490.51	-5.99	40.87	114.06	13.33	-37.25
000410	沈阳机床	-1325.72	-7.36	91.81	63.28	-43.82	-61.48
600423	柳化股份	-752.42	-7.83	60.63	142.17	67.34	-14.64

附表 31　2007 年第一季度社保基金持股变动占流通股比例为前 40 位的股价涨跌幅数据

股票代码	股票名称	变动股数/万股	变动占比	后二个季度	后四个季度	后六个季度	后八个季度
000708	大冶特钢	1303.08	7.73	66.14	-1.50	-44.39	-40.35
600558	大西洋	273.32	4.60	107.50	25.57	23.27	21.46
600859	王府井	651.18	3.28	81.98	47.91	4.17	-21.08
000028	一致药业	224.59	3.15	73.34	58.08	16.48	65.30
002031	巨轮股份	182.00	2.73	52.79	-2.95	-58.36	-35.30
000960	锡业股份	630.87	2.41	423.32	96.77	-11.03	14.28
600785	新华百货	184.80	2.38	85.94	45.80	31.96	44.23

续表

股票代码	股票名称	变动股数/万股	变动占比	后二个季度	后四个季度	后六个季度	后八个季度
600048	保利地产	354.69	2.36	167.98	114.04	6.84	58.36
600511	国药股份	162.66	2.36	79.20	119.97	74.01	85.49
002038	双鹭药业	73.16	1.80	77.44	144.78	172.06	213.70
600829	三精制药	173.13	1.78	59.10	7.29	-28.81	-10.41
000099	中信海直	499.99	1.75	82.64	13.38	-47.67	-29.07
600801	华新水泥	121.19	1.70	168.17	73.95	1.90	72.73
600251	冠农股份	126.92	1.60	92.24	413.39	178.65	243.22
002081	金螳螂	45.43	1.60	32.70	13.95	-22.44	16.52
600406	国电南瑞	284.13	1.56	14.59	-9.22	-24.79	4.50
600888	新疆众和	95.00	1.54	95.72	-5.21	-50.28	-35.81
600592	龙溪股份	100.00	1.41	30.39	48.41	-33.88	-8.28
600525	长园集团	59.17	1.41	32.85	6.38	-48.87	-31.19
600126	杭钢股份	625.91	1.33	92.73	56.10	-6.73	2.49
600993	马应龙	28.34	1.31	64.79	12.66	-24.35	-0.90
000917	电广传媒	329.93	1.29	111.03	43.99	11.69	34.99
600717	天津港	923.78	1.28	98.16	44.07	2.70	-15.94
600015	华夏银行	1788.89	1.15	78.07	26.06	-24.21	-3.09
002029	七匹狼	57.85	1.02	57.01	54.97	11.56	9.39
600410	华胜天成	60.35	1.01	22.93	-9.43	-41.59	-15.40
000060	中金岭南	356.53	0.90	164.13	27.36	-38.94	-3.59
600827	友谊股份	110.00	0.82	42.73	18.90	-14.89	-7.87
600600	青岛啤酒	180.14	0.76	155.81	51.28	0.38	22.81
002039	黔源电力	70.37	0.72	26.44	-2.48	-44.28	25.95
000898	鞍钢股份	609.67	0.58	154.29	52.77	-28.05	-32.63
600895	张江高科	326.79	0.56	116.05	59.81	-3.64	48.22
600486	扬农化工	21.79	0.55	62.17	126.46	35.13	103.56
600317	营口港	202.64	0.51	29.30	-7.47	-36.83	-34.88
600325	华发股份	928.04	0.50	148.68	128.52	-1.48	60.83
002073	青岛软控	56.66	0.48	25.69	36.25	-17.89	17.02
000027	深圳能源	255.98	0.46	127.05	14.29	-30.56	0.16
000848	承德露露	46.65	0.43	48.89	9.44	-31.95	-21.28
600557	康缘药业	42.83	0.43	74.37	111.31	89.23	111.97
600470	六国化工	40.00	0.39	2.63	39.42	-38.89	-24.25

附表32 2007年第一季度社保基金持股变动占流通股比例为后40位的股价涨跌幅数据

股票代码	股票名称	变动股数/万股	变动占比	后二个季度	后四个季度	后六个季度	后八个季度
600489	中金黄金	-136.71	-1.07	339.05	147.20	6.19	86.92
000625	长安汽车	-525.00	-1.13	95.06	-18.96	-59.71	-26.25
000429	粤高速A	-70.00	-1.15	53.14	16.80	-37.28	-29.94
000572	海马股份	-144.17	-1.23	95.89	21.66	-63.87	-48.40
600012	皖通高速	-380.00	-1.27	22.87	-13.76	-39.89	-35.48
000651	格力电器	-158.45	-1.40	154.76	165.46	66.39	132.67
600033	福建高速	-800.00	-1.48	36.66	28.46	-10.36	-6.14
600280	南京中商	-168.41	-1.54	17.37	22.81	-44.22	-37.94
600690	青岛海尔	-1184.05	-1.60	113.20	13.89	-20.98	-13.86
000951	中国重汽	-161.01	-1.61	148.60	20.85	-9.72	-6.14
000800	一汽轿车	-1200.00	-1.65	140.00	47.90	-22.88	39.15
600739	辽宁成大	-20.29	-1.71	249.34	101.88	6.92	55.02
000882	华联股份	-143.13	-1.75	19.51	-3.11	-56.70	-38.16
000541	佛山照明	-255.96	-1.75	94.84	36.77	-12.58	17.83
000768	西飞国际	-623.29	-1.76	101.74	27.28	-28.74	20.01
000417	合肥百货	-100.00	-2.07	108.32	70.12	56.06	54.92
600693	东百集团	-171.32	-2.15	22.38	62.00	18.26	35.78
000970	中科三环	-664.08	-2.29	-5.21	-17.95	-69.77	-44.33
000024	招商地产	-530.00	-2.56	177.47	61.56	-29.52	18.28
600591	*ST上航	-549.24	-2.58	243.40	86.62	-16.63	-6.12
000069	华侨城A	-1280.68	-2.61	210.77	106.82	-2.39	34.43
600960	滨州活塞	-145.12	-2.85	4.79	-2.67	-46.49	-24.18
600849	上海医药	-874.71	-3.06	48.39	-2.17	-41.14	-3.50
600299	蓝星新材	-499.90	-3.20	108.52	49.13	-46.21	-31.98
600518	康美药业	-457.04	-3.21	29.09	30.71	10.42	77.00
600863	内蒙华电	-1750.59	-3.28	55.10	4.41	-41.08	-19.26
000829	天音控股	-411.58	-3.29	51.99	-23.68	-71.61	-57.46
002075	*ST张铜	-227.88	-3.80	165.24	51.96	-59.86	-19.71
000539	粤电力A	-8.91	-3.87	102.88	-5.70	-38.05	-26.94
600831	广电网络	-196.34	-4.09	82.79	-15.26	-46.11	-31.30
600361	华联综超	-693.85	-4.34	39.65	-11.96	-43.22	-51.31

续表

股票代码	股票名称	变动股数/万股	变动占比	后二个季度	后四个季度	后六个季度	后八个季度
600289	亿阳信通	-495.00	-4.39	20.74	5.81	-32.20	5.66
002098	浔兴股份	-176.25	-4.69	4.17	-1.24	-68.23	-57.42
000550	江铃汽车	-100.10	-4.74	87.01	9.77	-18.03	4.12
600428	中远航运	-1620.08	-4.96	114.75	90.72	12.62	14.76
000698	沈阳化工	-1269.91	-5.03	73.78	35.23	-3.56	19.22
600479	千金药业	-196.41	-5.28	108.59	87.65	20.83	53.83
002045	广州国光	-480.49	-6.19	-8.27	-22.03	-59.85	-42.11
600858	银座股份	-488.99	-6.26	77.76	69.89	24.85	12.39
600386	北巴传媒	-1207.59	-6.74	103.50	44.29	-47.54	-10.84

附表 33　2007 年第二季度社保基金持股变动占流通股比例为前 40 位的股价涨跌幅数据

股票代码	股票名称	变动股数/万股	变动占比	后二个季度	后四个季度	后六个季度	后八个季度
600971	恒源煤电	413.54	4.94	107.08	4.29	-52.19	26.49
002039	黔源电力	400.68	4.08	16.48	-34.75	-17.00	10.40
002097	山河智能	131.53	3.96	62.39	-46.24	-65.05	-50.27
600785	新华百货	273.67	3.53	40.45	-10.98	-21.69	37.16
000088	盐田港	1369.14	3.37	3.03	-53.41	-69.38	-52.40
600240	华业地产	537.32	3.09	10.67	-48.81	-66.82	-25.74
600415	小商品城	150.00	2.62	-14.27	-8.42	8.82	63.36
002081	金螳螂	61.08	2.55	42.99	-5.82	-23.98	2.48
600015	华夏银行	4500.00	2.51	59.14	-22.76	-37.07	6.02
600316	洪都航空	204.04	1.89	-2.02	-43.60	-50.21	-22.68
600423	柳化股份	253.28	1.75	50.76	2.01	-46.79	-35.95
600591	*ST 上航	1042.91	1.66	179.97	-6.09	-26.12	-5.13
600350	山东高速	1079.53	1.62	32.71	-31.19	-34.23	-23.31
002123	荣信股份	30.00	1.56	12.07	-23.54	-18.02	12.89
000708	大冶特钢	200.77	1.14	36.66	-37.93	-60.17	-31.01
000917	电广传媒	259.26	0.88	67.00	30.89	8.16	24.34
600299	蓝星新材	134.19	0.86	5.32	-54.40	-78.57	-67.06
000822	山东海化	398.27	0.73	45.46	-28.55	-56.75	-39.04
600600	青岛啤酒	99.99	0.42	52.32	-21.86	-21.83	4.44

续表

股票代码	股票名称	变动股数/万股	变动占比	后二个季度	后四个季度	后六个季度	后八个季度
600123	兰花科创	82. 80	0. 40	56. 89	19. 45	-42. 83	69. 28
600379	宝光股份	20. 00	0. 40	3. 26	-53. 95	-57. 46	-9. 59
600717	天津港	249. 99	0. 35	8. 86	-45. 33	-64. 18	-51. 46
600993	马应龙	34. 75	0. 34	15. 28	-48. 04	-32. 18	7. 59
000617	石油济柴	31. 42	0. 33	23. 83	-61. 33	-77. 39	-44. 35
002038	双鹭药业	148. 85	0. 33	61. 33	27. 13	93. 63	73. 87
000401	冀东水泥	167. 32	0. 17	50. 80	-8. 90	-27. 49	0. 98
002045	广州国光	65. 99	0. 11	21. 39	-46. 21	-49. 08	-8. 60
600261	浙江阳光	143. 75	0. 11	9. 56	-32. 09	-38. 33	5. 74
600246	万通地产	5. 54	0. 07	37. 00	-37. 26	-53. 06	24. 77
002068	黑猫股份	2. 14	0. 06	57. 68	-34. 68	-47. 41	-18. 96
600104	上海汽车	59. 97	0. 04	53. 23	-53. 46	-68. 40	-11. 17
600420	现代制药	40. 00	0	37. 89	-29. 13	-31. 89	5. 27
002098	浔兴股份	0	0	21. 13	-52. 56	-70. 13	-46. 48
600089	特变电工	0	0	110. 27	26. 62	100. 00	129. 82
600169	太原重工	0	0	57. 74	-2. 01	-37. 49	-3. 69
600172	黄河旋风	0	0	38. 70	-1. 68	-36. 12	8. 13
600195	中牧股份	0	0	55. 63	-30. 40	-43. 17	-0. 81
600366	宁波韵升	0	0	25. 02	-41. 79	-56. 30	14. 26
600970	中材国际	0	0	9. 60	5. 79	-39. 06	10. 94
000860	顺鑫农业	0	0	37. 89	15. 02	-12. 96	-7. 06

附表 34　2007 年第二季度社保基金持股变动占流通股比例为后 40 位的股价涨跌幅数据

股票代码	股票名称	变动股数/万股	变动占比	后二个季度	后四个季度	后六个季度	后八个季度
000951	中国重汽	-106. 17	-0. 91	30. 26	-59. 14	-66. 91	-38. 97
600558	大西洋	-55. 61	-0. 94	101. 63	-8. 08	-9. 45	44. 46
600251	冠农股份	-0. 88	-1. 07	122. 59	365. 38	95. 14	151. 72
000089	深圳机场	-734. 00	-1. 12	27. 33	-37. 42	-44. 06	-20. 85
000970	中科三环	-355. 67	-1. 23	15. 27	-44. 35	-66. 35	-36. 23
600587	新华医疗	-54. 42	-1. 24	13. 60	-35. 74	-26. 25	16. 92
600550	天威保变	-74. 34	-1. 30	109. 48	80. 54	15. 93	110. 10

续表

股票代码	股票名称	变动股数/万股	变动占比	后二个季度	后四个季度	后六个季度	后八个季度
000423	东阿阿胶	-97.74	-1.37	24.66	-1.23	-47.88	-30.48
600765	中航重机	-63.20	-1.41	18.21	-31.95	-38.97	-4.10
600511	国药股份	-100.00	-1.45	53.51	27.09	29.25	67.24
600792	ST 马龙	-74.97	-1.53	141.49	200.48	8.43	46.42
000837	秦川发展	-269.76	-1.58	19.33	-37.41	-50.25	-23.72
600690	青岛海尔	-1180.00	-1.63	41.78	-42.92	-42.14	-14.38
000028	一致药业	0	-1.73	118.22	58.57	62.93	84.34
000024	招商地产	-89.39	-1.83	20.57	-54.19	-60.23	-2.30
600489	中金黄金	-206.93	-1.86	143.91	6.47	-19.30	212.96
600479	千金药业	-103.90	-2.00	90.09	-3.72	7.75	12.01
600863	内蒙华电	-999.99	-2.04	46.19	-24.29	-50.11	-6.11
600557	康缘药业	-217.00	-2.17	96.48	104.36	84.62	82.96
000568	泸州老窖	-821.00	-2.19	75.63	16.04	-29.82	13.13
000960	锡业股份	-614.00	-2.39	103.20	-8.03	-63.43	-15.98
600280	南京中商	-263.62	-2.42	24.30	-25.92	-61.80	-7.73
600126	杭钢股份	-625.91	-2.43	68.79	5.23	-25.30	17.93
600114	东睦股份	-266.10	-2.47	44.23	-14.98	-30.32	0.37
600033	福建高速	-1356.96	-2.51	28.06	-16.81	-31.26	-4.81
600739	辽宁成大	-318.46	-2.61	44.84	-27.35	-61.98	-3.13
000825	太钢不锈	-1478.86	-2.65	23.48	-44.95	-71.96	-41.48
600048	保利地产	-134.06	-2.66	41.13	-41.19	-37.18	58.93
600801	华新水泥	-177.15	-2.77	55.45	-30.25	-36.98	4.02
600831	广电网络	-217.78	-2.80	45.24	-41.98	-50.29	-31.61
002029	七匹狼	-84.04	-2.82	48.93	35.28	-11.76	27.61
600499	科达机电	-126.99	-2.97	82.83	29.97	4.97	114.35
600361	华联综超	-370.00	-3.02	18.37	-34.34	-71.10	-54.24
600012	皖通高速	-150.00	-3.47	21.16	-32.95	-48.11	-23.27
600325	华发股份	-850.01	-3.58	20.38	-24.55	-35.26	61.41
000848	承德露露	-429.81	-3.94	-1.79	-34.76	-42.82	-42.09
000623	吉林敖东	-353.03	-4.67	35.38	-34.09	-61.61	-18.21
002031	巨轮股份	-334.70	-5.02	56.42	-44.86	-53.95	-6.13
600548	深高速	-1111.13	-5.10	42.29	-39.67	-48.29	-30.21
600525	长园集团	-189.41	-5.11	1.59	-46.50	-53.31	-42.29

附表 35　2007 年第三季度社保基金持股变动占流通股比例为前 40 位的股价涨跌幅数据

股票代码	股票名称	变动股数/万股	变动占比	后二个季度	后四个季度	后六个季度	后八个季度
600600	青岛啤酒	600.62	2.55	-38.81	-60.76	-52.13	-30.80
000848	承德露露	269.45	2.47	-26.20	-54.29	-47.70	-43.45
600765	中航重机	67.76	1.51	-34.20	-55.83	-17.01	-38.84
000513	丽珠集团	181.32	1.43	-24.43	-54.22	-39.19	-14.96
600021	上海电力	999.62	1.38	-21.18	-55.46	-47.94	-43.95
000559	万向钱潮	228.71	0.45	-26.90	-68.86	-51.38	-54.63
600028	中国石化	1300.00	0.36	-36.80	-42.88	-52.03	-38.65
000629	攀钢钢钒	222.80	0.13	-0.18	-27.22	-13.38	-28.09
600268	国电南自	0.01	0	7.67	-55.08	-28.12	-18.04
000860	顺鑫农业	0	0	-15.08	-48.56	-30.10	-23.99
000028	一致药业	0	0	-1.33	-32.80	-4.80	19.61
000522	白云山 A	0	0	-15.81	-49.07	-44.48	-44.33
000900	现代投资	0	0	5.66	-36.64	-38.37	-23.56
000970	中科三环	0	0	-13.89	-68.11	-41.50	-51.51
002081	金螳螂	0	0	-9.80	-41.55	-10.43	-6.41
002091	江苏国泰	0	0	12.00	-42.42	64.06	102.78
600169	太原重工	0	0	-23.13	-50.34	-32.59	-39.69
600195	中牧股份	0	0	-38.58	-48.71	-44.94	-34.49
600196	复星医药	0	0	0.97	-41.11	-8.96	4.59
600386	北巴传媒	0	0	-29.26	-74.22	-56.02	-52.21
600482	风帆股份	0	0	-14.67	-69.92	-38.36	-46.08
600557	康缘药业	0	0	25.99	8.52	18.64	21.21
600900	长江电力	0	0	-24.90	-24.17	-24.17	-28.38
600963	岳阳纸业	0	0	-56.08	-71.24	-73.11	-69.37
000088	盐田港	-9.14	-0.02	-33.52	-65.35	-61.53	-55.97
000826	合加资源	-10.63	-0.12	6.70	-19.45	14.59	0.74
000768	西飞国际	-46.93	-0.12	-29.91	-64.68	-39.58	-27.58
000026	飞亚达 A	-12.30	-0.20	-8.44	-66.09	-51.71	-51.93
600361	华联综超	0	-0.21	-34.69	-59.34	-65.40	-65.98
002068	黑猫股份	0	-0.24	-1.83	-67.20	-52.92	-15.76
600366	宁波韵升	-50.00	-0.26	-22.79	-60.60	-36.64	-16.16

续表

股票代码	股票名称	变动股数/万股	变动占比	后二个季度	后四个季度	后六个季度	后八个季度
600469	风神股份	0	-0.32	-7.58	-48.92	-38.47	-15.54
600970	中材国际	0	-0.39	6.47	-20.81	-21.11	23.81
002123	荣信股份	-6.57	-0.41	-24.56	-38.11	-4.81	33.90
600598	北大荒	-200.00	-0.41	29.48	-28.63	-0.39	-10.39
000039	中集集团	-207.20	-0.44	-40.54	-73.62	-74.08	-68.97
000837	秦川发展	-74.68	-0.44	-14.55	-42.35	-43.39	-44.00
000423	东阿阿胶	-180.00	-0.45	-17.97	-52.03	-45.66	-35.19
600007	中国国贸	-92.80	-0.46	-25.77	-58.78	-56.23	-54.15
600499	科达机电	-52.92	-0.47	-13.09	-22.28	47.46	89.10

附表 36　2007 年第三季度社保基金持股变动占流通股比例为后 40 位的股价涨跌幅数据

股票代码	股票名称	变动股数/万股	变动占比	后二个季度	后四个季度	后六个季度	后八个季度
600736	苏州高新	-203.84	-0.76	-7.69	-63.94	-50.20	-31.40
600863	内蒙华电	-468.37	-0.82	-29.57	-62.01	-47.94	-18.28
002038	双鹭药业	-50.00	-0.82	40.50	53.33	77.85	93.38
600270	外运发展	-250.00	-0.85	-30.19	-64.48	-59.23	-63.00
600299	蓝星新材	-134.19	-0.86	-27.04	-74.21	-67.66	-73.88
600761	安徽合力	0	-0.86	-38.38	-69.33	-69.77	-70.23
600325	华发股份	-205.88	-0.87	-8.11	-60.38	-37.81	-31.92
600739	辽宁成大	-620.00	-0.90	-39.58	-69.39	-57.06	-51.24
600673	东阳光铝	-70.00	-0.94	-47.04	-73.23	-65.87	-59.45
600694	大商股份	-200.00	-0.95	-26.08	-69.14	-59.36	-42.56
600251	冠农股份	-110.01	-1.03	174.28	44.95	77.43	45.57
600012	皖通高速	-500.00	-1.07	-27.51	-51.08	-47.28	-42.44
000539	粤电力 A	-814.85	-1.09	-50.98	-69.46	-64.20	-61.12
600261	浙江阳光	-96.40	-1.19	-2.98	-37.58	-2.13	-12.10
000960	锡业股份	-310.00	-1.21	-60.35	-83.00	-78.04	-70.84
600266	北京城建	-289.25	-1.21	-37.15	-75.22	-54.33	-43.48
000089	深圳机场	-866.00	-1.33	-31.45	-46.80	-50.60	-47.74
600592	龙溪股份	-115.20	-1.72	14.02	-49.29	-29.15	-17.47
600993	马应龙	0	-1.78	-28.16	-54.09	-39.94	6.15

续表

股票代码	股票名称	变动股数/万股	变动占比	后二个季度	后四个季度	后六个季度	后八个季度
600240	华业地产	-317.31	-1.82	-24.03	-69.23	-50.98	-39.54
600415	小商品城	-46.84	-1.86	18.14	2.11	32.61	82.66
600717	天津港	-1349.99	-1.87	-25.58	-48.17	-57.15	-61.83
600029	南方航空	-1925.91	-1.93	-38.05	-76.86	-65.32	-68.52
000651	格力电器	-1074.96	-2.13	6.85	-34.69	-8.71	15.99
002039	黔源电力	-224.94	-2.29	-21.73	-55.93	1.73	-4.45
600582	天地科技	-90.44	-2.43	-10.91	-43.39	-38.02	-8.50
000616	亿城股份	-427.78	-2.46	-16.51	-69.93	-44.71	-40.63
600859	王府井	-549.69	-2.77	-18.78	-42.76	-57.94	-32.92
600104	上海汽车	-4260.40	-2.88	-50.47	-76.51	-67.15	-31.85
000708	大冶特钢	-411.96	-3.02	-38.43	-66.53	-63.50	-52.13
600015	华夏银行	-5099.97	-3.02	-27.13	-57.44	-46.54	-47.49
600785	新华百货	-221.86	-3.47	-15.90	-29.03	-23.04	40.97
000617	石油济柴	-339.11	-3.54	-66.04	-86.04	-79.77	-75.18
002097	山河智能	-81.53	-3.96	-52.86	-81.81	-75.16	-75.25
000024	招商地产	-1258.93	-3.97	-37.87	-74.60	-59.20	-52.19
600236	桂冠电力	-1539.88	-4.18	-41.17	-67.35	-50.30	-53.25
600126	杭钢股份	-1079.01	-4.19	-20.47	-51.60	-46.49	-41.22
000951	中国重汽	-538.36	-4.61	-49.52	-63.69	-61.87	-60.98
002073	青岛软控	-221.79	-6.16	8.40	-34.67	-8.16	27.29
600831	广电网络	-676.02	-8.68	-53.64	-70.52	-62.54	-61.77

附表 37　2007 年第四季度社保基金持股变动占流通股比例为前 40 位的股价涨跌幅数据

股票代码	股票名称	变动股数/万股	变动占比	后二个季度	后四个季度	后六个季度	后八个季度
600486	扬农化工	339.27	7.04	0.98	-20.06	1.19	25.66
000970	中科三环	1299.09	4.47	-51.72	-72.44	-44.52	-31.14
600251	冠农股份	353.07	3.31	108.86	-10.79	14.59	15.73
002001	新和成	394.53	3.15	19.01	-21.22	12.30	57.80
002038	双鹭药业	205.62	2.29	-25.67	21.45	8.94	47.92
000531	穗恒运 A	199.99	1.69	-55.29	-66.94	-16.56	9.95
600820	隧道股份	457.95	1.22	-42.66	-22.27	-11.02	-0.09
600557	康缘药业	115.17	1.15	4.06	-9.12	-7.91	34.82

续表

股票代码	股票名称	变动股数/万股	变动占比	后二个季度	后四个季度	后六个季度	后八个季度
600831	广电网络	78.20	1.00	-59.04	-65.87	-52.67	-46.98
600886	国投电力	541.14	0.79	-60.44	-44.44	-34.44	-38.39
000513	丽珠集团	166.17	0.72	-63.38	-58.40	-31.30	-4.90
002068	黑猫股份	20.00	0.52	-59.22	-65.69	-48.54	8.29
600189	吉林森工	100.01	0.39	-59.95	-71.32	-57.16	-48.63
000026	飞亚达A	51.83	0.35	-47.16	-69.35	-45.83	-16.52
600642	申能股份	300.01	0.22	-47.94	-65.00	-41.17	-32.85
600012	皖通高速	49.99	0.11	-44.99	-57.51	-36.08	-30.08
600126	杭钢股份	0	0	-39.68	-56.64	-29.57	-23.43
600169	太原重工	0	0	-38.21	-60.62	-38.64	-22.63
600268	国电南自	0	0	-37.06	-39.25	-15.86	-2.47
600785	新华百货	0	0	-36.62	-43.98	-3.84	51.66
600849	上海医药	0	0	-52.76	-47.35	-10.62	2.74
600970	中材国际	0	0	-4.84	-44.61	0.08	29.41
600993	马应龙	0	0	-56.01	-42.94	-6.97	63.24
600236	桂冠电力	0	0	-42.67	-47.79	-33.20	-31.81
000559	万向钱潮	0	0	-60.06	-77.44	-47.00	-42.93
600089	特变电工	-6.70	-0.01	-40.43	-3.88	9.96	44.19
600765	中航重机	-0.86	-0.02	-44.46	-48.23	-18.54	6.86
600415	小商品城	-3.15	-0.04	6.83	26.74	91.47	107.18
600895	张江高科	-45.01	-0.08	-50.68	-39.48	-0.83	-21.46
600386	北巴传媒	-20.00	-0.10	-52.39	-69.69	-52.64	-38.37
600795	国电电力	-99.97	-0.13	-28.98	-35.68	-19.40	-14.41
000423	东阿阿胶	-59.06	-0.15	-24.82	-58.03	-44.11	-18.00
000900	现代投资	-50.00	-0.18	-52.75	-64.03	-41.97	-4.53
600859	王府井	-37.18	-0.19	-27.91	-62.15	-46.43	-25.90
002124	天邦股份	-3.92	-0.21	-40.92	-41.04	-13.90	2.47
600069	银鸽投资	-70.00	-0.25	-65.02	-80.25	-59.29	-46.01
600007	中国国贸	-50.00	-0.25	-47.27	-65.71	-41.38	-39.91
600592	龙溪股份	-19.31	-0.29	-27.43	-50.56	-7.84	19.15
000089	深圳机场	-200.00	-0.31	-49.73	-57.51	-37.35	-39.53
000826	合加资源	-30.00	-0.34	-17.34	-8.48	8.40	50.75

附表38　2007年第四季度社保基金持股变动占流通股比例为后27位的股价涨跌幅数据

股票代码	股票名称	变动股数/万股	变动占比	后二个季度	后四个季度	后六个季度	后八个季度
002029	七匹狼	0	-0.39	-9.33	-41.69	-13.03	29.56
000651	格力电器	-200.23	-0.44	-38.03	-40.41	-4.32	34.42
002039	黔源电力	0	-0.52	-47.21	-28.74	-6.02	13.25
600598	北大荒	-260.00	-0.54	4.62	-28.45	-12.14	3.79
600050	中国联通	-3900.00	-0.56	-45.45	-57.92	-42.52	-38.41
002081	金螳螂	0	-0.71	-33.90	-47.72	-28.56	21.28
000617	石油济柴	-78.04	-0.81	-70.54	-82.02	-55.19	-50.70
000768	西飞国际	-314.68	-0.82	-54.95	-65.67	-35.50	-7.58
000951	中国重汽	-100.00	-0.86	-70.20	-75.06	-53.97	-45.98
600029	南方航空	-900.00	-0.90	-75.70	-82.86	-71.47	-67.44
600673	东阳光铝	-75.14	-0.96	-49.73	-75.28	-38.76	-37.30
600469	风神股份	-147.61	-1.01	-42.51	-64.53	-24.39	10.77
000429	粤高速A	-450.00	-1.08	-46.67	-60.14	-44.21	-40.45
600548	深高速	-292.45	-1.34	-58.09	-63.90	-50.45	-50.45
000088	盐田港	-560.00	-1.38	-55.69	-71.07	-53.74	-47.91
600380	健康元	-300.01	-1.38	-62.48	-69.08	-53.90	-19.15
000539	粤电力A	-1053.03	-1.43	-57.44	-56.50	-50.06	-44.20
000657	*ST中钨	-150.00	-1.44	-77.18	-82.25	-54.93	-55.49
000708	大冶特钢	-300.00	-1.66	-54.71	-71.68	-48.42	-21.70
600104	上海汽车	-2950.00	-2.14	-70.52	-79.26	-41.61	1.32
002074	东源电器	0	-2.30	-45.62	-25.77	-11.33	10.82
600350	山东高速	-1690.00	-2.54	-48.25	-50.13	-41.60	-44.40
002048	宁波华翔	-150.14	-2.68	-42.74	-75.05	-35.24	-1.64
600282	南钢股份	-1007.83	-2.89	-59.08	-74.61	-48.45	-46.43
600261	浙江阳光	-297.15	-3.66	-40.50	-44.15	-4.62	38.98
000848	承德露露	-418.45	-3.84	-33.85	-43.32	-41.58	-3.44
600600	青岛啤酒	-1280.47	-5.43	-49.80	-48.45	-31.09	-2.16

附表 39　2008 年第一季度社保基金持股变动占流通股比例为前 40 位的股价涨跌幅数据

股票代码	股票名称	变动股数/万股	变动占比	后二个季度	后四个季度	后六个季度
000667	名流置业	5175.49	6.84	-59.46	-41.69	-4.92
600548	深高速	801.03	3.68	-24.15	-34.53	-32.65
600350	山东高速	2435.21	3.65	-20.08	-28.42	-31.69
600993	马应龙	79.56	2.18	-36.10	-16.29	47.76
600970	中材国际	117.23	1.49	-25.62	-19.32	16.29
000970	中科三环	203.19	0.70	-62.97	-31.80	-43.69
600415	小商品城	50.00	0.67	-13.56	12.41	54.61
600104	上海汽车	600.00	0.36	-52.58	-31.58	37.61
002065	东华软件	6.81	0.17	-35.42	1.58	49.56
002106	莱宝高科	156.35	0.13	-67.92	-48.70	-37.15
600820	隧道股份	42.31	0.11	-28.09	-6.14	1.90
002068	黑猫股份	3.66	0.10	-66.58	-50.48	-14.19
000969	安泰科技	16.29	0.06	-52.39	-21.46	-6.72
600966	博汇纸业	0	0	-55.85	-46.82	-38.87
000559	万向钱潮	0	0	-57.40	-34.31	-37.94
000826	合加资源	0	0	-24.50	9.22	-5.58
002081	金螳螂	0	0	-35.20	-2.65	3.76
600323	南海发展	0	0	-20.55	-9.11	-20.46
600785	新华百货	0	0	-15.61	-7.77	67.62
600849	上海医药	0	0	-42.91	-6.39	23.29
600236	桂冠电力	0	-0.04	-44.50	-14.11	-20.54
600642	申能股份	-100.00	-0.07	-42.80	-32.51	-14.75
600660	福耀玻璃	-43.77	-0.09	-57.52	-53.20	-21.66
000900	现代投资	-50.00	-0.18	-40.03	-41.44	-27.65
000089	深圳机场	-120.00	-0.18	-22.38	-24.87	-23.75
600377	宁沪高速	0	-0.20	-25.60	-19.14	-15.70
000848	承德露露	-30.00	-0.27	-38.07	-28.36	-23.37
600498	烽火通信	-49.99	-0.28	-32.57	20.93	60.91
600391	成发科技	-37.49	-0.52	-41.34	-20.33	-13.06
000708	大冶特钢	-78.45	-0.60	-45.64	-41.68	-22.25
000429	粤高速 A	-116.99	-0.62	-46.30	-40.02	-38.27

续表

股票代码	股票名称	变动股数/万股	变动占比	后二个季度	后四个季度	后六个季度
600859	王府井	-133.81	-0.67	-29.52	-46.60	-17.41
000617	石油济柴	-55.09	-0.70	-58.88	-41.11	-26.92
002048	宁波华翔	-160.00	-0.73	-64.04	-46.44	-33.56
002056	横店东磁	-70.15	-0.77	-56.16	-28.82	-32.03
600592	龙溪股份	-34.95	-0.80	-55.53	-38.31	-27.62
000531	穗恒运 A	-99.99	-0.84	-61.90	-39.25	6.69
600089	特变电工	-496.30	-0.86	-7.99	58.19	77.55
002039	黔源电力	-50.00	-0.88	-43.70	27.27	22.08
600591	*ST 上航	-395.72	-0.89	-56.79	-51.34	-39.35

附表 40　2008 年第一季度社保基金持股变动占流通股比例为后 19 位的股价涨跌幅数据

股票代码	股票名称	变动股数/万股	变动占比	后二个季度	后四个季度	后六个季度
000882	华联股份	-109.98	-0.92	-56.95	-38.51	-32.05
000513	丽珠集团	-145.49	-1.02	-39.42	-19.49	12.53
002078	太阳纸业	-119.99	-1.03	-58.35	-59.35	-44.80
600765	中航重机	-48.69	-1.09	-32.86	24.22	-7.05
600126	杭钢股份	-259.33	-1.28	-39.15	-33.13	-26.09
000539	粤电力 A	-1053.68	-1.40	-37.70	-26.53	-20.68
600282	南钢股份	-713.80	-1.60	-57.25	-56.59	-44.99
002124	天邦股份	-33.81	-1.83	-41.58	-12.48	-9.91
600386	北巴传媒	-380.00	-1.88	-63.56	-38.06	-32.45
600557	康缘药业	-169.86	-2.03	-13.86	-3.52	-3.79
600012	皖通高速	-969.99	-2.08	-32.52	-27.57	-20.60
600169	太原重工	-402.99	-2.10	-35.40	-12.41	-21.54
000951	中国重汽	-249.86	-2.14	-28.06	-25.20	-22.70
600069	银鸽投资	-644.83	-2.29	-65.16	-59.45	-39.21
600886	国投电力	-1581.14	-2.32	-16.44	-4.35	-13.08
002038	双鹭药业	-203.57	-2.94	9.13	25.83	37.64
600600	青岛啤酒	-1018.87	-4.32	-35.87	-21.55	13.08
002017	东信和平	-465.44	-6.14	-46.73	-26.78	1.12
600486	扬农化工	-302.52	-6.28	-43.79	-15.32	-11.53

附表41　2008年第二季度社保基金持股变动占流通股比例为前40位的股价涨跌幅数据

股票代码	股票名称	变动股数/万股	变动占比	后二个季度	后四个季度	后六个季度
600486	扬农化工	296.37	6.15	-17.55	4.74	27.28
002215	诺普信	139.95	4.08	27.03	61.93	191.88
000089	深圳机场	2043.27	3.13	-10.60	26.48	20.26
002056	横店东磁	733.52	2.98	-24.41	39.43	76.08
600350	山东高速	1831.46	2.75	-3.86	12.09	7.86
600236	桂冠电力	1279.98	1.91	-6.41	15.45	16.53
000667	名流置业	4045.35	1.53	-25.53	44.68	71.99
002205	国统股份	37.06	1.48	-15.86	19.81	77.96
002078	太阳纸业	370.00	1.34	-58.16	-24.79	22.91
600027	华电国际	1409.90	1.24	-21.81	9.13	10.38
002018	华星化工	179.99	0.75	-56.51	-43.60	-26.40
600801	华新水泥	50.00	0.66	-8.69	50.72	47.77
600557	康缘药业	325.59	0.56	-7.05	-7.88	34.90
600525	长园集团	144.49	0.55	-11.78	9.02	57.44
600683	京投银泰	115.97	0.52	-38.13	48.27	64.80
000708	大冶特钢	51.38	0.28	-37.14	8.89	69.44
000513	丽珠集团	39.32	0.27	5.45	65.29	146.19
002106	莱宝高科	134.80	0.25	-49.33	-8.53	78.69
000429	粤高速A	100.00	0.22	-23.47	4.80	11.49
002204	华锐铸钢	50.00	0.15	-9.46	52.73	58.69
600859	王府井	10.04	0.05	-46.38	-26.82	0.31
600028	中国石化	300.00	0.04	-30.95	5.06	40.19
600325	华发股份	461.00	0.02	-13.39	115.95	79.81
600323	南海发展	36.00	0	-11.10	7.02	37.01
000800	一汽轿车	0	0	-14.49	83.37	214.68
000539	粤电力A	0	0	-1.02	13.48	26.03
002081	金螳螂	67.26	0	-17.58	11.10	87.40
600993	马应龙	122.30	0	33.17	111.27	269.33
600391	成发科技	0	0	-21.51	21.97	44.08

续表

股票代码	股票名称	变动股数/万股	变动占比	后二个季度	后四个季度	后六个季度
600849	上海医药	0	0	3.03	72.74	98.27
600886	国投电力	0	0	29.87	52.64	44.30
601333	广深铁路	0	0	-6.05	28.37	21.70
000042	深长城	0	0	-35.24	99.04	143.09
600415	小商品城	0	0	18.82	78.37	93.33
002039	黔源电力	0	0	27.76	69.94	99.40
000785	武汉中商	0	-0.03	-14.97	54.51	111.13
000848	承德露露	-10.00	-0.09	-11.65	-10.52	43.31
600642	申能股份	-272.18	-0.20	-35.03	8.00	24.43
000559	万向钱潮	-100.01	-0.20	-42.63	30.38	39.91
600591	*ST 上航	-150.00	-0.20	-21.06	1.37	21.75

附表 42　2008 年第二季度社保基金持股变动占流通股比例为后 16 位的股价涨跌幅数据

股票代码	股票名称	变动股数/万股	变动占比	后二个季度	后四个季度	后六个季度
000826	合加资源	0	-0.21	11.69	31.87	84.19
600104	上海汽车	-373.25	-0.23	-33.79	86.11	231.26
600631	百联股份	-143.14	-0.31	-27.28	12.39	55.19
600765	中航重机	-18.00	-0.40	-9.13	42.79	86.30
000531	穗恒运 A	-48.95	-0.41	-33.76	65.86	118.47
600693	东百集团	-93.30	-0.45	-33.46	-12.51	15.13
600012	皖通高速	-260.00	-1.02	-22.45	14.66	26.60
600089	特变电工	-109.26	-1.46	57.95	81.50	137.85
000599	青岛双星	-553.00	-1.49	-43.82	21.24	72.59
600251	冠农股份	-199.83	-2.23	-58.01	-45.83	-44.28
600600	青岛啤酒	-546.06	-2.32	1.75	35.96	88.79
000970	中科三环	-703.17	-2.42	-38.59	16.38	40.76
600069	银鸽投资	-921.61	-3.27	-44.91	10.64	41.94
600970	中材国际	-280.03	-3.57	-42.10	5.41	36.24
600548	深高速	-851.03	-3.91	-14.12	15.91	16.89
000600	建投能源	-2050.00	-5.31	-12.96	20.54	28.44

附表 43 2008 年第三季度社保基金持股变动占流通股比例为前 40 位的股价涨跌幅数据

股票代码	股票名称	变动股数/万股	变动占比	后二个季度	后四个季度
002238	天威视讯	578.17	7.59	45.58	60.63
002241	歌尔声学	205.14	6.39	21.82	43.44
002215	诺普信	132.39	4.41	34.95	73.00
002216	三全食品	83.33	3.55	10.33	31.30
002195	海隆软件	45.32	3.01	32.76	60.24
600718	东软集团	363.21	2.60	22.96	57.34
000089	深圳机场	1622.21	2.48	-7.15	-1.77
600236	桂冠电力	1522.40	1.85	52.23	43.19
000927	一汽夏利	600.00	1.84	40.17	91.51
000708	大冶特钢	268.40	1.44	9.05	43.01
000559	万向钱潮	630.36	1.23	56.12	45.68
600831	广电网络	194.46	0.83	27.07	29.67
002078	太阳纸业	100.00	0.61	-0.65	32.53
002191	劲嘉股份	63.55	0.59	62.84	125.34
000429	粤高速 A	259.99	0.57	10.98	14.96
600004	白云机场	171.13	0.34	-27.59	-29.15
000021	长城开发	118.24	0.32	46.11	127.02
000917	电广传媒	99.99	0.32	20.26	33.74
600886	国投电力	599.21	0.31	16.93	4.03
002056	横店东磁	55.92	0.31	57.76	55.04
600600	青岛啤酒	70.00	0.30	21.98	76.34
000513	丽珠集团	39.99	0.28	32.83	85.74
600010	包钢股份	614.02	0.23	16.08	25.61
002179	中航光电	10.00	0.22	128.72	126.52
600396	金山股份	52.17	0.21	54.88	42.94
000848	承德露露	20.00	0.18	14.43	23.73
000930	丰原生化	125.18	0.15	37.57	59.46
002205	国统股份	2.94	0.15	92.32	89.83
600415	小商品城	319.29	0.13	29.86	78.87
002068	黑猫股份	6.35	0.09	43.53	156.78
600551	时代出版	30.10	0.08	53.36	83.70

续表

股票代码	股票名称	变动股数/万股	变动占比	后二个季度	后四个季度
000767	漳泽电力	30.64	0.06	10.31	28.41
600849	上海医药	50.00	0.03	65.55	115.94
000042	深长城	0	0	94.82	146.47
000066	长城电脑	0	0	34.09	190.63
000539	粤电力 A	0	0	17.24	27.33
000785	武汉中商	0	0	46.63	124.28
000800	一汽轿车	0	0	77.94	156.20
000916	华北高速	0	0	14.93	17.66
002017	东信和平	0	0	36.95	89.83

附表 44　2008 年第三季度社保基金持股变动占流通股比例为后 39 位的股价涨跌幅数据

股票代码	股票名称	变动股数/万股	变动占比	后二个季度	后四个季度
002038	双鹭药业	0	0	16.00	26.12
002039	黔源电力	0	0	130.85	116.82
002070	众和股份	0	0	8.28	31.54
002081	金螳螂	0	0	53.25	60.12
600126	杭钢股份	0	0	10.56	21.45
600266	北京城建	0	0	84.31	128.12
600325	华发股份	0	0	56.97	71.85
600391	成发科技	0	0	35.81	48.20
600548	深高速	0	0	-13.53	-11.22
600561	江西长运	0	0	61.09	78.79
600591	*ST 上航	0	0	11.47	40.37
600628	新世界	0	0	7.80	40.60
600801	华新水泥	0	0	71.18	46.74
600993	马应龙	0	0	30.84	131.23
600251	冠农股份	-0.19	0	22.41	0.43
600489	中金黄金	-0.48	0	72.88	254.90
600966	博汇纸业	-9.99	-0.03	20.30	38.46
000599	青岛双星	-15.00	-0.04	7.96	99.73
002018	华星化工	-10.00	-0.08	23.52	-3.32

续表

股票代码	股票名称	变动股数/万股	变动占比	后二个季度	后四个季度
600631	百联股份	-96.56	-0.13	0.09	20.28
000039	中集集团	-129.97	-0.17	-1.77	17.62
600693	东百集团	-26.70	-0.24	10.07	2.32
002106	莱宝高科	-45.87	-0.29	58.90	95.95
600587	新华医疗	-31.80	-0.31	76.62	151.87
600027	华电国际	-109.90	-0.37	28.00	20.75
000600	建投能源	-150.00	-0.39	50.24	30.58
000667	名流置业	-459.63	-0.48	42.94	134.51
600683	京投银泰	-131.73	-0.59	32.88	88.52
600104	上海汽车	-1026.75	-0.62	39.88	190.20
600089	特变电工	-446.02	-0.70	60.75	92.96
600350	山东高速	-486.77	-0.73	-9.91	-14.53
600012	皖通高速	-470.00	-0.74	7.78	17.66
002164	东力传动	0	-0.89	56.29	82.74
600557	康缘药业	-155.59	-1.23	9.32	11.69
600820	隧道股份	-849.90	-1.64	31.64	41.70
002048	宁波华翔	-659.99	-1.69	48.96	84.76
002204	华锐铸钢	-130.00	-2.41	80.32	85.17
002218	拓日新能	-241.04	-5.02	49.41	106.97
600486	扬农化工	-294.51	-8.66	52.10	57.38
002038	双鹭药业	0	0	16.00	26.12

附表45　2008年第四季度社保基金持股变动占流通股比例为前40位的股价涨跌幅数据

股票代码	股票名称	变动股数/万股	变动占比	后二个季度	后四个季度
600261	浙江阳光	512.61	4.86	69.44	146.89
002191	劲嘉股份	576.34	4.43	25.06	62.11
000159	国际实业	343.68	3.05	73.37	129.65
600489	中金黄金	392.48	2.70	281.53	243.09
600035	楚天高速	1245.15	2.64	41.94	43.95
000089	深圳机场	1570.31	2.40	42.58	37.64
002068	黑猫股份	162.54	2.35	54.28	224.66

续表

股票代码	股票名称	变动股数/万股	变动占比	后二个季度	后四个季度
002238	天威视讯	156.67	2.34	17.62	75.07
002194	武汉凡谷	235.77	2.16	29.04	76.69
600269	赣粤高速	1417.73	2.09	44.59	127.22
600718	东软集团	1075.45	2.06	52.02	94.41
002063	远光软件	93.57	1.96	68.49	189.12
000539	粤电力 A	1424.95	1.88	14.98	28.49
600551	时代出版	95.16	1.84	67.63	121.82
000917	电广传媒	576.10	1.82	14.81	34.96
000969	安泰科技	483.00	1.65	124.72	148.32
600993	马应龙	202.00	1.59	58.13	177.48
600820	隧道股份	765.44	1.48	17.82	32.30
600280	南京中商	164.21	1.41	143.25	263.29
600406	国电南瑞	305.29	1.27	73.49	140.28
600831	广电网络	268.05	1.15	38.29	54.91
600396	金山股份	347.40	1.10	58.13	52.86
600299	蓝星新材	215.27	0.79	53.47	81.07
002146	荣盛发展	92.39	0.65	219.35	291.34
000751	*ST 锌业	482.71	0.65	103.64	148.73
600027	华电国际	799.98	0.55	38.50	43.58
000930	丰原生化	332.41	0.41	72.38	151.16
000831	关铝股份	155.17	0.36	87.56	125.82
000962	东方钽业	74.42	0.35	89.35	127.15
000793	华闻传媒	388.28	0.33	59.48	126.63
600683	京投银泰	73.47	0.33	149.78	164.66
000520	长航凤凰	158.59	0.33	25.81	33.60
000021	长城开发	114.92	0.31	178.47	208.90
000559	万向钱潮	150.00	0.29	124.75	141.99
000511	银基发展	292.28	0.28	90.35	106.56
000959	首钢股份	336.92	0.28	111.03	110.43
600966	博汇纸业	150.86	0.28	56.99	106.22
600642	申能股份	746.04	0.26	68.09	91.86
000009	中国宝安	173.60	0.23	198.56	177.84
600601	方正科技	370.49	0.21	61.13	91.64

附表46　2008年第四季度社保基金持股变动占流通股比例为后40位的股价涨跌幅数据

股票代码	股票名称	变动股数/万股	变动占比	后二个季度	后四个季度
600012	皖通高速	0	0	49.23	63.25
600126	杭钢股份	0	0	59.14	73.01
600251	冠农股份	0	0	30.71	32.01
600266	北京城建	0	0	160.56	152.72
600470	六国化工	0	0	48.61	105.26
600548	深高速	0	0	36.34	36.34
600557	康缘药业	0	0	-1.99	43.49
600693	东百集团	0	0	31.64	74.67
000800	一汽轿车	0	0	116.39	269.71
000978	桂林旅游	-0.98	-0.01	61.75	94.20
600499	科达机电	0	-0.05	103.48	294.14
000927	一汽夏利	-21.04	-0.06	97.11	214.07
600591	*ST上航	-50.00	-0.07	28.42	55.97
600600	青岛啤酒	-29.99	-0.13	34.27	90.66
600010	包钢股份	-497.42	-0.18	54.02	79.92
002039	黔源电力	-50.00	-0.23	31.89	58.93
600350	山东高速	-161.59	-0.24	17.84	12.20
002017	东信和平	0	-0.27	80.03	266.27
000599	青岛双星	-100.00	-0.27	124.40	212.03
000042	深长城	0	-0.28	232.60	273.22
600587	新华医疗	-32.87	-0.32	56.49	94.18
600252	中恒集团	-57.29	-0.35	188.32	432.83
000513	丽珠集团	0	-0.40	68.65	133.46
600104	上海汽车	0	-0.42	183.15	391.28
000429	粤高速A	-250.01	-0.54	37.73	47.02
600325	华发股份	-347.76	-0.57	156.62	106.84
002264	新华都	0	-0.58	59.76	98.03
002269	美邦服饰	-6.79	-0.73	-1.55	24.22
600801	华新水泥	0	-0.80	65.34	63.55
600004	白云机场	0	-0.94	35.68	45.42
600236	桂冠电力	-707.74	-1.01	21.96	24.51

续表

股票代码	股票名称	变动股数/万股	变动占比	后二个季度	后四个季度
002078	太阳纸业	-228.65	-1.40	83.14	203.33
600391	成发科技	-133.32	-1.86	56.99	85.56
600486	扬农化工	-154.25	-2.08	24.89	55.09
600765	中航重机	-250.00	-2.79	57.80	106.99
002241	歌尔声学	-84.95	-2.83	19.51	138.06
002195	海隆软件	0	-3.26	65.08	89.85
000667	名流置业	-3330.00	-3.50	105.17	134.69
002216	三全食品	-168.34	-7.16	33.12	60.81
002215	诺普信	-207.32	-7.95	22.64	130.07

附表 47　2009 年第一季度社保基金持股变动占流通股比例为前 40 位的股价涨跌幅数据

股票代码	股票名称	变动股数/万股	变动占比	后二个季度
002146	荣盛发展	1029.34	6.60	80.93
002258	利尔化学	191.49	5.64	60.06
600683	京投银泰	773.28	3.45	41.87
600470	六国化工	346.53	2.39	-3.46
600251	冠农股份	354.35	2.04	-17.96
002194	武汉凡谷	214.58	1.98	5.51
600886	国投电力	1399.99	1.33	-11.03
600141	兴发集团	254.19	1.29	-0.40
600010	包钢股份	2862.50	1.05	8.21
002267	陕天然气	100.00	1.00	21.52
000969	安泰科技	285.84	0.98	23.69
000978	桂林旅游	80.00	0.86	-4.35
000717	韶钢松山	905.76	0.80	25.90
600007	中国国贸	155.34	0.78	4.74
000762	西藏矿业	135.12	0.67	7.35
600104	上海汽车	2146.57	0.66	107.46
002254	烟台氨纶	20.71	0.65	2.42
000042	深长城	110.00	0.64	26.51
000513	丽珠集团	100.92	0.64	39.84

续表

股票代码	股票名称	变动股数/万股	变动占比	后二个季度
000159	国际实业	228.15	0.57	-9.16
002142	宁波银行	478.15	0.45	39.73
600012	皖通高速	250.00	0.40	9.17
000707	双环科技	95.45	0.28	-13.13
600396	金山股份	72.57	0.26	-7.70
600269	赣粤高速	150.89	0.22	44.48
600962	国投中鲁	16.12	0.13	-0.28
600755	厦门国贸	43.85	0.11	-6.65
000511	银基发展	76.64	0.07	5.63
000022	深赤湾 A	0	0	7.10
000088	盐田港	0	0	14.45
000522	白云山 A	0	0	0.27
000800	一汽轿车	0	0	43.98
002032	苏泊尔	0	0	28.55
002039	黔源电力	0	0	-6.08
002081	金螳螂	0	0	4.48
002164	东力传动	0	0	16.93
002218	拓日新能	0	0	38.52
002219	独一味	0	0	118.42
600028	中国石化	0	0	27.88
600068	葛洲坝	0	0	13.15

附表 48　2009 年第一季度社保基金持股变动占流通股比例为后 40 位的股价涨跌幅数据

股票代码	股票名称	变动股数/万股	变动占比	后二个季度
600557	康缘药业	-50.00	-0.25	2.16
600591	*ST 上航	0	-0.26	25.93
002269	美邦服饰	-20.00	-0.29	27.72
600004	白云机场	-314.98	-0.31	-2.14
000793	华闻传媒	-378.32	-0.32	31.55
600587	新华医疗	-37.13	-0.36	42.61
600693	东百集团	-80.00	-0.37	-7.04

续表

股票代码	股票名称	变动股数/万股	变动占比	后二个季度
000036	*ST 华控	-292.12	-0.38	52.84
600642	申能股份	-1146.07	-0.40	29.43
600875	东方电气	-127.99	-0.40	27.62
002029	七匹狼	-150.04	-0.53	50.91
002216	三全食品	-9.88	-0.54	19.01
000559	万向钱潮	-280.35	-0.55	-6.69
000962	东方钽业	-123.05	-0.58	-1.34
000021	长城开发	-222.02	-0.60	55.38
000600	建投能源	-334.06	-0.61	-13.08
000751	*ST 锌业	-530.91	-0.72	-16.22
002063	远光软件	-35.92	-0.75	20.21
600415	小商品城	-113.36	-0.75	37.74
600261	浙江阳光	-92.96	-0.88	-10.19
000429	粤高速 A	-409.98	-0.89	3.59
600801	华新水泥	-90.00	-1.01	-14.28
002056	横店东磁	-200.00	-1.09	-1.73
600765	中航重机	-100.00	-1.11	-26.31
600551	时代出版	-58.48	-1.13	19.79
002215	诺普信	-35.01	-1.20	28.20
002238	天威视讯	-91.90	-1.37	10.34
000927	一汽夏利	-500.00	-1.53	36.63
000917	电广传媒	-534.94	-1.71	11.21
600718	东软集团	-436.49	-1.73	27.96
600406	国电南瑞	-430.74	-2.46	55.53
002241	歌尔声学	-79.30	-2.64	17.75
600035	楚天高速	-1311.65	-3.02	-1.24
002068	黑猫股份	-211.15	-3.05	78.91
000667	名流置业	-1441.01	-3.14	64.06
600993	马应龙	-231.29	-3.40	76.72
000089	深圳机场	-2233.18	-3.42	5.80
600350	山东高速	-3234.32	-4.85	-5.13
000539	粤电力 A	-2370.85	-4.87	8.61
000708	大冶特钢	-241.33	-5.07	31.14

附表 49　2009 年第二季度社保基金持股变动占流通股比例为前 40 位的股价涨跌幅数据

股票代码	股票名称	变动股数/万股	变动占比	后二个季度
002068	黑猫股份	594.94	6.77	116.32
601918	国投新集	1625.87	4.62	10.36
000917	电广传媒	1432.60	4.49	16.13
000762	西藏矿业	390.72	1.95	-8.07
002269	美邦服饰	254.27	1.71	28.13
600010	包钢股份	4165.86	1.53	15.06
600683	京投银泰	300.79	1.34	8.04
600782	新钢股份	350.31	1.12	2.69
600737	中粮屯河	535.09	1.10	41.47
000978	桂林旅游	99.99	1.07	19.17
000418	小天鹅 A	210.81	0.99	67.32
601333	广深铁路	2242.83	0.82	-7.19
600549	厦门钨业	483.97	0.72	2.50
600886	国投电力	756.00	0.72	-8.02
600498	烽火通信	135.11	0.68	65.78
002258	利尔化学	22.69	0.67	22.43
000601	韶能股份	479.27	0.62	13.81
600765	中航重机	47.55	0.53	28.48
600694	大商股份	134.41	0.50	31.43
000932	华菱钢铁	509.01	0.45	1.73
600993	马应龙	320.73	0.41	74.50
000793	华闻传媒	433.72	0.37	36.90
600261	浙江阳光	37.32	0.35	42.48
002106	莱宝高科	129.93	0.33	93.07
002032	苏泊尔	32.10	0.30	38.93
600887	*ST 伊利	179.41	0.25	78.38
600118	中国卫星	114.08	0.13	31.32
601186	中国铁建	300.00	0.12	-10.34
600359	新农开发	12.58	0.07	132.41
600641	万业企业	187.23	0.06	-7.28
600028	中国石化	382.00	0.03	34.32

续表

股票代码	股票名称	变动股数/万股	变动占比	后二个季度
000962	东方钽业	46.60	0.01	18.05
002024	苏宁电器	1601.40	0.01	28.19
002146	荣盛发展	1.14	0.01	32.62
000417	合肥百货	210.03	0	65.70
600197	伊力特	0	0	51.38
000539	粤电力 A	0	0	9.35
000600	建投能源	0	0	4.12
002056	横店东磁	0	0	21.91
002254	烟台氨纶	0	0	41.82

附表 50　2009 年第二季度社保基金持股变动占流通股比例为后 40 位的股价涨跌幅数据

股票代码	股票名称	变动股数/万股	变动占比	后二个季度
000751	*ST 锌业	0	-0.08	24.77
000767	漳泽电力	-105.65	-0.08	29.37
000559	万向钱潮	-50.00	-0.10	2.91
000930	丰原生化	-113.42	-0.12	53.44
000897	津滨发展	-236.21	-0.15	3.87
600350	山东高速	-140.00	-0.21	-5.79
600859	王府井	-54.98	-0.28	34.13
000511	银基发展	-274.08	-0.31	19.51
002148	北纬通信	-14.78	-0.33	58.57
000831	关铝股份	-138.59	-0.33	20.33
002039	黔源电力	-46.11	-0.37	19.27
600675	中华企业	-280.00	-0.37	-4.26
000969	安泰科技	-130.04	-0.44	-0.47
600600	青岛啤酒	-123.41	-0.52	38.80
600587	新华医疗	-31.77	-0.56	22.32
600268	国电南自	0	-0.56	18.09
000800	一汽轿车	0	-0.60	69.63
000429	粤高速 A	-300.00	-0.67	5.16
600012	皖通高速	-350.00	-0.74	8.99

续表

股票代码	股票名称	变动股数/万股	变动占比	后二个季度
000513	丽珠集团	-120.79	-0.76	46.09
000522	白云山 A	-199.99	-0.90	72.05
000630	铜陵有色	-511.38	-0.92	10.55
000550	江铃汽车	0	-0.94	54.52
000667	名流置业	-1328.13	-0.99	19.58
600141	兴发集团	-77.63	-1.22	58.57
600280	南京中商	-181.04	-1.50	54.31
600470	六国化工	-150.00	-1.62	35.63
600007	中国国贸	-155.34	-1.97	0.92
000089	深圳机场	-1330.67	-2.04	-8.25
600323	南海发展	-400.00	-2.06	25.75
002194	武汉凡谷	-99.16	-2.09	33.94
600578	京能热电	-164.87	-2.56	-1.39
600251	冠农股份	-90.80	-2.93	1.59
000159	国际实业	-455.64	-3.06	31.08
600269	赣粤高速	-1548.56	-3.15	59.53
600718	东软集团	-822.22	-3.27	26.24
600395	盘江股份	-901.85	-3.29	9.05
600826	兰生股份	-534.99	-3.32	10.74
000022	深赤湾 A	0	-4.22	8.81
002238	天威视讯	-118.89	-5.96	37.83

附表 51　2009 年第三季度社保基金持股变动占流通股比例为前 40 位的股价涨跌幅数据

股票代码	股票名称	变动股数/万股	变动占比	后一个季度
002085	万丰奥威	780.01	6.90	58.79
600694	大商股份	947.36	3.54	24.78
002148	北纬通信	148.48	3.30	31.54
002131	利欧股份	109.99	2.40	20.83
002038	双鹭药业	328.79	2.36	25.87
600382	广东明珠	580.00	2.08	30.97
000969	安泰科技	422.09	1.44	16.39

续表

股票代码	股票名称	变动股数/万股	变动占比	后一个季度
600886	国投电力	1365. 89	1. 30	8. 00
600718	东软集团	319. 69	1. 27	17. 76
002194	武汉凡谷	169. 98	1. 21	28. 79
002238	天威视讯	84. 76	0. 82	28. 46
002032	苏泊尔	84. 75	0. 81	20. 76
600439	瑞贝卡	457. 34	0. 74	35. 31
600104	上海汽车	1699. 77	0. 52	39. 03
600456	宝钛股份	109. 99	0. 49	12. 89
601186	中国铁建	1200. 00	0. 49	6. 43
600420	现代制药	126. 10	0. 44	19. 67
000425	徐工机械	-9. 98	0. 41	10. 69
000501	鄂武商 A	204. 10	0. 40	23. 91
000578	盐湖集团	34. 70	0. 40	4. 80
000089	深圳机场	258. 06	0. 40	11. 38
000338	潍柴动力	70. 02	0. 25	34. 31
600750	江中药业	41. 21	0. 21	41. 60
000831	关铝股份	93. 37	0. 20	16. 38
000897	津滨发展	298. 81	0. 18	26. 55
000932	华菱钢铁	200. 02	0. 18	23. 55
000800	一汽轿车	190. 92	0. 14	54. 17
600686	金龙汽车	48. 24	0. 11	55. 63
600067	冠城大通	80. 01	0. 11	6. 50
600549	厦门钨业	40. 00	0. 06	15. 92
000511	银基发展	23. 58	0. 02	31. 78
600559	老白干酒	111. 03	0. 02	16. 64
000930	丰原生化	13. 92	0. 01	48. 97
000022	深赤湾 A	0	0	21. 96
000088	盐田港	0	0	14. 92
000539	粤电力 A	0	0	8. 23
000540	中天城投	0	0	20. 18
000600	建投能源	0	0	25. 55
000667	名流置业	0	0	3. 87
000751	* ST 锌业	0	0	29. 77

附表52　2009年第三季度社保基金持股变动占流通股比例为后40位的股价涨跌幅数据

股票代码	股票名称	变动股数/万股	变动占比	后一个季度
601991	大唐发电	0	0	6.89
600280	南京中商	-3.60	-0.03	29.47
002146	荣盛发展	-4.76	-0.03	31.22
600859	王府井	-15.00	-0.08	12.71
000887	中鼎股份	-11.89	-0.09	44.27
600675	中华企业	-81.79	-0.11	4.43
600007	中国国贸	-100.00	-0.13	30.06
002004	华邦制药	-12.70	-0.13	57.17
600895	张江高科	-200.00	-0.13	-3.21
600581	八一钢铁	-100.00	-0.13	70.56
000768	西飞国际	-200.00	-0.13	18.46
000962	东方钽业	-50.73	-0.14	25.69
600596	新安股份	0	-0.31	2.28
000630	铜陵有色	-189.98	-0.34	41.01
600723	西单商场	-84.99	-0.36	28.03
600251	冠农股份	-142.39	-0.39	21.32
600993	马应龙	-50.63	-0.41	59.14
002070	众和股份	-50.00	-0.44	33.01
600415	小商品城	-159.41	-0.53	13.14
600246	万通地产	-210.63	-0.62	7.00
000522	白云山A	-300.00	-0.64	92.63
600236	桂冠电力	-172.14	-0.78	11.47
000758	中色股份	-350.00	-0.82	19.84
002106	莱宝高科	-199.93	-0.87	66.51
000598	蓝星清洗	-206.01	-0.93	31.02
000898	鞍钢股份	-1947.40	-1.08	45.52
000949	新乡化纤	-655.28	-1.11	24.39
000513	丽珠集团	-188.06	-1.19	44.75
600995	文山电力	-446.14	-1.55	12.96

续表

股票代码	股票名称	变动股数/万股	变动占比	后一个季度
002269	美邦服饰	-164.04	-1.56	7.26
600765	中航重机	-147.55	-1.64	58.05
600323	南海发展	-324.00	-1.67	40.68
000917	电广传媒	-582.37	-1.83	-0.50
600261	浙江阳光	-277.32	-2.63	53.61
002056	横店东磁	-100.00	-2.67	36.66
002110	三钢闽光	-399.98	-2.86	56.78
000910	大亚科技	-532.39	-2.91	34.68
600090	啤酒花	-1528.04	-4.15	23.84
601918	国投新集	-1395.87	-5.00	33.65
600350	山东高速	-3664.90	-5.50	11.44

参 考 文 献

柏杰．2000. 养老保险制度安排对于经济增长和帕累托有效性的影响．经济科学，(1)：78-88.
陈佳贵．2001. 中国社会保障发展报告．北京：社会科学文献出版社．
陈彦斌．2005. 情绪波动和资产价格波动．经济研究，(3)：36-45.
陈莹莹．2011-05-19. 十年增十倍 社保基金资产突破 8500 亿元．中国证券报，(A03)．
程永宏．2005. 现收现付制与人口老龄化关系定量分析．经济研究，(3)：57-68.
崔长峰，刘海龙．2009. 基于预期的货币政策调控与金融危机防范．财经科学，4：34-41.
封进，宋铮．2006. 中国人口年龄结构与养老保险制度的福利效应．南方经济，(11)：22-33.
郭士征．2006. 社会保障基金投资运营研究．上海：上海财经大学出版社．
国务院发展研究中心社会保障课题组．2000. 分离体制转轨成本，建立可持续发展制度——世纪之交的中国养老保障制度改革研究报告．管理世界，6：63-72.
韩大伟，厉放，吴家亨．2000. 养老金体制：国际比较、改革思路、发展对策．北京：经济科学出版社．
韩兆洲，邓勇．2003. 投资项目决策中的风险分析——半方差技术的应用．统计与决策，(12)：37-38.
贺菊煌．2005. 经济增长模型中的储蓄率内生化问题．经济研究，(5)：54－59.
胡晓义，施明才．2001. 社会保险基金管理与监督．北京：中国劳动社会保障出版社．
胡云超，常艳．2004-01-09. 创建风险共担的社保基金投资管理模式．中国证券报，(012)．
黄勤．2003. “谨慎人”法则和定量限制：两种养老基金投资监管模式的比较．社会科学，9：14-19.
吉小东，汪寿阳．2005. 中国养老基金动态资产负债管理的优化模型与分析．系统工程理论与实践，25（8）：50-54.
姜青舫，陈方正．2000. 风险度量原理．上海：同济大学出版社．
金秀，黄小原．2005. 资产负债管理模型及在辽宁养老金问题中的应用．系统工程理论与实践，25（9）：42-48.
李绍光．1998. 养老金：现收现付制和基金制的比较．经济研究，(1)：59-65.
李珍．1999. 养老社会保险的平衡问题分析．中国软科学，(12)：19-23.
林嘉．2002. 社会保障的理念，实践与创新．北京：中国人民大学出版社．
刘波．2006. 当代英国社会保障制度的系统分析与理论思考．上海：学林出版社．
刘富兵，刘海龙．2007. 机构投资者变现成本的最优控制．上海交通大学学报，41（12）：1997-2000.

刘富兵，刘海龙，周颖．2008a. 养老基金的最低收益保证制度下的最优资产配置——来自中国 1998～2008 年数据的模拟分析．财经研究，(34) 9：112-121.
刘富兵，刘海龙，周颖．2008b. 内部收益保证下养老基金的最优资产配置，上海管理科学，4：22-25.
刘富兵，刘海龙．2010b. 下边风险测度下社保基金的最优资产配置．系统工程学报，(25) 5：597-602.
刘富兵，刘海龙．2010a. 随机利率及随机收益保证下的投资策略．运筹学学报，14(4)：92-100．
刘海龙，吴冲锋，仲黎明．2003. 开放式基金的最优变现策略．管理工程学报，17 (2) 106-108.
刘海龙．2011. 社保基金动态资产配置研究评述．系统管理学报，20 (1)：1-9．
刘纪新．2004. 拉美国家养老金制度改革研究．北京：中国劳动社会保障出版社．
陆源，朱邦毅．2005. 基于半方差的投资项目风险度量模型研究．数量经济技术经济研究，(7)：90-95.
罗伯特·霍尔茨曼，爱德华·帕尔默．2006. 养老金改革——名义账户制的问题与前景．郑秉文，等译．北京：中国劳动社会保障出版社．
马娟．2007. 论生命周期策略在我国企业年金基金投资中的适用性．统计研究，24 (2)：95-96.
欧阳晓红，王玉．2009-12-07. 投资风格渐趋积极社保基金搭建“资产配置”平台．经济观察报，(02)．
乔晓春，陈为．1999. 中国人口老龄化：世纪末的回顾与展望．人口研究，23 (6)：28-37.
全国社保基金理事会．2011. 全国社会保障基金理事会 2002～2010 基金年度报告．http：//www. ssf. gov. cn [2011-06-29]
田雪原．2003. 全面建设小康社会中的人口问题．人口学刊，上 (5)：3-9，下 (6)：3-11.
万解秋，贝政新，黄晓平，等．2003. 社会保障基金投资运营研究．北京：中国金融出版社．
王斌，杨嶙，张曙光．2003. CIR 短期利率下养老金的优化控制模型．中国科学技术大学学报，33 (2)：152-157.
王俊．2009. 欧美三国社保基金投资模式分析．中国党政干部论坛，(7)：48-49.
王庆石，肖俊喜．2005. 习惯形成、局部持久性和基于消费的资本资产定价——来自中国股市的经验分析．统计研究，(5)：22-25.
王信．2000. 养老基金营运监管的国际经验及启示．经济社会体制比较，(2)：51-56.
王燕，徐滇庆，王直，等．2001. 中国养老金隐性债务、转轨成本、改革方式及其影响——可计算一般均衡分析．经济研究，(5)：3-12，94.
王亦奇，刘海龙，张海亮．2010. 结合资产配置策略测算收益保证的风险．中国管理科学，18 (2)：8-13.
王亦奇，刘海龙．2011. 结合资产配置策略测算多期收益保证价值．管理科学学报，14 (11)：42-51.

卫海英，张国胜．2002. 投资风险的特性分析及其计量方法的变革．统计研究，(10)：44-49.
卫海英，张国胜．2005. 基于半方差风险计量模型的组合投资分析．财经研究，31（1）：115-122.
肖建武，尹少华，秦成林．2006. 养老基金投资组合的常方差弹性（CEV）模型和解析决策．应用数学和力学，27（11）：1312-1318.
熊和平．2005. 论消费习惯及其对资产定价的影响．经济评论，(3)：46-50.
熊婷婷，曾雪梅，曾芳，等．2011-06-27. 解密社保基金 52 个组合就像“黑匣子”．理财周报．
徐绪松，陈彦斌．2004. 基于相对财富和习惯形成的资本资产定价模型．管理科学学报，7（3）:1-6.
杨继光，刘海龙，许友传．2008. 基于内生经济增长的我国养老保险制度模型．上海交通大学学报，(42）11：1806-1809.
杨嶙，王斌，张曙光．2003. 随机利率模型下养老基金的最优化管理．运筹与管理，12（1）：93-99.
叶燕程，高随祥．2007. 缴费确定型企业年金最优投资策略研究．中国科学院研究生院学报，24（2）：149-153.
袁志刚．2001. 中国养老保险体系选择的经济学分析．经济研究，(5)：13-19.
张波，代金．2005. 随机固定给付下的养老金模型．统计与决策，(10)：11-13.
张喜彬，荣世民，张世英．2000. 有关风险测度及组合证券投资模型研究．系统工程理论与实践，20（9）：19-22.
赵耀辉，徐建国．2001. 我国城镇养老保险体制改革中的激励机制问题．经济学季刊，1（1）：193-206.
郑秉文，房连泉．2006. 社保改革“智利模式”25 年的发展历程回眸．拉丁美洲研究，28（5）:3-15.
郑秉文．2004. 建立社保基金投资管理体系的战略思考．公共管理学报，1（4）：4-21.
郑秉文．2009. 金融危机对全球养老资产的冲击及对中国养老资产投资体制的挑战．国际经济评论，(5)：5-29.
郑木清．2005. 关于养老基金国际投资的有效监管．国际金融研究，(2)：56-61.
郑伟，孙祁祥．2003. 中国养老保险制度变迁的经济效应．经济研究，(10)：75-85，93.
Abel A. 1990. Asset prices under habit formation and catching up with the Joneses. American Economic Review, 80 (2): 38-42.
Ando A, Modigliani F. 1963. The “life cycle” hypothesis of saving: aggregate implications and tests. American Economic Review, 53 (1): 55-84.
Ang J S, Chua J H. 1979. Composite measures for the evaluation of investment performance. Journal of Financial and Quantitative Analysis, 14 (2): 361-384.
Angelidis T, Tessaromatis N. 2010. The efficiency of Greek public pension fund portfolios. Journal of

Banking and Finance, 34 (9): 2158-2167.

Artzner P, Delbaen F, Eber J M, et al. 1999. Coherent measures of risk. Mathematical Finance, 9 (3): 203-228.

Auerbach A J, Kotliko L J. 1987. Dynamic Fiscal Policy. New York: Cambridge University Press.

Bacinello A R, Ortu F. 1993a. Pricing equity-linked life insurance with endogenous minimum guarantee. Insurance: Mathematics and Economics, 12 (3): 245-257.

Bacinello A R, Ortu F. 1993b. Pricing equity-linked life insurance with endogenous minimum guarantees a corrigendum. Insurance: Mathematics and Economics, 13 (3): 303-304.

Barbarin J, Devolder P. 2005. Risk measure and fair valuation of an investment guarantee in life insurance. Insurance: Mathematics and Economics, 37 (2): 297-323.

Basak S. 1995. A general equilibrium model of portfolio insurance. Review of Financial Studies, 8 (4):1059-1090.

Basak S. 2002. A comparative study of portfolio insurance. Journal of Economic Dynamics and Control, 26 (7-8): 1217-1241.

Battocchio P. 2002. Optimal portfolio strategies with stochastic wage income: the case of a defined contribution pension plan. Working Paper, No 2002005, Discussion Papers (IRES-Institut de Recherches Economiques et Sociales). Universite catholique de Louvain, Institut de Recherches Economiques et Sociales (IRES) .

Battocchio P, Menoncin F, Scaillet O. 2003. Optimal asset allocation for pension funds under mortality risk during the accumulation and decumulation. Working Paper, No 2003004, Discussion Papers (IRES-Institut de Recherches Economiques et Sociales) . Universite catholique de Louvain, Institut de Recherches Economiques et Sociales (IRES)

Battocchio P, Menoncin F. 2004. Optimal pension management in a stochastic framework. Insurance: Mathematics and Economics, 34 (1): 79-95.

Bawa V S, Lindenberg E B. 1977. Capital market equilibrium in a mean-lower partial moment framework. Journal of Financial Economics, 5 (2): 189-200.

Bawa V S. 1975. Optimal rules for ordering uncertain prospects. Journal of Financial Economics, 2 (1):95-121.

Berkelaar A, Kouwenberg R. 2000. Dynamic asset allocation and downside-risk aversion. Econometric Institute Report No. EI 2000-12/A.

Beshears J, Choi J J, Laibson DI, et al. 2011. Behavioral economics perspectives on public sector pension plans. Journal of Pension Economics and Finance, 10 (2): 315-336.

Biagini F, Guasoni P, Pratelli M. 2000. Mean-variance hedging for stochastic volatility models. Mathematical Finance, 10 (2): 109-123.

Black F, Jones R. 1987. Simplifying portfolio insurance. Journal of Portfolio Management, 14 (1): 48-51.

Black F, Scholes M. 1973. The pricing of options and corporate liabilities. Journal of Political Economics, 81 (3): 637-659.

Blake D. 1998. Pension schemes as options on pension fund assets: Implications for pension fund management. Insurance: Mathematics and Economics, 23 (3): 263-286.

Blake D. 2003. Pension Schemes and Pension Funds in The United Kingdom. Oxford: Oxford University Press.

Bodie Z. 1988. Pension Fund Investment Policy. Working Paper, No. W2752, October 1988

Bodie Z. 2004. Pensions: A Corporate Finance Perspective. Presented at the Seminar on Pension Finance and Economics. June 11, 2004, Staple Inn, London.

Bogentoft E, Romeijn H D, Uryasev S. 2001. Asset/Liability management for pension funds using CVaR constraints. The Journal of Risk Finance, 3 (1): 57-71.

Boldrin M, Christiano L J, Fisher J D. 2001. Habit persistence, asset returns, and the business cycle. American Economic Review, 91 (1): 149-166.

Boulier J F, Huang S J, Taillard G. 2001. Optimal management under stochastic interest rates: The case of a protected defined contribution pension fund. Insurance: Mathematics and Economics, 28 (2): 173-189.

Boulier J F, Michel S, Wisnia V. 1996. Optimizing investment and contribution policies of a defined benefit pension fund. Proceedings of the Sixth AFIR International Colloquium, 1: 593-607.

Boulier J F, Trussant E, Florens D. 1995. A dynamic model for pension fund management. Proceedings of the 5th AFIR International Colloquium, 1: 361-384.

Bowers N L, Gerber H U, Hickman J C, et al. 1997. Actuarial Mathematics. Ithaca, Illinois: The Society of Actuaries.

Boyle P P, Hardy M R. 1997. Reserving for maturity guarantees: two approaches. Insurance: Mathematics and Economics, 21 (4): 113-127.

Boyle P P, Schwartz E S. 1977. Equilibrium prices of guarantees under equity-linked contracts. Journal of Risk and Insurance, 44 (4): 639-660.

Brennan J M, Schwartz E S. 1976. The pricing of equity-linked life insurance policies with an asset value guarantee. Journal of Financial Economics, 3 (3): 195-213.

Brennan M J, Schwartz E S. 1979. Pricing and investment strategies for guaranteed equity-linked life insurance. Monograph No. 7. The S. S. Huebner Foundation for Insurance Education, Wharton School, University of Pennsylvania.

Brennan M J, Schwartz E S. 1989. Portfolio insurance and Financial market equilibrium. Journal of Business, 62 (4): 455-472.

Brinson G P, Singer B D, Beebower G L. 1991. Determinants of portfolio performance II. Financial Analysts Journal, 47 (3): 40-48.

Briys E, de Varenne F. 1997. On the risk of insurance liabilities: debunking some common pitfalls.

Journal of Risk and Insurance, 64 (4): 673-694.

Browne S. 1999. Beating a moving target: optimal portfolio strategies for outperforming a stochastic benchmark. Finance and Stochastics, 3 (3): 275-294.

Butt A, Deng Z. 2011. Investment strategies in retirement: in the presence of a means-tested government pension. Journal of Pension Economics and Finance, Forthcoming, DOI: 10.1017/51474747211000291.

Cairns A J G, Blake D, Dowd K. 2006. Stochastic lifestyling: Optimal dynamic asset allocation for defined contribution pension plans. Journal of Economic Dynamics and Control, 30 (5): 843-877.

Cairns A J G. 1995. Pension funding in a stochastic environment: the role of objectives in selecting an asset-allocation strategy. Proceedings of the Fifth AFIR International Colloquium. 1: 429-453.

Cairns A J G. 1996. Continuous-time stochastic pension fund modelling. Proceedings of the Sixth AFIR International Colloquium. 1: 609-624.

Cairns A J G. 2000. Some notes on the dynamics and optimal control of stochastic pension fund models in continuous time. Astin Bulletin, 30: 19-55.

Campbell J Y, Cochrane J H. 2000. Explaining the poor performance of consumption - based asset pricing models. Journal of Finance, 55 (6): 2863-2878.

Campbell J Y, Cochrane J H. 1999. By force of habit: A consumption-based explanation of aggregate stock market behavior. Journal of Political Economy, 107 (2): 205-251.

Carpenter J N. 2000. Does option compensation increase managerial risk appetite. The Journal of Finance, 55 (5): 2311-2331.

Carroll C, Overland J, Weil D. 2000. Saving and growth with habit formation. American Economic Review, 90 (3): 341-355.

Charupat N, Milevsky M A. 2002. Optimal asset allocation in life annuities: A note. Insurance: Mathematics and Economics, 30 (2): 199-209.

Collins T P. 1982. An exploration of the immunization approach to provision for unit-linked policies with guarantees. Journal of the Institute of Actuaries, 109: 241-284.

Constantinides G M. 1990. Habit formation: a resolution of the equity premium puzzle. The Journal of Political Economy, 98 (3): 519-543.

Cox J C, Huang C F. 1989. Optimal consumption and portfolio policies when asset prices follow a diffusion process. Journal of Economic Theory, 49 (1): 33-83.

Cox J C, Huang C F. 1991. A variational problem arising in financial economics. Journal of Mathematical Economics, 20 (5): 465-487.

Davis E P, Steil B. 2001. Institutional Investors. Cambridge, MA, and London: MIT Press.

Davis E P. 2002a. Pension Fund Management and International Investment—A Global Perspective. Caribbean Centre for Monetary Studies, Trinidad. Senior Level Policy Seminar. Trinidad, 3 May 2002.

Davis E P. 2002b. Prudent person rules or quantitative restrictions? The regulation of long-term institutional investors, portfolios. Journal of Pension Economics and Finance, 1 (2): 157-191.

Deelstra G, Grasselli M, Koehl P F. 2003. Optimal investment strategies in the presence of a minimum guarantee. Insurance: Mathematics and Economics, 33 (1): 189-207.

Deelstra G, Grasselli M, Koehl P F. 2004. Optimal design of the guarantee for defined contribution funds. Journal of Economic Dynamics and Control, 28 (11): 2239-2260.

Diamond P A. 1965. National debt in a neoclassical growth model. American Economic Review, 55 (5): 1126-1150.

Duffie D, Richardson H R. 1991. Mean-variance hedging in continuous time. The Annals of Applied Probability, 1 (1): 1-15.

Duffie J D. 1996. Dynamic asset pricing theory. New Jersey: Princeton University Press.

Elton E J, Gruber M J, Blake C R. 1996. The persistence of risk-adjusted mutual fund performance. The Journal of Business, 69 (2): 133-157.

Ferson W E, Constantinides G. 1991. Habit persistence and durability in aggregate consumption: empirical tests. Journal Financial Economics, 29 (2): 199-240.

Fishburn P. 1977. Mean-risk analysis with risk associated with below-target returns. American Economic Review, 67 (2): 116-125.

Fong H G, Vasicek O A. 1984. A risk minimizing strategy for portfolio immunization. Journal of Finance, 39 (5): 1541-1546.

Ford A, Benjamin S, Gillespie R G, et al. 1980. Report of the maturity guarantees working party. Journal of the Institute of Actuaries, 107: 101-231.

Galer R. 2002. "Prudent Person Rule" Standard for the Investment of Pension Fund Assets. Second OECD Conference on Private Pensionsin Brail, Sao Paulo, Brazil.

Gao J W. 2008. Stochastic optimal control of DC pension funds. Insurance: Mathematics and Economics, 42 (3): 1159-1164.

Gao J W. 2009. Optimal portfolios for DC pension plans under a CEV model. Insurance: Mathematics and Economics, 42 (3): 479-490.

Gold J. 2001. Accounting/actuarial bias enables equity investment by defined benefit pension plans. Working Paper No. 2001-5, Pension Research Council, The Wharton School, Philadelphia.

Gourieroux C, Laurent J P, Pham H. 1998. Mean-variance hedging and numeraire. Mathematical Finance, 8 (3): 179-200.

Grootveld H, Hallerbach W. 1999. Variance vs downside risk: Is there really that much difference. European Journal of Operational Research, 114 (2): 304-319.

Grosen A, Jergensen P L. 1997. Valuation of early exercisable interest rate guarantees. Journal of Risk and Insurance, 64 (3): 481-503.

Grossman S J, Vila J L. 1989. Portfolio insurance in complete markets: a note. Journal of Business,

62 (4): 473-476.

Grossman S J, Zhou Z. 1996. Equilibrium analysis of portfolio insurance. Journal of Finance, 51 (4): 1379-1403.

Gyarfas G, Marquardt M. 2001. Paroto improving transition from a pay-as-you-go to a fully funded system in a model of endogenous growth. Population Economics, 14: 445-453.

Haberman S. 1993. Stochastic investment returns and the present value of future contributions in defined benefit pension schemes. Actuarial Research Paper. 49. City University.

Haberman S. 1997. Stochastic investment returns and contribution rate risk in a defined benefit pension scheme. Insurance: Mathematics and Economics, 19 (2): 127-139.

Haberman S, Butt Z, Megaloudi C. 2000. Contribution and solvency risk in a defined benefit pension scheme. Insurance: Mathematics and Economics, 27 (2): 237-259.

Haberman S, Sung J H. 1994. Dynamic approaches to pension funding. Insurance: Mathematics and Economics, 15 (2-3): 151-162.

Haberman S, Vigna E. 2002. Optimal investment strategies and risk measures in defined contribution pension schemes. Insurance: Mathematics and Economics, 31 (1): 35-69.

Haberman S, Day C, Fogarty D, et al. 2003. A stochastic approach to risk management and decision making in defined benefit pension schemes. Working Paper, the Institute of Actuaries, 27 Januarg 2003.

Hainaut D, Deelstra G. 2011. Optimal funding of defined benefit pension plans. Journal of Pension Economics and Finance, 10 (1): 31-52.

Hainaut D, Devolder P. 2005. Management of a pension fund under a VaR constraint. Working Paper, Institute of Actuarial Sciences, Université Catholique de Louvain, Belgium.

Hardy M R. 2000. Hedging and reserving for single-premium segregated fund contracts. North American Actuarial Journal, 4 : 63-74.

Harlow W V, Rao R K S. 1989. Asset pricing in a generalized mean-lower partial moment framework: Theory and evidence. Journal of Financial and Quantitative Analysis, 24 (3): 285-311.

Harrison J M, Kreps D M. 1979. Martingale and arbitrage in multiperiod securities. Journal of Economic Theory, 20 (3): 381-408.

Heath D, Jarrow R, Morton A. 1992. Bond pricing and the term structure of interest rates: A new methodology for contingent claims valuation. Econometrica, 60 (1): 77-105.

Henry A. 1966. The social insurance paradox. The Canadian Journal of Economics and Political Science, 32 (3): 371-374.

Hipp C. 1996. Options for guaranteed index-linked life insurance. Proceedings of the AFIR: 1463-1483.

Hogan W W, Warren J M. 1972. Computation of the efficient boundary in the E-S portfolio selection model. Journal of Financial and Quantitative Analysis, 7 (4): 1881-1896.

Hogan W W, Warren J M. 1974. Toward the development of an equilibrium capitalmarket model based on semivariance. Journal of Financial and Quantitative Analysis, 9 (1): 1-11.

Ibbotson R G, Kaplan P D. 2000. Does asset allocation policy explain 40, 90, or 100 Percent of performance? Financial Analysts Journal, 56 (1) : 26-33.

Inkmann J, Lopes P, Michaelides A. 2011. How Deep Is the Annuity Market Participation Puzzle. Review of Financial Studies, 24 (1): 279-319.

Johnson K H, Shannon D S. 1974. A note on Diversification and the Reduction of Dispersion. Journal of Financial Ecnomics, 1 (4): 365-372.

Josa-Fombellida R, Rincón-Zapatero J P. 2010. Optimal asset allocation for aggregated defined benefit pension funds with stochastic interest rates. European Journal of Operational Research, 201 (1): 211-221.

Josa-Fombellida R, Rincón-Zapatero J P. 2001. Minimization of risks in pension funding by means of contributions and portfolio selection. Insurance: Mathematics and Economics, 29 (1): 35-45.

Josa-Fombellida R, Rincón-Zapatero J P. 2004. Optimal risk management in defined benefit stochastic pension funds. Insurance: Mathematics and Economics, 34 (3): 489-503.

Josa-Fombellida R, Rincón-Zapatero J P. 2006. Optimal investment decisions with a liability: The case of defined benefit pension plans. Insurance: Mathematics and Economics, 39 (1): 81-98.

Josa-Fombellida R, Rincón-Zapatero J P. 2008. Mean-variance portfolio and contribution selection in stochastic pension funding. European Journal of Operational Research, 187 (1): 120-137.

Karatzas I, Lehoczky J P, Shreve S E. 1987. Optimal portfolio and consumption decisions for a "small investor" on a finite horizon. SIAM Journal on Control and Optimization, 25 (6): 1557-1586.

Klemkosky R C. 1973. The bias in composite performance measures. Journal of Financial and Quantitative Analysis, 8 (3): 505-514.

Lachance M E, Mitchell O S, Smetters K. 2003. Guaranteeing defined contribution pensions: The option to buy back a defined benefit promise. Journal of Risk and Insurance, 70 (1): 1-16.

Lim A E B, Wong B. 2010. A benchmarking approach to optimal asset allocation for insurers and pension funds. Insurance: Mathematics and Economics, 46 (2): 317-327.

Lindset S. 2003. Pricing of multi-period rate of return guarantees. Insurance: Mathematics and Economics, 33 (3): 629-644.

Lindset S. 2004. Relative guarantees. The Geneva Papers on Risk and Insurance Theory, 29 (2): 187-209.

Liu F B, Liu H L, Zhou C Y. 2009. Optimal control strategy of defined-benefit pension fund under downside risk measurement. China Finance Review, 3 (3): 53-64.

Ma Q P. 2011. On "optimal pension management in a stochastic framework" with exponential utility. Insurance: Mathematics and Economics, 49 (1): 61-69.

Mao J C T. 1970. Models of capital budgeting, E-V vs. E-S. Journal of Financial and Quantitative

Analysis, 4 (5): 657-675.

Margrabe W. 1978. The value of an option to exchange one asset for another. Journal of Finance, 33 (1):177-186.

Markowitz H. 1952. Portfolio selection. Journal of Finance, 7 (1): 77-91.

Markowitz H. 1959. Portfolio Selection. New York: John Wiley & Sons.

Menoncin F, Scaillet O. 2003. Mortality risk and real optimal asset allocation for pension funds. FAME Research Paper No 101.

Menoncin F. 2002. Optimal portfolio and background risk: an exact and an approximated solution. Insurance: Mathematics and Economics, 31 (2): 249-265.

Menoncin F. 2005. Cyclical risk exposure of pension funds: A theoretical framework. Insurance: Mathematics and Economics, 36 (3): 469-484.

Merton R C. 1969. Lifetime portfolio selection under uncertainty: the continuous-time case. Review of Economics and Statistics, 51 (3): 247-257.

Merton R C. 1971. Optimum consumption and portfolio rules in a continuous time model. Journal of Economic Theory, 3 (4): 373-413.

Merton R C. 1973. An intertemporal capital asset pricing model. Econometrica, 41 (5): 867-887.

Milonas N, Papachristou G, Roupas T. 2009. Fund management and its effect in the Greek social security system. Journal of Pension Economics and Finance, 8 (4): 485-500.

Miltersen K R, Persson S A. 1999. Pricing rate of return guarantee in a Heath-Jarrow-Morton framework. Insurance: Mathematics and Economics, 25: 307-325.

Munk C, Sorensen C. 2004. Optimal consumption and investment strategies with stochastic rate. Journal of Banking and Fianance, 28 (8): 1987-2013.

Nawrocki D N. 1999. A brief history of downside risk measures. Journal of Investing, 8: 9-25.

Ngwira B, Gerrard R. 2007. Stochastic pension fund control in the presence of Poisson jumps. Insurance: Mathematics and Economics, 40 (2): 283-292.

Nowman B. 1997. Gaussian estimation of single factor continuous time models of the term structure of interest rates. Journal of Finance, 52 (4): 1695-1706.

OECD. 2006. Pension markets in focus. http: //www. oecd. org/dataoecd/21/28/37528620. pdf [2009-12-20] .

OECD. 2010. Pension markets in focus. 2010-10-21. http: //stats. oecd. org/viewhtml. aspx? QueryName = book QueryType = view [2010-10-21.]

OECD. 2011a. Survey of investment regulation of pension funds. http: //www. oecd. org/dataoecd/9/1/48094890. pdf [2011-07-25] .

OECD. 2011b. Pension markets in focus. http: //stats. oecd. org/Index. aspx? Dataset Code = PNNI-NEW [2011-07-20] .

Pennacchi G G. 1999. The value of guarantees on pension fund returns. Journal of Risk and Insurance, 66 (2): 219-237.

Pennacchi G, Rastad M. 2011. Portfolio allocation for public pension funds. Journal of Pension Economics and Finance, 10 (2): 221-245.

Persson S A, Aase K K. 1997. Valuation of the minimum guaranteed return embedded in life insurance products. Journal of Risk and Insurance, 64 (4): 599-617.

Pezier J, Scheller J. 2011. Optimal investment strategies and performance sharing rules for pension schemes with minimum guarantee. Journal of Pension Economics and Finance, 10 (01): 119-145.

Quirk J P, Saposnik R. 1962. Admissibility and measurable utility functions. Review of Economic Studies, 29 (2): 140-146.

Ringer N, Tehranchi M. 2006. Optimal portfolio choice in the bond market. Finance Stochastics, 10 (4): 553-573.

Romaniuk K. 2006. The optimal asset allocation of the main types of pension funds: a unified framework. ESSEC Business School Working Paper.

Rowena A. 1999. Precchenino, Kelvin R. Utendorf. Social security, social welfare and the ageing population. Population Economics, 12: 607-623.

Rudolf M, Ziemba W T. 2004. Intertemporal surplus management. Journal of Economic Dynamics and Control, 28 (5): 975-990.

Ryder H E, Heal G M. 1973. Optimum growth with intertemporally dependent preferences. Review of Economic Studies, 40 (1): 1-33.

Samuelson P A. 1958. An exact consumption-loan model of interest with or without the social contrivance of Money. Journal of Political Economy, LXVI 66 (6): 467-482.

Shah H. 1997. Towards better regulation of private pension funds. Working Paper 1791. Washington DC: The World Bank.

Sharpe W F, Tint L G. 1990. Liabilities: A new approach. Journal of Portfolio Management, 16 (2):5-10.

Siegmann A H. 2007. Optimal investment policies for defined benefit pension funds. Journal of Pension Economics and Finance, 6 (1): 1-20.

Siegmann A H. 2011. Minimum funding ratios for defined-benefit pension funds. Journal of Pension Economics and Finance, 10 (3): 417-434.

Srinivas P S, Juan Yermo. 1999. Do investment regulations comprise pension fund performance. NBER (National Bureau of Economic Research), Working Papers.

Stone B K. 1973. A general class of three-parameter risk measures. Journal of finance, 28 (3): 675-685.

Sundaresan S, Zapatero F. 1997. Valuation, optimal asset allocation and retirement incentives of pension plans. Review of Financial Studies, 10 (3): 631-660.

Sundaresan S M. 1989. Intertemporally dependent preferences and the volatility of consumption and wealth. Review of Financial Studies, 2 (1): 73-89.

Tamburi G, Chassard Y. 2002. Fonds de pension: Comment font les autres pays. Paris: Economica.

Teplά L. 2001. Optimal investment with minimum performance constraints. Journal of Economic Dynamics and Control, 25 (10): 1629-1645.

Vasicek O E. 1977. An equilibrium characterization of the term structure. Journal of Financial Economics, 5 (2): 177-188.

Vigna E, Haberman S. 2001. Optimal investment strategy for defined contribution pension schemes. Insurance: Mathematics and Economics, 28 (2): 233-262.

Wilkie A D. 1987. An option pricing approach to bonus policy. Journal of the Institute of Actuaries, 114: 21-27.

Wilkie A D, Waters H R, Yang S S. 2003. Reserving, pricing and hedging for policies with guaranteed annuity option. British Actuarial Journal, 92: 263-391.

Xiao J W, Hong Z, Qin C L. 2007. The constant elasticity of variance (CEV) model and the Legendre transform-dual solution for annuity contracts. Insurance: Mathematics and Economics, 40 (2): 302-310.

Yang S S, Yueh M L, Tang C H. 2008. Valuation of the interest rate guarantee embedded in defined contribution pension plans. Insurance: Mathematics and Economics, 40 (2): 302-310.

Yen S H, Ku H Y H. 2003. Dynamic asset allocation strategy for intertemporal pension fund management with time-varying volatility. Academia Economic Papers, 31 (3): 229 -261.

Yiu K F C. 2004. Optimal portfolios under a value-at-risk constraint. Journal of Economic Dynamics and Control, 28 (7): 1317-1334.